Europa
mit dem Wohnmobil

Einen Platz mit Aussicht findet man auf dem Campingplatz Jezevac auf der kroatischen Insel Krk.

Petra Lupp, Michael Moll u. a.

EUROPA
MIT DEM WOHNMOBIL

Die schönsten Routen zwischen dem
Nordkap und Gibraltar

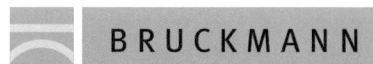

Auf der Bieler Höhe in Österreich

INHALT

EUROPA MIT DEM WOHNMOBIL   9

DER NORDEN   10

1 AN FJORDEN VORBEI BIS ZUM ENDE EUROPAS   12
Von Geiranger zum Nordkap
Michael Moll

2 DURCH DIE WÄLDER UND SCHÄREN IN SÜDSCHWEDEN   24
Von Trelleborg nach Stockholm
Michael Moll

3 REISE DURCH EIN MÄRCHENLAND ZWISCHEN DEN MEEREN   32
Die Margeritenroute
Udo Haafke

4 JUNGE BALTISCHE LÄNDER IM AUFWIND   48
Litauen, Lettland und Estland
Rainer Kröll

DER WESTEN   62

5 DURCH DIE EINSAMKEIT DER SCHOTTISCHEN HIGHLANDS   64
Auf dem Weg zur Isle of Skye
Michael Moll

6 SPEKTAKULÄRE KÜSTENLANDSCHAFTEN IM SÜDEN ENGLANDS   76
Von Dover bis Land's End
Michael Moll

7 STRÄNDE, WATTENMEER, WINDMÜHLEN, TULPEN UND MEHR   88
Von Groningen nach Middelburg
Hans Zaglitsch

8 NATURERLEBNIS ARDENNEN UND STÄDTE IN FLANDERN   102
Eine Runde Belgien
Torsten Berning

9 REBENMEER, WALD UND PFÄLZER LEBENSART   116
Genusstour Deutsche Weinstrasse
Petra Lupp

10 SANDSTEINBURGEN, WEINORTE UND VOGESENBERGE   128
Bezauberndes Elsass
Rainer Kröll

Am Strand in Domburg, Niederlande

11 MIT DEM ATLANTIK AUF TUCHFÜHLUNG — 140
Tour de Bretagne
Thomas Kliem

DER SÜDWESTEN — 150

12 ALTES KULTURLAND AM FUß GROßARTIGER BERGE — 152
Ab Mouissac über Toulouse in die Pyrenäen
Thomas Cernak

13 AUF DEN SPUREN DES »RITTERS VON DER TRAURIGEN GESTALT« — 162
Zentralspanien: über Salamanca, Segovia, Madrid und Toledo nach Consuegra
Thomas Cernak

14 REIZVOLLE SCHÄTZE UNTER SPRÖDER OBERFLÄCHE — 172
Von der Costa Calida und Costa de Almeria nach Granada
Thomas Cernak

15 SANDSTRÄNDE, FELSENKÜSTE, AZULEJOS UND SARDINEN — 182
Algarve pur
Petra Lupp

DER SÜDEN — 196

16 AUF UND AB ÜBER DIE SCHÖNSTEN PÄSSE DER ALPEN — 196
Von Innsbruck nach Interlaken
Michael Moll

INHALT

17 UMRUNDUNG DES GRÖSSTEN ITALIENISCHEN SEES — 208
Gardasee
Thomas Kliem

18 SARDINIEN – AUF INS INSELPARADIES — 224
Vom Süden über den Osten nach Norden
Thomas Cernak

DER OSTEN — 232

19 KÜSTENTOUR MIT INSELHOPPING IN KROATIENS ÄLTESTER FERIENREGION — 234
Einmal um die Kvarner Bucht
Thomas Cernak

20 FASZINIERENDE STÄDTE UND NATUR PUR ERLEBEN — 248
Slowenien für Geniesser
Petra Lupp

21 AUF DEN SPUREN VON KULTUR, NATUR UND KUR — 260
Bezauberndes Ungarn
Petra Lupp

DER SÜDOSTEN — 272

22 URSPRÜNGLICHKEIT ERLEBEN, NEULAND ENTDECKEN — 272
Grünes Montenegro
Petra Lupp

23 WIEDERGEBURTSZEIT, THRAKER, ROSENÖL UND VIEL NATUR — 286
Unbekanntes Bulgarien
Petra Lupp

24 KULTUR UND STRAND IN GRIECHENLAND — 300
Peloponnes mobil entdecken
Petra Lupp

25 NATUR UND KULTUR AM MITTELMEER UND IN KAPPADOKIEN — 312
Kleine Türkei Rundreise
Rainer Kröll

REISEINFORMATIONEN VON A BIS Z — 324

REGISTER — 334

IMPRESSUM — 336

VORWORT

EUROPA MIT DEM WOHNMOBIL

»Man reist nicht, um anzukommen, sondern um zu reisen.«

War denn Johann Wolfgang von Goethe schon mit dem Wohnmobil unterwegs? Bei diesem Zitat aus seiner Feder wird die Frage doch erlaubt sein. Bestimmt aber wäre er heute auch ein begeisterter Anhänger der individuellsten Reiseform, die für viele von uns zur absoluten Nummer 1 geworden ist!

Wo sonst findet man diese Vielfalt und Flexibilität, seinen Urlaub zu gestalten. Unabhängig von Buchungen, Abfahrtszeiten (Fähren ausgenommen) oder Beschränkungen beim Gepäck, bei Haustieren und durch das Wetter.

Aus Sicht der Amerikaner bereisen wir ein Land, für uns ist es aber unser Kontinent. Allein das Klima ist so vielfältig wie Europa selbst. Eis und Schnee im Norden, Hitze und Dürre im Süden, dazwischen blühende Oasen, Berge und Täler, Flüsse, Seen und Meere oder auch Vulkane und karge Steinlandschaften.

Den Autoren und Autorinnen stand eine Fläche von nahezu sechs Millionen Quadratkilometern (exkl. Russland) zur Verfügung, die es nun galt, mit abwechslungsreichen und faszinierenden Routen zu beleben. Wie immer war es das Ziel des Hauses Bruckmann, dass Sie als Ergebnis ein wunderschönes Buch als Reisebegleiter für Ihre Wohnmobiltouren in Händen halten. Am Ende jeder Routenbeschreibung sind aktuelle Reiseinformationen zu dem jeweiligen Land aufgelistet. Selbstverständlich gehören hierzu die GPS-Daten der Camping- und Stellplätze, Ver- und Entsorgungsstellen, außerdem Hinweise, wo man sich genauere Informationen holen kann (Touristinformationen, Internetadressen etc.). In einem Gesamtanhang am Ende des Buches finden Sie allgemeine Reiseinformationen zu den Ländern.

Besonders praktisch ist unsere Streckenleiste, die Sie immer am Rand der Seiten bei der Fahrt durch die Länder begleiten wird. Sie zeigt Ihnen die durchfahrenen Orte und Entfernungen an. So lassen sich Ihre Tagesabschnitte optimal planen.

Im Norden werden Norwegen, Schweden, Dänemark und das Baltikum angesteuert. Der Westen ist vertreten von Frankreich, Schottland, England, den Niederlanden, Belgien und der Deutschen Weinstraße. Südwestlich geht es über die Pyrenäen nach Spanien und weiter an die Algarve nach Portugal. Der Süden schließt sich mit Österreich, der Schweiz, dem Gardasee und der Insel Sardinien an. Der Osten lädt ein nach Slowenien, Ungarn und Kroatien, bevor es im Südosten nach Bulgarien, Montenegro, Griechenland auf den Peleponnes und in die Türkei geht! Die allgemein guten Straßenverhältnisse lassen ein Befahren mit Wohnmobilen aller Klassen zu. Sollte es Abschnitte geben, für die gewisse Beschränkungen in Länge, Höhe oder Gewicht erforderlich sind, werden diese gesondert erwähnt.

Da jede(r) Autor(in) das jeweilige Land sehr gut kennt, dürfen Sie natürlich auch wieder ganz besondere Insidertipps (interessante Wanderungen, schöne Badestellen oder empfehlenswerte Restaurants) erwarten, die Sie sonst nicht so leicht finden werden! Für die Übernachtung gibt es eine ausgewogene Mischung aus einfachen oder gut ausgebauten Stellplätzen. Der naturnahe Campingplatz mit wenig Komfort ist ebenso vertreten wie der Campingplatz mit besonderen Angeboten zum Beispiel für Kinder oder mit Badelandschaft. Auch die Fans freier Stellplätze werden das eine oder andere Angebot für sich finden. Hier aber noch einmal unsere Bitte: Verlassen Sie diese Plätze so, dass man höchstens noch Ihre Reifenspur sieht, damit auch in Zukunft viele Wohnmobilisten diese Freiheit genießen können und nicht wegen Verbotsschildern kapitulieren müssen!

Schön ist, wenn Ihnen dieses Buch Lust macht, dem einen oder anderen Land einen intensiveren Besuch abzustatten. Hierzu finden Sie im Bruckmann Verlag eine große Auswahl landesspezifischer Tourenführer oder eine Vielzahl an Reiseführern zu ausgewählten Städten und sehenswerten Landesteilen.

Bleibt mir nur noch, Ihnen eine erlebnisreiche Reise zu wünschen.

Torsten Berning

Das Traumziel vieler Wohnmobil-Reisender ist der berühmte Globus am Nordkap.

Am Trollstigen in Norwegen sollte man den Gegenverkehr passieren lassen.

» DER NORDEN

1 AN FJORDEN VORBEI BIS ZUM ENDE EUROPAS

Von Geiranger zum Nordkap

»Dickschiffe« im wahrsten Sinne des Wortes kann man täglich im Geirangerfjord beobachten.

Zahlreiche spannende Straßen und Erlebnisse warten im hohen Norden auf uns. Dieser Reisevorschlag kombiniert die Fjordlandschaft Norwegens mit der Einsamkeit Lapplands und dem Nordkap. Für diese lange Reise sollte man genügend Zeit mitbringen. Belohnt wird man mit einer der schönsten Landschaften Europas. In Geiranger beginnend lernen wir Trollstigen und die Atlantikstraße kennen, nach der Überquerung des Polarkreises setzen wir auf die Lofoten über, bevor wir unsere Reise am berühmten Globus des Nordkaps Revue passieren lassen und mit Blick auf die Mitternachtssonne die Aussicht auf das Polarmeer genießen.

AN FJORDEN VORBEI BIS ZUM ENDE EUROPAS

Wir beginnen unsere Reise durch **Norwegen** in **Geiranger** (62.101579, 7.206719), einem kleinen Ort mit nicht mehr als 300 Einwohnern am Ende des gleichnamigen Fjordes. Schon bei der Anreise über die Straßen 15 und 63 passieren wir sehenswerte Landschaften wie **Dalsnibba** und haben kurz vor Geiranger eine herrliche Aussicht auf den Fjord genossen. Eine gute Gelegenheit, die Nacht zu verbringen, bietet der Campingplatz direkt am Ende des Fjordes, der seit dem Jahr 2005 auf der Weltnaturerbeliste der UNESCO eingetragen ist. Allerdings sollte man sich nicht wundern, wenn man morgens von einem Schiffshorn geweckt wird und sich anschließend ein Kreuzfahrtschiff als Campingnachbar herausstellt. Der Geirangerfjord ist ein beliebtes Reiseziel für den Kreuzfahrttourismus und steht natürlich auch auf dem Fahrplan der berühmten Hurtigruten – die traditionelle norwegische Postschifflinie. Selbstverständlich muss man das mögen, dass zwei oder sogar drei große Luxusliner in der schmalen Bucht ihren Anker geworfen haben und mehrere Tausend Touristen in kleinen Shuttlebooten nun den beschaulichen Ort Geiranger stürmen. Aber auch wer kein Freund davon ist, wird zugeben müssen, dass es ein besonderes Erlebnis ist, diese Schiffe zu beobachten. Denn sie zeichnen sich natürlich durch eine besondere Größe aus. Kein Wunder, wenn teilweise über 5000 Personen an Bord Platz finden. Und dennoch wirken sie in dem noch mächtigeren Geirangerfjord sehr klein und überschaubar, was verdeutlicht, wie hoch die Berge rund um den schmalen Fjord sind.

BLICK IN DEN GEIRANGERFJORD

Einen noch schöneren Ausblick und auch Größenvergleich erhalten wir, wenn wir Geiranger verlassen und der Straße 63 nordwärts folgen. Dabei steigen wir in elf Spitzkehren in die Höhe und gelangen zu einem Aussichtspunkt namens Ørnesvingen, was mit Adlerschwingen gleichzusetzen ist: angesichts des Straßenverlaufs eine passende Umschreibung. Von dem Aussichtspunkt haben wir einen wunderbaren letzten Ausblick in den Geirangerfjord, der nun weit unten zu betrachten ist. Die gigantischen Kreuzfahrtschiffe wirken an dieser Stelle nur noch wie kleine Spielzeugschiffe in einer Badewanne und auf der rechten Seite erkennen wir einen Wasserfall, der tosend in den Fjord stürzt und als Sieben Schwestern bezeichnet wird.

Auf der Straße fahren wir durch ein schönes Tal, das im Örtchen **Eidsdal** endet, wo

Von oben wirken die Kreuzfahrtschiffe in der grandiosen Landschaft Norwegens wie Spielzeug.

ROUTE 1

START- UND ENDPUNKT
Geiranger und Nordkap

BESTE JAHRESZEIT
Sommer

STRECKENLÄNGE
2600 Kilometer

FAHRZEIT
10 bis 14 Tage

MAUTSTRECKEN
Keine, jedoch Fährverbindungen

ROUTE 1

KULTUR

ROSENKIRCHE

Anstatt direkt der Straße 63 zu folgen, können wir nach Verlassen der Fähre nach links abbiegen und der Straße 650 nach Stordal nachfahren. Dort befindet sich am Ortseingang auf der linken Seite eine hübsche Holzkirche aus dem Jahr 1789. Von außen wirkt sie beinahe unscheinbar und würde kaum auffallen, doch im Inneren sind Decken, Wände und Säulen reichhaltig mit Wandbemalungen verziert, was dem Gotteshaus zum Beinamen Rosenkirche verhalf. Würden wir der Straße weiter folgen, kämen wir nach rund einer Stunde Fahrt in der beliebten Jugendstilstadt Ålesund an.

Von außen wirkt die Rosenkirche schlicht und bescheiden ...

... doch innen präsentiert sie sich mit zahlreichen Ornamenten und Verzierungen.

wir den Asphalt unter den Reifen mit Metall tauschen, denn eine Fähre bringt uns auf die gegenüberliegende Seite des Tafjordes, wo wir der Straße 63 weiter folgen.

SPEKTAKULÄRER TROLLSTIGEN

Auf der Straße 63 fahren wir durch ein Hochtal, das nach einiger Zeit plötzlich zu enden scheint. Hier sollten wir nicht zu schnell fahren, sonst verpassen wir den Großparkplatz (62.453255, 7.663775), auf dem ein Stopp zum Pflichtprogramm einer Norwegenreise gehört. Neben einer Gastronomie und Souvenirläden führt von hier ein kurzer Weg zu einer Aussichtsplattform, von der wir einen wunderbaren Ausblick auf den nächsten Teil unserer Strecke haben. Direkt unter unseren

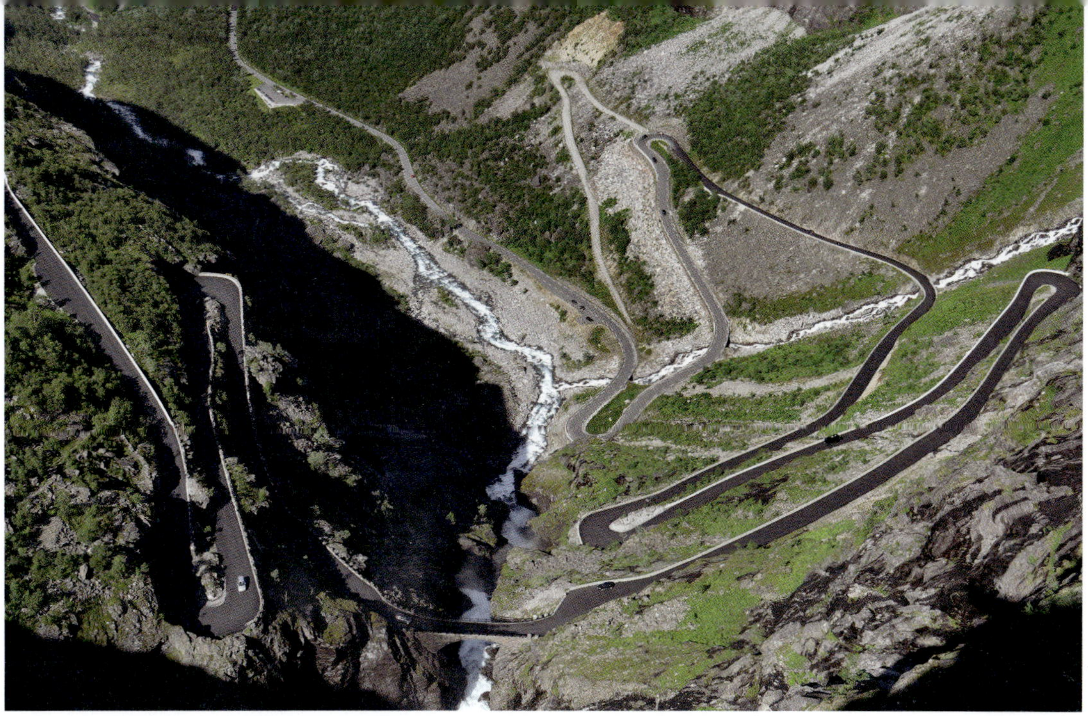

Füßen verläuft nämlich die Straße 63 in neun Spitzkehren hinab in das weiter unten liegende Tal. Dieser spektakuläre Straßenabschnitt nennt sich **Trollstigen** und zählt zu einem der beliebtesten Fotomotive Norwegens. Man sollte sich hier ein wenig Zeit nehmen und den Verkehr beobachten. Man sieht Radfahrer, die den Trollstigen von unten erklimmen sowie Reisebusse und Lkw, die sich irgendwo an einer Serpentine begegnen und ihre Fahrzeuge aneinander vorbeimanövrieren müssen.

Mit Ruhe und Sorgfalt gelingt es uns aber natürlich auch, die Straße mit ihrer zehnprozentigen Steigung hinabzufahren. Sehr schön ist dabei noch der Anblick auf den über 300 Meter tiefen **Stigfossen-Wasserfall**, den wir nach der fünften Kehre überqueren. Sind wir erst einmal unten angekommen, sollten wir noch einen Blick zurückwerfen, denn ein ungewöhnliches Verkehrsschild weist uns darauf hin, dass auf der Passstraße mit Trollen zu rechnen ist. Am Ende des Tals treffen wir auf die Straße E136, der wir nach links nach **Åndalsnes** folgen.

In **Åndalsnes** folgen wir der Straße 64, auf der wir den **Romsdalsfjord** umrunden, den Langfjord mit einer Fähre über- und den **Fannefjord** mittels Tunnel unterqueren. Nach einiger Zeit erreichen wir **Vevang**, womit wir uns direkt an der norwegischen Küste befinden. Auch die Fjorde gehören natürlich zur norwegischen Küste, immerhin handelt es sich um Meeresbuchten, doch einen freien Blick auf den Ozean haben wir erst hier. Und dieser wird dann auch noch mit einer weiteren eindrucksvollen Straße unterstrichen. Der Atlanterhavsveien – die **Atlantikstraße** – ist rund acht Kilometer lang und verläuft über mehrere Brücken, die kleine Inselchen mit-

Bevor man den Trollstigen hinabfährt, sollte man zuvor einen Blick von der Aussichtsplattform genießen.

— **KULTUR** —

TROLLVEGGEN

Im Rauma-Tal sollten wir an der T-Kreuzung zur E136 nach rechts abbiegen. Dort erreichen wir nach sechs Kilometern in einem engen Tal einen Parkplatz. Der Eindruck der Enge wird durch die Tatsache erhöht, dass sich zu unserer Rechten eine Felswand erhebt, die als Trollveggen bekannt ist. Diese Trollwand reicht 1700 Meter in die Höhe, wovon rund 1000 Meter lotrecht abfallen und Trollveggen zur steilsten Felswand Europas machen. Eine Schautafel zeigt eindrucksvoll den Vergleich dieser Wand mit der Größe des Eiffelturms, der – in Trollveggen eingebaut – kaum auffallen würde.

Die Atlantikstraße wurde zum Bauwerk des Jahrhunderts gewählt.

einander verbinden. Die größte der Brücken ist die beeindruckendste. Dabei ist sie gar nicht besonders hoch oder lang, doch von einem Rastplatz an ihrem westlichen Ende (63.018299, 7.364276) schaut man auf die Brücke und bekommt den Eindruck, die Fahrbahn würde einfach irgendwo im Blau des Himmels enden. Die Atlantikstraße wird oftmals als Kulisse für Werbefilme genutzt und wurde zum Bauwerk des Jahrhunderts erklärt.

Folgen wir der Straße 64, werden wir wenig später dem Atlanterhavstunnel begegnen, der uns für rund fünf Kilometer unter dem Atlantik hindurchführt, bis wir in der Stadt Kristiansund wieder Tageslicht sehen.

SIGHTSEEING IN TRONDHEIM

Über die Straßen 70 und E39 erreichen wir **Kanestraum**, wo wir erneut mit einer Fähre ablegen, um weiter auf der E39 nach **Trondheim** zu gelangen. Trondheim ist nach Oslo und Bergen die drittgrößte Stadt Norwegens und liegt von den dreien am nördlichsten. Die Innenstadt von Trondheim ist im Vergleich zu anderen norwegischen Ortschaften eher aufgeräumt und unspektakulär. Doch beherbergt sie eine der bedeutendsten Sehenswürdigkeiten des Landes, die nicht von der Natur geschaffen wurden. Der **Nidarosdom** (63.426826, 10.395533) entstand im 12. Jahrhundert als Nachfolgebau einer kleineren Kirche und war sowohl im Mittelalter als auch im 19. Jahrhundert Krönungsort für die norwegischen Könige. Heute gilt die Kathedrale als Nationalheiligtum und beeindruckt schon von außen mit der gotischen Westfassade. Zahlreiche Skulp-

---

AUSFLUG

MITTELPUNKT NORWEGENS

Von Steinkjer aus erreicht man über die Straßen 762 und 266 einen einsam gelegenen Wanderparkplatz (64.004714, 12.156107). Dieser ist Ausgangspunkt für eine noch einsamere Wanderung zum geografischen Mittelpunkt des Landes, der sich kurioserweise gar nicht so weit von der Grenze zu Schweden entfernt befindet. Ab dem Parkplatz folgt man einem gut neun Kilometer langen, aber einfachen Wanderweg durch ein Hochmoor, weshalb man fast die gesamte Strecke auf Holzbohlen unterwegs ist. Zum Abschluss der Wanderung kann man sich in einem Gästebuch an der Markierung des geografischen Mittelpunkts eintragen.

Åndalsnes
Atlanterhavsveien

64
E39

330 km   E6

Trondheim
Nidarosdom

turen, die Persönlichkeiten aus dem Alten Testament darstellen, wurden in die Fassade eingearbeitet. Im Inneren befinden sich zehn Gräber von norwegischen Königen, unter anderem das Grab von König Olav II., der nach seinem Tod im 11. Jahrhundert heiliggesprochen wurde. Seine Grabstätte im Nidarosdom ist seither Ziel zahlreicher Pilger, die auf dem **Olavsweg** in Norwegen unterwegs sind.

Durch Trondheim verläuft zudem die Europastraße 6, die zweifellos als wichtigste Verbindung zwischen Nord und Süd gilt. Sie beginnt bei Kirkenes an der Grenze zwischen Russland und Norwegen und reicht in Richtung Süden bis in das schwedische Trelleborg. Heute dient die gut ausgebaute Straße vor allem dem zügigen Erreichen des Nordkaps, da man von Oslo kommend einfach an Fjordnorwegen vorbeifährt. Daher wird im Zusammenhang mit der E6 oft auch vom Kilometerfressen gesprochen, was angesichts der weiten Strecke stellenweise aber unvermeidbar bleibt.

Auch wir fahren auf der E6 nun ein gutes Stück nach Norden, was bei einem Blick auf die schmale Landfläche Norwegens nur verständlich ist. Doch hin und wieder lohnt es sich, die Hauptroute zu verlassen, so wie zum Beispiel bei Steinkjer, wo die Möglichkeit besteht, den Mittelpunkt Norwegens zu besuchen.

Ein weiterer Abstecher ist zwischen **Majavatn** und **Trofors** möglich. In westliche Richtung zweigt die Straße 76 von der E6 ab und führt nach **Brønnøysund**. Von dort ist es wiederum nur eine kurze Fahrt über eine Brücke auf die Insel **Torg**, wo sich der fast 260 Meter hohe Torghatten erhebt. Der Berg ist natürlich weniger wegen seiner Höhe imposant, sondern erweckt Interesse durch ein natürliches Loch, das tunnelförmig mitten durch den Berg führt. Ein kurzer Wanderweg verläuft vom

In Norwegens Landschaft findet man fast immer einen schön gelegenen Parkplatz.

Die Atlantikstraße besteht aus mehreren Brücken.

ROUTE 1

Trollen begegnet man überall in Norwegen.

Egal, wo man hinschaut: In Norwegen sieht man immer schöne Landschaften.

> **KULTUR**
>
> **POLARKREIS**
>
> Der Polarkreis gilt als Grenze zu den Polargebieten und ist der südlichste Bereich, an dem die Sonne am 21. Juni nicht komplett untergeht. Mit dieser Sommersonnenwende werden die Tage wieder kürzer, doch wenn wir weiter nach Norden fahren, können wir weiterhin die Mitternachtssonne genießen. Am Nordkap ist sie noch bis Ende Juli zu sehen. Der Polarkreis ist aber kein stets fester Punkt, sondern verschiebt sich jedes Jahr durch die Nutation der Erdachse um etwas über 14 Meter und zwar zurzeit nach Norden. So erklärt es sich auch, dass die in unterschiedlichen Jahren errichteten Denkmäler für den Polarkreis an verschiedenen Orten stehen. Kurz gesagt, um den derzeitigen Polarkreis zu überqueren, müssen wir weiter nach Norden und auf unserer Rückreise nach Süden ist er schon wieder um einige Zentimeter gewandert.

Parkplatz (65.395584, 12.096994) einmal halb um den Berg und dann mitten hindurch.

Zurück auf der E6 lohnt es sich auch, einen kurzen Stopp in **Mosjøen** am Vefsnfjord einzulegen. Dort begrüßt uns die Sjøgata, also Seestraße, mit einer Reihe von Holzhäusern, die in der Mitte des 19. Jahrhunderts entstanden und so ein interessantes Ensemble darstellen.

Im weiteren Verlauf der E6 erreichen wir Mo i Rana, wo wir aber noch vor dem Ortseingang die Augen nach links wenden sollten. Dort befindet sich völlig überraschend eine reine Ver- und Entsorgungsstation für

Freies Übernachten ist in Norwegen selten ein Problem.

Wohnmobiltouristen (66.304573, 14.123673). An eine Übernachtungsmöglichkeit will man hier jedoch wegen der Umgebung und aus Platzmangel eher nicht denken. Mo i Rana ist eine Industriestadt am **Ranfjord** und bietet nur wenig Grund, länger zu verweilen. Das Wahrzeichen der Stadt ist die Skulptur Havmannen, die sich nur wenige Meter vom Ufer entfernt im Fjord befindet.

Weitaus schöner wird es, wenn wir uns wieder der Natur widmen, die sich wenig später rechts und links der E6 ausbreitet. Auf der linken Seite passieren wir den **Nationalpark Saltfjellet-Svartisen**, der mit einem mächtigen Gletscher zu Besuchen und Wanderungen einlädt. Durchquert wird der Nationalpark vom Polarkreis, den wir natürlich passieren. In ansonsten einsamer und unwirtlicher Gegend gelangen wir zum Polarkreis-Zentrum (66.551571, 15.319500), in dem es neben einer Gastronomie und einem Souvenirshop auch Informationen zum Polarkreis und mehrere Markierungen gibt. Auf der anderen Straßenseite sehen wir mit etwas Glück, wie gerade die Nordlandbahn den Polarkreis überquert. Sie ist die längste Eisenbahnstrecke Norwegens und verbindet die beiden Städte Trondheim und Bodø, womit sie zugleich die einzige norwegische Bahnlinie ist, die den Polarkreis passiert.

Bodø soll auch unser Ziel sein, weshalb wir bei Fauske die E6 vorläufig verlassen und der Straße 80 bis zum Küstenort folgen, die sich am Ende einer Halbinsel erstreckt. Hier hoch oben im Norden, wo die Mitternachtssonne noch bis zum 10. Juli andauert, treffen wir auf Folgen des Zweiten Weltkriegs. Denn Bodø wurde von der deutschen Luftwaffe fast vollständig dem Erdboden gleichgemacht und so hat die Stadt keinen Bestand an historischen Bauten. Daher stammt die modern gestaltete Domkirche aus den 1950er-Jahren. Große Bedeutung hat Bodø aber auch als Hafenstadt, weil hier die Fähr-

Trondheim
Nidarosdom

430 km   E6 76

Brønnøysund
Torghatten
Polarkreis

Auf dem Weg zum Nordkap überquert man natürlich auch den Polarkreis und sollte im Besucherzentrum einkehren.

Hinter dem Polarmeer kommen nur noch Spitzbergen und die Arktis.

Brønnøysund
Torghatten
Polarkreis

480 km

Bodø
Lofoten
Fähre

Trockenfisch, wie hier im Stockfischmuseum, ist auf den Lofoten nicht wegzudenken.

schiffe zu den Lofoten ablegen und wir die berühmte Inselgruppe je nach Schiffstyp in rund drei Stunden erreichen können.

AUF DIE LOFOTEN

Schon die Anfahrt auf die Lofoten lässt erahnen, dass man sich auf den rund 80 Inseln auch gut länger aufhalten kann. Beinahe wirken die Lofoten wie eine Halbinsel, die vom norwegischen Festland aus in den Nordatlantik reicht. Dieser Eindruck wird dadurch vermittelt, dass die Hauptinseln über Brücken und Tunnel untereinander und mit dem Festland verbunden sind. Der Straße E10 kommt dabei eine besondere Rolle zu, da sie sich einmal quer über die wichtigsten Inseln schlängelt. Fast am Ende der E10 erreichen wir die **Lofoten** auf einer der südlichsten Inseln. Bevor wir jedoch der Straße nordwärts folgen, sollten wir zunächst nach links abbiegen und hinter dem letzten Tunnel auf einem Parkplatz (67.879996, 12.977988) pausieren. Der Ort mit dem kurzen Namen **Å** hat nur wenige Dutzend Einwohner, ist aber komplett auf Tourismus ausgelegt. Durch das kleine Zentrum zieht der aromatische Geruch aus der Steinofenbäckerei, während in der Nähe ein Museum über den Stockfisch informiert. Schnell wird man beim Spaziergang durch die Orte der Lofoten merken, dass Stockfisch hier noch weit verbreitet ist – gut zu erkennen an den zahlreichen Trocknungsgestellen. Und manchmal sieht man bei dem einen oder anderen Privatgrundstück sogar den getrockneten Fisch am Wäscheständer hängen. Auffällig sind auch die dazugehörigen Rorbuer. Diese kleinen, meist roten Fischerhütten stehen oft auf Pfählen und geben vor der bergigen Kulisse nicht nur ein schönes Bild ab, sondern werden mittlerweile auch als Unterkunft für Touristen angeboten.

AN FJORDEN VORBEI BIS ZUM ENDE EUROPAS

Wer an so einem Rastplatz auf den Lofoten nicht anhält, der verpasst etwas.

Bodø
Lofoten
Fähre

E10
E6
1040 km 94
Hammerfest

Mit zahlreichen Wandermöglichkeiten und wunderbaren Aussichten reisen wir entlang der E10 durch den Hauptort **Svolvær**, bevor wir nach einiger Zeit wieder norwegisches Festland erreichen und auf die bekannte E6 stoßen. Unterwegs sehen wir immer wieder Hinweistafeln, die an die Schlacht von Narvik erinnern. Sie fand im Juni 1940 statt und galt als erster Erfolg der alliierten Streitkräfte gegen Nazi-Deutschland. Sowohl **Narvik** als auch einige Zeit später **Tromsø** sind über kleine Abstecher bzw. Umwege ab der E6 gut erreichbar. Direkt an der E6 wiederum befindet sich die kleine Ortschaft Alta, die sich mit über 6000 Jahre alten Felszeichnungen einen Namen bei der UNESCO gemacht hat, wo die prähistorischen Spuren auf der Weltkulturerbeliste eingetragen wurden. Zu sehen sind sie auf einem Wanderweg des Alta Museums (69.946611, 23.186198), das sich gleich neben der Hauptstraße befindet.

Ein letzter größerer Abstecher führt uns nach **Hammerfest**, wo uns so weit im Norden sogar noch ein Wohnmobilstellplatz (70.663058, 23.675199) am Hafen überrascht. Schon bei der Anfahrt erkennen wir, dass der Eisbär das Wappentier von Hammerfest ist. Auch vor dem Rathaus befinden sich zwei Bärenskulpturen, obwohl der Eisbär niemals auf dem europäischen Festland unterwegs war. Ein besonderer Spaß ist der Besuch im **Eisbärenclub**, wo man mit einer kleinen Spende Mitglied werden und den kostenlosen Eintritt auf Lebenszeit sowie ein Zertifikat erwerben kann.

Darüber hinaus ist Hammerfest ebenfalls in der UNESCO-Welterbeliste eingetragen. Auf der gegenüberliegenden Seite der Bucht befindet sich eine Meridiansäule, die an den Struve-Bogen und an die damit verbundene Vermessung der Erde erinnert.

Norwegen beeindruckt nicht nur mit Landschaften, sondern auch mit Architektur und Kirchen.

ROUTE 1

Am Nordkap wird es im Sommer auch um zwei Uhr nachts nicht dunkel.

ENDLICH AM NORDKAP

Zurück zur E6 fahren wir entlang des **Porsangerfjords** bis zu einem Tunnel, der uns unter einem Meeresarm hindurch auf die Insel Magerøya bringt. An einem allerletzten Abzweig haben wir die Möglichkeit, zunächst in die kleine Hafenstadt Honningsvåg zu gelangen, wo die Ausflugsschiffe und Hurtigruten anlegen. Doch nun wollen wir nach dieser langen Reise natürlich unser Ziel erreichen, biegen links ab und steuern auf das Nordkap zu. Der Parkplatz und damit auch das Areal des Nordkaps sind zwar kostenpflichtig, doch mit dem Eintritt erwirbt man die Erlaubnis, 48 Stunden parken und dementsprechend übernachten zu dürfen. Allerdings gibt es weder Strom noch eine Ver- und Entsorgung, da es sich um einen reinen Parkplatz handelt. Wer noch länger bleiben möchte, für den empfiehlt sich die Mitgliedschaft im Royal North Cape Club, mit der man sich ebenfalls auf Lebenszeit kostenlosen Zugang zum Parkplatz erkauft. Geprägt ist die Steilküste des **Nordkaps** durch die Nordkaphalle, in der sich neben einem großen Souvenirladen und gastronomischen Einrichtungen eine Kapelle, eine Ausstellung und ein kleines Kino mit einem sehr schönen Film befinden. Durch die verglaste Nordfassade der Halle blickt man direkt auf den berühmten Globus, der natürlich das Ziel aller Nordkapfahrer ist. Wer den Globus gerne für sich alleine haben möchte, wartet einfach ab, bis die Busse mit den Touristen der Schiffe wieder abgefahren sind und die anderen Wohnmobilbesatzungen sich schlafen gelegt haben. Durch die lange Helligkeit hat das Nordkap natürlich auch in der Nacht einen ganz besonderen Reiz.

AUSFLUG

KNIVSKJELLODDEN

Das Nordkap ist nicht der nördlichste Punkt Europas. Das als schlechte Nachricht vorweg. Gerne werden bei der Diskussion um den nördlichsten Punkt weitere Orte angeführt. Da wäre natürlich die Insel Spitzbergen, aber auch das östlich gelegene Nordkinn. Es befindet sich zwar etwas südlicher als das Nordkap, liegt aber auf der europäischen Landmasse, während das Nordkap auf einer Insel zu finden ist. Aber das Nordkap ist zweifellos der nördlichste Punkt Europas, der mit dem Wohnmobil erreicht werden kann. Wer es jedoch noch ein wenig nördlicher mag, der sollte ein Stück nach Süden fahren, wo ein kleiner Wanderparkplatz an der E69 den Ausgangspunkt zu einer Wanderung zu Knivskjelloden markiert. Die relativ einfache Tageswanderung führt zu einer Landzunge westlich des Nordkaps, von wo aus man bei guter Sicht und mit einem Fernglas oder Teleobjektiv den Globus am Nordkap erkennen kann.

Hammerfest

94
E6
210 km E69
Nordkap
Ziel

PRAKTISCHE HINWEISE

Offizieller Stellplatz am Hafen von Hammerfest.

TOURISTINFORMATIONEN
Visit Trondheim, Nordre gate 11, 7011 Trondheim, Tel. 0047/73 80 76 60, www.visitnorway.com

Tourismus Lofoten, Haakon Kyllingmarks gate 6, 8300 Svolvær, Tel. 0047/76 06 98 00, www.lofoten.info

Nordkaphalle, 9764 Nordkapp, Tel. 0047/78 47 68 60, www.visitnordkapp.net

CAMPINGPLÄTZE
Geiranger Camping, 6216 Geiranger, Tel. 0047/70 26 31 20, www.geirangercamping.no (62.099472, 7.203155). Beliebter Campingplatz direkt am Ende des Geirangerfjords und nur wenige Meter vom Zentrum des kleinen Ortes entfernt. Ausblick auf die Kreuzfahrtschiffe ist garantiert.

Mo i Rana Camping, Hammerveien 10, 8626 Mo i Rana, Tel. 0047/75 14 41 44, www.nafcamp.com (66.316708, 14.177950). Einfacher Campingplatz des NAF (norwegisches Pendant zum ADAC) an einem kleinen Fluss in Mo i Rana.

Lofoten Bobil Camping, Lyngvær, 8313 Kleppstad, Tel. 0047/76 07 77 78, www.lofoten-bobilcamping.no (68.228521, 14.223600). Sehr ruhiger Campingplatz, der sich selbst als Wohnmobilstellplatz versteht. Sehr zentral auf den Lofoten direkt an der E10 und vor traumhafter Kulisse gelegen.

STELLPLÄTZE
Hammerfest, Moloen (70.663120, 23.675082). Vier Stellflächen des Parkplatzes am Hafen sind kostenpflichtig für Wohnmobile reserviert.

Parken und Landschaft genießen, dafür steht das Reich der Trolle.

2 DURCH DIE WÄLDER UND SCHÄREN IN SÜDSCHWEDEN

Von Trelleborg nach Stockholm

Für die unendlichen Weiten Schwedens sollte man sich sehr viel Zeit nehmen, alleine der Süden, der an dieser Stelle nur ansatzweise vorgestellt werden kann, ist so groß wie das Nachbarland Dänemark. Wir wandeln in Ystad auf den Spuren Wallanders und blicken auf schwindelerregende Bauten bei Malmö. Technische Weltkulturerben wechseln sich mit Ausblicken auf Seen ab, die zu den größten in Europa gehören. Abschließend fahren wir durch die weiten Wälder in die Hauptstadt Schwedens, wo man als Wohnmobilist gerne aufgenommen wird und man sich ebenfalls viel Zeit für eine Stadtbesichtigung nehmen sollte.

Ystad besticht durch eine gemütliche Altstadt mit schönen Fachwerkhäusern.

DURCH DIE WÄLDER UND SCHÄREN IN SÜDSCHWEDEN

Am südlichsten Punkt Schwedens kann man noch einige tausend Kilometer nach Norden fahren.

Dass es in Skandinavien gar nicht so kalt ist, wie die Vorurteile es immer behaupten, merken wir bereits bei der Ankunft in **Trelleborg**. Immerhin liegt die Südküste Schwedens auf einer Breite, die gerade mal 30 Kilometer nördlicher als Sylt ist und Richtung Süden sind es nur 70 Kilometer Luftlinie bis zur Insel Rügen. Mit eiskalter und schneeweißer Landschaft muss man also auch im Winter nicht zwangsläufig rechnen. Aber dass an den Straßenrändern von Trelleborg Palmen in die Höhe wachsen, überrascht dann doch.

Trelleborg ist einer der klassischen Ausgangspunkte für eine Reise durch Schweden, ist aber mangels Sehenswürdigkeiten für die meisten Skandinavienreisenden ansonsten von eher geringem Interesse. Viele wechseln mit dem Wohnmobil gleich auf die E6, die am Fährterminal beginnt und bis zum Polarmeer führt, genauer gesagt bis nach Kirkenes kurz vor der russischen Grenze, vorbei an Göteborg, Oslo, Narvik und dem Abzweig zum Nordkap. Auch wir werden ihr später ein gutes Stück folgen, doch zunächst lohnt sich noch ein Umweg durch die südlichste Landschaft Schwedens – **Skåne**. Bei der Fahrt durch die südlichste Provinz des Staates fällt uns der hohe Anteil der Landwirtschaft auf. Noch heute wird Skåne als Kornkammer Schwedens bezeichnet, weil rund ein Drittel der schwedischen Agrarprodukte auf dieser verhältnismäßig kleinen Fläche wachsen.

AUF DEM WEG NACH OSTEN

Wir verlassen Trelleborg auf der Straße 9 nach Osten und erreichen bald schon nach 15 Kilometern einen Wohnmobilstellplatz

--- SPECIAL ---

KURT WALLANDER

Kurt Wallander ist der Name des Kriminalkommissars, der vom schwedischen Schriftsteller Henning Mankell erfunden wurde. Obwohl selbst in Stockholm geboren, siedelte Mankell seinen Krimihelden in der südschwedischen Stadt Ystad an. Ein Dutzend Romane sind von ihm erschienen, ein Großteil davon wurde sogar verfilmt. Das Besondere an den Werken ist die authentische Beschreibung der Schauplätze in der Stadt, was dazu führte, dass es mittlerweile geführte Touren nach und durch Ystad gibt, um zu den realen Orten fiktiver Ereignisse zu gelangen.

ROUTE 2

START- UND ENDPUNKT
Trelleborg und Stockholm

BESTE JAHRESZEIT
ganzjährig

STRECKENLÄNGE
970 Kilometer

FAHRZEIT
5 bis 7 Tage

MAUTSTRECKEN
Keine

ROUTE 2

Warum in die Provence reisen, wenn es Lavendelfelder auch in Schwedens Süden gibt?

Die berühmteste Schiffssetzung Schwedens, Ales Stenar, sollte man unbedingt besucht haben.

(55.338938, 13.361495) in **Smygehuk**, nur wenige Schritte vom südlichsten Punkt Schwedens entfernt. An dem kleinen Hafen des Ortes weist eine Markierung im Boden auf diesen Extrempunkt hin und ein Schilderbaum zeigt uns die Entfernungen zu bedeutenden Hauptstädten Europas. Lediglich der Hinweis auf Treriksröset ist für Schweden-Unerfahrene möglicherweise rätselhaft. Gemeint ist das Dreiländereck von Schweden, Norwegen und Finnland, bei dem es sich gleichzeitig um den nördlichsten Punkt des Landes handelt. Beeindruckend ist, dass die Kilometerangabe dorthin größer ist als in die russische Hauptstadt Moskau. Das verdeutlicht die Größe Schwedens und Skandinaviens.

Auf dem weiteren Weg nach Osten fahren wir durch eine idyllische Landschaft und blicken nach rechts auf die blaue Ostsee, während sich links die Farbtöne der jeweiligen Anbaufläche vom gelben Raps bis zum hellbraunen Roggen abwechseln. Unser nächstes Zwischenziel ist die beschauliche Stadt **Ystad**, ein beliebtes Ziel von Freunden gemütlicher Altstädte und für Krimifans.

Aber auch ohne den Hintergrund von Wallander-Krimis lohnt sich ein Besuch der gemütlichen Altstadt. Sie besticht durch einige historische Fachwerkhäuser, die zum Teil aus dem 17. Jahrhundert stammen, und durch das mitten im Stadtzentrum gelegene ehemalige Franziskanerkloster. Es entstand bereits in der Mitte des 13. Jahrhunderts, wurde jedoch keine 300 Jahre von den Mönchen bewohnt. Später beherbergte es ein Krankenhaus, einen Kornspeicher und sogar eine Brennerei. Heute sind in dem Gebäude ein Museum und eine Bibliothek untergebracht. Umgeben ist es von Gärtchen, in denen eine kleine, steinerne Mönchsfigur an die einstige Nutzung der Anlage erinnert.

Nur eine gute Viertelstunde ist es von Ystad aus zu fahren, um weiter im Osten und ebenfalls direkt an der Küste die Ortschaft Kåseberga zu erreichen. Das Wohnmobil lässt man besser auf dem großen Schotterparkplatz am Ortseingang stehen (55.388496, 14.063111) und folgt der Beschilderung zu **Ales Stenar** wenige Hundert Meter zu Fuß.

SCHWEDISCHES »STONEHENGE«

Ales Stenar ist das Stonehenge von Skandinavien, zumindest auf den ersten Blick. Es handelt sich um eine Steinsetzung aus 50 aufrecht stehenden Steinen, die in der Gesamtheit die Form eines Schiffsrumpfes darstellen. Zwei der Sandsteinfelsen sind deutlich höher als die anderen und bilden sowohl das Heck als auch den Bug des stei-

Noch näher ans Meer als auf dem Campingplatz in Löderup kann man sich gar nicht wünschen.

nernen Schiffes. Es wird davon ausgegangen, dass es sich um eine Grabanlage handelt. Allerdings wurde die Steinsetzung in den vergangenen Jahrhunderten durch mehrere Restaurierungen mehrfach deutlich verändert. Bei einer Ausgrabung vor rund 100 Jahren standen nur 16 Steine, der Rest wurde später wieder aufgerichtet. Aber nicht zuletzt durch die Lage an einer Abbruchkante direkt an der Küste ist Ales Stenar ein beliebtes Ausflugsziel und weit über die Grenzen von Skåne hinaus bekannt.

Zurück nach Ystad kehren wir dem Meer für eine kurze Zeit den Rücken und steuern unser Wohnmobil auf der E65 quer durch Skåne hindurch, bis wir mit **Malmö** die drittgrößte Stadt des Landes erreicht haben. Auch Malmö ist ein beliebter Ausgangsort für eine Reise durch Schweden, denn immerhin ist das Land an dieser Stelle seit dem Jahr 2000 mit dem Nachbarland Dänemark über die Øresundsbroen, die **Öresundbrücke**, verbunden. Auch ohne die mautpflichtige Brücke zu befahren, lohnt sich ein Besuch an der Küste, um einen Blick auf dieses imposante Bauwerk zu werfen. Die acht Kilometer lange Brücke endet auf der künstlich aufgeschütteten Insel Peberholm, wo der Verkehr plötzlich unterseeisch fortgeführt wird, bis man schließlich in Kopenhagen herauskommt.

Mit architektonischen Besonderheiten geht es aber auch in Malmö weiter. Im Hafenviertel erhebt sich der sogenannte **Turning Torso**, der erst im Jahr 2005 fertiggestellt wurde und sich sofort als neues Wahrzeichen der Stadt entpuppte. Das Hochhaus bringt es mit seinen 54 Etagen zwar auf eine Höhe von 190 Metern, im weltweiten Vergleich reicht das allerdings nicht mal für die Top 100. Doch das Besondere an dem Gebäude ist die Struktur, die es wie ein in sich gedrehtes Hochhaus aussehen lässt. Und außerdem sollte erwähnt werden, dass es sich immerhin um das höchste Gebäude aller skandinavischen Länder handelt.

Nur wenige Hundert Meter entfernt geht es architektonisch dann wieder klassisch zu. Am Rande der Malmöer Altstadt beherbergt **Schloss Malmö** das naturhistorische Museum und das Kunstmuseum der Stadt in seinen Mauern, die aus dem 16. Jahrhundert stammen und das Gebäude mit seinem Wassergraben wie eine Festung wirken lassen. Gleich daneben schließt sich die Altstadt an, in der sich mehrere Gässchen um den Großen Marktplatz herum erstrecken.

Eine Fahrt auf dieser Brücke von Dänemark nach Malmö ist ein besonderes Erlebnis.

AUF DEM WEG NACH NORDEN

Um in Schweden nordwärts zu fahren, bietet sich an der Westküste die bereits erwähnte E6 an, die es teils vierspurig ermöglicht, die großen Strecken zwischen den Orten zu überwinden. Dabei passieren wir Helsingborg, den dritten Ausgangspunkt für Schwedenreisende. Helsingborg ist auch als Ziel der sogenannten Vogelfluglinie ab Puttgarden auf Fehmarn bekannt und für eine Küstenlandschaft, die mit ihren weiten Stränden zahlreiche Besucher anlockt. Einige der Sandstrände können sogar mit dem Wohnmobil befahren werden, so zum Beispiel in **Skummeslövstrand** (56.462659, 12.913994), südlich von Halmstad. Bei Varberg lohnt es sich auch, die E6 mal landeinwärts zu verlassen. Technikinteressierte werden Gefallen an dem dortigen **Längstwellensender Grimeton** (57.113011, 12.405665) finden. Es handelt sich um den einzigen noch funktionsfähigen Sender seiner Art, der aus sechs Türmen besteht, die einer Reihe von Hochspannungsmasten ähneln. Er wurde 1925 erbaut und diente der Funkverbindung in die USA. Heute wird der Sender nur noch zu besonderen Anlässen genutzt und wird durch die Weltkulturerbeliste der UNESCO geschützt.

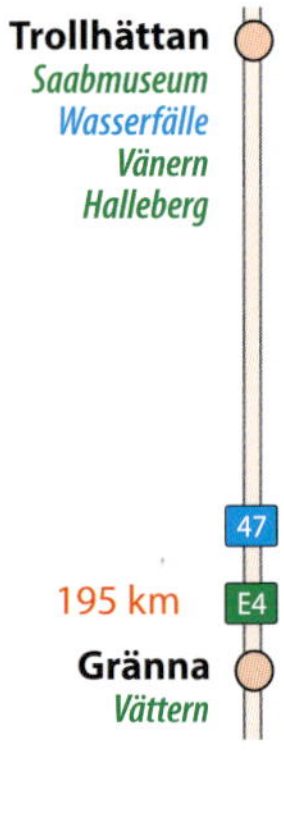

Auf dem weiteren Weg nach Norden passieren wir die zweitgrößte Stadt des Landes Göteborg und wir sehen auf der linken Seite den Freizeitpark **Liseberg**. Kurz dahinter können wir die E6 verlassen, um der Stadt einen Besuch abzustatten. Gemütlicher wird es jedoch, wenn wir die E6 verlassen und der E45 folgen. Am **Götakanal** entlang erreichen

> ## AUSFLUG
> ### ELCHE AUF DEM HALLEBERG
> Der Halleberg hat mehr zu bieten als eine Aussicht auf den Vänernsee. Das Felsplateau ist fast durchgehend bewaldet, beherbergt einen kleinen, bei Anglern beliebten See und ist über eine einzige Stichstraße zu erreichen. Außerdem gilt der Berg als Geheimtipp, wenn man auf Elche treffen möchte. Entlang der asphaltierten Straße sind stellenweise Leckstangen aufgestellt, die die Tiere anlocken und so beobachtet werden können. Es kann sich also durchaus lohnen, sich in der Dämmerungszeit einen Platz am Fahrbahnrand zu suchen und sich einfach still zu verhalten. Ähnliches gilt auch für den südlicher gelegenen und deutlich größeren Hunneberg, der über eine Ringstraße zu befahren ist.

Trollhättan
Saabmuseum
Wasserfälle
Vänern
Halleberg

47

195 km E4

Gränna
Vättern

28

DURCH DIE WÄLDER UND SCHÄREN IN SÜDSCHWEDEN

wir die Kleinstadt **Trollhättan**. Das Stadtzentrum von Trollhättan ist dabei von geringem Interesse. Selbst die Tourismusinformation liegt außerhalb der Stadt in einem ehemaligen Gewerbegebiet in der Nähe des Götakanals (58.272136, 12.276793). Gleich daneben befindet sich nämlich das Innovatum, ein Wissenschaftszentrum für Kinder und ein Saab-Museum, denn der Autohersteller hat hier in der Stadt seinen Firmensitz. Ebenfalls fußläufig erreichbar sind das Kanalmuseum, das über die Geschichte des Götakanals informiert und die berühmten Trollhättan-Wasserfälle. Diese können in den Sommermonaten nur einmal täglich beobachtet werden, wenn die Schleusen geöffnet werden und sich das ansonsten regulierte Wasser in die Tiefe ergießt.

DER GROSSE SEE VÄNERN

Wasser ist auch nördlich von Trollhättan ein wichtiges Thema, denn dort erstreckt sich mit dem Vänern der größte See der Europäischen Union. Er ist an seiner tiefsten Stelle gerade einmal etwas über 100 Meter tief, bietet aber eine Küstenlänge von über 2000 Kilometern. Den wohl schönsten Blick auf den See hat man vom **Halleberg** am südlichen Ufer östlich von Vänersborg. Und selbst hierbei sieht man nur einen kleinen Teil des sogenannten schwedischen Meeres. Von dem Wanderparkplatz (58.394619, 12.463026) gelangt man nach einer kurzen Wanderung zu einem faszinierenden Aussichtspunkt.

AM VÄTTERN VORBEI

Von Vänersborg fahren wir über die Straßen 44 und 47 in Richtung Jönköping, womit wir einerseits die Provinz **Småland**, andererseits aber das südliche Ende eines weiteren großen Sees, des Vättern, erreicht haben. Er ist zwar weniger beeindruckend als der Vänern, jedoch immer noch der zweitgrößte See des Landes, der zudem zahlreiche Freizeitaktivitäten bietet. Am Ostufer des Vättern sollten wir der sehr gut ausgebauten E4 nordwärts folgen, um nach kurzer Zeit nach Gränna zu gelangen. **Gränna** ist eine kleine Ortschaft,

die man sich nicht schwedischer vorstellen kann. Rote Holzhäuser säumen die Straßen, in der eine gemütliche Idylle zu spüren ist. Doch die wirkliche Sehenswürdigkeit ist viel süßer, denn Gränna ist bekannt für die zahlreichen kleinen Betriebe, in denen Zuckerstangen, auf Schwedisch »Polkagris«, hergestellt werden.

Dabei kann man den Zuckerbäckern über die Schulter schauen, wie sie die Stangen fertigen, färben und rollen. Zu guter Letzt kön-

In Gränna kann man nicht nur Zuckerstangen probieren, sondern auch bei der Herstellung zuschauen.

Stattlich präsentiert sich das Malmöhus, in dem das Kunstmuseum der Stadt untergebracht ist.

29

ROUTE 2

Gränna
Vättern

300 km E4

Stockholm Ziel

Ein beliebtes Fotomotiv in Stockholm ist das Stadthaus, auch kann man den Turm besteigen und auf Gamla Stan blicken.

nen wir uns natürlich mit Zuckerstangen und Bonbons in allen möglichen Geschmacksrichtungen eindecken.

Auf der E4 folgen die Städte Linköping, Norrköping und Nyköping, bis wir vor den Toren der schwedischen Hauptstadt stehen, wo auf der Insel **Långholmen** ein Wohnmobilstellplatz (59.320458, 18.032899) auf uns wartet. Von dort haben wir nach einer halben Stunde Fußweg an einem Ufer entlang die Altstadt **Stockholms** erreicht. Gamla Stan, wie die Altstadt richtig heißt, liegt auf der Insel Stadsholmen und besticht durch malerische Gassen, in denen zahlreiche Souvenirläden und Restaurants Besucher aus aller Welt anlocken. Am Nordrand der kleinen Insel erhebt sich natürlich noch das königliche Schloss, vor dem die Palastwachen ein beliebtes Fotomotiv sind. Ebenfalls beliebt ist der Blick von der westlich gelegenen Terrasse auf eine der vielen Buchten Stockholms, wo wir am gegenüberliegenden Ufer das Stadthaus erkennen. Selbstverständlich hat die schwedische Hauptstadt noch viel mehr zu bieten, zum Beispiel den Schärengarten, doch das würde hier leider den Rahmen sprengen. Auf jeden Fall ist der Besuch der Metropole ein schöner Abschluss einer gemütlichen Fahrt durch den Süden Schwedens.

PRAKTISCHE HINWEISE

Am südlichsten Punkt Schwedens in Smygehuk lockt dieser weite Stellplatz zur Übernachtung.

TOURISTINFORMATIONEN

Ystad Tourist Center, St. Knuts Torg, 27125 Ystad, Tel. 0046/(0)411/577 68 12, www.ystad.se

Malmö Tourism, Börshuset, Skeppsbron 2, 21120 Malmö, Tel. 0046/(0)403/412 00, www.malmo.se

Visit Trollhättan, Åkerssjövägen 10, 46153 Trollhättan, 0046/(0)520/135 09, www.visittv.se

Stockholm Visitor Center, Sergels Torg 5, 11157 Stockholm, Tel. 0046/(0)8/50 82 85 08, www.visitstockholm.com

CAMPINGPLÄTZE

Ystad Camping, Österleden 97, 27160 Ystad, Tel. 0046/(0)411/192 70, www.ystadcamping.se (55.432648, 13.864915). Großer, baumbestandener Campingplatz im Osten der Stadt. Durch die Straße 9 von der Küste getrennt.

Löderup Strandbads Camping, 27645 Löderup, Tel. 0046/(0)411/52 63 11, www.loderupscamping.se (55.382122, 14.126228). Kleiner Campingplatz östlich von Ales Stenar. Direkt an der Küste. Traumhafte Lage an einem Naturreservat, Wohnmobile in erster Reihe stehen direkt am Strand. Von dort kann die Schiffssetzung im Rahmen einer Wanderung entlang der Küste erreicht werden.

Camping Vänersborg, Djupedalen 520, 46260 Vänersborg, Tel. 0046/(0)521/186 66, www.ursand.se (58.414255, 12.323001). Nördlich von Vänersborg direkt am Ufer des Vänern, mit eigenem Sandstrand, sonst nur von Wäldern umgeben.

Grännastrandens Camping, Hamnvägen 49, 56331 Gränna, Tel. 0046/(0)390/107 06, www.grannacamping.se (58.026698, 14.457516). Am Ostufer des Vättern gelegener, großer Campingplatz.

STELLPLÄTZE

Smygehuk (55.339172, 13.361912). Große Rasenflächen in der Nähe des südlichsten Punktes von Schweden.

Stockholm, Långholmen, Skutskepparvägen 1, 11733 Stockholm, Tel. 0046/(0)8/669 18 90, www.husbilstockholm.se (59.320229, 18.032703). Großer Stellplatz, teilweise unter der Hochbrücke einer Hauptstraße. Jedoch guter Ausgangspunkt für eine Stadtbesichtigung.

Stockholm, Tantolundens Husbilscamping, Ringvägen 24, 11867 Stockholm, Tel. 0046/(0)760/50 66 08, www.husbilstockholm.se (59.312448, 18.052949). Nette Alternative zum Stellplatz in Långholmen, wenn dieser voll ist. Der Weg zur Gamla Stan ist zwar etwas länger, dafür ist der Platz ein wenig ruhiger.

3 REISE DURCH EIN MÄRCHENLAND ZWISCHEN DEN MEEREN

Die Margeritenroute

Das Rosenholm Slot nördlich von Aarhus ist eines der vielen Schlösser und Herrensitze, die dem Streckenverlauf der Margeritenroute eine aristokratische Aura verleihen.

Als wahrscheinlich eine der längsten touristischen Straßen überhaupt wurde die über 3500 Kilometer umfassende »Margeritenroute« im April 1991 von der dänischen Königin Margrethe offiziell eingeweiht. Der Name der Strecke und ihr Symbol, die stilisierte Margerite auf braunem Grund, kommen also nicht von ungefähr, zumal die Blume auch ein besonderer Liebling der Monarchin ist. Zu jener Zeit begann Dänemark gerade erst extensiver mit dem Bau von Autobahnen, die Margeritenroute indes meidet gerade diese und führt auf landschaftlich reizvollen Nebenstrecken vorbei an den wichtigsten Attraktionen im Lande.

REISE DURCH EIN MÄRCHENLAND ZWISCHEN DEN MEEREN

Riesige Singvogelschwärme dominieren zum Ausgang des Sommers die abendliche Silhouette der Stadt Ribe, der ältesten Stadt des Landes.

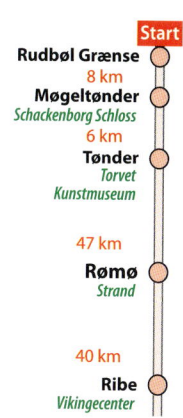

ROUTE 3

START- UND ENDPUNKT
Grenzübergang Rudbøl. Die Strecke führt durch ganz Dänemark abseits von Autobahnen und Fernstraßen. Ein Einsteigen in das Streckennetz ist überall möglich, wo das Symbol der Route (die Margerite) am Straßenrand auftaucht.

BESTE JAHRESZEIT
Mai bis Oktober, aber ganzjährig fahrbar

STRECKENLÄNGE
In Jütland und auf Fünen insgesamt etwa 2100 Kilometer

FAHRZEIT
mindestens 14 Tage

MAUTSTRECKEN
Keine, jedoch Fährverbindungen

FRIESISCHE ANMUT

Der Übergang von **Rudbøl-Rosenkranz** ganz im Westen der deutsch-dänischen Grenze stellt ein Unikum dar und stimmt ein auf die Beschaulichkeit der Margeritenroute. Auf der einen Straßenseite ist dänisches Territorium, auf der anderen deutsches. Am Rand mit Blick auf den **Rudbøl Sø** wehen die fünf skandinavischen Fahnen, die dänische am höchsten Mast, und deuten darauf hin, dass Nordeuropa erreicht ist. Eine Grenzkontrolle findet nicht statt, obwohl dies in Dänemark des Öfteren diskutiert wird.

Nach kurzer Fahrt ist sogleich mit **Møgeltønder** das erste Kleinod zu Beginn der Route erreicht. Eine breite, schnurgerade Allee, Slotsgaden, aus Kopfsteinpflaster, gesäumt von typischen Friesenhäusern, teils mit Strohdach, bildet das malerische Zentrum des Ortes. Am östlichen Ende der vielleicht schönsten Dorfstraße des Landes liegt nach rumpeliger Fahrt hinter dem Gasthof **Schackenborg Slotskro** ein kleines Wäldchen. Wenn man das Wohnmobil auf dem Parkplatz gegenüber abstellt, bietet sich Gelegenheit, an den Häusern vorbeizuspazieren und einen Blick in die Kirche mit ihren beeindruckenden Fresken oder in den Antiquitätenladen gegenüber zu werfen. Im Wald liegt etwas versteckt und mittlerweile zu bestimmten Zeiten für die Öffentlichkeit zugänglich das **Schloss Schackenborg**. Es war bis 2014 Wohnsitz von Prinz Joachim, dem jüngsten Sohn der dänischen Königin, und seiner Familie.

WIKINGER AM WATT

Tønder, die Hauptstadt des Marschlandes, bewahrte sich den Charme als bedeutender Handelsplatz hinter den Nordseedeichen. Stolze Giebelhäuser mit prächtigen Türen finden sich häufig in der Innenstadt. Gegenüber der **alten Apotheke**, die auf mehreren Ebenen dänisches Kunstgewerbe präsentiert und im Keller dauerhaft Weihnachtsartikel anbietet, eignet sich das **Klostercaféen am**

ROUTE 3

Ribe
Vikingecenter

30 km

Esbjerg
Fischerei- & Seefahrtsmuseum
Fähre

Fanø
Strand
Sønderho

20 km

Varde
Minibyen

16 km

Oksbøl
Blåvandshuk

61 km

Hvide Sande
Hafen

30 km

Ringkøbing
Søndervig
Sandskulpturen
Stavning Flymuseum

Freizeitkapitäne und Wassersportler bevölkern den Ribe Å, der vor Jahrhunderten Teil des bedeutenden mittelalterlichen Hafens der Stadt Ribe war.

Torvet für eine erquickende Pause mit Kaffee und Wienerbrød, den leckeren dänischen Teilchen. Das **Kunstmuseum** unterm Wasserturm zeigt nicht nur moderne Bilder und Objekte, sondern beherbergt auch eine exquisite Silbersammlung und Klöppelarbeiten. Beide Handwerkskünste haben hier eine große Tradition.

Nordwärts führt der Weg vorbei am Damm hinüber zur Insel **Rømø**. Das offene Meer weit hinter den Deichen, dazwischen der **Nationalpark Wattenmeer**. Bald ist die älteste Stadt Dänemarks, **Ribe**, erreicht. Zuvor lohnt noch ein Abstecher zum **Vikingecenter** (www.ribevikingecenter.dk), das authentisches Leben in einem Wikingerdorf aufleben lässt. Am besten bleibt das Wohnmobil auf dem Campingplatz am Stadtrand stehen und man läuft in den nahen Ort. Störche nisten leider nicht mehr auf dem Turm der eindrucksvollen **Domkirche** Ribes, dafür kann man von hier aus prima in die Ferne schauen. **Ribes Vikinger** (www.ribesvikinger.dk) gibt Einblick in die frühe Historie der Stadt, deren Gassen immer noch mittelalterliches Flair verströmen. Im Sommer führt der **Nachtwächter** lautstark und augenzwinkernd Besuchergruppen herum. Unbedingt empfehlenswert ist das Einkehren ins Restaurant **Sælhunden** am alten Hafen. Die Fischmenüs sind ein Gedicht.

SAND, SAND, SAND UND WIND

Den Hafen der noch jungen, durch Offshore-Windenergie florierenden Stadt **Esbjerg** überragen der Wasserturm und das vom Architekten der Oper von Sydney, **Jørn Utzon**, entworfene moderne **Musikhaus** mit angegliedertem **Kunstmuseum**. Für das Wohnmobil stehen am Hafen Parkplätze zur Verfügung, der Marsch hinauf ins Zentrum zur längsten Fußgängerzone des Landes ist schnell geschafft. Zum Einkehren am Torvet eignet sich insbesondere das Restaurant **Dronning Louise**, das auch über einen urigen Pub verfügt. Anschließend geht es in zwölf Minuten mit der Fähre auf die kleine Insel **Fanø**, bekannt für ihre große Seehundpopulation, ihre beeindruckende maritime Historie und die weiten Strände, die man problemlos, jedoch immer vorsichtig, befahren kann. Beim Öffnen der Türen ist die Windrichtung zu beachten,

AUSFLUG

KULINARISCHE UND OPTISCHE ERLEBNISSE

Sie galten zunächst als Gefahr für den natürlichen und sehr empfindlichen Lebensraum Wattenmeer: Pazifische Austern, die sich auf Miesmuschelbänke pfropften und deren Bestand gefährdeten. Doch die Natur hält immer wieder Überraschungen bereit, denn die Miesmuschel schlug zurück und setzt sich nun ihrerseits auf die Eindringlinge. Das Wattenmeerzentrum von Vester Vedsted organisiert hochinteressante Wanderungen ins Watt und zu den Muschelbänken, an denen die Austern abgenommen und – wer mag – verkostet werden können. Ein weiteres Phänomen des dänischen Wattenmeeres ist das der Sort Sol, der schwarzen Sonne. Diese scheint immer dann, wenn sich, vornehmlich im September, Scharen von Singvögeln in den Schilf- und Flachwassergebieten der Region versammeln und unglaubliche Flugmanöver vollführen, die das Licht der Sonne verdunkeln können. Vadehavscentret, Okholmvej 5, Vester Vedsted, 6760 Ribe, www.vadehavscentret.dk, Führungen während des ganzen Jahres

Der Ausflug zu den Austernbänken ist mit einem erholsamen Spaziergang übers Watt verbunden.

sonst ist hinterher Sand fegen angesagt, und der ist ganz schön fein.

Überhaupt der Wind: Der kann sehr kräftig von der Seite blasen, was beim Lenken des Mobils durchaus einen gewissen Kraftaufwand erfordert. Speziell entlang der Westküste, die sich von der Halbinsel **Skallingen** bis nach **Skagen** durch einen stetig anwachsenden Dünengürtel auszeichnet, ist immer mit einer starken Brise zu rechnen. Dänemark gebärdet sich hier rau, aber herzlich.

LANDMARKEN IN GRAU UND WEISS

Das besondere Charakteristikum der Küstenroute nordwärts sind die zahlreichen, ehemaligen deutschen Bunkeranlagen, die allen Widrigkeiten und Zerstörungsversuchen trotzen. Schön sind sie nicht, dennoch ein unverrückbarer Teil der jüngeren Geschichte. Entsprechend beschäftigen sich diverse Museen mit den grauen Betonmonstern des Atlantikwalls entlang der Küste. Seit 2017 zeigt das Museum TIRPITZ in Blåvand in beeindruckender Architektur neben Wissenswertem über diese schwierige Epoche auch eine umfangreiche Bernsteinsammlung (www.tirpitz.dk). Der Bunker in **Hanstholm** (www.museumscenterhanstholm.dk) erlangte Ruhm durch seine Rolle in einem amüsanten Kultfilm der Gaunertruppe »Die Olsenbande«.

Hohe, weiße Leuchttürme bilden in regelmäßigen Abständen die markanten, weithin sichtbaren Seezeichen. Sie sind fast alle begehbar (**Blåvandshuk** oder **Nørre Lyngvig Fyr**) und bieten tolle Ausblicke. **Rubjerg Knude**, der ehedem vom Dünensand gefangen war, steht mittlerweile wieder frei. Leihfahrräder verkürzen den Weg vom Parkplatz zu den Dünen, doch der Wind, gespickt mit feinstem Sand, hält kräftig dagegen. **Bovbjerg Fyr** bei **Ferring** tanzt farblich (altrosa) etwas aus der Reihe und liegt hoch oberhalb der hier steil abfallenden Küste. Ein perfekter Rastplatz für das

Ringkøbing
Søndervig
Sandskulpturen
Stavning Flymuseum

80 km
Herning
Kunstmuseum
HEART, Pedersen

42 km
Holstebro
Skulpturen

49 km
Nissum Fjord
Nørre Vosborg
Bøvling Klit
Ferring
Bovbjerg Fyr
Thyborøn
Kystcentret
Jyllandsakvarium
Sneglehuset

So wie man sich aus heutiger Sicht das dörfliche Leben der Wikinger vorstellt, wird es im Freilichtmuseum Ribes Vikingecenter anschaulich dargestellt und vermittelt.

Auch im Dorf Sønderho auf der Wattenmeerinsel Fanø trifft man auf eine der hervorragend in Stand gehaltenen, teilweise sogar noch funktionsfähigen Windmühlen.

Nissum Fjord
*Nørre Vosborg
Bøvling Klit
Ferring
Bovbjerg Fyr
Thyborøn
Kystcentret
Jyllandsakvarium
Sneglehuset*

47 km

Salling
*Spøttrup
Jespershus
Blomsterpark*

54 km

Fur
*Geologie
Fiskeparade
Heimatmuseum*

Wohnmobil mit Blick auf den Sonnenuntergang und die Drachenflieger, die den ständigen Aufwind für ihren Sport nutzen.

Die wenigen Häfen an der Westküste dominieren teils große, sehr geschäftige Fischereiflotten. **Hvide Sande** am schmalen, lang gestreckten Dünenstreifen **Holmsland Klit** liegt am Übergang zum fast lagunenartigen **Ringkøbing Fjord**. Ganz im Süden kommen Ornithologen im Vogelschutzgebiet **Tipperne** voll auf ihre Kosten, während gleich nebenan im **Bork Vikingehavn** Nachbauten von typischen Galeeren der seefahrenden Nordmänner dümpeln. Einen Eintrag ins Guinnessbuch der Rekorde bekam das etwas versteckt gelegene **Feuerwehrmuseum** (www.danmarksbrandbiler.dk) von **Oksbøl** mit seiner umfangreichen Sammlung an historischen Fahrzeugen.

In **Thyborøn** am westlichen Eingang zum Limfjord, der das jütische Festland von Nordjütland abtrennt, schuf der Fischer Alfred Pedersen etwas sehr Außergewöhnliches: Er verzierte sein Haus im Sneglevej kunstvoll mit Muschelschalen und Schneckenhäusern. Parken ist direkt neben dem **Sneglehuset** möglich.

GEZEITEN BESTIMMEN DAS LEBEN

Obwohl oder gerade weil das Bauen von Sandburgen an dänischen Gestaden als verpönt gilt, folgt man dem Trend und richtet thematische, internationale **Sandskulpturen-Wettbewerbe** aus, deren Resultate den ganzen Sommer über in **Søndervig** oder **Løkken** bewundert werden können. Aufgrund der geologischen Beschaffenheit der dänischen Nordseeküste – für die Dänen ist die Nordsee eigentlich die Westsee, **Vesterhavet** – und der großen Mühen, die der Bau eines befestigten Hafens erfordert, behalfen sich die Fischer früher damit, ihre Boote bei Niedrigwasser mittels Seilwinde auf den Strand zu ziehen. Diese traditionelle Technik wird nur noch selten angewendet, sie wird jedoch noch in **Nørre Vorupør** und an einigen Orten in der Jammerbucht praktiziert, etwa am **Slettestrand**, in **Blokhus** oder **Løkken**. Obwohl es möglich wäre, mit dem Wohnmobil nah an die ihrem Element beraubten Wasserfahrzeuge heranzufahren, sollte man dieses Bild lieber per pedes erkunden, zumal im feinen Nordseesand. Diese etwas nostalgi-

REISE DURCH EIN MÄRCHENLAND ZWISCHEN DEN MEEREN

sche Atmosphäre ist besonders im **Svinkløv-Badehotel** zu spüren, einem in hellem Grau gestrichenen Gasthaus aus dem Jahr 1925 in den Dünen des gleichnamigen Strandes. Die gewaltigen Kräfte des steten Windes bekamen in den letzten Jahren insbesondere der Leuchtturm **Rubjerg Knude** zu spüren. Weiter nördlich kann man auf der größten Wanderdüne Europas, **Råbjerg Mile**, spazieren, die sich alljährlich mehrere Meter gen Osten bewegt.

KUNST AM KAP

Grenen heißt das dänische Nordkap, der äußerste Punkt Jütlands etwas außerhalb des Künstlerortes **Skagen**. Nordsee und Ostsee prallen hier ungebremst aufeinander. Mal rau und unerbittlich, mal brav und beschaulich. Aber immer tänzeln weiße Hauben auf den sich treffenden Wellenkämmen. Das Wohnmobil bleibt auf dem Parkplatz vor dem Museum. Wer den Weg gegen den Wind, den erquicklichen Strandspaziergang scheut, nimmt **Sandormen**, den Wattwurm-Traktor-Shuttle, der für DKK 35 Richtung jütischer Nordspitze schaukelt. Dort gibt es dann Gelegenheit für Selfies und Gruppenfotos mit dem linken Fuß im baltischen und dem rechten Fuß im atlantischen Meer.

Das besondere Licht von Skagen prädestinierte es gegen Ende des 19. Jahrhunderts zum Mekka für Künstler. Einige ihrer Villen sind noch unverändert und geben heute unverfälschten Einblick in das damalige Skagener Leben. Das **Kunstmuseum** vor Ort (www.skagenskunstmuseer.dk) versammelt viele der eindrucksvollen Gemälde. Den jüngeren Nachwuchs dürfte indes die umfangreiche **Teddybärensammlung** (www.skagensbamsemuseum.dk) mehr begeistern. Im Fischereihafen mit den charakteristischen, rot-weißen Häusern, auch hier gibt es spezielle Wohn-

Der Fischer Alfred Petersen verzierte zwischen 1935 und 1965 sein Wohnhaus in Thyborøn mit unzähligen Muscheln und maritimen Mustern.

AUSFLUG

FUR IST ANDERS

Fünf Minuten dauert die Fährüberfahrt von Branden an der Nordspitze der Halbinsel Salling zum Eiland Fur im Limfjord. Hier gelangt man in eine andere Welt, in eine typisch dänische Beschaulichkeit. Ruhig, vielleicht etwas verschlafen, aber dafür ideal zum Wandern auf einem gut zwölf Kilometer langen Wegenetz. Und zum Entdecken, denn Furs Geologie birgt viele Geheimnisse, wie unschwer an den geschichteten Kieselgurformationen im Norden der Insel und an der Küste zu erkennen ist. Dieses Gestein stammt aus der Frühzeit der Erdgeschichte und birgt manch spannende Fossilien, wie im Inselmuseum zu sehen. Die lebhafte Kunstszene Furs startete vor einigen Jahren das Projekt »Fur-Fiske-Parade«. Die kreativ gestalteten und bemalten Kunststofffische tauchen im Mai an immer anderen Stellen auf, versammeln sich dann in Woche 42 zu einem großen Schwarm auf dem Kirchhof, um für den Winter abzutauchen. Fursund Touristinformation, Stenøre 10, 7884 Fur, www.visitfur.dk, Tel. 0045/97 59 30 53

Entlang der Margeritenroute finden sich immer wieder zauberhaft gelegene Unterkunftsmöglichkeiten und Standplätze für Wohnmobilisten.

ROUTE 3

Fur
Geologie
Fiskeparade
Heimatmuseum

140 km

Hanstholm
Bunkermuseum
Hafen
Leuchtturm
Vigsø Bugt

Sandskulpturenwettbewerbe erfreuen sich speziell in den größeren Badeorten an der Küste zunehmender Beliebtheit. Märchen und Werke des großen dänischen Poeten Hans Christian Andersen werden dabei immer wieder gern thematisiert.

mobilparkplätze, fällt die Wahl schwer zwischen gleich mehreren hochgelobten **Fischrestaurants**.

JÜTLANDS RUHIGE SEITE

Im Gegensatz zur zuweilen unbändigen Westküste zeigen die Gestade an der Ostsee ihre geradezu beruhigend liebliche Seite. Für den Wohnmobilisten bedeutet das weniger Seitenwind, dafür erfordert die Margeritenroute aber mehr Ortsdurchfahrten, mehr Kopfsteinpflaster und die eine oder andere Serpentine. Speziell in der jütländischen Mitte, auf den Höhenzügen zwischen dem Seengebiet um **Silkeborg** und **Skanderborg** bis hinauf nach **Viborg**, muss man einige knifflige Situationen meistern. Dazu zählt die Fahrt durch das ebenso malerische wie höchst unübersichtliche Dörfchen **Boes** am **Mossø** westlich von Skanderborg. Der höchste natürliche Punkt Dänemarks, **Ejer Bavnehøj** mit 170,86 Metern, liegt übrigens ganz in der Nähe, jedoch nicht auf der eigentlichen beschilderten Route.

Aalborg und **Århus** sind die größten Städte in Jütlands Osten. Das Gräberfeld **Lindholm Høje** des nördlichen Aalborger Vorortes **Nørresundby** ist das größte seiner Art in Skandinavien. Über 700 Gräber aus dem Neolithikum, viele davon durch Steine in Form eines Schiffes markiert, verteilen sich im Gras über eine weitläufige Hügelfläche, die frei zugänglich ist und manchmal mit Schafen geteilt werden muss. Sie bietet zudem einen guten Überblick über das Stadtgebiet Aalborgs. Das Parken ist hier noch unproblematisch, im Zentrum der Stadt jedoch eher schwierig. Am besten folgt man der Beschilderung zu den gebührenpflichtigen Parkplätzen und erkundet von dort aus zu Fuß oder mit dem Leihfahrrad von **Donkey Republic** (mittels Tablet und GPS online bezahlbar) das Zentrum, das in den vergangenen Jahren durch geschickte Baumaßnahmen stark an Attraktivität gewonnen hat, obwohl nur noch recht wenig historische Gebäudesubstanz übrig ist.

Prunkstück ist zweifellos **Jens Bangs Stenhus**, ein prächtiges und wahrscheinlich das schönste Bürgerhaus der Renaissance im

Der Strand von Blokhus lässt sich problemlos mit dem Wohnmobil befahren, das Übernachten direkt am Strand ist jedoch untersagt.

Lande. Unter den kunstvoll verzierten Giebeln befindet sich wie vor 300 Jahren die alte Apotheke, während man in den Katakomben **Duus Vinkjælder** zu kulinarischen Genüssen bei romantischem Kerzenschein gelockt wird. Am **Obels Plads** bietet die **Mikrobrauerei Søgaard's** (www.soegaardsbryghus.dk) nicht nur einen Blick hinter Brauereikulissen, sondern auch exquisite Biere und gutes Essen. Noch mehr Gerstensaftvariationen kann man auf dem **Aalborg Beerwalk** verkosten, das Reisemobil sollte aber im Anschluss daran nicht mehr bewegt werden. Den Kümmelschnaps **Aquavit**, der Aalborg weltweit berühmt gemacht hat, gibt es in den diversen Lokalen an der **Jomfru Ane Gade**, von deren einstiger Verruchtheit als sündige Hafenmeile nicht mehr viel übrig ist. Moderne Kunst und Architektur spielen in der Stadt traditionell eine große Rolle, sie versteht es aber auch zu feiern, wie der ausgelassene **Karneval** Ende Mai beweist.

Århus, als zweitgrößte Stadt Dänemarks und Europas Kulturhauptstadt 2017 schaffte es, die Bausünden der 1950er- und 60er-Jahre zu beseitigen und angenehme Lebensräume und Geschäftswelten zu gestalten. Bestes Beispiel hierfür ist der **Åboulevarden** links und

Hanstholm
Bunkermuseum
Hafen
Leuchtturm
Vigsø Bugt

255 km

Blokhus
Strand
Hafen
Fårup Sommerland

28 km

Løkken
Strand

128 km

Skagen
Grenen
Hafen
Wasserturm
Gamle Skagen
Råbjerg Mile
Tilsandede Kirke

Eine skurrile Sammlung von Gegenständen aus aller Welt präsentiert Steen in seinem urigen Geschäft in Nederby auf Fur.

Wie eine geöffnete Klappe in der Landschaft erscheint das Moesgaard Museum.

Kuscheltierkunst im Teddybärenmuseum von Skagen.

rechts des wieder frei plätschernden Flüsschens **Århus Å**, den mit zahlreichen Shops, Boutiquen, Straßencafés und Restaurants ein geradezu mediterranes Flair umgibt. Das Wohnmobil kann in einer Straße am **Botanischen Garten** geparkt werden, von dort aus ist der Weg nicht weit bis ins Zentrum. Zuvor jedoch ist der Besuch des örtlichen Freilichtmuseums **Den Gamle By** (www.dengamleby.dk) ein absolutes Muss. Es nimmt den Besucher mit auf eine Zeitreise durch das ländliche und bürgerliche Dänemark vergangener Jahrhunderte. Ein Höhepunkt sind sicher die neuen Häuser, die die Zeit um 1974 repräsentieren, und so manche, möglicherweise selbst erlebte Erinnerung aufleben lassen.

Das Hier und Jetzt der aktuellen Kunstszene findet sich im neuen **ARoS Kunstzentrum** (www.aros.dk), das über mehrere Etagen mit spektakulären Ausstellungen und Präsentationen aufwartet, nicht weit davon die **Kunsthal Aarhus** (www.kunsthalaarhus.dk) mit überwiegend experimenteller Kunst. Rund um die mächtige Kathedrale **Århus Domkirke** liegen am Store Torv, auf dem häufig geschäftiges Marktgeschehen herrscht, das renommierte **Aarhus Teater** und das **Kvinde Museet** (www.kvindemuseet.dk), das sich mit der Stellung der Frau in der Gesellschaft über die Jahrhunderte auseinandersetzt. Durch den Wald von **Marselisborg** führt die Margeritenroute an der Küste entlang in südlicher Richtung aus der Stadt heraus. Dort liegt mit dem **Moesgaard Museum** (www.moesgaardmuseum.dk) ein Ausstellungsbau der Superlative, der ein vermeintlich trockenes Thema wie die Archäologie in eine geniale, faszinierend ausgeklügelte, interaktive Welt des 21. Jahrhunderts hievt. Allein das Äußere des Museums, das optisch zwischen aufbrechender Erdspalte und Raketenabschussrampe liegt, ist mehr als beeindruckend.

DEM BILDERBUCH ENTSPRUNGEN

Dänische Romantik im Sinne des Märchendichters Hans Christian Andersen findet sich jedoch mehr in den kleinen Orten und Dörfern des östlichen Jütland. Leicht schiefe, mancherorts ehrfürchtig geduckte Fachwerkhäuser an mit Kopfstein gepflasterten Gassen bestimmen das Bild. **Mariager** am gleichnamigen Fjord gehört zweifellos dazu. Die **Museumseisenbahn** Handest–Mariager nimmt ihren Ausgangspunkt am Hafen, großer Parkplatz, vis-à-vis dem neuen **Salzcenter** (www.saltcenter.com), das neben einer Vielzahl an Informationen rund um das Salz des Lebens auch Gelegenheit bietet, ein Bad im Toten Meer zu nehmen oder in den Stollen eines Salzbergwerkes einzufahren. In der kleinen Stadt der Rosen, die mit ihrer Farbigkeit das idyllische Szenario veredeln, liegt der gemütliche dreieckige **Marktplatz**. Daneben das alte **Rathaus** mit dem Touristenbüro und das urige **Hotel Postgaarden** von 1710, dessen atmosphärisches Restaurant mit seiner feinen Küche zum Verweilen einlädt. Der Antiquitätenladen **Jamer Antik** an der Fuglsangsgade bietet zwar kein Zubehör fürs Wohnmobil, dafür aber so manches Schnäppchen und einen für Dänemark ungewöhnlichen, rustikalen Weinkeller.

Zu den Schlössern und Herrenhäusern, die an der Margeritenroute liegen, zählt auch **Gammel Estrup** auf dem Weg zur Halbinsel **Djursland**. Bis ins 12. Jahrhundert reicht seine

Beim Umstieg vom Wohnmobil aufs Fahrrad ist unbedingt auf den Wind zu achten.

Skagen
Grenen
Hafen
Wasserturm
Gamle Skagen
Råbjerg Mile
Tilsandede Kirke

138 km

Aalborg
Zentrum
Kunst
Lindholm Høje
Hals
Langerak

150 km

Viborg
Zentrum
Stadtkirche
Seen
Hald Slot

AUSFLUG

SAMSØ – EIN ÖKO-MEKKA

Eine gute Stunde dauert die Fährüberfahrt von Hou zur Insel Samsø im Kattegat auf halbem Wege zwischen Jütland und der Hauptstadtinsel Seeland. Ein beschauliches, von Landwirtschaft geprägtes Eiland mit knapp 4000 Einwohnern und allen typisch dänischen Nettigkeiten, wie kleinen, von Fachwerkhäusern dominierten Dörfchen, prima Häfen für Segler, netten, kinderfreundlichen Stränden – kurzum Genuss pur. Das Beste aber ist, dass Samsø schon erreicht hat, wonach andere noch immer ambitioniert streben: Es ist energieautark. Samsø produziert seine Energie ausschließlich regenerativ aus Sonne, Wind, Stroh und Holz – und kann dieses wertvolle Gut sogar noch exportieren. Da bekommt man fast ein schlechtes Gewissen, dass das Wohnmobil nicht solar- oder zumindest hybridbetrieben ist. Entspannung bietet ein Spaziergang rund um den Dorfteich von Nordby, Aufregung erzeugt dagegen das laut Guinnessbuch der Rekorde größte Labyrinth der Welt, Samsø Labyrinten (www.visitsamsoe.dk).

ROUTE 3

Das Jahr 1974 ist der jüngste Bereich im Freilichtmuseum Den Gamle By, Erinnerungen an die eigene Kindheit werden wieder lebendig.

Viborg
*Zentrum
Stadtkirche
Seen
Hald Slot*

71 km

Mariager
*Zentrum
Salzcentret
Museumseisenbahn*

57 km

Randers
*Kulturhus
Regnskov
Bjerringbro
Energiemuseum
Gammel Estrup*

90 km

Grenaa
*Kattegatcentret
Fiskerimuseet*

47 km

Ebeltoft
*Zentrum
Rathaus
Fregatten Jylland
Glasmuseet
Mols Bjerge
Helgenæs*

Geschichte zurück, gleich zwei Museen geben Einblick in die Historie dänischer Landwirtschaft sowie in das adelige Leben der letzten 300 Jahre. Durch hügelige Kulturlandschaft ist bald der Küstenort und Fährhafen **Grenaa** erreicht, die geografische Mitte Dänemarks. Im **Kattegatcenter** (www.kattegatcentret.dk), dem großen Meerwasseraquarium direkt am Hafen, beeindrucken insbesondere die Haie. Gruppen können hier – gefahrlos – eine Nacht bei den Raubfischen verbringen, was speziell für Kinder ein unvergessliches Erlebnis ist.

Dem Küstenverlauf folgend endet die Fahrt in dem alten Handelsstädtchen **Ebeltoft** (www.ebeltoftby.dk), einem der populärsten Urlaubsorte Dänemarks, dem Andersens verklärte Märchenbilder sehr nahe kommen. Das Wohnmobil kann am Strandvejen bleiben, im Schatten des mächtigen Großseglers **Fregatten Jylland** (www.fregatten-jylland.dk), der im Museumshafen vor Anker liegt. Gleich nebenan präsentiert das **Glasmuseet** (www.glasmuseet.dk) traditionelle lokale Handwerkskunst. Prunkstück des Ortes ist jedoch das schnuckelige, kleine, rote **Fachwerkrathaus** mit dem großen Glockenturm. In den langen Gassen und auf den Plätzen ringsum scheint die Zeit zwischen fachwerkhaushohen Stockrosen stehen geblieben zu sein. Angrenzend an das **Museum Østjylland** bietet das Gasthaus **Mellem Jyder** traditionelle dänische Küche mit modernem Einschlag.

Ein lohnenswerter Abstecher vom floralen Streckenverlauf durch die **Mols Bjerge** führt zum Leuchtturm **Sletterhage** auf der Halbinsel **Helgenæs** an der Südspitze Djurslands. Der Weg ist recht kurvig, schmal und teilweise unübersichtlich, dafür lässt sich am schönen Sandstrand ein Picknick genießen, während Schwalben die rote Haube der Landmarke umschwärmen und man vom südlich gelegenen Hafen Ebeltofts die Fähren gen Seeland ablegen sieht.

KINDER UND KÖNIGE

Kein Besuch Dänemarks wäre wirklich gelungen, zumal mit Kindern, wenn nicht **LEGOLAND** (www.legoland.dk) auf dem Programm stünde. Und so macht auch die Margeritenroute einen Abstecher zum Örtchen **Billund** inmitten jütischen Heidegebietes. Das örtliche, gleich dem Park gegenüberliegende **Holiday Village** hat sich auf die große Popularität eingestellt und bietet automatischen Check-

Die Fachwerkhäuser in Nordby auf Samsø bilden eine der schönsten dörflichen Kulissen Dänemarks.

Ebeltoft
Zentrum
Rathaus
Fregatten Jylland
Glasmuseet
Mols Bjerge
Helgenæs

84 km
Aarhus
Zentrum
Domkirche
Rathaus
Kvindemuseet
AroS
Den Gamle By
Moesgård

113 km
Samsø
Nordby
Ballen
Labyrinten
Leuchtturm

in für Wohnmobile rund um die Uhr an. Der Legostein zählt wohl zu den beliebtesten und gleichzeitig auch genialsten Spielzeugen weltweit. Was in den 1950er-Jahren in einer hiesigen Schreinerwerkstatt begann, mutierte zwischenzeitlich zu einem Spielzeugimperium. Der Freizeitpark selbst begann 1968 zunächst sehr bescheiden mit einigen Häuschen und Modelleisenbahnen, kunstvoll gearbeitet, um als nettes Ausflugsziel den Verkauf des Spielzeugs zu unterstützen. Dabei stellt das **Miniland** immer noch das Herzstück des nun

165 km
Vejle
Økolariet
Jelling
Givskud Zootopia

42 km
Billund
Legoland

65 km
Middelfart
Museum
Keramikmuseum
Hindsgavl
Hafen
Brücke

Auch der Künstlerort Skagen mit seinen typischen gelben Häusern und den ziegelroten Dächern ist Teil des Minilandes im Freizeitpark Legoland.

43

Historischer Kaufmanns- und Krämerladen im Freilichtmuseum Hjerl Hede.

Middelfart
Museum
Keramikmuseum
Hindsgavl
Hafen
Brücke

102 km

Faaborg
Gefängnismuseum
Hafen
Stadtturm
Kunstmuseum
Fynske Alper
Falsled
Brahetrolleborg
Egeskov

114 km

Odense
Brandts Klædefabrik
H. C. Andersen Hus
Den fynske
Landsby
Eisenbahnmuseum

42 km

Bogense
Torvet
Hafen
Gyldensteen

58 km

Kolding
Koldinghus
Museum Trapholt
Christiansfeld

riesigen Freizeitparks mit zahllosen Fahr- und Unterhaltungsgeschäften sowie Unterwasserwelt dar. Liebevoll gestaltete Details machen den Spaziergang durch die Bauklotzwelt immer wieder zum faszinierenden Erlebnis. Nicht verpassen sollte man zudem die einzigartigen Lego-Pommes, die es in einigen der Legoland-Restaurants gibt.

Ausgesprochen lebendig und selbst fernab ihrer eigentlichen Heimat wirken die Löwen im Tierpark **Zootopia Givskud** (www.givskudzoo.dk) zumindest ein bisschen bedrohlich. Türen und Fenster des Wohnmobils sollten bei der Durchquerung des Geheges fest geschlossen bleiben. Giraffen und Elefanten ignorieren die Fahrzeuge, die gemächlich durch ihre Steppenlandschaft brummen, zumeist geflissentlich. Die beiden gut erhaltenen Runensteine von **Jelling** aus dem 10. Jahrhundert gehören zum kulturellen **UNESCO-Welterbe** und beschreiben die ruhmvollen Taten König Gorms und

Im Inneren der fensterlos konstruierten, langgestreckten Wikingerhäuser von Fyrkat herrscht tiefe Dunkelheit, die nur das Licht einer kleinen Feuerstelle in der Mitte ein wenig zu erhellen vermag.

König Haralds (Blauzahn). Auch sie sind nun durch Glas vor Berührung geschützt und stehen, gemeinsam mit Kirche und Grabhügel, im Zentrum eines skulpturalen Steinkreises, der als Wanderweg ausgelegt die gesamte Anlage umrundet. Recht neu ist zudem das interaktive Museum **Kongernes Jelling**, das die Geschichte der Steine, der Könige und der Wikinger beleuchtet.

DER CHARME DER MÄRCHENINSEL

Über die alte, kombinierte Eisenbahn- und Straßenbrücke über den kleinen Belt führt die Margeritenroute nach **Middelfart** und dann schwungvoll entlang der Westküste der Insel **Fünen**, die gern als Garten Dänemarks bezeichnet wird. Die fruchtbare Landschaft links und rechts des Weges, die lauschigen Häfen und verwunschenen Schlösser unterstreichen dies eindrucksvoll, während die märchenhafte Romantik der kleinen Weiler mit den strohgedeckten Viereckhöfen aus schwarz-weißem Fachwerk ihren Teil dazu beiträgt. Hier hätte es beinahe jede Nebenstraße verdient, mit dem Margeritensymbol bedacht zu werden. So sind auch Abweichungen vom eigentlichen Weg niemals ein Fehler, wie etwa die Fahrt in den südwestlichsten Zipfel Fünens, auf die urige Halbinsel **Helnæs** und bis zum Leuchtturm **Lindehoved**, zu dessen Füßen Angler die Rute – auf große Meeresforellen hoffend – auswerfen und Taucher die Unterwasserwelt erforschen.

Der **Falsled Kro** auf dem Weg Richtung **Faaborg** ist ein Musterbeispiel der alten, königlich-privilegierten Raststationen und immer ein kulinarisches Erlebnis. Das Wohnmobil bleibt am besten am kleinen Hafen stehen. Durch die Fünischen Alpen, die mit so mancher Steigung und weitläufigen Wäldern aufwarten, geht es weiter nach **Odense**, der größten Stadt Fünens, die als Geburtsstadt des Märchendichters **H.C. Andersen** weltweite Berühmtheit erlangte. Das ihm gewidmete **Museum** (www.hcandersenshus.dk) schließt auch das ärmliche Heim des Schustersohnes mit ein, den es als hässliches Entlein von dort aus ins glamouröse Kopenhagen zog, wo er zum stolzen, gleichwohl

von steten Selbstzweifeln geplagten Schwan gedieh und die ersehnte gesellschaftliche Anerkennung bekam. Neben Andersen, der im Stadtbild symbolisch permanent auftaucht – er wird sogar zum Ampelmännchen – bietet die Stadt eine lebhafte Einkaufsmeile, nette Lokale, wie das **Brauhaus Flakhaven** am Rathaus, und weitere spannende Ausstellungen. Zeitgenössische Kunst präsentiert die ehemalige Textilmanufaktur **Brandts Klædefabrik** (www.brandts.dk). **Danmarks Jernbanemuseum** (www.jernbanemuseet.dk) beleuchtet die reiche Bahnhistorie mit Originalexponaten und zahlreichen Modellen.

Auch **Bogense** im Nordwesten Fünens liegt nicht unmittelbar auf der ausgeschilderten Strecke, ist aber unbedingt einen Besuch wert. Speziell wegen des intimen dörflichen Charakters, des lang gestreckten, genau

Sein Geburtsort Odense ehrte den Märchendichter Hans Christian Andersen erst 1867 als dieser längst seinen Schaffenszenit erreicht hatte. Das Denkmal im Park am Dom wurde 1888 errichtet.

ROUTE 3

Hans Christian Andersen war stets aufgeschlossen gegenüber den Erfindungen und Innovationen seines Jahrhunderts.

Kolding
Koldinghus
Museum Trapholt
Christiansfeld

171 km
Sønderborg
Altstadt
Schloss
Mühle
Dybbøl Banker

38 km
Als
Fynshav
Nordborg
Universe

61 km
Padborg
Ziel

zum sommerlichen Sonnenuntergang ausgerichteten Hafenbeckens und des Küsten-Campingplatzes, der direkt am Strand liegt. Beim Spaziergang über die Adelgade zum Restaurant des **Bogense Hotels** fällt in einem kleinen Gärtchen ein Brunnen auf: **Manneken Pis**, die Symbolfigur der belgischen Hauptstadt Brüssel, hat hier ein plätscherndes Pendant. Sehenswert ist der **Torvet**, der von niedrigen Häusern umrahmte und mit hohem Baumbestand verzierte Marktplatz.

EXTREM UND EXZENTRISCH

Über **Kolding** mit der imposanten, über der Stadt thronenden **Burg Koldinghus** (www.koldinghus.dk) und dem beeindruckenden **Kunstmuseum Trapholt** (www.trapholt.dk) führt die Route nun entlang der südostjütländischen Küste nach **Skamlingsbanken**, dem mit 113 Metern höchsten Punkt Süddänemarks, der einmal mehr einen wunderbaren Aussichtspunkt darstellt. **Chris-tiansfeld** dürfte eine der ungewöhnlichsten Siedlungen des Landes sein. Mitglieder der **Herrnhuter** Glaubensgemeinschaft gründeten die Stadt, die in ihrer ursprünglichen symmetrischen Ausrichtung noch nahezu vollständig erhalten ist, im Jahr 1773. 2015 erhielt sie den Welterbestatus der UNESCO, vielleicht auch für die beliebte und gepflegte Tradition des **Honigkuchenbackens**.

Um 1980 begannen moderne Mühlen zur umweltverträglichen Energiegewinnung das Bild der dänischen Landschaft allmählich zu verändern. Die klassische Windmühle, Sinnbild bäuerlicher Romantik, fristete zu diesem Zeitpunkt schon ein museales Dasein. So auch jene auf dem Wall bei **Dybbøl**, die zum dänischen Nationalsymbol wurde. Auf **Dybbøl Banke** verloren die Dänen 1864 Nordschleswig an Preußen, bis 1920 der neue Grenzverlauf bei Flensburg festgelegt wurde. Unter der weißen Mühle, mehrmals wurde sie zerstört und wiederaufgebaut, feierten die Dänen Wiedervereinigung, der König Christian X. auf seinem Schimmel reitend beiwohnte. Das nahe der Grenze gelegene Historiecenter erinnert an diese schwere Zeit (www.1864.dk). In die Zukunft weist demgegenüber das **Universe** (www.universe.dk) bei **Nordborg** auf der Insel **Als**. Ein ungewöhnlicher Freizeitpark, den die Heizungsfirma Danfoss initiiert hat. Energie, Technik und Naturgewalten werden hier spielerisch und unterhaltsam erklärt. Auch Erwachsene können ihr Wissen aufbessern, wenn sie im **Blauen Kubus**, der auf der Expo 2000 in Hannover stand, durch Gletschereis klettern, hautnah bei der Eruption eines Geysirs oder der Entstehung eines Blitzes dabei sind.

Die jütländische Westküste ist geprägt von kilometerlangen Sandstränden, stetem Wind und wunderbarer Luft.

46

PRAKTISCHE HINWEISE

TOURISTINFORMATIONEN
Dänisches Fremdenverkehrsamt VisitDenmark, Glockengießerwall 2, D-20095 Hamburg, E-Mail: daninfo@visitdenmark.de, Fax 040/32 02 11 11, www.visitdenmark.de.

CAMPING- UND STELLPLÄTZE
Ribe Camping, Farupvej 2, 6760 Ribe, Tel. 0045/75 41 07 77, www.ribecamping.dk (N55°20'25" E8°45'59"). Einer der modernsten Plätze des Landes in der ältesten Stadt Dänemarks, 30 befestigte Stellplätze, ausgezeichnete Sanitär- und Küchenbereiche, Wellness, Spielplatz, Auto-Check-in, Ausflugsprogramme. Nur wenige Gehminuten bis zur Stadtmitte, ganzjährig geöffnet.

Rødgaard Camping, Insel Fanø, Kirkevejen 13, 6720 Rindby, Fanø, Tel. 0045/75 16 33 11, www.rodgaard-camping.dk (N55°25'31.64" E8°23'27.89"). Schöner Platz in zentraler Insellage, 30 befestigte Stellplätze, sehr familiär geführt, geöffnet Mitte Mai bis Mitte September.

Hvide Sande Camping, Karen Brands Vej 70, Aargab, 6960 Hvide Sande, Tel. 0045/97 31 12 18, www.hvidesandecamping.dk (N55° 59' 12" E8° 8' 4"). Netter, kleiner, windgeschützter Platz zwischen dem Dünenwall der Nordseeküste und dem Ringkøbingfjord, Quick-Stop, geöffnet April bis Oktober.

Bovbjerg Camping, Juelsgårdvej 13, Ferring, 7620 Lemvig, Tel. 0045/97 89 51 20, www.bovbjergcamping.dk (N56°31'40.71" E8°7'30.93"). Zauberhafter, sehr ruhiger Platz oberhalb der Bovbjerg-Klippen an der Nordseeküste, 50 befestigte Stellplätze, Quick-Stop, geöffnet Ende März bis Mitte Oktober.

Strandgaardens Camping, Nørre Vorupør, Vesterhavsgade 95, Nr. Vorupør, 7700 Thisted, Tel. 0045/97 93 80 22, www.strandgaardenscamping.dk (N56°57'13.968" E08°21'58.968"). Mitten im Fischerort Nørre Vorupør und unweit des Nordseestrandes, Check-in & -out im EuroSpar in der Nähe, geöffnet Mitte März bis Ende Oktober.

Klitgaard Camping, Nørre Lyngby, Lyngbyvej 331, Nørre Lyngby, 9480 Løkken, Tel. 0045/98 99 65 66, www.gl-klitgaard.dk (N57°25'13.87" E9°45'39.97"). Nette Anlage oberhalb der Dünen in Nordseenähe, 15 befestigte Stellplätze, Streichelzoo mit weißen Kängurus, Ausflugsprogramme, ganzjährig geöffnet.

Asaa Camping, Vodbindervej 13, 9340 Asaa, Tel. 0045/30 31 23 52, www.asaacamping.dk (N57°8'43.44" E10°24'9.72"). Platz in ruhiger Lage im Fischerdorf Asaa an der Ostküste, fünf befestigte Stellplätze, geöffnet Ende März bis Ende Oktober.

Sø Camping, Viborg, Vinkelvej 36, 8800 Viborg, Tel. 0045/86 67 13 11, www.camping-viborg.dk, (N56°26'17.160" E09°25'19.200"). Sehr schöner, weitläufiger Platz am Südufer des Viborg-Sees, 15 befestigte Stellplätze, geöffnet Ende März bis Mitte Oktober.

Kaløvig Strandgård Camping, Rønde, Strandvejen 150, Ugelbølle, 8410 Rønde, Tel. 0045/86 37 13 05, www.kaloevig-camping.dk (N56°17'36.816" E10°24'14.868"). Schön abgestufte Anlage am Hang im Nordzipfel der Aarhus Bucht, ganzjährig geöffnet.

Sælvigbugtens Camping, Samsø, Staunsvej 2, Stauns, 8305 Samsø, Tel. 0045/86 59 07 07, www.saelvigbugtens-camping.dk (N55°53'34.800" E10°35'56.400"). Wunderschöner, sehr ruhiger Platz im Norden der Insel nahe am Strand, geöffnet April bis September.

Kyst Camping, Bogense, Østre Havnevej 1, 5400 Bogense, Tel. 0045/64 81 14 43, www.kystcamping.dk (N55°34'04.188" E10°05'00.420"). Zauberhafter Platz nahe am Hafen und direkt am Strand, kurzer Weg in den Ort, geöffnet April bis Mitte Oktober.

Helnæs Camping, Strandbakken 21, 5631 Helnæs, Tel. 0045/64 77 13 39, www.helnaes-camping.dk (N55°7'58.01" E10°2'9.63"). Schöne Anlage am südwestlichen Zipfel Fünens, Strandnähe, geöffnet von Ostern bis Ende September.

Halk Strand Camping, Brunbjerg 105, 6100 Haderslev-Halk Strand, Tel. 0045/74 57 11 87, www.halkcamping.dk (N55°11'9.14" E9°39'15.88"). Nett gelegener Platz oberhalb des beliebten Ostseestrandes, sechs befestigte Stellplätze, geöffnet April bis Ende September.

Lillebælt Camping, Fynshav, Lillebæltvej 4, Fynshav, 6440 Augustenborg, Tel. 0045/74 47 48 40, www.lillebaeltcamping.dk (N54°59'8.97" E9°59'25.07"). Kleine, feine Anlage unmittelbar am Strand mit Blick auf den Fährhafen und die Inselwelt Südfünens, zehn befestigte Stellplätze, geöffnet April bis Ende September.

Stellplatz direkt an der Ostsee beim Kyst Camping in Bogense

4 JUNGE BALTISCHE LÄNDER IM AUFWIND

Litauen, Lettland und Estland

Die ruhigen, feinsandigen Strände der Ostsee ziehen neuzeitliche Entdecker zu immer neuen Besuchen an. Vilnius prosperiert in fortschrittlicher Entwicklung und bewahrt Altes. Tallinn ist vom Mittelalter geprägt, beobachtet aber mit seinem offenen Hafen die Welt. Riga trägt das Kleid herrlicher Architektur des Jugendstils. Die drei Hauptstädte sind trotz der Traditionen hochmodern, innovativ und weltoffen. Vilnius, Riga und Tallinn haben ihr eigenes, nicht vergleichbares, bezauberndes Flair. In den kleineren Städten und Orten zeigt sich die Tradition der baltischen Lebensweise.

Am Galves-See im Licht der Morgenstimmung

JUNGE BALTISCHE LÄNDER IM AUFWIND

Westlich der litauischen Hauptstadt Vilnius starten wir am Galves-See die Reise durch das Baltikum. Herrlich, dieser Blick im aufsteigenden Morgennebel, über den Steg und über das Schilf hinweg hinüber zur Insel mit der herrschaftlichen Burg **Trakai**! Ja, der Campingplatz Slènis am Galves-See hat echtes Urlaubsfeeling, obwohl die Infrastruktur seit Jahren etwas überkommen ist. Der Galves-See, einer von 32 Seen auf der südlitauischen Seenplatte im Nationalpark Trakai ist für Wassersport fast jeglicher Art gut geeignet. Nur Boote mit Motoren sind nicht erlaubt, was der Erholung eher zuträglich ist. Ausflüge auf dem See mit dem Dampfer »Skaistis« ermöglichen eine gute Übersicht (Auskunft am Campingplatz).

Ideal auch, wenn man hier sein Fahrrad auspacken kann: Trakai, die Inselburg und der Nationalpark Trakai können so gut erkundet werden, zumal die Parkplätze in Trakai rar sind. Im Ort selbst gibt es eine alte Karäersiedlung mit schönen Holzhäusern (siehe Infokasten).

Die **Burg Trakai**, die erst durch einen Graben zur Inselburg wurde, ist heute leicht über eine lange, hölzerne Brücke zu erreichen. Trakai ist die wohl am meisten fotografierte Sehenswürdigkeit Litauens. Das Bollwerk gegen die Kreuzritter ist die einzige Burg dieser Art in ganz Osteuropa. Im Jahr 1655 war sie von den Russen zerstört worden, aber mittlerweile ist die gotische Backsteinburg wieder aufgebaut und gut restauriert. Das Trakai Festival im Juli zeigt mittelalterliches Leben und lässt Konzerte erklingen.

ROUTE 4

START- UND ENDPUNKT
Trakai und Tallinn

BESTE JAHRESZEIT
Juni bis September

STRECKENLÄNGE
1600 Kilometer

FAHRZEIT
10 bis 14 Tage (ohne An- und Abreise)

MAUTSTRECKEN
Keine

VILNIUS, DIE PROSPERIERENDE HAUPTSTADT LITAUENS

Von Trakai fahren Busse nach **Vilnius** oder man lässt sich gleich auf dem Vilnius City Campingplatz nieder. Die aus dem 15. und 16. Jahrhundert stammende größte Altstadt Osteuropas besitzt den UNESCO-Weltkulturerbestatus.

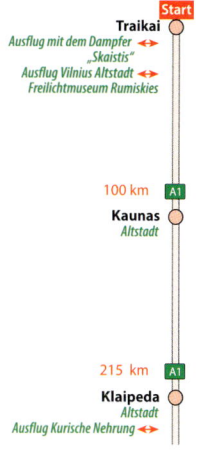

Die Inselburg Trakai liegt herrlich im Galves-See.

ROUTE 4

Das gotische Ensemble mit Annakirche in Vilnius

Der Stadtrundgang mit den Sehenswürdigkeiten kann an der **Kathedrale** beginnen. Die gewaltige Kirche entstand in ihrer heutigen klassizistischen Form im 18. Jahrhundert. Der frei stehende Glockenturm ist der letzte Teil einer großen Anlage mit Mauern und Gräben, deren Gestalt im Pflaster des Platzes wiedergegeben wird. An der südöstlichen Ecke des Kathedralplatzes befinden sich auch die Tourist-Info und ein WC. In der Tourist-Info sind ein Stadtplan und ein Audio-Guide erhältlich. Auf der Ostseite der Kathedrale schließt sich das wieder aufgebaute Großfürstenschloss an. Einen wunderbaren Ausblick über Stadt und Land bietet der dahinterliegende **Burgberg** des Großfürsten Gediminas.

SPECIAL

DIE KARÄER

Die Karäersiedlung in Trakai besteht aus schönen, alten Holzhäusern. Sie stehen mit dem Giebel der Straße zugewandt und weisen grundsätzlich drei Fenster auf. Großfürst Vytautas hat sich Ende des 14. Jahrhunderts die Karäer von der Krim nach Trakai geholt. Die Sprache der Karäer gehört zur türkischen Sprachfamilie. Der Volksname stammt aus dem karaitischen Glauben. Ihre Religion weist Züge des Islams auf, hält sich aber an das Alte Testament. Heute hat die ethnische Minderheit der Karäer nur noch wenige Mitglieder. Probieren sollte man karäische Spezialitäten wie Kibinai, leckere, mit Fleisch gefüllte Teigtaschen. Empfehlenswert ist hier das Restaurant Traku kibinai restoranas.

Die Kathedrale in Vilnius gleicht einem riesigen Tempel.

Vom Kathedralplatz führt die Radvilaites gatve nach Osten und die Maironio gatve nach Süden zum interessanten gotischen Ensemble mit der **Annakirche**. Die wunderbare Backsteinkirche aus dem 15. Jahrhundert wurde aus über 30 verschiedenen Formsteinen erbaut.

Weiter auf der Maironio gatve nach Süden liegt auf der linken Seite hinter dem Flüsschen Vilnia der »**Freistaat« Užupis**. Das Ufer Café »**Užupio Kaviné**« ist ein kultiges Plätzchen.

Die Altstadt liegt in westlicher Richtung. Durch die Latako gatve oder durch die Rusu gatve werden die in Nord-Süd-Richtung verlaufende Didžioji gatve und die Pilies gatve erreicht. In der Didžioji gatve nach links, also nach Süden, stoßen wir auf den großzügigen Rathausplatz. In einem der traditionellen Restaurants sollte man die kalorienreiche, litauische Nationalspeise Cepelinai (mit Fleisch gefüllter Kartoffelteig in Zeppelinform) probieren.

Am Rathaus weiter auf der Didžioji gatve nach Süden am noblen Radisson Blue Astorija Hotel vorbei erreichen wir das »**Tor der Morgenröte**«. In dem historischen Stadttor befindet sich oben die Kapelle der heiligen Madonna. Das angeblich wundertätige Bild im Tor der Morgenröte ist nicht nur Wahrzeichen der Stadt, sondern auch beliebtes Pilgerziel.

Wir schlendern zurück nach Norden durch die Gassen der Altstadt, in der man ohne Weiteres zwei interessante Tage verbringen kann. Am Schluss sollte man durch die Universiteto gatve nach Norden gehen, so kommt man am **Präsidentenpalast** vorbei, bevor man den Kathedralenplatz erreicht.
Etwas außerhalb im Nordosten der Stadt steht in der Altakalnio gatve die sehenswerte Kirche **St. Peter und Paul**. Die barocke Kirche hält sich mit ihren Hunderten Skulpturen und Figuren in schlichtem Weiß. Sie ist eine der schönsten Kirchen im Baltikum.

KAUNAS, DIE GESCHICHTSTRÄCHTIGE UNIVERSITÄTSSTADT

Von Vilnius bringt uns die A1 schnell nach **Kaunas**. Auf dem Weg befindet sich links von der Autobahn das **Freilichtmuseum Rumšiškes** am Kaunasser Meer. Historische Windmühlen, Bauernhäuser, ja ganze Dörfer mit Wirtshaus und Werkstätten sind zu besichtigen. Das Gelände kann mit dem Fahrrad erkundet werden.

In Kaunas liegt nahe der Autobahn A5 der **Campingplatz Kaunas Camp-Inn**, der für eine Nacht mit Stadtbesichtigung ausreicht, zumal ein Bus in die Innenstadt fährt und das Wohnmobil sicher steht.

Der Bus fährt bis zu den Resten der **Burg** am Zusammenfluss des Nemunas und der

An der Promenade des Flüsschens Dane in Klaipeda

SPECIAL

DER FREISTAAT UŽUPIS

1998 gründeten eine Handvoll Freidenker, Hausbesetzer, Künstler und Alternative im heruntergekommenen Viertel Užupis an der Vilnia den Freistaat Užupis. Das Gebilde ohne wirkliche völkerrechtliche Anerkennung hat eine eigene Verfassung, Fahne, Hymne und einen Präsidenten. Die Verfassung ist in großen Lettern an einer Wand in der Paupio gatve in verschiedenen Sprachen zu lesen. Inzwischen ist Užupis zum trendigen Szeneviertel aufgestiegen, in dem sich immer mehr Läden und Galerien ansiedeln. Der 1. April ist Staatsfeiertag und wird ausgelassen gefeiert.

Sonnenuntergang am Ostseestrand

Klaipeda
Altstadt
Ausflug Kurische Nehrung

28 km A13
Palanga

19 km A13
Grenze Lettland

56 km A11
Liepaja

160 km P112
Kuldiga
Altstadt
Wasserfall

57 km P108
Ventspils
Altstadt
Ostseestrand

Neris. Was Kriege nicht schafften, rissen einst die Hochwasser der Neris weg. Der Turm ist ein Wiederaufbau. Schöne, alte Handelshäuser umranden den nahen **Rathausplatz** mit der doppeltürmigen Franziskuskirche. Hier in der Rotušės aikštė 15 findet man auch das Büro der Tourist-Info, das einen Stadtplan bereithält.

Weiter geht es nach Süden bis zur **gotischen Backsteinkirche Vytautas** am Ufer des Nemunas. Gegenüber steht das gotische **Perkunas-Haus**. Von hier aus nach Nordosten hat die Altstadt aber noch mehr zu bieten. Inzwischen gibt es auch genügend angenehme Einkehrmöglichkeiten.

DAS WELTOFFENE KLAIPEDA

Auf der A1 kommt man schnell nach **Klaipeda** am Ende der Kurischen Nehrung. Liebreizender ist die Fahrt über Jurbarkas entlang des Nemunas (Memel). Der schönste Campingplatz im Umkreis Klaipedas liegt in einem Wald in **Giruliai**, fünf Kilometer nördlich von Klaipeda. Die feinen Sandstrände sind nicht weit. Ein guter Stadtplan ist am Campingplatz erhältlich. Auf dem Radweg oder mit dem Bus ist die Altstadt gut erreichbar.

Viel besuchter Ort in Klaipeda ist der **Theaterplatz** unweit des Flüsschens Dane, auf dem Simon Dachs Liedfigur **Ännchen von Tharau** auf dem Brunnen vor dem klassizistischen Theater verewigt ist.

In Richtung Südwesten liegt über der Pilies gatve der geschichtsträchtige **Burgberg**, um den sich einst die Stadt gebildet hat. In der Altstadt findet man einige gute Bernsteinläden. Die Qualität an den Verkaufsständen auf den Straßen überzeugt selten und kann auch schon mal aus Plastik sein.

NATIONALPARK KURISCHE NEHRUNG

Der **Nationalpark Kurische Nehrung** ist natürlich die größte Attraktion. Von Klaipeda aus gibt es zwei Fähren auf die Kurische Nehrung. Zu Fuß, mit dem Bus, mit dem Wohnmobil auf landschaftlich schöner Straße oder auf ausgezeichneten Radwegen sind die wilde Natur und die schmucken Dörfer zu erobern. Kilometerlange, traumhafte Sandstrände stehen an der Ostsee zur Verfügung.

KULTUR

ÄNNCHEN VON THARAU

Anna Neander aus Tharau war die wirkliche Person hinter der Liedfigur von Simon Dach. Ein Johann von Klingsporn warb um sie und beauftragte Simon Dach zu diesem Liebesgedicht, das ursprünglich 1636 in samländischem Niederdeutsch geschrieben war. Erst später wurde das Gedicht von Heinrich Albert vertont und schließlich von Johann Gottfried Herder zum deutschen Volkslied gemacht. »Ännchen von Tharau ist's, die mir gefällt, sie ist mein Leben, mein Gut und mein Geld. Ännchen von Tharau hat wieder ihr Herz, auf mich gerichtet in Lieb' und in Schmerz. Ännchen von Tharau, mein Reichtum, mein Gut, du meine Seele, mein Fleisch und mein Blut!«

JUNGE BALTISCHE LÄNDER IM AUFWIND

Typische Fischerhäuser in Nida sind heute begehrte Ferienwohnungen.

Nida verfügt über einen schönen Campingplatz.

Die Dörfer **Juodkrante** und das malerische **Nida** (Neringa) haben ihr eigenes Flair. Nida ist das touristische Zentrum und in der Saison überlaufen. Die schmucken **Fischerhäuser** sind sehr fotogen und Fischrestaurants gibt es einige. Überall wehen die traditionellen Kurenwimpel, die einst an den Fischerbooten angebracht werden mussten.

Vom Südende Nidas oder vom Campingplatz führt ein Spaziergang von drei bzw. zwei Kilometern auf die **große Düne** mit bester Aussicht. Die Parkplätze auf der Düne sind rar.

Zwei Kilometer nördlich von Nida steht auf einer Düne das **Haus von Thomas Mann**. Am Parkplatz unterhalb des Hauses befindet sich ein edler Bernstein- und Souvenirladen. Sehenswert ist auch das Bernsteinmuseum in der Pamario gatve 20, das einen modernurigen Verkaufsraum am Hafen hat.

DAS LEBHAFTE PALANGA

Palanga ist ein quirliger Urlaubsort mit Patina und Moderne. Berühmt sind die makellosen Strände und die lange Seebrücke. Urlaubstreiben in allen kuriosen Formen beherrscht den Ort. Aber es gibt weder einen Campingplatz noch einen Stellplatz für Wohnmobile. So wagen wir den Sprung über die nahe Grenze nach Lettland.

Liepaja, als Militärhafen und Industriestadt viele Jahre in der Zange der Sowjetmacht, ist keinen Aufenthalt wert. So steuern wir gleich **Ventspils** an. Aber es gibt die Strecke durch Wälder entlang der Ostsee auf

Die sogenannten »Kurenwimpel« waren früher Signalwimpel an den Fischerbooten.

An den langen Stränden Kolkas sind die Küstenwälder vorgelagert.

Riga ist eine bedeutende Stadt des Jugendstils

der Straße P111 und die östlichere Linie der Straße P112 durch hügeliges Bauernland. An der P112 im Landesinneren liegen **Aizpute** und **Kuldiga**. Beide Orte bestechen durch ihre alten Holzhäuser. Auf der Fahrt durch Kuldiga lassen sich brauchbare Parkplätze für das Wohnmobil entdecken. Die Sehenswürdigkeit ist nicht ein einzelnes Gebäude, sondern die Gesamtheit des Ortes. Man sollte auf jeden Fall durch den Ort gehen bis zur langen, 1874 erbauten Backsteinbrücke über den Lachsfluss Venta. Dort fällt der **breiteste Wasserfall Europas** gerade mal fast einen Meter tief abwärts.

Die Strecke entlang der Ostsee auf der Straße P111 gewährt wegen des Küstenwalds kaum Sicht auf die Ostsee. Aber man findet einige ruhige, oft sehr einfache Campingplätze, die Erholung an der wilden Westküste Lettlands versprechen. Manchmal gibt es nur eine Wiese ohne jegliche Infrastruktur. Zum Beispiel im Bereich Labrags, Jurkalne oder bei Ošvalki.

DAS DYNAMISCHE VENTSPILS UND DIE HALBINSEL KOLKA

Obwohl Hafenstadt, schmückt sich Ventspils mit unglaublich vielen Blumen, Brunnen, sauberen Häusern und Grün. Ein Campingplatz liegt in einem Wald im Westen der Stadt. Das westliche Stadtviertel Ostgals besitzt noch ursprüngliche Holzhäuser. An der Venta steht die schmucklose, Livländische **Ordensburg**, die ein überraschend modernes, interaktives Museum beherbergt. Einige Stadthäuser sind im **Art-déco-Stil** erbaut. Das Beste an Ventspils ist der herrliche Ostseestrand.

JUNGE BALTISCHE LÄNDER IM AUFWIND

Das Wahrzeichen Rigas ist das Schwarzhäupter-Haus.

Ein Campingplatz so richtig zum Erholen liegt bei Liepene, elf Kilometer nördlich von Ventspils in Richtung Kolka an der P124. Die kilometerlangen Strände sind erstaunlich menschenleer.

Überhaupt ist die Halbinsel Kolka ein großer »Naturtraum«. Man sollte einmal hinaus bis zur Landspitze fahren, wo sich Ostsee und Rigaer Bucht treffen (wegen der Strömungen gilt Badeverbot). Strandspaziergänge an der wilden Küste des Slitere-Nationalparks dringen in die Seele.

RIGA, HAUPTSTADT DES JUGENDSTILS UND PARIS DES NORDENS

Auf der P125 und A10 fahren wir nun über **Talsi** nach Osten in die wunderschöne lettische Hauptstadt **Riga**. Aber wenn man mehr Zeit hat, dann sollte man wegen der Küstenlandschaft auf der Goldküstenstraße P131 nach Riga bummeln.

Vor Riga liegt **Jurmala**, die pompöse lettische Riviera. Für die Durchfahrt wird eine geringe Umweltabgabe verlangt. Geradewegs geht es auf den Stadtcampingplatz, der nahe der Innenstadt auf der Insel Kipsala in der Daugava untergebracht ist. An der Rezeption gibt es einen Stadtplan.

Zur Innenstadt kommt man zu Fuß über die große Hängebrücke und dann nach rechts, also nach Süden entlang der Daugava. An der nächsten Brücke ist links der Rathausplatz mit dem **Schwarzhäupter-Haus** und dem beeindruckendem **Okkupationsmuseum**. Im herrlichen Schwarzhäupter-Haus befindet sich auch das Tourismusbüro, in dem es einen Stadtplan gibt. In östlicher Richtung steht die **Petrikirche**, von deren Turm ein Blick über die Stadt lohnenswert ist. Im Südosten zeichnen sich deutlich die vier **Zeppelinhallen** ab, in denen täglich der größte Markt des Baltikums zu beobachten ist. Unbedingt empfehlenswert.

Von der Petrikirche stoßen wir nach Nordosten über die Tirgonu iela weiter in die Altstadt vor. Viele Restaurantterrassen laden zum Verweilen ein. Abends gibt es an vielen Ecken Livemusik. Der Dom am **Domplatz** ist die größte Kirche im ganzen Baltikum. Die Häuser 17, 19 und 21 in der nördlich gelegenen Maza pils iela sind die ältesten Häuser Rigas und werden die »**Drei Brüder**« genannt. Im Nordosten der Altstadt liegt der alte **Stadt-**

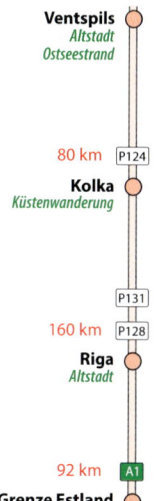

Ventspils
Altstadt
Ostseestrand

80 km P124

Kolka
Küstenwanderung

P131
160 km P128

Riga
Altstadt

92 km A1
Grenze Estland

ROUTE 4

Grenze Estland

Naturlehrpad Käbli

255 km

Virtsu

Rigas moderne Silhouette mit der Hängebrücke über die Daugava

graben, der zu einem schönen Park geworden ist. Auch die hohe **Freiheitsstatue** aus dem Jahr 1935 steht auf dieser Seite. Am **Livenplatz**, zwischen Freiheitsdenkmal und Altstadt, pulsiert das Leben. Wenn man nobel speisen möchte, kann man hier im Restaurant **Kalku Varti** einkehren.

Das Stadtviertel mit den schönen **Jugendstilhäusern** liegt nördlich der Altstadt. Am Freiheitsdenkmal auf dem Brividas Bulvaris läuft man nach Nordosten. An der **Elizabetes iela** gehen wir nach links bis zur **Strelnieku iela**. Auf dieser nach rechts und auf der **Alberta iela** schlendern wir dann zurück nach Südosten. Damit haben wir die herrlichsten **Jugendstilhäuser** Rigas auf einem Rundgang von fast drei Kilometern gesehen. Doch die Stadt besitzt über 700 Gebäude aus der Zeit des Jugendstils. Riga ist auf jeden Fall einige Tage Aufenthalt wert.

An der Ausfallstraße A2 nach Nordosten liegt das **Latvian Ethnographic Open Air Museum**. Das große Freilichtmuseum beherbergt über 100 historische Gebäude aus allen Regionen Lettlands (www.brivdabasmuzejs.lv).

Nach dem Freilichtmuseum verlassen wir die A2 und fahren auf der A1 entlang der Rigaer Bucht nach Norden und über die Grenze nach Estland. In **Käbli** an der Ostsee kann man eine Pause einlegen, denn da gibt es am Strand einen Naturlehrpfad mit Aussichtsturm (GPS: N58°00'51" E24°27'00").

Weitere Station auf der Reise ist der alte Kurort **Pärnu**. Sehr gemütlich ist die Haupteinkaufsstraße Rüütli mit schönen Geschäften und Cafés. Ein Erlebnis ist die **Markthalle** in der Vana Turg.

SAAREMAA, DIE WUNDERSCHÖNE OSTSEEINSEL

Eine ruhige Übernachtung vor der Insel Saaremaa erlebt man auf dem abgelegenen Campingplatz im Weiler **Voose** im Kreis Hanila. Zur Insel **Muhu** setzt eine Autofähre über. Von dort führt ein Damm auf die Insel **Saaremaa**. Wälder, Strände, malerische Dörfer, Windmühlen, ein Meteoritentrichter und die mittelalterliche Burg in Kuressaare geben ein abwechslungsreiches Bild der Insel Saaremaa ab.

Vorrangig sollte man die Stadt **Kuressaare** besuchen, in der sich auch ein Wohnmobilstellplatz befindet. Sehenswert sind die **Ordensburg** und die schöne Holzhausarchitektur in den Straßen der Stadt. Nordöstlich von Kuressaare liegt **Kaali**, bekannt wegen des großen **Meteoritenkraters**. Verspürt man im Magen ein ähnliches Loch, sollte man das urgemütliche **Restaurant Kaalitrather** an der Straße aufsuchen. Manchmal gibt es Wildschwein und selbstgebrautes Bier.

Weiter nördlich wurden bei **Angla** verschiedene **Windmühlen** zusammengetragen und aufgebaut. Zwei Kilometer nach Westen und wir stehen vor der herrlichen mittelalterlichen **Kirche von Karja** aus dem 13. Jahrhundert. (N58°31'24" E22°43'53")

Nun wieder runter von den Inseln und auf nach Tallinn. Auf dem Weg bietet das Städtchen **Haapsalu** Interessantes für Eisenbahnfans. Das **Estnische Eisenbahnmuseum** ist nebst einem wunderbaren hölzernen Bahnhof in der Raudtee tänav zu finden. Einen ruhigen Campingplatz gibt es auch. Westlich der Stadt ziehen sich nette Strände am Ufer der Ostsee entlang. Die Stadt selbst ist recht klein und ohne weitere Sehenswürdigkeiten außer der Bischofsburg aus dem 13. bis 16. Jahrhundert.

TALLINN, HAFENSTADT MIT MITTELALTERLICHEM FLAIR

Vor der Stadteinfahrt nach Tallinn ist das attraktive **Freilichtmuseum Rocca al Mare** angesiedelt. Häuser, Werkstätten, Mühlen und ein Dorfgasthaus aus vergangenen Jahrhunderten machen den Besuch zu einem Erlebnis. Auf dem gebührenpflichtigen Park-

Im Freilichtmuseum Rocca al Mare ist immer etwas geboten.

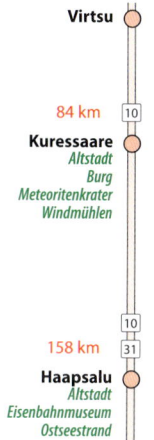

In Angla auf der Insel Saarema wurden alte Windmühlen wieder aufgebaut.

Auf dem Bohlenpfad lässt sich das Moor von Viru erkunden.

Beschaulicher Schilderwald in der Altstadt von Tallinn

platz kann auch im Wohnmobil übernachtet werden. Für die Besichtigung Tallinns ist der Stadtcampingplatz auf der anderen Seite der Stadt aber besser geeignet. An der Rezeption des Campingplatzes gibt es einen nützlichen Stadtplan.

Die Stadtbesichtigung sollte man gut planen. Manchmal liegen fünf oder sechs Kreuzfahrtschiffe im Hafen, deren Passagiere durch die Gassen drücken. Dann geht man lieber in der Nähe des Campingplatzes mit Blick auf den Hafen zum Baden. Am späten Nachmittag legen die Kreuzfahrtschiffe wieder ab.

Stadtbusse fahren auf der Pirite tee und Narva mantee zum Busterminal am **Platz Viru-fäljak** nahe der Altstadt. Die Verlängerung der Narva mantee ist die Viru tee, die direkt in die wunderbare mittelalterliche Altstadt hineinführt. Die Altstadt hat in etwa einen Durchmesser von 700 bis 800 Metern und kann so in ihrer Gesamtheit erforscht werden. Das Tourismusbüro ist in der Vabaduse väljak 7.

Unbedingt sollte man den **Rathausplatz** besuchen, auf den man automatisch stößt. Das gotische **Rathaus** wurde im 14. Jahrhundert erbaut. Vom spitzen Turm des Rathauses kann die gesamte Altstadt überblickt werden.

Auf dem **Domberg** (Toompea) liegt einem ebenfalls die gesamte Stadt zu Füßen. Blickfang ist die orthodoxe **Aleksander-Nevski-Kathedrale** gegenüber dem Parlament. Sie beherbergt bedeutende Ikonen. Im kleinen Park neben dem Parlament steht der fotogene Turm »**Langer Hermann**«. Der dicke Geschützturm »**Kiek in de Kök**« (Guck in die Küche) gewährte nicht nur im Mittelalter den Blick in die Küchen der unteren Häuser.

JUNGE BALTISCHE LÄNDER IM AUFWIND

Eine große Auswahl an Restaurants findet man am Rathausplatz und in der gesamten Altstadt. Deftige Speisen und gutes Bier gibt es auch im **Karja Kelder** in der Väike-Karja 1, ein Bierkeller für heiße oder regnerische Abende. Im **Rotermannviertel** haben sich gute Restaurants und Bars etabliert. Auf dem Platz **Rotermani väljak** findet von Mittwoch bis Samstag ein Lebensmittel- und Kunstgewerbemarkt statt.

Außerhalb der Altstadt im Osten ist der schöne **Park Kadriorg** mit dem Schloss und Kunstmuseum von Interesse. Zar Peter der Große ließ das Schloss für seine Frau Katharina I. errichten. Ein herrlicher Garten gibt dem Schloss einen würdigen Rahmen. Das kleine **Sommerhaus** des Zaren schmückt den Park mit den alten Bäumen. Am Rande des Parks zeigt das futuristische **KUMU** (Kunstmuseum) moderne Kunst.

GUT PALMSE UND NATIONALPARK LAHEMAA

Zurück zur Natur findet man im Nationalpark **Lahemaa** (Land der Buchten) östlich der Hauptstadt. In der ruhigen Landschaft mit Mooren und Steppen an der zerklüfteten Küste gibt es viele erholsame Campingplätze. Das Land und die Küste sind mit Granitfindlingen übersät, die vom Eis der Kaltzeiten von Skandinavien über die Ostsee gebracht wurden. Bekannt sind die gut erhaltenen Landgüter. Allen voran das **Gut Palmse**, heute ein sehenswertes Museum in einem herrlichen Park. In der Nähe befinden sich der Oandulehrpfad, ein Biberlehrpfad und der Moorlehrpfad Viru.

Der Abschluss der Reise durch das Baltikum im Nationalpark Lahemaa bringt eine ausgewogene Erholung und Kraft für die lange Heimfahrt.

Die Aleksander-Nevski-Kathedrale ist russisches Erbe.

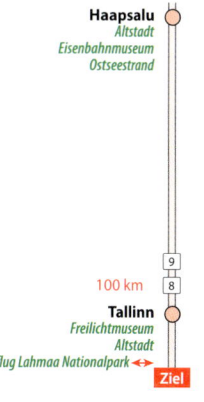

PRAKTISCHE HINWEISE

Die Fähre zur Insel Muhu

TOURISTINFORMATIONEN

Tourismusbüro Trakai, Karaimų gatve 41, LT-21004 Trakai, Tel. 00370/5/285 19 34, www.trakai-visit.lt

Tourismusbüro Vilnius, Gynejų gatve 14, LT-01122 Vilnius, Tel. 00370/6/865 72 32, www.vilnius-tourism.lt

Tourismusbüro Kaunas, Rotušės aikšte 15, LT-44240 Kaunas, Tel. 00370/6/162 38 28, www.kaunastic.lt

Tourismusbüro Klaipeda, Turgaus gatve 7, LT-1247 Klaipėda, Tel. 00370/8/46 41 21 86, www.klaipedainfo.lt

Tourismusbüro Ventspils, Darza iela 6, LV-3601 Ventspils, Tel. 00371/6/29 23 22 26, www.visitventspils.com

Tourismusbüro Riga, Rātslaukums 6, LV-1050 Riga, Tel. 00371/6/703 79 00, www.liveriga.com

Tourismusbüro Saaremaa, Tallinna 2, EE-93819 Kuressaare, Tel. 00372/4/53 31 20, www.visitsaaremaa.ee

Tourismusbüro Tallinn, Niguliste 2, EE-10146 Tallinn, Tel. 00372/6/45 77 77, www.visittallinn.ee

INTERNET
www.lietuva.lt
www.latviatravel.lv
www.visitestonia.com

KARTEN UND LITERATUR
Autokarte Baltische Staaten, 1:400 000, Freitag & Berndt

Autokarte Baltische Länder, 1:600 000, Reise Know-How

3 Autokarten Estland, Lettland, Litauen 1:325 000, Reise Know-How

Reiseführer »Estland, Lettland & Litauen« lonely planet ISBN 978-3-8297-2277-3

Reiseführer »Litauen, Lettland, Estland« Reise Know-How ISBN 978-3-8317-2410-9

CAMPING- UND STELLPLÄTZE

Campingplatz Trakai, »Campingas Slènyje« Slènio gatve 1, LT-21104 Trakai, Tel. 00370/6/861 11 36, www.camptrakai.lt, info@camptrakai.lt (N54°40'09" E24°55'47"). Herrliche Lage am Galves See mit Blick auf die Burg Trakai. Renovierungsbedürftige Sanitäranlagen, Restaurant, Sandstrand, Grillplätze. Der Platz liegt zwei Kilometer hinter Trakai am nördlichen Ende des Sees.

Campingplatz Vilnius, »Vilnius city«, Parodų gatve 11, LT-04215 Vilnius, Tel. 00370/6/297 22 23, www.vilnius-camping.lt, vilnius@camping.lt (N54°40'49" E25°13'34"). Gut ausgestatteter Stadtplatz an den Messehallen. Mit dem Bus oder Fahrrad rund drei Kilometer in die Altstadt. Der Platz liegt etwa 800 Meter südöstlich des Fernsehturms. Ausgeschildert.

Campingplatz Kaunas, »Kaunas Camp Inn«, Raudondvario pl. 161a, LT-47168 Kaunas, Tel. 00370/6/023 34 44, www.campinn.lt, kaunas@campinn.lt (N54°54'57" E23°50'00"). Gut ausgestatteter Stadtplatz am Strand des Lampedis-Sees. Mit dem Bus rund drei Kilometer in die Altstadt. Der Platz liegt verkehrsgünstig am westlichen Stadtrand nahe der Autobahn A5. Von der A1 nach der Überquerung der Neris nach Süden auf die A5 abbiegen. Dann die Ausfahrt vor der Überquerung des Nemunas nehmen.

Campingplatz Klaipeda, »Pajurio Kempingas«, Šlaito gatve 3, Klaipėda (Giruliai), Tel: 00370/6/832 50 55, www.campingklaipeda.lt, camping@klaipedainfo.lt (N55°45'58" E21°05'33"). Gut ausgestatteter Platz in Strandnähe. Lärm durch angrenzende Bahnlinie möglich. Mit dem Bus oder Fahrrad rund fünf Kilometer in die Altstadt. Von Klaipeda auf der Uferstraße in Richtung Palanga. Ausgeschildert.

Campingplatz Nida, »Nidos kempingas«, Jonušo gatve 11, LT-93121, Nida, Tel: 00370/4/695 20 45, www.kempingas.lt (N55°17'55" E20°58'59"). Gut ausgestatteter Platz einen Kilometer westlich von Nida. Reservierung erforderlich. Vom Hafen auf der Taikos gatve in Richtung große Düne nach Westen.

Die Inselburg Trakai

Campingplatz Labrags, »Camping Sili«, LV-3626 Jurkalne, Tel: 00371/2/947 93 35, www.imantas.lv, kempings.sili@labrags.lv (N56°58'27" E21°20'39"). Gut ausgestatteter Platz mit Restaurant. An der P111, beschildert.

Campingwiese Ošvalki, liegt unweit der P111, nur eine Wiese, aber himmlisch ruhig mit rauschenden Ostseewellen (N57°03'52" E21°24'59").

Campingplatz Ventspils, »Piejuras kempings«, Vasarnicu 56, LV-3601 Ventspils, Tel. 00371/6/362 79 25, www.camping.ventspils.lv (N57°23'03" E21°32'09"). Gut ausgestatteter Platz eineinhalb Kilometer westlich vom Zentrum. 500 Meter zur Ostsee. Ausgeschildert.

Campingplatz Liepene, »Kempings Jeni«, Liepene Ciems Targales Pagasts, LV-3601 Ventspils, Tel. 00371/2/638 27 06, www.campingjeni.lv (N57°29'32" E21°39'35"). Gut ausgestatteter Platz, Grillplätze, Feuerstellen und Brennholz. 500 Meter durch herrlichen Küstenwald zur Ostsee. Von Ventspils elf Kilometer auf der P124 in Richtung Kolka. Ausgeschildert.

Campingplatz Riga, »City Camping«, Ķīpsalas iela 8, LV-1048 Riga, Tel: 00371/6/706 75 19, www.rigacamping.lv, camping@bt1.lv (N56°57'23" E24°04'45"). Gut ausgestatteter Platz hinter der Messehalle. Zweieinhalb Kilometer über die Daugava in die Innenstadt. Von der A10 in Richtung Centrs (Zentrum) halten, dann Richtung A2. Noch auf der großen Hängebrücke über die Daugava rechts einordnen. Ausgeschildert.

Campingplatz Voose, »Camping Voosemetsa«, Voose an der Schotterstraße von der Straße Nr. 10, EE-90105 Hanila, Tel. 00372/5/05 26 79, www.voosemetsa.ee, E-Mail: info@voosemetsa.ee (N58°38'46" E23°39'45"). Naturnahe Wiese im Wald, aber mit allen Versorgungseinrichtungen. Grillplatz. Auf der Straße Nr. 10, vier Kilometer östlich vor Hanila.

Wohnmobilstellplatz Kuressaare, »Saaremaa SPA Hotel Meri«, Pargi tee 16, EE-93810 Kuressaare, Tel. 00371/6/29 23 22 26, www.merihotel.ee, info@merihotel.ee (N58°14'53" E22°28'25"). Asphaltierter Platz am Hotel in Sichtweite der Burg. Liegt am Hafen westlich der Burganlage.

Campingplatz Haapsalu, »Kamping Pikseke«, Mänikuu tee 32, EE-90403 Paralepa Haapsalu, Tel. 00372/5/192 22 91, www.campingpikseke.com (N58°55'41" E23°32'14"). Guter Platz auf einer Wiese mit Baumbestand. Eineinhalb Kilometer in die Altstadt. Von der Ortseinfahrt von der Straße Nr. 31 nach links abbiegen. Ausgeschildert.

Parkplatz Freilichtmuseum, » Rocca al Mare «, abaõhumuuseumi tee 12, EE-13521 Tallinn, Tel. 00372/6/54 91 00, www.evm.ee (N59°25'53" E24°38'15"). Asphaltierter Museumsparkplatz. Von der Straße Nr. 390 links in die Louka tee abbiegen. Ausgeschildert.

Campingplatz Tallinn, »City Camping«, Pirita tee 28, EE-10127 Tallinn, Tel. 00372/6/13 73 22, www.tallinn-city-camping.ee (N59°26'53" E24°48'30"). Asphaltierter Parkplatz mit Ver- und Entsorgung, Duschen und WC an einer Sporthalle, nicht schön, aber zentrumsnah. Drei Kilometer in die Innenstadt. Stadtbus. Von der Innenstadt an der Ostsee entlang nach Nordosten in Richtung Pirita. Ausgeschildert.

Campingplatz Valaste, »Café Hostel Valaste«, Kotka, Valaste küla, Kohtla vald, EE-41557 Ida-Virumaa, Tel. 00372/3/32 82 00, www.valaste.eu (N59°26'37" E27°20'08"). Campingplatz neben dem Café, Sauna, Grillplätze. Liegt direkt an der Küstenstraße. Ausgeschildert.

Einsame Weiten dominieren die Highlands in Schottland.

» DER WESTEN

5 DURCH DIE EINSAMKEIT DER SCHOTTISCHEN HIGHLANDS

Auf dem Weg zur Isle of Skye

Die Altstadt von Edinburgh ist nicht nur Weltkulturerbe, sondern auch ein idealer Ausgangspunkt für eine Tour durch Schottland.

Von Schottlands Hauptstadt Edinburgh mit dem imposanten Castle fahren wir zu weiteren sehenswerten Burgen und Schlössern. Kurz hinter Stirling Castle erreichen wir das Ziel aller Schottland-Freunde, die Highlands, die sich nun nach Norden hin erstrecken. Nach einer Fahrt durch den ersten Nationalpark des Landes gelangen wir in wunderschöne Täler wie Glen Coe und in Hochebenen wie Rannoch Moor. Nach einer Besteigung des Ben Nevis, dem höchsten Berg Großbritanniens, suchen wir noch das berühmte Ungeheuer von Loch Ness und beenden unsere Reise auf der Isle of Skye, wo zahlreiche einmalige Sehenswürdigkeiten in der Natur auf uns warten.

DURCH DIE EINSAMKEIT DER SCHOTTISCHEN HIGHLANDS

Als Einstieg für eine Wohnmobilreise durch Schottland bietet sich natürlich die Besichtigung der Hauptstadt **Edinburgh** an. Klassische Wohnmobilstellplätze sind hier Mangelware, doch sowohl im Norden als auch im Süden der Stadt gibt es jeweils einen Campingplatz, von dem aus man mit öffentlichen Verkehrsmitteln sehr einfach in das Zentrum gelangt. Für Reisende, die gar nicht in der Stadt übernachten wollen, empfiehlt sich die London Road nördlich der Royal Terrace Gardens (55.957705, -3.176981), wo in den meisten Fällen ein Parkplatz frei ist. Von dort ist es nur ein kurzer Spaziergang in die **Altstadt Edinburghs**. Diese ist seit 1995 in der Liste der UNESCO als Weltkulturerbe aufgeführt und man könnte natürlich ein ganzes Buch mit den Sehenswürdigkeiten Edinburghs füllen. Daher beschränken wir uns auf die Highlights und dazu gehört ganz ohne Zweifel das **Edinburgh Castle**.

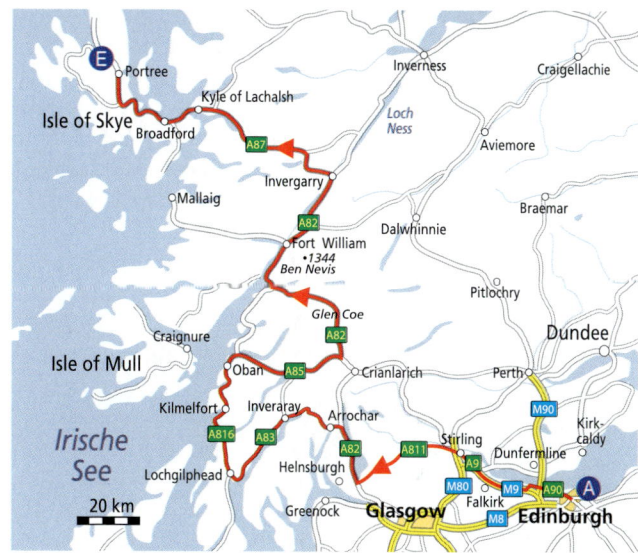

DIE ATTRAKTION VON EDINBURGH: DAS CASTLE

Die Burg erhebt sich auf einem steil aufragenden Basaltfelsen. Sie wurde mehrfach belagert, eingenommen, zerstört und wieder aufgebaut. Man sollte für die Besichtigung genug Zeit einplanen, da sie aus mehreren militärischen Gebäuden besteht. Der Royal Palace und die Great Hall entstanden zum Beispiel im 15. Jahrhundert und beherbergen die Räumlichkeiten der schottischen Könige. Kein Wunder also, dass im Royal Palace die schottischen Kronjuwelen aufbewahrt und präsentiert werden. Ebenfalls im oberen Bereich der Burg befindet sich die St. Margaret's Chapel, die im 12. Jahrhundert gebaut wurde und als das älteste Gebäude der Stadt gilt. Weitere Gebäude bestehen aus den New Barracks, in denen eine Ausstellung über die Royal Scots Dragoon Guards informiert. Dieses Kavallerieregiment wurde in den 1970er-Jahren

ROUTE 5

START- UND ENDPUNKT
Edinburgh und Portree

BESTE JAHRESZEIT
Frühjahr und Sommer

STRECKENLÄNGE
400 Meilen

FAHRZEIT
5 bis 6 Tage

MAUTSTRECKEN
Keine

Ein typisches Bild der Highlands sind die Berge (Munros) und Seen (Lochs).

ROUTE 5

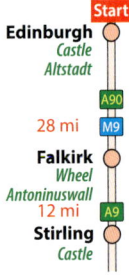

Edinburgh
Castle
Altstadt

28 mi

Falkirk
Wheel
Antoninuswall
12 mi

Stirling
Castle

Für die zahlreichen Sehenswürdigkeiten der schottischen Hauptstadt sollte man ein wenig Zeit mitbringen.

weltweit populär, als es mit dem Lied »Amazing Grace« die Hitparaden stürmte. Gleich unterhalb der New Barracks erstreckt sich die Mills Mount Battery, wo eine von mehreren Kanonen besonders sehenswert ist. Die One o'Clock Gun wird noch heute von montags bis samstags pünktlich um 13 Uhr abgefeuert. Traditionell galt der Schuss den Seeleuten in der Bucht vor Edinburgh, damit diese ihre Chronometer zur Navigation punktgenau einstellen konnten. Heute dient der Böller natürlich nur noch touristischen Zwecken.

Das Edinburgh Castle erhebt sich am westlichen Ende der Royal Mile. Sie ist die schnurgerade Hauptstraße der Stadt, an der sich zahlreiche historische Gebäude, Souvenirläden und Pubs befinden. So erhebt sich an der Südseite der Royal Mile die St. Giles' Cathedral, in deren Kapelle sogar ein holzgeschnitztes Figürchen Dudelsack spielt. Ein weiteres sehenswertes Detail der Royal Mile ist das Heart of Midlothian gleich vor dem Portal der Kirche. Das Herz ist im Straßenbelag eingelassen, wo sich einstmals eine der Hinrichtungsstätten der Stadt befand. Deswegen sollte man sich nicht wundern, dass das vermeintlich romantische Zeichen von den Einwohnern traditionell verächtlich bespuckt wird. Heute soll das Spucken auf das Herz aber auch Glück bringen.

Am Ende der Royal Mile erreicht man am Parliament Square das moderne Gebäude des schottischen Parlaments und gleich dahinter den Holyrood Palace. Hierbei handelt es sich um die schottische Residenz der britischen Königin. Anders als Balmoral Castle oder Windsor Castle wird das sogenannte schottische Versailles nur sehr selten vom britischen Oberhaupt genutzt.

Erwähnt werden sollten noch die Princes Street Gardens, die sich unterhalb der Burg auf ihrer Nordseite befinden. Diese beiden Grünanlagen beherbergen mehrere Skulpturen, das begehbare Scott-Monument, das an den schottischen Dichter Sir Walter Scott erinnert, und Brunnen, die zusammen mit der Burg ein beliebtes Fotomotiv abgeben und Treffpunkt für die Einwohner Edinburghs sind.

WENN SCHIFFE ACHTERBAHN FAHREN

Über die M8 und M9 verlassen wir die schottische Hauptstadt und fahren westwärts bis **Falkirk**. Die Stadt ist eher unbedeutend, doch etwas außerhalb der Ortschaft befindet

sich das beeindruckende Schiffshebewerk mit dem Namen Falkirk Wheel (56.000365, -3.840035). Im Jahr 2002 wurde es von Queen Elizabeth II. feierlich eingeweiht und verbindet seither den Union Canal mit dem Forth and Clyde Canal. Anders als in herkömmlichen Schiffshebewerken fahren die Boote jedoch nicht in eine klassische Schleuse, in der Wasser ein- oder abgelassen wird. Vielmehr schippern die Boote in einen Trog, der wie eine Gondel an einem riesigen Rad hoch- und heruntergefahren wird, um die Höhendifferenz von rund 35 Metern zu überwinden. Lohnenswert ist die Mitfahrt auf einem der sogenannten Narrow Boats, die hier ausschließlich für Touristen auf den Kanälen pendeln.

Nur wenige Meter neben dem Falkirk Wheel kann man auf historischen Pfaden wandeln. Der **Antoninuswall** wurde im 2. Jahrhundert von den Römern erbaut und bestand aus einem vier Meter hohen Erdwall sowie einem Graben. Er sollte das Römische Reich von den Barbaren im Norden abgrenzen, hatte jedoch nur eine geringe Bedeutung, da weiter südlich bereits zu dieser Zeit schon lange der Hadrianswall existierte. So wird vermutet, dass der Antoninuswall vom gleichnamigen römischen Herrscher nur als Prestigeobjekt gebaut wurde. Auch die Tatsache, dass der Wall schon wenige Jahre nach dem Tod des Kaisers bereits wieder aufgegeben wurde, deutet auf diesen Umstand hin. Heute gilt der Wall als Teil des Limes, der in die UNESCO-Liste als Weltkulturerbe eingetragen ist.

Nach einer weiteren kurzen Fahrt auf der M9 erreichen wir **Stirling**. Sehenswert ist hier das Stirling Castle (56.122636,

Bei schottischer Dudelsackmusik flaniert es sich am besten in der Altstadt Edinburghs.

> **SPECIAL**
> **NARROW BOATS**
> Die Narrow Boats wurden im 18. Jahrhundert konzipiert und haben sowohl einen flachen Rumpf als auch eine schmale Bauweise. Damit sind sie kaum breiter als ein Wohnmobil und maximal 22 Meter lang. Sie entstanden in der Folge der engen Kanäle Großbritanniens und sind das ideale Fortbewegungsmittel auf ihnen.

Weite Landschaften laden zum Halten und Staunen ein.

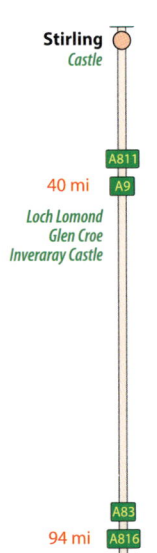

Stirling Castle

40 mi — A811 / A9

Loch Lomond
Glen Croe
Inveraray Castle

94 mi — A83 / A816

Oban

-3.945494). Es hat eine gewisse Ähnlichkeit mit dem Schloss in Edinburgh, da es ebenfalls auf einem Felsen errichtet wurde und nur von einer Seite aus zugänglich ist. Nach dem Betreten der Burganlage durch das Torhaus befindet man sich ebenfalls auf einer Terrasse, auf der sich mehrere bedeutende Gebäude wie zum Beispiel The Great Hall und die Schlosskapelle erheben.

Stirling Castle ist aber nicht nur architektonisch zu bewundern, sondern besitzt auch eine bedeutende Geschichte in den Unabhängigkeitskämpfen der Schotten. Allerdings zählt dazu nicht alleine nur das Schloss, sondern die gesamte Umgebung rund um Stirling. So fand in Sichtweite die Schlacht von Bannockburn statt, die im Sommer des Jahres 1314 in die Geschichte einging und aus der Robert I. als Sieger hervorging. Er wurde berühmt als schottischer König Robert the Bruce, auf dessen Spuren man immer wieder in Schottland trifft. Heute gilt er als schottischer Nationalheld und seine Kämpfe wurden mehrfach verfilmt. Das bekannteste Werk dürfte der Hollywood-Streifen »Braveheart« mit Mel Gibson sein. Auch das Alter Ego des Comic-Superhelden Batman, der Milliardär Bruce Wayne, erhielt seinen Vornamen von seinen Schöpfern in Anlehnung an den schottischen Unabhängigkeitskämpfer.

DURCH DEN NATIONALPARK ZU DEN HIGHLANDS

Von der Terrasse des Stirling Castles sehen wir bereits die ersten Ausläufer der Highlands, denen wir uns nun in nordwestlicher Richtung nähern. Auf der A84 steuern wir unser Wohnmobil bis in das Dorf **Kilmahog**, wo wir links abbiegen und auf der A821 in den Nationalpark Loch Lomond and the Trossachs hineinfahren. Er wurde erst im Jahr 2002 durch Prinzessin Anne offiziell eingeweiht und war damit der erste Nationalpark auf schottischem Gebiet. Er umfasst den gleichnamigen See **Loch Lomond** und ein bewaldetes Tal weiter östlich, das als **The Trossachs** bezeichnet wird. Zu diesem Tal gehört aber ebenfalls ein See, der als Ausflugsziel beliebt ist. Auf dem **Loch Katrine** (56.233531, -4.428293) verkehrt bereits seit dem Jahr 1900 ein Dampfschiff mit dem Namen Sir Walter Scott. Es wurde nach dem schottischen Dichter benannt, weil dieser zwei seiner Werke in der malerischen Landschaft rund um Loch Katrine spielen ließ.

Der größere Loch Lomond ist von dort über die A81 und A811 zu erreichen. Der lang gestreckte und nach Norden hin immer enger werdende See beherbergt mehrere Inseln und ist ein sehr beliebtes Ausflugsziel, das vor

DURCH DIE EINSAMKEIT DER SCHOTTISCHEN HIGHLANDS

Nur ein kleiner Teil vom Loch Lomond, der Teil eines großen Nationalparks ist

allem die Stadtbewohner Glasgows an den Wochenenden gerne aufsuchen. Das Ostufer des Sees ist etwas schwerer zu erreichen, weil dort nur eine schmale Stichstraße von Süden nach Norden verläuft. Außerdem ist das Ostufer einer der wenigen Orte, an denen man in Schottland nicht frei übernachten darf. Allerdings ist das auch nicht notwendig, da mehrere Campingplätze exisitieren, die direkt bis ans Wasser reichen.

Am Westufer des Loch Lomond befinden sich auch einige Campingplätze und zudem Parkplätze, dennoch kann es mit dem Wohnmobil schwierig sein, an gut besuchten Tagen einen Parkplatz zu finden. Im nördlichen Bereich des Sees treffen wir auf die kleine Ortschaft **Tarbert**, in der wir links abbiegen und damit dem Nationalpark den Rücken kehren. Die A83 bringt uns durch das wunderschöne und anfänglich bewaldete Tal **Glen Croe** in die Höhe. In einer Höhe von 260 Metern, dem höchsten Punkt der Straße, befindet sich der Picknickplatz »Rest and be thankful«, was nichts anderes bedeutet, als dass man rasten und dankbar sein soll. Die Bezeichnung wurde in einen Gedenkstein graviert, den Soldaten an diesem Ort aufstellten, als sie im Jahr 1753 die Straße durch das Tal anlegten. Eine Nachbildung des Steins mit der Gravur befindet sich an dem beliebten Rastplatz, den kaum einer passiert, ohne wenigstens kurz angehalten zu haben (56.225680, -4.856087). Immerhin hat man hier einen wunderbaren Ausblick auf das grün leuchtende Glen Croe. Glen ist übrigens die Bezeichnung für ein Tal und leitet sich vom schottisch-gälischen Gleann ab.

Wieder bergab geht es in östliche Richtung, wenn wir der A83 folgen und dabei einige Buchten des **Loch Fyne** umrunden. Bei diesem Loch handelt es sich jedoch nicht um einen Süßwassersee, sondern vielmehr um eine fjordähnliche Meeresbucht, in der man

Im Wohnmobil lässt sich Schottland wunderbar erkunden.

69

ROUTE 5

> **SPECIAL**
>
> **RANNOCH MOOR**
>
> Das Rannoch Moor ist einer der wenigen realen Orte, der in der fiktiven Welt von Dagobert Duck Einzug gehalten hat. Don Rosa, einer der beliebtesten Disneyzeichner und oft als Nachfolger des legendären Carl Barks bezeichnet, siedelte in Rannoch Moor die Duckenburgh an, die als Stammsitz des McDuck-Clans gilt, aus der Scrooge McDuck alias Dagobert Duck hervorging.

auch schon mal Delfine und Robben zu sehen bekommt. An seinem Ufer passieren wir Inveraray Castle (56.237763, -5.073214), das im 15. Jahrhundert erbaut wurde und eine sehenswerte Front, bestehend aus zwei Rundtürmen, besitzt. Gleichzeitig beherbergt das Schloss eine imposante Waffensammlung und ganz nebenbei noch den höchsten Raum Schottlands. Der Saal ist stolze 21 Meter hoch.

Bei **Lochgilphead** biegen wir rechts auf die A 816 ab und folgen dieser einige Meilen bis **Kilninver**. Dort können wir einen kleinen, vier Meilen kurzen Abstecher bis zur Insel Seil machen. Dabei geht es aber weniger um die Insel als um die Möglichkeit, auf diese zu gelangen. Zu erreichen ist die Insel über die Clachan Bridge (56.317723, -5.582934), die bereits im Jahr 1792 erbaut wurde. Die wenige Meter lange Steinbogenbrücke wird auch als Brücke über den Atlantik bezeichnet, denn das Wasser unter ihr ist weder ein schmaler See noch ein Bach, sondern ein Meeresarm und damit Salzwasser. Gerne wird auch behauptet, sie sei die kleinste Brücke, die über den Atlantik führt.

Zurück an der Hauptstraße folgen wir dieser nordwärts und gelangen wenig später nach **Oban**. Der Ort ist Ausgangspunkt für Über-fahrten auf die Hebriden. So existieren Fährverbindungen auf die vorgelagerte Isle of Mull, die zu den Inneren Hebriden zählt, sowie

Kurzer Stopp im Rannoch Moor und weiter geht es in das Glen Coe, das man schon im Bildhintergrund sieht.

Bei schlechtem Wetter kann die Landschaft Schottlands auf eine schöne Art bedrohlich wirken.

zu der Inselkette der Äußeren Hebriden. In Oban wechseln wir auf die A 85, die uns nach Tyndrum bringt, wo wir auf den nächsten 32 Meilen einen der schönsten Straßenabschnitte der schottischen Highlands kennenlernen. Wir biegen links auf die A 82 ab, durchqueren zunächst das enge **Glen Orchy** und erreichen einen Aussichtspunkt auf den Loch Tulla (56.567881, -4.753963).

WUNDERBARE LANDSCHAFTEN IN DEN HIGHLANDS

Dieser markiert gleichzeitig den Beginn einer Hochebene, die als **Rannoch Moor** bezeichnet wird. Durch das Plateau fahren wir in einer Höhe von rund 400 Metern über dem Meeresspiegel. Abgesehen von der A82, auf der wir durch diese einsame Landschaft reisen, ist Rannoch Moor fast komplett unberührt, da es sich um eine völlig unwirtliche Gegend handelt, in der weder gebaut noch Landwirtschaft betrieben werden kann.

Der Übergang vom Rannoch Moor in das nächste faszinierende Landschaftsbild ist beinahe fließend. Rechts und links des Weges erheben sich wieder kahle Berge und wir befahren das Tal **Glen Coe**. Glen Coe ist eines der beliebtesten Täler Schottlands und beherbergt mehrere Parkplätze, auf denen auch große Wohnmobile ausreichend Platz finden. Von den Parkplätzen gelangt man zu Fuß entweder zu den vielen Gipfeln beiderseits des Tals oder zum Talgrund, wo der kleine Fluss Coe sanft dahinplätschert. In dem Tal gibt es keinerlei Besiedlung, was Glen Coe auch zu einer beliebten Kulisse für diverse Hollywoodfilme machte. Im Talgrund sind Wanderer auf einem Fernwanderweg unterwegs, die genauso wie wir am Talausgang auf ein Besucherzentrum treffen. Das informiert selbstverständlich über die Geologie und die Geschichte von Glen Coe (56.671770, -5.081940).

Steile Küsten fallen an der Isle of Skye in die Tiefe ab.

Bei so schöner Landschaft möchte man gar nicht mehr weiterfahren und einfach nur den Tag genießen.

Oban

82 mi

Fort William
Rannoch Moor
Glen Coe
Ben Nevis
Glenfinnan-Viadukt
Loch Ness
Eilean Donan Castle

Wenig später folgen wir der A82 entlang des Ufers von **Loch Linnhe**, der längsten Meeresbucht Schottlands, und erreichen mit Fort William die größte Stadt der Highlands. **Fort William** ist ein klassisches Urlaubsziel und nahezu perfekt auf Touristen eingestellt. Mehrere Hotels, Campingplätze, Outdoorshops und Souvenirläden lassen nichts vermissen. Der Grund hierfür erhebt sich westlich der Stadt und heißt **Ben Nevis**. Der Berg ist 1344 Meter hoch und damit der höchste Gipfel Großbritanniens. Westlich von Fort William lohnt ein Abstecher über die A830 bis zum **Glenfinnan-Viadukt** (56.876229, -5.431233). Besonders Filmfreunde von Harry Potter werden ihre Freude an diesem Bauwerk haben, das auf 21 Pfeilern steht und besonders dann ein schönes Bild abgibt, wenn die Dampflokomotive des Zuges The Jacobite über die Brücke schnauft. Denn dann erinnert der Zug zusammen mit dem Viadukt an den aus den Romanen bekannten Hogwarts-Express, der an eben dieser Stelle auf Leinwand gebannt wurde.

Nördlich von Fort William fahren wir parallel zum **Kaledonischen Kanal** am lang gestreckten **Loch Lochy** vorbei und gelangen auf der A82 bis **Fort Augustus**, einen

AUSFLUG

BEN NEVIS

Zu erreichen ist der Gipfel über einen Wanderweg, der am Ben Nevis-Besucherzentrum im Glen Nevis startet (56.810598, -5.076620). Die Wanderung ist von konditionierten Wanderern ohne Weiteres zu schaffen. Jedoch sollte man beachten, dass man in einer Höhe von rund 20 Metern über dem Meer startet und dementsprechend fast die gesamten Höhenmeter des Ben Nevis zu überwinden hat. Außerdem sollte man sich darauf einstellen, dass es am Gipfel empfindlich kalt sein kann, weshalb man auch im Sommer warme Kleidung mit sich führen sollte. Und zu guter Letzt sollte man nicht enttäuscht sein, wenn man nach der Wanderung am Gipfel ankommt und die Sicht stark eingeschränkt ist. Der Gipfel des Ben Nevis ist im Schnitt nur an zehn Tagen im Jahr wolkenfrei. Oben angekommen steht man also oft im Nebel.

DURCH DIE EINSAMKEIT DER SCHOTTISCHEN HIGHLANDS

kleinen Ort, der am südlichen Ende von Loch Ness liegt. Wer sich auf Spurensuche nach dem berühmten Ungeheuer Nessie machen möchte, sollte der Straße entlang des Lochs bis **Drumnadrochit** folgen, wo mehrere Souvenirläden und Ausstellungen auf Nessie-Jäger eingestellt sind. Kurz vor Drumnadrochit passiert man noch die Ruinen des aus dem 13. Jahrhundert stammenden **Urquhart Castle** (57.324359, -4.444492). Die Lage des Schlosses direkt am Ufer von **Loch Ness** und die Geschichte, die eng mit Robert the Bruce verknüpft ist, machen Urquhart Castle zu einem beliebten Reiseziel.

Ansonsten biegen wir bei Invermoriston auf die A887 ab, die wenig später in die A87 übergeht und uns geradewegs zum Eilean Donan Castle bringt. Das Schloss befindet sich auf einer kleinen Insel, die über eine Steinbogenbrücke mit dem Festland verbunden ist. Auch sie entstand im 13. Jahrhundert und war oftmals umkämpft. Robert the Bruce hat hinter den Mauern der Burg Schutz vor den Engländern gesucht. Heute wirkt Eilean Donan Castle friedvoll, was dazu führte, dass die Burganlage in zahlreichen Filmen als Kulisse diente.

DIE ISLE OF SKYE IST EIN LOHNENSWERTES REISEZIEL

Von der kleinen Insel der Burg gelangen wir über die A87 zu einer wesentlich größeren Insel, die bei Urlaubern besonders beliebt ist. Die **Isle of Skye** erreichen wir über eine Brücke und sie ist die größte Insel der Inneren Hebriden. Der südliche Teil der Insel ist von einer wunderbaren Gebirgslandschaft geprägt, die zu zahlreichen Wanderungen zwischen den Gipfeln einlädt. Nördlich davon be-

Zum Felsplateau Quiraing auf der Isle of Skye gelangt man über diese Serpentinenstraße.

Eilean Donan Castle ist eine der berühmtesten Burgen Schottlands

ROUTE 5

Sattes Grün und schroffe Felsen dominieren die Landschaft auf der Isle of Skye.

Fort William
Rannoch Moor
Glen Coe
Ben Nevis
Glenfinnan-Viadukt
Loch Ness
Eilean Donan Castle

A82
A887
131 mi
A87
Portree
Ziel

Portree präsentiert sich als gemütlicher Küstenort.

findet sich mit **Portree** der Hauptort der Isle of Skye, wo man entlang der Hafenpromenade gemütlich schlendern und in einem der zahlreichen Pubs und Lokale einkehren kann.

Doch die Hauptattraktionen der Isle of Skye befinden sich nördlich von Portree und sind über die A855 leicht zu erreichen. Von einem der vielen Parkplätze (57.497748, -6.158998) kommen wir über eine kleine Wanderung zum sogenannten Old Man of Storr. Die Felsnadel ist satte 48 Meter hoch und mittlerweile das Wahrzeichen der Isle of Skye. Sie ist die größte von mehreren Felsnadeln, die hier durch Erosion und Erdrutsche im Basaltgestein entstanden sind.

Etwas weiter nördlich folgt auf der rechten Seite die Küstenlandschaft der Insel, die als Kilt Rock bezeichnet wird (57.610408, -6.172956). Über 50 Meter hohe Klippen bieten hier ein tolles Bild, besonders, wenn das Wasser des angrenzenden **Loch Mealt** über den Mealt Fall in das Meer stürzt. Zu guter Letzt bleibt noch der nahe gelegene Bergsturz Quiraing (57.628253, -6.290301), der über eine kleine Serpentinenstraße erreicht werden kann. Hier bietet sich zum Abschluss der Schottlandreise ein wunderbarer Ausblick über die Landschaft der Isle of Skye und außerdem gibt es zahlreiche Wanderwege, um das Eiland zu erkunden.

PRAKTISCHE HINWEISE

TOURISTINFORMATIONEN

Edinburgh, 3 Princes Street, EH2 2QP,
Tel. 0044/(0)131/473 38 68

Falkirk, Lime Road, Falkirk FK1 4RS,
Tel. 0044/1324/62 02 44

Stirling, Old Town Jail, St John Street, FK8 1EA,
Tel. 0044/(0)1786/47 50 19

Oban, Stafford Street, PA34 5NH,
Tel. 0044/(0)1631/57 20 04

Fort William, 15 High Street, PH33 6DH,
Tel. 0044/(0)1397/70 18 01

Portree, Bayfield House, Bayfield Road, Isle of Skye IV51 9EL, Tel. 0044/(0)1478/61 21 37

CAMPINGPLÄTZE

Edinburgh Caravan Club Site, 35–37 Marine Drive, EH4 5EN, Tel. 0044/(0)131/312 68 74, www.caravanclub.co.uk (55.977608, -3.264701). Für die Besichtigung von Edinburgh unbedingt zu empfehlen, direkt am Firth of Forth. Mit dem Bus ist man von dort in 40 Minuten am Edinburgh Castle, das rund vier Meilen entfernt ist.

Edinburgh – Mortonhall Caravan Park, 38 Frogston Road East, EH16 6TJ, www.meadowhead.co.uk (55.903207, -3.180543). Ähnlich weit vom Edinburgh Castle entfernt wie der Caravan-Club-Campingplatz, allerdings im Süden der Stadt. Günstig zur Ringstraße A720 gelegen.

Blair Drummond Caravan Park Caravan Club Site, Cuthil Brae, Stirling, FK9 4UP Tel. 0044/(0)1786/84 12 08, www.caravanclub.co.uk (56.167836, -4.051922). Westlich von Stirling, etwas abseits gelegen, dafür in direkter Nachbarschaft zu einem Safari- und Abenteuerpark.

Luss Camping and Caravanning Club Site, Loch Lomond, Luss, G83 8NT, www.campingandcaravanningclub.co.uk (56.107323, -4.638201). Schön gelegener Campingplatz am Westufer vom Loch Lomond.

Glencoe Camping and Caravanning Club Site, Glencoe, Ballachulish, PH49 4LA (56.673462, -5.083781). Großer Campingplatz mit schönen Wandermöglichkeiten direkt ab dem Platz, da er sich gleich am Beginn von Glen Coe befindet, in direkter Nachbarschaft zum dortigen Besucherzentrum.

Glen Nevis Holidays Ltd., Glen Nevis, Fort William, PH33 6SX, www.glen-nevis.co.uk (6.805281, -5.073477). Sehr großer Campingplatz in Glen Nevis, kurz hinter dem

In den Highlands parkt man oftmals in wunderbarer Umgebung.

Besucherzentrum. Für Wanderungen auf den Ben Nevis der am besten geeignete Ausgangspunkt.

Morvich Caravan Club Site, Inverinate, Kyle, IV40 8HQ, Tel. 0044/(0)1599/51 13 54, www.caravanclub.co.uk (57.234943, -5.380484). Gepflegter Campingplatz kurz vor der Mündung des River Coe in das Loch Duich, rund sieben Meilen südlich vom Eilean Donan Castle entfernt.

Skye Camping and Caravanning Club Site, Loch Greshornish Borve, Arnisort Edinbane, Portree, Isle of Skye, IV51 9PS, www.campingandcaravanningclub.co.uk (57.485323, -6.435026). Camping an einer kleinen Bucht neben der A850, abseits der Hauptroute auf der Isle of Skye.

Torvaig Caravan & Camp Site, Torvaig, Portree, Isle of Skye, IV51 9HU, www.portreecampsite.co.uk (57.425951, -6.185420). In den Sommermonaten gut besuchter Campingplatz nördlich von Portree. Nicht direkt an der Küste, aber bei schönem Wetter mit Blick auf die Berglandschaft der Isle of Skye.

The Cuillin Ridge, Glenbrittle (57.201968, -6.285866). Sehr abseits gelegener und einfacher Campingplatz an der Bucht von Loch Brittle. Guter Ausgangspunkt für Wanderungen auf die Gipfel der Isle of Skye.

6 SPEKTAKULÄRE KÜSTENLANDSCHAFTEN IM SÜDEN ENGLANDS

Von Dover bis Land's End

Die Südküste Englands besticht nicht nur durch eine sehenswerte Küstenlandschaft, sondern beherbergt auch zahlreiche Schlösser und sagenumwobene Burgruinen. Südlich von London erleben wir die traditionellen Seebäder wie Brighton, im Landesinneren ist Windsor Castle einen Besuch wert. Auf halber Strecke besichtigen wir Stonehenge und gelangen zur Jurassic Coast, die mit spektakulären Felsformationen aufwartet. Insgesamt treffen wir auf vier UNESCO-Welterbestätten. Außerdem überqueren wir den Nullmeridian, besuchen den südlichsten Punkt Englands und beenden unsere Tour in der oft verfilmten Landschaft Cornwalls, wo zum Schluss Land's End auf uns wartet.

Gleich nach der Ankunft in England trifft man auf die erste Sehenswürdigkeit – die Weißen Klippen von Dover.

SPEKTAKULÄRE KÜSTENLANDSCHAFTEN IM SÜDEN ENGLANDS

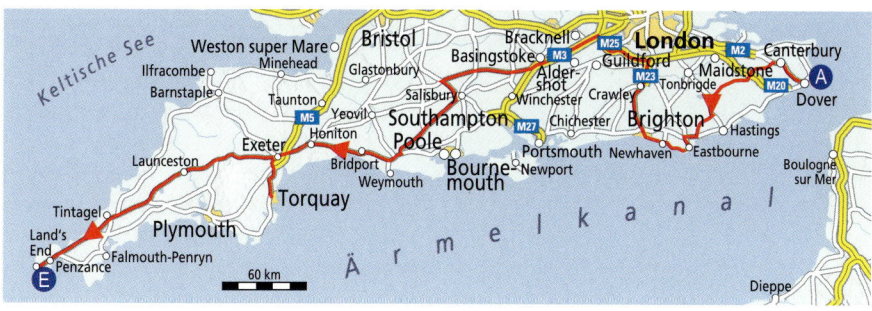

ROUTE 6

START- UND ENDPUNKT
Dover und Land's End

BESTE JAHRESZEIT
Frühjahr und Sommer

STRECKENLÄNGE
550 Meilen

FAHRZEIT
6 bis 8 Tage

MAUTSTRECKEN
Keine

Wer sich gegen den Zug und für das Schiff zur Anreise nach England entscheidet, wird noch auf dem Wasser bereits die erste Sehenswürdigkeit des Landes sehen – die berühmten **weißen Felsen von Dover**, die in der Kreidezeit vor rund 80 Millionen Jahren entstanden und seither eine Art Bollwerk Englands gegen das kontinentale Europa sind. Nach der Ankunft sind nur wenige Meilen im englischen Linksverkehr zu fahren, bis wir die nächste Attraktion erreicht haben. Genauer gesagt sind es gerade einmal 1,5 Meilen, also weniger als drei Kilometer, bis zum Dover Castle, dem ersten von mehreren Schlössern auf unserer Tour (51.128244, 1.324801).

VON DOVER CASTLE ZUM WELTKULTURERBE IN CANTERBURY

Die aus dem 11. Jahrhundert stammende Burg besteht aus dem sogenannten Great Tower, der von einer mächtigen Ringmauer geschützt ist. Innerhalb der Mauer befinden sich zudem noch einige kleinere Wohnhäuser, während sich südlich der Anlage eine kleine Kirche mit ihrem Glockenturm erhebt. Der Turm ist allerdings älter als das Gotteshaus, wurde von den Römern ursprünglich als Leuchtturm errichtet und erst später zum Glockenturm umfunktioniert. Abgeschlossen wird das gesamte Ensemble von Dover Castle mit dem Ramsey-Monument, das an den Admiral der britischen Marine erinnert. Er koordinierte und befehligte die Truppen bei der Operation Overlord am 6. Juni 1944, der als D-Day in die Geschichtsbücher einging. Von Dover Castle hat man natürlich einen wunderbaren Blick auf den Ärmelkanal und könnte eigentlich seine Reise nach Westen entlang der Küste starten.

Doch lohnenswert ist ein kleiner Abstecher in eine der schönsten Ortschaften Englands, die für ihre Besucher sogar einen Wohnmobil-

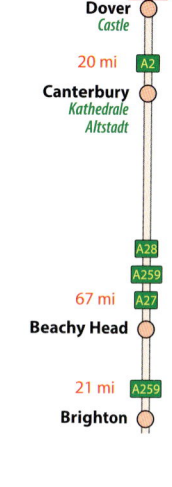

Die Kathedrale von Canterbury steht nicht umsonst auf der Liste des Weltkulturerbes.

77

ROUTE 6

Venedig in England – mit der Gondel kann man sich durch Canterbury fahren lassen ...

... oder man entscheidet sich für den Fußweg und spaziert durch die Gassen der Altstadt.

stellplatz am Ortsrand bereithält (51.261307, 1.100284). Von dort gelangt man mit dem Bus oder zu Fuß in die gemütliche **Altstadt von Canterbury**. Die kleinen Gassen und Einkaufsstraßen der Innenstadt sind von Fachwerkhäusern geprägt und bieten zahlreiche Pubs und andere gastronomische Einrichtungen, in denen man sich gerne niederlässt. Doch die größte Bedeutung von Canterbury kommt der Kathedrale zu, die ab dem 11. Jahrhundert erbaut wurde und Sitz des Erzbischofs von Canterbury war. Zu den bekanntesten zählte im 12. Jahrhundert Thomas Becket, der hier von vier Rittern des Königs Heinrich II. heimtückisch ermordet wurde. Schon drei Jahre nach seinem Tod wurde der Erzbischof heiliggesprochen. Damals war die Kathedrale wesentlich kleiner, denn das Langhaus wurde erst im 14. Jahrhundert erbaut und der mächtige Vierungsturm folgte wiederum 200 Jahre darauf. Im Jahr 1988 wurde die Kathedrale von Canterbury von der UNESCO als Weltkulturerbe ausgezeichnet.

Nach dem kurzen Ausflug in das Landesinnere fahren wir durch die Grafschaft Kent wieder zurück zur Küste, wo mit **Hastings** ein weiterer geschichtsträchtiger Ort auf uns wartet. Hier betrat im Jahr 1066 Wilhelm der Eroberer englischen Boden und konnte gleich die erste bedeutende Schlacht im Oktober für sich entscheiden. Sie fand in der Nähe von Hastings in der kleinen Ortschaft Battle statt und dauerte nur einen Tag, war jedoch entscheidend dafür, dass Wilhelm schon wenige Wochen später in London stand und sich am Weihnachtsfeiertag in der Westminster Abbey zum König Wilhelm I. krönen lassen konnte. Das einstige Schlachtfeld liegt etwas landeinwärts und wird von der Organisation English Heritage gepflegt (50.914891, 0.484914).

Mit Hastings befinden wir uns in einem der typischen Seebäder an der englischen Südküste. Mehrere Kilometer Sandstrand, eine dazugehörige Promenade und ein klassischer Pier beherrschen das Stadtbild. Der Pier wurde in der Blütezeit der Seebäder, im 19. Jahrhundert erbaut, brannte jedoch im Jahr 2010 völlig nieder. Die für 2015 geplante Neueröffnung musste um ein Jahr verschoben werden. Auch in Hastings erheben sich die Steilklippen in die Höhe, die östlich und westlich des Ortes mit jeweils einer Standseilbahn bequem erklommen werden können. Die westliche von ihnen führt direkt zu den Ruinen von Hastings Castle, einer ehemaligen Festung, die Wilhelm der Eroberer gleich nach seiner Ankunft erbauen ließ –

Canterburys Altstadt präsentiert sich mit zahlreichen Fachwerkbauten.

genauso wie Pevensey Castle (50.819320, 0.335403), das bei einer Fahrt entlang der Küstenstraße kurz vor den Toren der Stadt Eastbourne folgt.

Die Stadt **Eastbourne** kann man getrost links liegen lassen, doch gleich dahinter sollte man einen Parkplatz an der Küste (50.741027, 0.252831) aufsuchen. Dort befindet sich mit Beachy Head der 160 Meter hohe Kreidefelsen, der als der höchste Großbritanniens gilt und von mehreren gepflegten Wanderwegen aus einen tollen Blick auf diesen Küstenabschnitt bietet.

Geografisch Interessierte werden gerne in **Newhaven** anhalten. Der kleine, unbedeutende Ort hält oberhalb der Klippen eine Markierung parat, die es zwar auch in London gibt, doch hier in Newhaven keine langen Wartezeiten erfordert. Die Rede ist vom **Nullmeridian**, der die Weltkarte in Ost und West unterteilt. Daher kann man sich die Koordinaten für das Denkmal gut merken: 50.789681, 0.00000.

Wenige Kilometer westlich davon erreichen wir das wohl berühmteste Seebad Englands. Der Name **Brighton** erinnert an die Tradition der englischen Hauptstädter, hier ihre Sommerfrische zu begehen. Kein Wunder also, dass es auch in Brighton einen Pier gibt, der in das Meer hineinragt und einzig dazu dient, die Besucher des Seebades mit Fahrgeschäften zu unterhalten. Kulturell anspruchsvoller sind hingegen die Museen von Brighton, zu denen der Royal Pavilion mit seinem ungewöhnlichen Äußeren zählt. Errichtet wurde das Gebäude in der sogenannten Mogul-Architektur, die in Europa sonst keine Anwendung findet und mit seinen Kuppeln und Minaretten an das Taj Mahal in Indien erinnert. Neben dem asiatisch anmutenden Bauwerk warten noch die Kunstgalerie und das Brighton Museum mit einer umfangreichen Ausstellung auf ihre Besucher.

Brighton entwickelte sich zu einem mondänen Seebad, nicht zuletzt durch die Nähe und die gute Erreichbarkeit von London aus. Umgekehrt kann man natürlich ebenso gut die britische Hauptstadt besuchen, doch die

> **AUSFLUG**
> **BEACHY HEAD**
> Wer etwas Zeit mitbringt, kann gleich zu den sogenannten Seven Sisters weiterwandern, die genauso wie Beachy Head zum Nationalpark South Downs gehören und aus acht kleinen Tälern entlang eines vier Kilometer langen Küstenabschnitts bestehen.

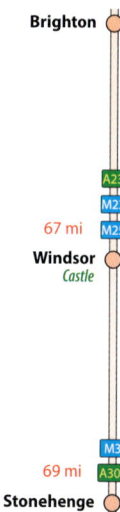

Hohe Steilküsten findet man in Englands Süden immer wieder.

Diese Säule teilt die Welt in Ost und West: der Nullmeridian in Newhaven.

Beschreibung der Stadt würde verständlicherweise hier den Rahmen sprengen. Aber der Besuch eines der berühmtesten Schlösser des Landes bietet sich an, da Windsor Castle außerhalb der Hauptstadt liegt und über die Ringautobahn M25 auch mit dem Wohnmobil gut zu erreichen ist.

Windsor Castle ist das älteste und größte Schloss der Welt, das noch durchgängig bewohnt wird, wenn auch das Wohnen in diesem prachtvollen Schloss nicht mehr ganz so angenehm sein dürfte wie noch vor einigen Jahrzehnten. Windsor Castle befindet sich nämlich direkt in der Einflugschneise vom Londoner Flughafen Heathrow, der als der größte Flughafen Europas gilt. So donnern also die ankommenden und startenden Flugzeuge direkt über dem Kopf von Queen Elizabeth II. hinweg, die zu ihrem 80. Geburtstag ihren ständigen Wohnsitz auf das Schloss verlegte (51.484877, -0.608785). Zuvor war sie in der Regel nur über die Osterfeiertage anwesend. Auch bei Windsor Castle ist der Name von Wilhelm dem Eroberer nicht wegzudenken. Er war es nämlich, der an dieser Stelle ursprünglich eine Holzburg errichten ließ. Im Laufe der Jahrhunderte wurde diese zum heutigen Schloss ausgebaut, das im Wesentlichen aus zwei Höfen besteht, von denen sich im unteren Hof die St. Georgskapelle befindet. Sie ist Begräbnisstätte für zahlreiche Adelige und ehemalige Herrscher wie zum Beispiel Queen Mum, die im Alter von 101 Jahren auf Windsor Castle verstarb. Ein besonders schönes Fotomotiv von Windsor Castle erhält man vom sogenannten Langen Weg, der durch den weitläufigen Schlosspark verläuft und sich über drei Meilen erstreckt.

Auf der Autobahn M3 und der Landstraße A303 fahren wir durch die Landschaft von Hampshire und erreichen nach rund 70 Meilen eines der Wahrzeichen Englands. Vom Besucherzentrum von **Stonehenge** (51.184089, -1.859511) können wir den berühmten Steinkreis entweder zu Fuß oder mit einem Shuttlebus erreichen. Das Alter der aufrecht stehenden Megalithen wird auf bis zu 11 000 Jahre geschätzt und bis heute ist nicht eindeutig belegt, wie man die Steine damals aufgestellt hat, geschweige denn,

SPEKTAKULÄRE KÜSTENLANDSCHAFTEN IM SÜDEN ENGLANDS

ihnen mit den sogenannten Decksteinen noch eine Art Dach verpassen konnte. Viel wurde über Stonehenge gemunkelt und geschätzt, doch bis heute ist nicht geklärt, ob die Megalithen als Observatorium oder als Grabstätte dienten.

Nur wenige Meilen südlich des Steinkreises erreichen wir die Kleinstadt **Salisbury**, die ähnlich wie Canterbury über eine kleine, gemütliche Altstadt verfügt und in der sich eine bedeutende Kathedrale erhebt. Abgesehen von der Tatsache, dass die Kathedrale von Salisbury mit 123 Metern den höchsten Kirchturm Englands besitzt, beherbergt sie auch einen Teil der Magna Charta, der wichtigsten Quelle des englischen Verfassungsrechts. Sie wurde im Jahr 1215 von König Johann von Ohneland besiegelt.

AUF PALÄONTOLOGISCHER SPURENSUCHE AN DER JURASSIC-KÜSTE

Über die A354 fahren wir in südwestliche Richtung und nähern uns wieder der Küste, die hier einen der schönsten Abschnitte in Englands Süden bildet. Sie wird östlich und westlich der Stadt **Weymouth** als Jurassic Coast bezeichnet und ist auf der Welterbeliste der UNESCO als schützenswert eingetragen. Ihren Namen erhielt sie durch das Jura-Zeitalter, aus dem zahlreiche geologische Strukturen erhalten geblieben sind. Zudem kann man immer wieder entlang der Küste Fossilien entdecken. Die Jurassic Coast beginnt im Osten an einem Parkplatz vom National Trust (50.651754, -1.955212), von wo aus man zu Fuß gut zu den Old Harry Rocks gelangt, die als Kreidefelsen in die Höhe ragen.

Entlang der Küste gibt es auch den Fernwanderweg South West Coast Path, der die kleinen Küstenorte miteinander verbindet. Auf diesem Weg oder mit dem Wohnmobil gelangt man in Richtung Westen zu einem weiteren Parkplatz, wo sich das Wahrzeichen der Jurassic Coast befindet (50.623974, -2.268275). Durdle Door ist ein aus Kalkstein bestehender Torbogen, der in das Wasser des Ärmelkanals hineinreicht. In unmittelbarer Nähe befindet sich mit Lulworth Cove auch noch eine malerische und beinahe kreisrunde Bucht. Das westliche Ende der Jurassic Coast wird von einem pyramidenförmigen Pfeiler bei Orcombe Point markiert, in den verschiedene Gesteine der Küste eingearbeitet wurden und der als sogenannte Geoneedle im Jahr 2002 von Prinz Charles enthüllt wurde.

Mit der Jurassic Coast haben wir mittlerweile auch schon die Grafschaft Devon er-

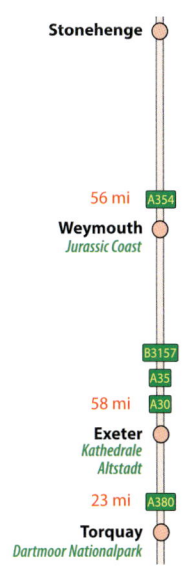

Legendär und ein absolutes Muss sind natürlich die Steine von Stonehenge.

ROUTE 6

Abendlicht-
stimmung am
Durdle Door

Kultur, Erholung und Sport: Das bietet St. Michaels Mount an einem Ort.

reicht, in der **Exeter** die Hauptstadt ist. Das Bild der heutigen Innenstadt von Exeter entstand nach den Zerstörungen durch deutsche Angriffe Mitte des vergangenen Jahrhunderts und wirkt daher wenig einladend. Sehenswert ist jedoch die Kathedrale, deren älteste Teile aus dem 12. Jahrhundert stammen. Gleich gegenüber der Kirche gelangt man zur Parliament Street, die bis zum Jahr 2007 als die engste Straße der Welt galt und die es stellenweise auf eine Breite von nur 64 Zentimetern bringt. Das Attribut der engsten Straße musste sie mittlerweile aber an die Spreuerhofstraße in Reutlingen abgeben.

Südlich von Exeter gelangen wir abermals an die Küste, die oftmals literarisch verarbeitet wurde. Rosamunde Pilcher siedelte viele ihrer herzzerreißenden Geschichten in der Umgebung von **Torquay** an. Und wie es der Zufall will, ist Torquay der Geburtsort einer weiteren berühmten Autorin. Agatha Christie hat sich aber bekanntermaßen auf eine andere Art der Geschichtserzählung konzentriert. Torquay ist ein vielbesuchter Ort, der jedoch wenige Sehenswürdigkeiten bereithält, sondern vielmehr durch zahlreiche Buchten und Strände besticht sowie die Möglichkeit bietet, an der Promenade zu flanieren, auf der uns sogar Palmen begegnen. Da wundert es nicht, dass der Tourismus in Torquay bereits im 19. Jahrhundert blühte, als der Ort für die Sommerfrische gewählt wurde.

Im Westen von Torquay gelangen wir in eine Region, in der der Name eines dritten weltberühmten Autoren genannt werden muss. Der dritte Roman von Sir Arthur Conan Doyle handelte vom Hund von Baskerville und spielte im **Dartmoor Nationalpark**. Der Nationalpark ist ein sehenswerter Kontrast zur Küste und zeigt sich mit einer Hügelland-

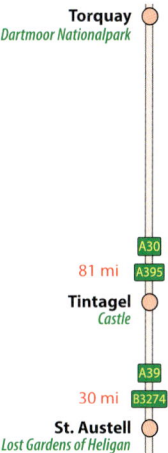

schaft, in der Moor- und Heideflächen dominieren und in der es nur wenige Straßen gibt. Daher ist der Park eher für Wanderungen geeignet, immerhin stehen zur Erkundung über 700 Kilometer an Wanderwegen zur Verfügung. Oftmals wird man dabei auf sogenannte Clapper Bridges treffen. Diese kleinen Brücken bestehen aus Naturstein, helfen, kleine Bäche zu überwinden und sind zum Wahrzeichen des Dartmoor Nationalparks geworden. Die älteste dieser Brücken stammt aus dem 13. Jahrhundert und ist bis heute unverändert geblieben.

SAGENUMWOBENE BURGEN IN CORNWALL

Plymouth markiert aber auch die Grenze zu **Cornwall**, der südwestlichsten Grafschaft Englands. Sie ist ein beliebtes Reiseziel, nicht zuletzt wegen ihrer schönen Küste und den vielen Gärten. Am nördlichen Küstenstreifen, wo der Atlantik in den Bristol Channel über-

Die Kathedrale von Exeter präsentiert sich mit breiter Fassade.

Den Anblick der Bedruthan Steps sollte man sich nicht entgehen lassen.

83

In den Verlorenen Gärten von Heligan trifft man auch auf schlafende Skulpturen.

geht, treffen wir auf das kleine Dorf **Tintagel** (50.664207, -4.751351). Der Ort ist für die Ruine des gleichnamigen Castles bekannt. Sie befindet sich auf einer Halbinsel, die nur durch einen schmalen Grat mit dem Festland verbunden ist. Die Fakten über das einstige Schloss sind wenig bekannt, was mit ein Grund dafür sein dürfte, dass sich die Legende gebildet hat, auf Tintagel Castle sei König Artus geboren worden. Oft wird auch behauptet, die Burg sei an der Stelle gebaut worden, wo Artus gezeugt wurde. Wie auch immer die Geschichten ausgelegt werden,

> **KULTUR**
>
> ### PLYMOUTH UND MAYFLOWER
>
> Südlich vom Dartmoor Nationalpark hat man die Gelegenheit, nach Plymouth zu fahren und die Ablegestelle der Mayflower zu besuchen, die im Jahr 1620 in See stach, um die Pilgerväter in die Neue Welt nach Amerika zu bringen. Die Stadt ist ohnehin von der Seefahrtgeschichte geprägt, wie man rund um die Zitadelle und die Marinebasis mit ihren Denkmälern, die unter anderem an Sir Francis Drake erinnern, feststellen wird.

Tatsache ist, dass Tintagel Castle sagenumwoben und stets gut besucht ist, weil die Ruine als einer der Orte angesehen wird, bei dem es sich um Camelot, den Hof von König Artus, handelt.

Genau südlich von Tintagel liegt an der Zufahrt in den Ärmelkanal die Ortschaft **St. Austell**. Dort befinden sich in unmittelbarer Nähe zwei sehenswerte Gärten. In den **Verlorenen Gärten von Heligan** (Lost Gardens of Heligan, 50.287173, -4.814693) gibt es mehrere Themenbereiche, die einen interessanten Landschaftspark bilden. Er besteht unter anderem aus einem Urwald, einem Nutz- und Ziergarten sowie einem kleinen Tal, in dem sich unzählige Bäume erheben. Futuristischer, aber ebenfalls gut besucht, ist das nordwestlich von St. Austell gelegene Eden Project (50.358104, -4.743674). In einer ehemaligen Grube, in der viele Jahre lang Porzellanerde, also Kaolin, abgebaut wurde, schuf man zu Beginn des Jahrtausends einen Botanischen Garten, der durch seine kuppelförmigen Bauten markant auffällt. Innerhalb der Kuppeln herrschen unterschiedliche klimatische Bedingungen, um verschiedensten Pflanzen Wachstum zu ermöglichen. Zusammen mit dem Außengelände umfasst Project Eden eine

SPEKTAKULÄRE KÜSTENLANDSCHAFTEN IM SÜDEN ENGLANDS

Sammlung von über 100 000 Pflanzen und man sollte einiges an Zeit mitbringen, um den Botanischen Garten zu erkunden.

In Cornwall befindet sich zudem das vierte Weltkulturerbe auf dieser Tour. Gemeint ist die Bergbaulandschaft, die im Jahr 2006 den Titel erlangte und an die Tradition des Bergbaus in der Grafschaft erinnert. Da das Gebiet im 19. Jahrhundert von zahlreichen Bergwerken geprägt war, ist das Welterbe heute dezentral und besteht aus vielen kleineren Geländen und Überbleibseln alter Minen, in denen überwiegend Zinn abgebaut wurde.

Cornwall setzt sich im Wesentlichen aus zwei Halbinseln zusammen, von denen eine den westlichsten Punkt Großbritanniens markiert und eine andere den südlichsten Punkt. Dieser heißt Lizard Point (49.969013, -5.204004) und wird vom National Trust verwaltet. Das Wohnmobil sollte man besser auf dem Parkplatz in Lizard abstellen und den letzten Kilometer zu Fuß zurücklegen. Die Straße zum Parkplatz am Lizard Point ist sehr eng. Abgesehen von einem Souvenirladen im angrenzenden Leuchtturm ist der südlichste Punkt Englands aber wenig kommerziell erschlossen, anders als Land's End, wo wir die Tour beenden werden.

Doch bevor wir Land's End erreichen, sollten wir noch zwei Stopps einlegen. Kurz vor den Toren der Stadt **Penzance** wartet zum Beispiel St. Michael's Mount auf uns

(50.127676, -5.480555). Hierbei handelt es sich um eine kleine Insel, die bei Ebbe über einen Damm mit dem Festland verbunden ist. Während der Flut besteht die Möglichkeit, das kleine Eiland mit einer Fähre zu erreichen. Auf der Insel befindet sich eine Kapelle aus dem 15. Jahrhundert, die über einen steilen Kopfsteinpflasterweg erreicht werden

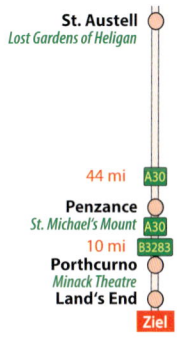

Am Land's End kann man stundenlang durch die Heidelandschaft spazieren.

Der westlichste Punkt von Großbritannien wird durch dieses Schild markiert.

85

ROUTE 6

Das erste und letzte Haus von Großbritannien befindet sich am Land's End in Cornwall.

Felsenküste am Land's End.

kann. Mit seinem Namen, den Begebenheiten der Gezeiten und seiner Optik erinnert St. Michael's Mount stark an das berühmte Mont Saint-Michel an der Grenze zwischen der Bretagne und der Normandie.

Ebenfalls sehenswert ist noch das Minack Theatre (50.041596, -5.653065) an dem kleinen Dorf **Porthcurno**. Es kann bis zu 750 Zuschauer fassen, die unter freiem Himmel auf eine Bühne schauen, deren faszinierende Kulisse aus der Steilküste und dem offenen Meer besteht. Das Besondere dabei ist, dass die Sitzplätze in den Fels gehauen wurden und die Sitzfläche aus Gras besteht. Jeweils einmal in der Woche kann man zwischen Juni und September einer Aufführung beiwohnen.

Zum Abschluss der Route gelangen wir nach Land's End, dem äußersten Zipfel Englands (50.065425, -5.712025). Anders als bei Lizard Point erwarten uns hier ein umfangreiches Besucherzentrum, mehrere Souvenirläden und gastronomische Einrichtungen. Gleichzeitig befindet sich hier das sogenannte First and Last House, das in dieser Form auch im schottischen John o'Groats erbaut wurde. Land's End und John o'Groats sind nämlich die beiden am weitesten voneinander entfernten Orte auf der britischen Insel, weshalb es auch den dazugehörige Ausruf »von Land's End nach John o'Groats« gibt, wenn man in Großbritannien eine große Strecke umschreiben möchte. Mehrere kleine Pfade führen bei Land's End durch eine blühende Heidelandschaft, die vor dem blauen Atlantik ein stimmungsvolles Bild abgibt und die den Abschluss dieser Route krönt.

PRAKTISCHE HINWEISE

TOURISTINFORMATIONEN

White Cliffs Country, Town Hall, High Street, Deal, CT14 6TR, Tel. 0044/(0)1304/36 95 76, www.whitecliffscountry.org.uk

Dover Visitor Information Centre, Dover Museum, Market Square, Dover, CT16 1PH, Tel. 0044/(0)1304/20 10 66, www.whitecliffscountry.org.uk

Canterbury Visitor Information Centre, The Beaney House of Art & Knowledge, 18 High Street, Canterbury, CT1 2RA, Tel. 0044/(0)1227/86 21 62, www.canterbury.co.uk

Hastings Tourist Information Centre, Aquila House, Hastings, TN34 3UY, Tel. 0044/(0)1424/45 11 11, www.visit1066country.com

Visitor Information Points Brighton, Brighton Centre Box Office, King's Road, Brighton, Tel. 0044/(0)1273/29 03 37, www.visitbrighton.com

Exeter Visitor Information and Tickets, Dix's Field, Exeter, EX1 1GF, Tel. 0044/(0)1392/66 57 00, www.exeter.gov.uk

English Riviera Visitor Information Centre, 5 Vaughan Parade, Torquay, TQ2 5JG, Tel. 0044/(0)1803/21 12 11, www.englishriviera.co.uk

Visit Cornwall, Pydar House, Pydar Street, Truro, TR1 1EA, Tel. 0044/(0)1872/32 29 00, www.visitcornwall.com

Tourist Information Centre Salisbury, Fish Row, Salisbury, SP1 1EJ, Tel. 0044/(0)1722/34 28 60, www.visitwiltshire.co.uk

Royal Windsor Information Centre, The Old Booking Hall, Windsor Royal Shopping, Thames Street, Windsor, SL4 1PJ, Tel. 0044/(0)1753/74 39 00, www.windsor.gov.uk

CAMPINGPLÄTZE

Folkestone Camping and Caravanning Club Site, The Warren, Folkestone, Kent CT19 6NQ, Tel. 0044/(0)1303/25 50 93, www.campingandcaravanningclub.co.uk (51.094157, 1.207239). Östlich von Folkestone mit geräumigen Parzellen direkt an der Küste.

Canterbury Camping and Caravanning Club Site, Bekesbourne Lane, Canterbury, Kent CT3 4AB, Tel. 0044/(0)1227/46 32 16, www.campingandcaravanningclub.co.uk (51.277324, 1.112671). Zu Fuß sind es rund 1,5 Meilen von der Altstadt Canterburys zum Campingplatz östlich der Stadt.

Brighton Caravan Club Site, East Brighton Park, Brighton, BN2 5TS, Tel. 0044/(0)1273/62 65 46, www.caravanclub.

Canterbury besitzt einen praktischen Wohnmobilstellplatz am Rande der Stadt.

co.uk (50.822536, -0.09713). Großer Campingplatz mit geräumigen Parzellen am Ostrand von Brighton. Rund 2,5 Meilen vom Pier entfernt. Den überwiegenden Teil davon spaziert man am Strand entlang.

Salisbury Camping and Caravanning Club Site, Hudson's Field, Castle Road, Salisbury SP1 3SA, Tel. 0044/(0)1722/32 07 13, www.campingandcaravanningclub.co.uk (51.086252, -1.801856). Am Nordrand von Salisbury. In einer halben Stunde ist man zu Fuß in der Altstadt. Mit dem Wohnmobil braucht man eine Viertelstunde bis Stonehenge.

Hillhead Caravan Club Site, Hillhead, Brixham, TQ5 0HH, Tel. 0044/(0)1803/85 32 04, www.caravanclub.co.uk (50.370126, -3.544975). Campingplatz mit großen asphaltieren Stellflächen, rund zwei Kilometer von der Küste entfernt. Südlich von Torquay.

Veryan Camping and Caravanning Club Site, Tretheake, Veryan, Truro, TR2 5PP, Tel. 0044/(0)1872/50 16 58, www.campingandcaravanningclub.co.uk (50.234346, -4.899249). Sehr ruhige und abgeschiedene Lage inmitten von Feldern. Zwei Kilometer bis zur Küste.

Sennen Cove Camping and Caravanning Club Site, Higher Tregiffian Farm, St Buryan, Penzance, TR19 6JB, Tel. 0044/(0)1736/87 15 88, www.campingandcaravanningclub.co.uk (50.089743, -5.669355). Stellflächen auf Rasen. Bis Land's End sind es noch rund drei Meilen, bis zum Ort Sennen noch zwei Meilen, von wo aus man gut bis Land's End spazieren kann.

STELLPLÄTZE

Stellplatz im Süden von Canterbury, Old Dover Road (51.261505, 1.10024). Abgetrennter Bereich eines P+R Parkplatzes. Im Preis von 3,50 £ ist der Shuttlebus in den Ort inklusive. Ruhige Lage.

7 STRÄNDE, WATTENMEER, WINDMÜHLEN, TULPEN UND MEHR

Von Groningen nach Middelburg

Die meisten Urlauber kommen in die Niederlande wegen der kilometerlangen, goldgelben Sandstrände an der Westküste, ein wahres Paradies für Badeurlauber. Entlang der Küste gibt es eine sehr gute touristische Infrastruktur, die verwöhnte Badeurlauber erwarten. Aber auch Individualisten, Einsiedler und Naturburschen finden hier genügend Platz und ruhige Strände ohne Rummel, den manch anderer nicht missen möchte. In Friesland und Groningen ist es ruhiger, hier gibt es kaum Strände am Wattenmeer, aber reizvolle Dörfer und Städte mit historischem Kern, die zu einem Stopp einladen.

Das Wahrzeichen Groningens: der Martiniturm (links) und ein Café an seinem Fuße (rechts)

STRÄNDE, WATTENMEER, WINDMÜHLEN, TULPEN UND MEHR

QUER DURCH GRONINGEN UND FRIESLAND

Aus Norddeutschland kommend, bietet sich die Anreise auf der A1/A31 an und dann weiter auf der niederländischen A7. Gleich hinter der Grenze bei **Winschoten** gibt es die ersten holländischen Klischees: Blumen und Windmühlen, die in unmittelbarer Nähe des alten Stadtkerns und im Rosarium im Stadtpark von Winschoten zu finden sind. Südlich von Winschoten erstreckt sich **Stadskanaal**, dessen Umgebung zu den ältesten Moorkulturen der Provinz zählt.

Auf der N385 geht es weiter nach **Groningen** (ca. 170 000 Einwohner), die Hauptstadt der gleichnamigen Provinz. Die Rijksuniversiteit der Stadt ist nach Leiden die zweitälteste des Landes und wurde 1614 gegründet. So wird denn auch das Stadtbild durch die Studenten und das studentische Leben bestimmt. Das Angebot an Restaurants, Cafés und Kneipen ist groß. An schönen Sommertagen sitzt man draußen vor den Cafés, das Nachtleben spielt sich dagegen hauptsächlich in den Studentenkneipen ab. In der verkehrsberuhigten Innenstadt fallen sofort die vielen Fahrräder auf. Groningen soll der Spitzenreiter sein bezüglich des Anteils der Fahrräder am Straßenverkehr, noch vor Amsterdam! Sehenswert im Zentrum ist der **Grote Markt** mit schönen Giebelhäusern und dem 97 Meter hohen **Martiniturm**, der zwischen 1469 und 1482 aus Bentheimer Sandstein erbaut wurde. Er gehört zur **Martinikerk** mit einer **Agricola-orgel** aus dem Jahr 1470, die zu den berühmtesten Kirchenorgeln Europas zählt. Interessant sind auch das **Groninger Museum,** das **Noordelijk Scheepvaart Museum,** das **Tabakmuseum**, das **Grafisch Museum,** das **Stripmuseum** (Zeichentrickfilmmuseum), das **Volkenkundig Museum** und das **Universiteitsmuseum.** Empfehlenswert ist die einstündige Grachtenfahrt ab dem Anleger beim Hauptbahnhof.

ROUTE 7

START- UND ENDPUNKT
Groningen und Middelburg

BESTE JAHRESZEIT
Mai, Juni und September

STRECKENLÄNGE
ca. 530 Kilometer

FAHRZEIT
3 bis 4 Tage

MAUTSTRECKEN
Keine

Eine breite Gracht verläuft quer durch die Ortschaft und gab ihr auch den Namen: Stadskanaal.

89

ROUTE 7

SPECIAL

AFLSLUITDIJK

Wegen der vielen Deichbrüche und der Versalzung des Ackerbodens hatte Hendrik Stevin bereits im 17. Jahrhundert die Idee, die Zuiderzee (IJsselmeer) durch einen Damm abzuschließen und das Land dann einzupoldern. Umgesetzt wurde dies aber erst 1920. Der Deich ist ca. 32 Kilometer lang, oberhalb der Wasserlinie etwa 90 Meter breit, hat zwei Ablassschleusen und soll das Meer zurückhalten. Gleichzeitig hat er das IJsselmeer in einen Süßwassersee verwandelt. An der Nordseite gibt es das Kasemattenmuseum (www.kazemattenmuseum.nl/) und das Infozentrum Afsluitdijk Wadden Center (www.afsluitdijkwaddencenter.nl), etwa auf halber Strecke einen Aussichtsturm. Seit 2019 bis 2023 wird am Deich gearbeitet, was zu Behinderungen im Verkehr führt!

Das Wahrzeichen von Leeuwarden: der Oldehove-Turm am Westrand des Zentrums

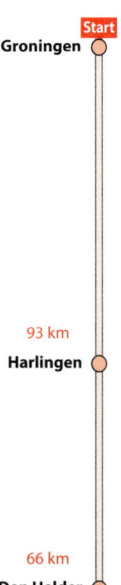

Groningen — **Start**

93 km — Harlingen

66 km — Den Helder

Auf der N355 durchquert man die weiten Ebenen Frieslands, vorbei an Kanälen, Windmühlen und Feldern bis zur Provinzhauptstadt Leeuwarden oder Ljouwert, wie die Westfriesen sagen. **Leeuwarden** ist mit seinen ca. 91 000 Einwohnern eine beschauliche Stadt. Im historisch gewachsenen Stadtkern läuft sternförmig ein System von Grachten zusammen. Über diese Kanäle ist der Stadthafen mit Groningen und Harlingen verbunden. Am Waagplein im Zentrum steht die alte **Stadtwaage.** Nur wenige Schritte nördlich befindet sich der Raadhuisplein mit dem **Rathaus** (Stadthuis) in dessen Turm es ein Glockenspiel mit 39 Glocken aus dem Jahr 1668 gibt. Die **große Linde** auf dem Platz wurde anlässlich der Krönung von Königin Wilhelmina 1898 gepflanzt. Weiter nördlich liegt der Hofplein mit dem **Leeuwardener Standesamt** (Het Hof). Durch die Grote Kerkstraat gelangt man zum gewaltigen, frei stehenden **Oldehove-Turm**, zu dem einst auch eine Kirche geplant war. Da sich der 40 Meter hohe Turm jedoch bereits während der Bauzeit, die 1532 begann, zur Seite neigte, verzichtete man auf den Bau des Kirchenschiffs. Der Turm kann bestiegen werden, der Ausblick auf die Stadt ist atemberaubend. Es gibt aber auch zwei richtige Kirchen: die **Grote Kerk** (Jacobijnerkerk) und die neue **Sint Bonifatiuskerk** mit einem 78 Meter hohen Turm.

Das schönste Gebäude der Stadt ist sicher die **Stadtkanzlei** (Kaserarij) am Turfmarkt. Die herrliche Renaissancefassade entstand 1571.

Sechs Kilometer westlich von Leeuwarden, über die Autobahn 31 und die Abfahrt 22 gut zu erreichen, liegt das Dorf **Marssum** mit einem Herrenhaus aus dem 16. Jahrhundert, das diesen Abstecher durchaus wert ist. Zwölf Kilometer sind es noch bis Harlingen. Es ist jedoch zu empfehlen, die Strecke nicht auf der Autobahn zu fahren, sondern diese an der Ausfahrt 21 gleich wieder zu verlassen, um auf dem Weg nach Harlingen noch das kleine Städtchen Franeker zu besuchen (Friesisch: Frentsjer). Das ca. 21 000 Einwohner zählende **Franeker** zählt zu den schönsten friesischen Städten. Hauptattraktionen sind das **Rathaus** und das **Planetarium** im Zentrum, das älteste und vielleicht auch das kleinste Planetarium der Welt. Der Amateurastronom Eise Eisinga (1744–1828) hat es gebaut und an der Decke seines Wohnzimmers das Planetensystem mit der Sonne als Mittelpunkt maßstabgerecht dargestellt (www.planetarium-friesland.nl).

Harlingen (ca. 17 000 Einwohner), eine alte Fischerstadt, ist das Zentrum der niederländischen Krabbenfischerei. Es gibt einen modernen Fischereihafen, einen Jachthafen, einige kleine Schiffswerften und einen **alten Stadtkern**, wo die vielen alten Häuser mit

Treppengiebeln, die Grachten und der sich bis in die Innenstadt ausstreckende, **malerische Hafen** sehenswert sind. Die Mehrzahl der historischen Häuser steht übrigens unter Denkmalschutz. Die **reformierte Kirche** und das **Rathaus** stammen aus dem 18. Jahrhundert. Das **Stadtmuseum Hannemahuis** hat einen Raum, der an den aus Harlingen stammenden Schriftsteller Simon Vestdijk erinnert.

Acht Kilometer südlich von Harlingen beginnt der **Abschlussdeich** (Afsluitdijk), der das IJsselmeer vom Wattenmeer trennt. Bei Den Oever trifft man wieder auf Festland. Ab hier sind es auf der N99 und N250 noch etwa 25 Kilometer bis **Den Helder**.

DEN HELDER, DAS TOR ZUR INSEL TEXEL

Vor etwa 1200 Jahren lag Den Helder noch auf einer Insel. Durch Dünenverschiebungen erfolgte im Laufe der Jahrzehnte eine Angliederung an das Festland, und gegen Ende des 18. Jahrhunderts wurde die kleine Siedlung durch einen Deich geschützt. Der kleine Ort brachte es damals zu einem gewissen Wohlstand, einmal durch den Fisch- und Walfang (noch heute existieren in dem Ort etliche

Eines der schönsten Dörfer auf der Insel Texel ist Oudeschild.

Eine Meisterleistung der Ingenieursbaukunst: der etwa 32 km lange Abschlussdeich

Entlang der gesamten Strecke sieht man immer wieder schön restaurierte Windmühlen.

Walfängerhäuser), zum anderen durch seine strategisch günstige Lage an der Meerenge Marsdiep zwischen dem Festland und der Insel Texel. Alle Schiffe, die von den Häfen der damals noch offenen Zuidersee (heute IJsselmeer) hinaus auf die Nordsee wollten, fuhren an Den Helder vorbei bzw. nutzten den Hafen, um noch einmal frisches Wasser und Lebensmittel zu bunkern. Die niederländische Ostindien-Kompanie (VOC) machte die Stadt damals reich. Die wichtigste Einnahmequelle heute ist der Tourismus. An die 1,5 Millionen Besucher lockt es jedes Jahr in die Gegend. Strände, Deiche, Wattenmeer, Wiesen und Wälder – alles gibt es hier, und sehr beliebt ist ein Spaziergang am Strand in das Dorf Julianadorp.

Den Helder (ca. 58 000 Einwohner) hat einen großen **Marinestützpunkt** und einen modernen Fährhafen. Vom Deich neben dem Fähranleger hat man einen schönen Blick hinüber zur Insel Texel. In Sichtweite der Stadt liegt das frühere Walfischfängerdorf **Huisduinen** mit dem **Langen Jaap** (Leuchtturm). Interessant ist hier das **Fort Kijkduin**. Napoleon erkannte 1811 bei einem Besuch den hohen strategischen Wert von Marsdiep, bezeichnet Den Helder als Gibraltar des Nordens und gab den Bau eines Forts in Auftrag. Eine Ausstellung zeigt die Geschichte des Forts. In einem Teil der Anlage wurde das **Zeeaquarium** eingerichtet mit vielen Meerestieren, farbenreichen Anemonen, Rochen, roten Knurrhähnen, Haien und anderen Meeresbewohnern. Die größte Attraktion des Aquariums ist der Glastunnel, in dem man inmitten der in der Nordsee lebenden Fische laufen kann (www.fortkijkduin.nl)

Wer sich für Puppen interessiert, sollte einen Blick ins **Käthe-Kruse-Puppenmuseum** werfen. Ausgestellt sind über 200 Puppen, darunter einige wirklich rare Exemplare. Die älteste Puppe ist aus dem Jahr 1911. Spaß für die ganze Familie bietet der 40 Hektar große nautische Themenpark **Cape Holland** mit dem **Schiff Prinz Willem** als Blickfang, ein Nachbau des größten Schiffes der VOC (www.capeholland.nl).

AUF DEM KÜSTENWEG VON DEN HELDER NACH ALKMAAR

Der Küstenweg von Den Helder nach Alkmaar ist gespickt mit Badeorten und Campingplätzen. Um diese zu besuchen, sollte man nicht auf der N9 fahren, sondern die kleine, küstennahe Straße parallel dazu nehmen. Die Campingplätze liegen nicht direkt am Wasser, sondern ein bis zwei Kilometer vom Strand entfernt.

Fast noch zum Stadtgebiet von Den Helder gehört **Julianadorp**, ein ehemaliges Bauerndorf, das sich mit den Jahren zu einem schicken, modernen Badeort der gehobenen Klasse entwickelt hat.

Zijpe, südlich von Den Helder gelegen, besteht aus den Dörfern Groote Keeten, Callantsoog, St. Martenszee und Petten. Das Land war im 16. Jahrhundert eingedeicht und trockengelegt worden. Für die Trocken-

Den Helder

59 km
Alkmaar

58 km
Haarlem

STRÄNDE, WATTENMEER, WINDMÜHLEN, TULPEN UND MEHR

Vielerorts zu finden: ein idyllisches Fleckchen Friesland

legung der Polder benutzte man damals Windmühlen, einige von ihnen sind noch heute in dieser Gegend zu sehen. Die weiten, sandigen Flächen sind mit riesigen Blumenfeldern bedeckt. Von Julianadorp zieht sich ein weiter Dünengürtel nach Süden. Er heißt **De Duinstrock**, hier findet man Ruhe und Einsamkeit, vorgelagert ist ein schöner Sandstrand, der bei Groote Keeten besonders breit und feinkörnig ist.

Callantsoog (ca. 2500 Einwohner) ist einer der ältesten Badeorte des Landes und heute beliebtes Urlaubsziel mit sehr guter touristischer Infrastruktur, jedoch keiner Tankstelle. Der breite Sandstrand liegt unmittelbar hinter den Dünen und ist über mehrere Strandabgänge erreichbar. In den Dünen südlich des Ortes liegt das berühmte Naturgebiet **'t Zwanenwater** (Schwanenwasser) mit besonderen Pflanzen, Blumen, Kräutern und Brutplätzen von ca. 70 Vogelarten. Man hat unter anderem die Möglichkeit, aus zwei Beobachtungshütten heraus die Tiere anzuschauen. Während der Wanderungen auf den Rundwanderwegen (zwei oder knapp fünf Kilometer) trifft man neben den mit Dünengras bewachsenen Sanddünen auch Waldbestände mit abgestorbenen Baumstümpfen oder sumpfigen, schilfbewachsenen Wasserflächen.

Die Lage der kleinen Siedlung war bedingt durch Fluten und Wanderdünen bis zum Beginn der Neuzeit unsicher. Früher befand sich das Dorf auf einer Insel namens 't Oghe, deshalb hieß es damals Callinghe op 't Oghe. Der Ort ging jedoch in der Allerheiligenflut von 1570 unter. Nach der Eindeichung gibt es diese Probleme nicht mehr. Die Kirchenglocke von 1491 hat die Katastrophe allerdings überstanden und hängt nun in der Kirche des Ortes. In dem **Museumsgehöft Tante Jaantje** wird das Strandgutsammeln (Jutten) gezeigt, das war früher eine wichtige Nebeneinkunft der Ortsbevölkerung.

In Callantsoog befindet sich außerdem die höchste Düne von Nordholland, **De Seinpost**, die nicht mehr betreten werden darf. Einen fast so schönen Ausblick hat man aber auch vom nächsten Strandübergang gleichen Namens.

Südlich von Callantsoog verbreitert sich die Düne gewaltig, und direkt dahinter liegt

Einfahrt zum Stadthafen von Harlingen

Oft trennt ein breiter Deich den Wohnmobil-Stellplatz vom Meer.

Wahrzeichen, Museum und Mittelpunkt der Stadt Alkmaar: die Waage

der Ferienort **Sint Maartenszee** mit fast ausschließlichen Einrichtungen für Feriengäste. Das Dorf befindet sich am Rande des Naturreservats **Het Wildrijk**, das bekannt ist für seine wild wachsenden Hyazinthen und für das **Duinrellenproject**, das die Gegend mit sauberem Wasser aus den Dünen versorgt. Spaß für die Familie bietet der Erlebnispark **De Goudvis,** ein überdachtes Schwimm- und Spielparadies, auch für die ganz Kleinen. Der Strand ist erreichbar über einen 800 Meter langen Fahrrad-/Wanderweg durch die Dünen. Zwei Saisonrestaurants am Strand garantieren für einen sorgenfreien Urlaub.

Fast nur einen Steinwurf entfernt, am südlichen Ende des breiten Dünengürtels, liegt gleich hinter dem Deich das kleine Dorf **Petten**, das 1943 durch die Deutschen gesprengt und nach Kriegsende wieder aufgebaut wurde. Zum Gedenken an dieses Ereignis wurde in der Stadtmitte eine **Säule** aus den Steinen der zerstörten Kirche errichtet. Im Umland von Petten gibt es ausgedehnte Blumenfelder zwischen Wassergräben und Kanälen. Windmühlen verschönern die Landschaft, und entlang der Wasserstraßen haben sich betuchte Einheimische oder Amsterdamer prächtige Domizile geschaffen.

Camperduin ist der nächste Ort. Hier geht der mächtige Deich in ein gewaltiges Dünengebiet, die Schoorlse Duinen, über. Dort gibt es ein weitverzweigtes Wander- und Radwegenetz, Wälder, Heideflächen und kleine Teiche. Dieses Gebiet bildet den **Nationalpark Schoorlse Duinen**. Die Autostraße muss deshalb einen Bogen ins Landesinnere machen. Dort, wo sie das Meer verlässt, gibt es eine schmale Straße zum Parkplatz von **Hargen aan Zee**, nur wenige Schritte vom Wasser entfernt. Es geht dann durch **Groet** am Nordosthang der Düne, wo es ein kleines **Rathaus** von 1639 und eine weiße **Kirche** von 1738 gibt.

Fast übergangslos erreicht man **Bergen** (ca. 32 000 Einwohner), den attraktivsten Ort östlich der Düne, die hier bereits fünf Kilometer breit ist. Bergen steht von jeher im Zeichen der Kunst. Seit etwa 1900 haben sich im Dorf Künstler niedergelassen, die durch die Ruhe und die üppige Natur angezogen wurden und hier eine Quelle der Inspiration fanden. Mont Martre van Nederland wird der Ort deshalb auch genannt. Es gibt viele Galerien, Festivals, Boutiquen und Kneipen, herrschaftliche Villen sowie Hotels und Pensionen der gehobenen Preisklasse, aber keinen Campingplatz. Eine hundertjährige Allee führt zum fünf Kilometer entfernten modernen Seebad **Bergen aan Zee** (ca. 5000 Einwohner). Dieses ist nur durch eine Dünenreihe vom drei Kilometer langen Strand getrennt. Es ist der einzige Badeort an der niederländischen Westküste, der sich nicht aus einem Fischerdorf entwickelt hat. Es wurde am Reißbrett konstruiert und 1906 als Seebad für reiche Kaufleute gegründet. Die Seefront ist jetzt mit etlichen Apartmenthäusern geschmückt, es gibt auch ein kleines **Seeaquarium**.

DIE KÄSESTADT ALKMAAR

Alkmaar (ca. 100 000 Einwohner) zählt zu den bekanntesten Käsestädten Hollands. Der traditionelle Käsemarkt lockt denn auch jährlich etwa 300 000 Menschen an. Alles zum Thema Käse gibt es im **Kaasmuseum** in der **Waag** aus dem 14. Jahrhundert. Aber nicht nur das Thema Käse macht den Reiz der malerischen Altstadt Alkmaars aus. Ringgräben und Grachten mit ihren charakteristischen Zugbrücken, rund 400 historische Gebäude und stilvolle Innenhöfe, enge Gassen und schmale Einkaufsstraßen verleihen dem Stadtkern eine ganz besondere Atmosphäre. Sehenswert sind das **Haus mit der Kugel** mit Holzgiebel, das **Rathaus** (16. Jahrhundert) und die **Sankt Laurenskirche** (15. Jahrhundert) mit zwei schönen Orgeln. Die Schwalbenorgel von 1511 gehört zu den ältesten Orgeln der Niederlande. Und wer noch Zeit hat, sollte auch einen Blick ins **Stedelijk museum** werfen mit Gemälden alter Meister aus dem 16. und 17. Jahrhundert, darunter das berühmte Bild des Interieurs der Laurenskirche von Pieter Saenredam. Für Bierliebhaber ein Muss: das **Museum de Boom** in einem Brauereigebäude aus dem 17. Jahrhundert. Nach dem Besuch kann man eine der 86 niederländischen Biersorten testen.

VON ALKMAAR NACH HOEK VAN HOLLAND

Von Alkmaar zurück ans Meer trifft man wieder auf die kleine Küstenstraße N511 und in wenigen Minuten hat man das in Dünen eingebettete **Egmond aan Zee** erreicht. Das ehemalige Fischerdorf hat sich zu einem schönen Badeort entwickelt. Straßencafés, Boutiquen und Klinkersteinhäuschen sorgen für Atmosphäre. Der Boulevard mit dem Wahrzeichen des Ortes, dem **Leuchtturm** von 1834, und der breite Sandstrand laden zum Spazieren ein. Eigentlich setzt sich Egmond aus drei Dörfern zusammen: **Egmond Binnen** liegt landeinwärts, das Ortszentrum befindet sich im historisch bedeutenden **Adelbertus Acker** aus dem 9. Jahrhundert, von wo aus die Christianisierung Europas begann. Die Abtei wurde im 16. Jahrhundert verwüstet, später wieder

Käseträger gehen im typischen Trippelschritt, um die schwere Last schnell transportieren zu können.

— KULTUR —

DER KÄSEMARKT

Jeden Freitag um Punkt 10 Uhr ertönt die Glocke und der Käsemarkt vor der Waage in Alkmaar wird oft durch einen prominenten Gast eröffnet. Mehr als 30 000 Kilo Käse werden hier über den Boden gerollt und fein säuberlich gestapelt. Nach der Eröffnung beladen die Setzer die Tragbahren, daraufhin werden sie von den Käseträgern zu den Waagen getragen und gewogen. Händler untersuchen die Qualität des Käses und feilschen um den Preis. Der schließlich abgeschlossene Handel wird mit einem lauten Handschlag besiegelt. Nach Feilschen und Wiegen bringen die Käseträger die Partie Käse zum Transportmittel des Käufers. Der Käse wird dabei auf hölzernen Tragen transportiert, die zwischen den Trägern hängen, und zwar jeweils etwa acht Laibe zu je 13 Kilogramm. Um diese Lasten schnell über den Marktplatz tragen zu können, haben die Käseträger einen besonderen Gang eingeübt, den sogenannten »Trippelschritt« (www.kaasmarkt.nl).

Schottische Hochlandrinder regulieren seit 2002 den Pflanzenwuchs im Nationalpark Zuid-Kennemerland.

aufgebaut und wird heute noch von Benediktinern bewohnt. Der dritte Ortsteil ist **Egmond aan den Hoef**, in dessen Zentrum sich die Ruine des Schlosses des Grafen von Egmond befindet.

Wenige Autominuten südlich liegt **Castricum** samt Badeort **Castricum aan Zee**. Klingt römisch, es ist aber nicht erwiesen, ob die Römer hier ihre Finger im Spiel hatten. Auch hier gibt es wieder kilometerlange Strände. Direkt am Strand befindet sich ein riesiger Parkplatz, auf dem das Wohnmobil noch einen Platz finden sollte (N52°33'23,45" E04°36'37,9"). Im **Besucherzentrum De Hoep** in Castricum erhält man wertvolle Informationen zum Dünenreservat.

Der letzte Badeort vor dem Noordzeekanaal ist **Wijk aan Zee.** Der kleine Ort hat nur 1000 Einwohner, aber den breitesten Strand der gesamten niederländischen Küste mit riesigen Brandungswellen – ein Eldorado für Windsurfer. Von der **Paasduin** am Bosweg, der höchsten Düne der Umgebung, hat man einen fantastischen Blick auf das Meer und die umliegenden Ortschaften, allerdings auch auf die rauchenden Schlote des großen Stahlwerkes Tata Steel, das hinter den Dünen verborgen liegt. 1999 wurde Wijk aan Zee zum europäischen Kulturdorf erklärt, deshalb gibt es alljährlich ein umfassendes kulturelles Programm. Im nahe gelegenen **Beverwijk** findet am Wochenende der **Bewerwijkse Bazaar** statt.

Zum Überqueren des Noordzeekanaals muss man nach Bewerwijk fahren und den Tunnel der Autobahn A9 nutzen oder die Fähre am Ende des Pontweges. Am Südufer des Nordseekanals liegt **IJmuiden** (ca. 67 000 Einwohner), eine Hafen- und Industriestadt mit großer Fischereiflotte. IJmuiden ist der

Nur selten kommt man mit dem Wohnmobil so nahe an einen Nordsee-Strand wie hier in Domburg.

STRÄNDE, WATTENMEER, WINDMÜHLEN, TULPEN UND MEHR

wichtigste Einfuhrhafen für Seefisch der Niederlande und ein guter Ausgangspunkt für den Besuch des 1250 Hektar großen **Nationalparks Zuid-Kennemerland**, den weitläufige Dünenfelder und schattige Waldgebiete kennzeichnen. Auf zahlreichen Rad- und Wanderwegen kann man den Park durchqueren und dabei seltene Tiere und Pflanzen erleben. An den steilen Ufern der Midden-Heerenduinen, in denen im Zweiten Weltkrieg Antipanzergräben angelegt wurden, fühlt sich jetzt vor allem der Eisvogel heimisch.

Südlich des Nationalparks liegt **Haarlem** (ca. 150 000 Einwohner), die Provinzhauptstadt von Noord-Holland, die mit ihren malerischen Gassen, denkmalgeschützten Häusern, Brücken und Grachten zu einem Bummel einlädt. Der **Marktplatz** zählt zu den schönsten des Landes. Blickfänger dort sind das **Stadhuis** (Rathaus), ursprünglich ein Jagdschloss der Grafen von Holland, und die **Grote Kerk**, einst beliebtes Motiv für Maler, heute Anziehungspunkt für Touristen unter anderem wegen des kupfernen Chorpults (1499), des geschnitzten Chorgestühls (16. Jahrhundert), der Grabstätte des Malers Frans Hals und der Barockorgel mit 5000 Pfeifen (1738) von Christian Müller, auf der auch Händel und Mozart spielten. Die **Vishal** (Fischhalle) aus dem 18. Jahrhundert steht an der Nordfassade der Grote Kerk, die **Vleeshal** (Fleischhalle) von 1604 direkt am Platz. Beide Hallen sind heute Außenstellen des lohnenswerten **Frans-Hals-Museums**. Ebenfalls am Großen Markt steht das alte Patrizierhaus **Hoofdwacht** aus dem 13. Jahrhundert.

Von Haarlem führt die N200 ans Meer nach **Bloemendaal aan Zee**. Bekannt ist der kleine Badeort vor allem wegen des **Kopje**, der höchsten Düne des Landes. 37 Meter ist sie hoch, und von oben hat man einen schönen Blick auf den Ort, die Promenade und den zwei Kilometer langen Strand. In den Dünen findet man ein **Freilichttheater**, wo vor allem im Sommer Vorführungen stattfinden. Im Umland gibt es nicht nur Blumenfelder, sondern auch riesige Gewächshäuser für unter anderem Tomaten.

Nur einige Kilometer südwestlich von Haarlem, an der N200, erstreckt sich der Badeort **Zandvoort**, einst ein Fischerdorf, heute eines der größten und nobelsten Seebäder mit Spielkasino, breitem Strand und reichlich Nachtleben. Über 100 000 Besucher kommen jeden Sommer allein aus Deutschland, aber auch die Holländer selbst lieben diesen Badeort. Das Herz der Stadt ist der großzügig angelegte, fünf Kilometer lange Boulevard, davor der breite, feinsandige Strand mit vielen Strandpavillons und dem Wahrzeichen der Stadt, dem alten **Leuchtturm**. Daneben gibt es eine **Kirche**, ein **Piratenmuseum** und das **Zandvoort-Museum**. Hinter dem Campingplatz De Branding befindet sich die Rennstrecke **Circuit Park Zandvoort**. Sie wurde 1948 eröffnet und wird für verschiedene Rennveranstaltungen benutzt. Charakteristisch ist die Achterbahnfahrt, da es stetig über Hügel, aber auch tückische Kuppen und Bodenwellen geht. Ebenfalls sehr speziell ist der ständig vorhandene Dünensand, der vom Küstenwind auf und über die Fahrbahn geweht wird. 1998 wurde der Kurs auf seine heutige Länge von 4,26 Kilometern erweitert. Zwischen 1952 und 1985 gab es hier auch Formel-1-Rennen.

Hinter Zandvoort knickt die Uferstraße nach Osten ab, und man gelangt ein wenig ins Landesinnere nach **Heemstede**, eine sogenannte »Schlafstadt«, denn die meisten Berufstätigen arbeiten als Pendler außerhalb. Im Süden schließt **Bennebroek** an, deren

Haarlem

79 km
Den Haag

20 km
Hoek van Holland

91 km
Burgh-Hamstede

Der Grote Markt in Haarlem mit dem schönen Rathaus im Hintergrund

ROUTE 7

Ein Genuss für alle Sinne: die bunte Blumenpracht im Keukenhof

> **SPECIAL**
>
> **KEUKENHOF: TULPENPRACHT**
>
> Rot, Gelb, Weiß und sogar Schwarz – Tulpen in allen Farben und Größen findet man jährlich im Frühjahr in einer der größten Attraktionen der Niederlande, dem Keukenhof. Unzählige Touristen strömen täglich zu dem gepflegten und wunderschön angelegten Park, der sich am Rand von Lisse ausbreitet. Wer im Frühjahr an der niederländischen Küste unterwegs ist, der sollte es nicht versäumen, den Keukenhof zu besuchen. An Wochenenden und Feiertagen kann es aber ganz schön voll werden! Keukenhof, Stationsweg 166a, 2161 AM Lisse, www.keukenhof.nl, geöffnet: 20. März–18. Mai, tägl. 08:00–19:30 Uhr, Parken (N52°15'57" E04°33'01").

Hauptattraktion der **Linnaeuspark,** der größte Spielplatz Europas mit über 350 Attraktionen, ist. **Hillegom** geht fast nahtlos über und lebt weniger vom Tourismus als vom Anbau von Blumenzwiebeln. Autofans sollten das **Den Hartogh Fordmuseum** (www.fordmuseum.nl) besuchen.

Ab Hillegom empfiehlt sich die Straße ans Meer nach **Noordwijk aan Zee**, ein Badeort mit internationalem Flair und einem 13 Kilometer langen Sandstrand. Der Ort ist umringt von schönen Waldflächen und wilden Dünen und liegt im Herzen der Tulpengegend in der Nähe des **Keukenhofs.** Die lange Strandpromenade mit dem mondänen Koningin Wilhelmina Boulevard nach Norden und dem eher familiären Koningin Astrid Boulevard nach Süden zeigt das übliche Bild eines modernen Seebades.

Katwijk aan Zee heißt der nächste Badeort. Der Ort liegt an der ursprünglichen Mündung des Rheins, der Fluss ist hier aber längst versandet, was übrig geblieben ist, ist ein kleiner Entwässerungskanal, den man bei der Zufahrt in den Ort auf der N206 überquert. Die Häuser im Ort sind fast alle nach dem Zweiten Weltkrieg erbaut, denn auch Katwijk wurde, wie so viele Orte der holländischen Westküste, von den deutschen Truppen aus Angst vor einer alliierten Invasion zerstört. Übrig geblieben sind nur der **Leuchtturm** (1605), die **Kirche** und zwei **Villen**. Anziehungspunkt ist der fünf Kilometer lange Strand.

Ab Katwijk geht die Straße einige Kilometer an den Dünen entlang nach **Wassenaar**, einem schmucken Wohnort mit prächtigen Villen für die Diplomaten und Mitarbeiter internationaler Firmen und Behörden, die ihren Sitz in oder um Den Haag haben. Auch König Willem-Alexander hat sich für Wassenaar als Wohnort entschieden. Zum Meer führt ein vier Kilometer langer Weg durch die Dünen, wo sich auf dem ehemaligen Landgut Duinrell die touristisch größte Attraktion des Ortes, der Vergnügungs- und Freizeitpark **Duinrell** (www.duinrell.nl) befindet. Nur einen Steinwurf von Wassenaar entfernt liegt **Den Haag**, das politische Zentrum der Niederlande.

Fast nahtlos an Den Haag schließt das Seebad **Scheveningen** an. Mit der Straßenbahn ist man in wenigen Minuten am Boulevard und dem breiten Sandstrand, wo sich die Cafés aneinanderreihen. Blickfänge sind der 400 Meter ins Meer ragende, 1901 erbaute **Pier** und das prächtige **Kurhaus**. Der imposante Jugendstilpalast steht unter Denkmalschutz und beherbergt den Kursaal (sehenswert!) mit einer hölzernen Kuppel, dem Spielkasino und einem Fünf-Sterne-Hotel. Eine weitere Attraktion ist das **National Sea Life Centre Scheveningen** mit gläsernem Unterwassertunnel.

Südlich des Scheveniger Hafens liegt der kleine Badeort **Kijkduin**, eigentlich nur eine Ansammlung mehrerer Häuser. Am Strand ist es aber bedeutend ruhiger als in Scheveningen. An der kurzen Promenade gibt es ein Spielboot für Kinder und einen kleinen Aussichtsturm mit schönem Rundblick. Hinter der Düne befindet sich ein Campingplatz, den wir für den Den-Haag-Besuch bestens empfehlen können.

Hoek van Holland markiert den südlichsten Punkt der Provinz Noord-Holland. Auf dem Weg dorthin kommt man durch die Badeorte **Ter Heijde** (Ortsteil von Monster) und **s'-Gravenzande**. Im Jahre 1863 wurde damit begonnen, eine neue Zufahrt (Nieuwe Waterweg) für den 20 Kilometer entfernten Rotterdamer Hafen zu bauen. Es entstand eine Arbeitersiedlung, aus der sich Hoek van Holland entwickelte. Kurz vor dem östlichen Ortseingang wird der Wasserweg durch das Sturmflutwehr **De Maeslantkering** ge-

schützt. Im Besucherzentrum (www.keringhuis.nl) gibt es alle Informationen zu dieser Meisterleistung der Ingenieursbaukunst.

DIE PROVINZ ZEELAND

Der letzte Abschnitt der Tour führt in die Provinz Zeeland. Von Hoek van Holland geht es zunächst auf der N220 auf die A20, dann östlich von Rotterdam in südlicher Richtung auf die A4 und einige Kilometer später in westlicher Richtung auf die A15. Bei Rozenburg

Im Herzen des reizenden Künstlerstädtchens Domburg

In Den Haag schmiegen sich alte und moderne Architektur dicht aneinander.

SPECIAL

DEN HAAG

Den Haag, Regierungssitz der Niederlande und königliche Residenz, entwickelte sich von einem Jagdschloss über eine Burg (1268) und eine Tuchmachersiedlung (1811) zu einer Stadt der Paläste, Promenaden, Botschaften und Ämter mit ca. 500 000 Einwohnern. Das Stadtbild ist geprägt durch breite Straßen mit modernen Büro- und Verwaltungsbauten mit viel Glas und Stahl. Hauptanziehungspunkte sind die spätgotische Grote Kerk, das Mauritshuis mit alten Meistern, das Oude Raadhuis und der Binnenhof, Mittelpunkt des politischen Lebens der Niederlande, in dessen Mitte sich der Rittersaal (Ende 13. Jahrhunderts) befindet. Zweifellos zu den meistbesuchten Attraktionen der Stadt gehört Madurodam (www.madurodam.nl), eine Miniaturstadt im Maßstab 1:25 mit markanten Bauwerken Hollands.

ROUTE 7

Malerisch inmitten von Vlissingen: der kleine Jachthafen

nimmt man die N57, die durch die Provinz Zeeland führt. Der erste interessante Stopp ist der **Deltapark Neeltje Jans** mit dem Informationszentrum der Deltawerke. Unterwegs kann man noch das **RTM-Museum** (Straßenbahnmuseum) besuchen, einen lohnenden Abstecher nach **Zierikzee** mit mehr als 500 Monumenten machen, im schönen Städtchen **Burgh-Haamstede** einen kurzen Stopp einlegen oder am Strand bei **Westenschouwen** seine Füße in den Sand strecken.

Von den Deltawerken geht es auf der N57 weiter in Richtung Süden. Bei Molenperk zweigt die N287 ab, die an die Küste bei Domburg und weiter über Westkapelle nach Vlissingen führt. Das ehemalige Künstlerdorf **Domburg** lohnt einen Stopp. Dort ist es auch möglich, mit dem Wohnmobil direkt am Deich in Strandnähe zu parken. Über das beschauliche **Westkapelle** und immer an der Küste entlang geht es nach **Vlissingen**, wo der malerische **Fischerhafen**, das **Arsenal** und das maritime **MuZEEum** locken. Als letzter Ort auf der Route durch Holland steht **Middelburg** auf dem Programm, das auf der N661 erreichbar ist. Sehenswert sind unter anderem der **Grote Markt** mit **Stadhuis**, die naheliegende **Abtei** und der **Lange Jan**, ein Turm von dem sich ein wunderschöner Panoramablick eröffnet.

Östlich von Middelburg endet die A58, auf der man Richtung Bergen op Zoom und Rosendaal nach Breda kommt und weiter Richtung Westen das Ruhrgebiet erreicht. Wer noch Zeit übrig hat, kann auch noch **Veere** besichtigen, einen der schönsten Orte in Zeeland und ein gutes Beispiel niederländischer Gotik.

SPECIAL

DELTAWERKE

Die Deltawerke sind das größte Schutzprojekt der Niederlande gegen das Meer. Etwa 20 Prozent des Landes liegen unterhalb des Meeresspiegels und müssen vor Überflutungen geschützt werden. 1953 gab es eine Überschwemmungskatastrophe, bei der 1835 Menschen und über 200 000 Stück Vieh ihr Leben verloren. Danach wurde der sogenannte Deltaplan entwickelt, ein aus Dämmen und Schleusen bestehendes Schutzsystem am Delta der Flüsse Rhein, Maas und Schelde gegen Hochwasser und Sturmfluten mit Schwerpunkt in der Provinz Zeeland. Die Deltawerke wurden, weil sie so innovativ und gewaltig sind, durch die American Society of Civil Engineers zu einem der modernen Weltwunder erklärt. Einen Einblick in die Deltawerke erhält man im Deltapark Neeltje Jans, Faelweg 5, 4354 RB Vrouwenpolder, Tel. 0031/(0)111/ 65 56 55, täglich geöffnet. Aktuelle Infos unter www.neeltjejans.nl

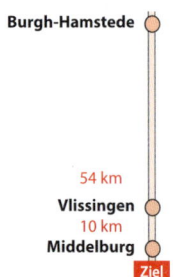

Burgh-Hamstede

54 km
Vlissingen
10 km
Middelburg
Ziel

PRAKTISCHE HINWEISE

TOURISTINFORMATIONEN

VVV Groningen, Nieuwe Markt 1 (Forum Groningen), 9712 KN Groningen, Tel.: 0031/(0)50/313 97 41 www.visitgroningen.nl

VVV Leeuwarden, Sophialaan 4, 8911 AE Leeuwarden, Tel. 0031/(0)58/23 47 55 0, www.visitleeuwarden.com/en

VVV Harlingen, Grote Bredeplaats 12, 8861 BB Harlingen, Tel. 0031/(0)517/43 02 07, www.harlingenwelkomaanzee.nl

VVV Den Helder, Rijkswerf Willemsoord 52a, 1781 AS Den Helder, Tel. 0031/(0)223/61 61 00, www.willemsoordbv.nl

VVV Bergen, Hoflaan 26, 1861 CR Bergen NH, Tel. 0031/(0)72/589 89 27, www.bergenaanzee.org/de/

VVV Alkmaar, Waagplein 2, 1811 JP Alkmaar, Tel. 0031/(0)511/42 84, www.alkmaarprachtstad.nl

VVV Zandvoort, Swaluestraat 1, Zandvoorts Museum, 2042 HK Zandvoort aan Zee, Tel. 0031/(0)23/571 79 47, www.visitzandvoort.de

VVV Noordwijk, Jan Kroonsplein 4, Museum Noordwijk, 2202 JC Noordwijk, Tel. 0031/(0)713/61 93 21, www.vvvnoordwijk.nl

VVV Katwijk, Koningin Wilhelminastraat 9, 2225 AZ Katwijk aan Zee, Tel. 0031/(0)71/407 54 44, www.vvvkatwijk.nl

Den Haag Info Store, Spui 68, 2511 BT Den Haag, Tel. 0031(0)70/36 18 86 0, www.denhaag.com

VVV Domburg, Schuitvlotstraat 32, 4357 EB Domburg, Tel. 0031/(0)118/58 34 84, www.domburg.com

VVV Vlissingen, Spuistraat 46, 4381 HS Vlissingen, Tel. 0031/(0)118/71 53 20, www.vlissingen.com

KARTEN

Michelin, Niederlande Nord und Niederlande Süd, je 1:200 000

CAMPING- UND STELLPLÄTZE

Stadspark Groningen, Campinglaan 6, 9727 KH Groningen, Tel. 0031/(0)505/25 16 24, www.campingstadspark.nl (N53°11'58.7" E06°32'10.1"). In grüner Umgebung gelegener Campingplatz, nur zehn Gehminuten vom Zentrum entfernt.

Taniaburg, Vierhuisterweg 72, 8919 AH Leeuwarden, Tel. 0031/(0)610/86 89 19, www.camping-taniaburg.nl (N53°13'11.3" E05°47'33.0"). Sehr kleiner, ruhiger am Nordrand von Leeuwarden gelegener Campingplatz.

P&R-Platz am Leeuwarden-Bahnhof, Achter het station 1, 8932 Leeuwarden.

De Zeehoeve, Westerzeedijk 45, 8862 PK Harlingen, Tel. 0031/(0)517/41 34 65, www.zeehoeve.nl (N53°16'30.3" E05°41'66.4"). Großer Campingplatz am Südrand von Harlingen, direkt am Meer, gute Infrastruktur.

't Noorder Sandt, Noorder Sandt 2, 1787 CX Julianadorp an Zee, Tel. 0031/(0)223/64 12 66, www.noordersandt.nl (N52°54'22" E04°43'32"). Nahe Julianadorp gelegener, ruhiger Campingplatz. Etwa 500 Meter vom Meer entfernt.

Parken zwischen Den Helder und Julianadorp: Mehrere Deichparkplätze am Dijkweg neben dem Fährhafen.

Tempelhof, Westerweg 2, 1759 JD Callantsoog, Tel. 0031/(0)224/58 15 24, www.tempelhof.nl (N52°50'48" E04°42'54"). Fünf-Sterne-Platz auf Wiesengrund, beste sanitäre Einrichtungen. Lage: 1,6 Kilometer vom Meer entfernt.

Corfwater, Strandweg 3, 1755 LA Petten, Tel. 0031/(0)226/38 33 71, www.corfwater.nl (N52°46'14" E04°39'36"). Baumfreier Wiesenplatz direkt hinter dem Deich.

Parken in Alkmaar: P&R links neben dem Bahnhof (N52°38'14" E04°44'17').

De Liede, Lieoever 68, 2033 AD Haarlem, Tel. 0031/(0)535/86 66, www.campingdeliede.nl (N52°22'38" E04°40'31"). Am Nordostrand von Haarlem (Parallelstraße zur A5). Einziger Campingplatz in der Region.

Parken in Haarlem. Keine Möglichkeit im Zentrum. Etwa 800 Meter vom Campingplatz De Liede gibt es einen Bus (Sowetostraat/Vrijheidsweg) ins Zentrum.

Recreatiecentrum De Zuidduinen, Zuidduinseweg 1, 2225 JS Katwijk aan Zee, Tel. 0031/(0)714/01 47 50, www.zuidduinen.com (N52°11'32" E04°23'19"). Schöner Platz hinter der Düne am Südrand von Katwijk, Strandzugang.

Kijkduinpark, Machiel Vrijenhoeklaan 450, 2555 NW Den Haag, Tel. 0031/(0)714/01 47 50, www.kijkduinpark.nl (N52°03'32" E04°12'43,40"). Gigantischer Platz in Dünennähe mit 480 Plätzen und zirka 240 Ferienhäusern. Zehn Minuten zum breiten Südstrand von Den Haag. Hallenbad, Supermarkt. Bus nach Den Haag.

Ginsterveld, Maireweg 10, 4328 GR Burgh-Haamstede, Tel. 0031/(0)111/65 15 90, www.ginsterveld.nl (N51°42'58.5" E03°43'46.0"). Gepflegter, mit guter Infrastruktur versehener, großer Campingplatz.

De Paardekreek, Havenweg 1, 4484 NT Kortgene, Tel. 0031/(0)113/30 20 51, www.paardekreek.ardoer.com/de (N51°33'04.2" E03°48'30.0"). Guter Campingplatz für alle, die der oft überlaufenen Nordsee entfliehen möchten.

Parken: Entlang der N57 zwischen Stellendam und Scharendijke gibt es einige Tagesparkplätze direkt am Grevelingenmeer.

8 NATURERLEBNIS ARDENNEN UND STÄDTE IN FLANDERN

Eine Runde Belgien

Belgien ist ein kleines Land mit einem besonderen Charme, ein bisschen französisch, aber anders. Die Belgier sind sehr hilfsbereit, haben es selten eilig und sind richtige Genießer. Kein Land für hektische Durchfahrer! Hinter jedem Baum, in jedem kleinen Dorf trifft man auf Historisches, Schlösser, Burgen, kleine Bistros, feine Restaurants, jede Menge Brauereien, reißende Bäche … und nette Stell- bzw. Campingplätze sowie Wanderparkplätze inmitten der Natur! Wir fahren wenig Autobahn, sondern bewegen uns übers Land. Meist auf gut zu befahrenden Straßen – manchmal auch auf holprigen Land- und Dorfstraßen.

Der Marktplatz von Malmedy

NATURERLEBNIS ARDENNEN UND STÄDTE IN FLANDERN

ÜBER DAS HOHE VENN IN DIE ARDENNEN

A4 Köln–Lüttich, nach dem Grenzübergang Lichtenbusch verlassen wir schon an der zweiten Abfahrt die Autobahn und befinden uns in **Eupen**, der Hauptstadt Ostbelgiens, auch deutschsprachige Gemeinschaft Belgiens genannt. Hier befindet sich die Chocolaterie Jacques. Seit 1896 werden hier aus Kakao die feinsten Schokoladenspezialitäten hergestellt. Einkaufen, eine Führung machen oder das Museum besichtigen – perfekt! Für Kinder ein »Lernerlebnis«. Von hier ist es nicht weit zum Markt, an dem die markanten Jugendstilhäuser des Architekten Couven das Stadtbild prägen. Etwas unterhalb fin-det man einen großzügigen Parkplatz ohne Versorgung, auf dem man auch bei Nacht stehen darf (12 h 1 €/ 24 h 2 €). Rund um den kleinen Markt befindet sich alles: Touristenbüro, Bäcker, Metzger und unser Restauranttipp, die Stadtschänke. Besonders zu empfehlen ist das täglich wechselnde Menü für elf Euro!

Aus der Stadt folgen wir der Beschilderung »Malmedy« und nach rund zwölf Kilometern steht man mitten im Hohen Venn (Haute Faugne) am Signal de Botrange, mit 694 Metern die höchste Erhebung Belgiens! Hier findet man umfangreiche Informationen zur unberührten Natur des »Venn«. Eventuell kann man hier die Flora und Fauna auf einer geführten Wanderung mit einem der Parkranger erkunden. Interessant und lehrreich

für alle Altersklassen! Am Abend trifft man oft Gleichgesinnte, die ebenfalls die Stille der Nacht für einen ruhigen Schlaf genießen. Im Gasthaus gibt es eine hausgemachte landesweite Spezialität, »Lütticher Bouletten mit Fritten« – Bon Appétit!

Wem es hier zu einsam ist, der lässt sich einige Kilometer die Serpentinen bergab rollen und befindet sich dann am Tor zu den Ardennen, **Malmedy**. Am alten Bahnhof gibt es einen Stellplatz mit Versorgung für 20 Mobile. Die Kathedrale, das alte Kloster und der Markt sind zu Fuß erreichbar.

AN DEN UFERN VON AMBLÈVE UND OURTHE

Wenige Kilometer hinter Malmedy queren wir auf der Route in das Tal der Amblève die Autobahn E42. Für Motorsportfreude mit Benzin im Blut empfehlen wir einen Abstecher in das nur wenige Kilometer nördlich gelegene Spa-Franchorchamps, an die legendäre Ardennenrennstrecke. Da die Rennstrecke touristisch nicht so erschlossen ist und ausschließlich bei

AUSFLUG

RAVEL-FAHRRADWEG

Direkt am Stellplatz befindet sich der Einstieg für den RAVeL-Fahrradweg. Das landesweite Routensystem teilt sich in eine Vielzahl von Routen auf. Die Wege sind hervorragend ausgebaut und beschildert. Sie verlaufen meist auf stillgelegten Bahntrassen und sind überwiegend asphaltiert. Oftmals hat man die Gelegenheit, Teilabschnitte zu befahren und mit öffentlichen Verkehrsmitteln an den Ausgangspunkt zurückzukehren (www.eastbelgium.com/freizeit/rad/ravel/home/).

ROUTE 8

START- UND ENDPUNKT
Grenzübergang Aachen/Lichtenbusch

BESTE JAHRESZEIT
April bis Oktober (Städtetouren Flandern ganzjährig)

STRECKENLÄNGE
ca. 815 Kilometer

FAHRZEIT
8 bis 14 Tage (mindestens 7)

MAUTSTRECKEN
Keine

Wegweiser im »Hohen Venn«

ROUTE 8

Links:
Der Wasserfall
von Coo

Rechts:
Gasse in Durbuy

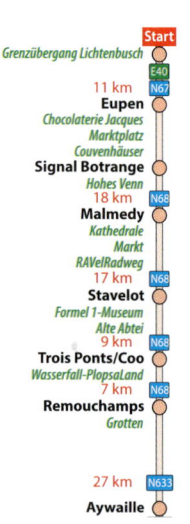

Rennen geöffnet ist, sollte man sich über Aktivitäten am besten vorab im Internet erkundigen. Alternativ können wir, mitten im Zentrum von Stavelot, das Formel-1-Museum (N50°23'36.91" E5°55'55.70") in der alten Klosterabtei empfehlen. Fahrzeuge, Bilder und unzählige einmalige Sammlerstücke spiegeln die Geschichte einer der anspruchsvollsten Rennstrecken der Welt wider. Für alle anderen geht es weiter an Trois-Ponts vorbei in den Ort **Coo**, quasi eine große Abenteuerinsel, die vom Fluss Amblève umspült wird. Mit Kindern oder Jugendlichen plant man am besten gleich einen ganzen Tag ein und übernachtet hier, so groß und vielseitig ist das Freizeitangebot! Ob der größte Wasserfall Belgiens, das Plopsaland mit Achterbahn und Karussells, Rafting, geführte Quadtouren: Hier findet man alles, was das Spiel- und Abenteuerherz begehrt (www.plopsa.be). Zum Übernachten steht im hinteren Teil des Großparkplatzes ein Wohnmobilplatz zur Verfügung, schöner ist aber der kleine Campingplatz de la Cascade. Er liegt unmittelbar am Ufer der Amblève. Hier kann man angeln, baden, grillen und es sich gut gehen lassen.

Anschließend folgen wir einfach immer dem Verlauf des Flusses an Stoumont vorbei bis **Remouchamps**. Die gleichnamigen berühmten Grotten darf man auf keinen Fall verpassen! Besonders im Sommer bilden sich bereits um 10 Uhr zur Öffnung der Höhlen kleine Warteschlangen. Den Abschluss des beeindruckenden Rundgangs bildet eine Bootsfahrt auf dem unterirdischen See der Grotten.

Ein schöner Campingplatz bietet sich nur drei Kilometer weiter an. Bis Aywaille fahren und vor der Kirche rechts dem (Vorsicht!) kleinen Schild »Camping Château de Dieupart« folgen. Eine kurze Allee führt vorbei an saftigen Wiesen, auf denen Kühe weiden und schon sieht man die Einfahrt zum Schlosscamping. Eine Taverne mit frischer belgischer Küche, Stellplätze am Ufer, Boulebahn, Tischtennis, Kinderspielplatz, Rad- und Wanderwege machen diesen Platz zu einem wahren Paradies. Besonders die Hundeliebhaber und ihre vierbeinigen Begleiter kommen hier »inmitten der Natur« voll auf ihre Kosten. Abends sitzt man zusammen im Innenhof bei Lagerfeuer und Gitarrenklängen. Herrlich!

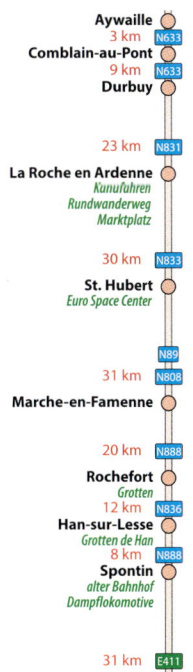

Die Amblève in Remouchamps

In **Comblain-au-Pont** fließt die Amblève in die Ourthe. Wir folgen dem kurvigen Verlauf bis Durbuy. 1331 wurden dem kleinen Ort durch Johann von Luxemburg die Stadtrechte verliehen und so rühmt sich der Kernort mit seinen 400 Einwohnern, die kleinste Stadt Belgiens zu sein. Bei einem Rundgang durch den malerischen Ort mit Freilichtmuseumscharakter taucht man ab in die Vergangenheit und entspannt anschließend in einem der netten Lokale. Wer noch weiter in der Zeit zurück möchte, dem sei das acht Kilometer entfernte Dorf Wéris empfohlen. Es gilt als das belgische Zentrum der Megalithen, Menhire und Hünengräber. Es lässt sich auf einer Nebenstrecke sehr schön mit dem Fahrrad erreichen. Stellplätze findet man in Durbuy und im dazugehörigen Barvaux, beide mit Blick auf die Ourthe.

Wir folgen weiter der Ourthe und biegen hinter Durbuy ab auf die N833, bis wir mit **La Roche en Ardenne** einen der Hauptorte mitten in den Ardennentälern erreichen. Hier, wie an so vielen Orten in Belgien, wird die Erinnerung an die zwei Weltkriege immer wieder mal wach. Am 11. Januar 1945 befreiten schottische und amerikanische Soldaten die Stadt, wie man auf einer Gedenktafel nachlesen kann.

Umgeben von felsigen Hügeln inmitten der Wälder befindet sich direkt am Wasser der großzügige Campingplatz Benelux. Zum Platz gehört ein Kanuverleih mit Rückholservice. Eine feine Sache! Die Ourthe hat hier bei leichter Strömung höchstens eine Wassertiefe von 30 bis 50 Zentimetern, sodass

Camping Chateau de Dieupart in Aywaille

ROUTE 8

Historische Dampflokomotive im Bahnhof Spontin

auch Kinder gefahrlos baden oder Kajak fahren können. Auch die Hunde haben hier ihr Vergnügen! Ein Fußweg am Ufer führt direkt bis an den Marktplatz, der im Sommer unzählige Tagesgäste anlockt, die am Abend jedoch verschwunden sind und dem Ort seinen ursprünglichen Charme zurückgeben. Das örtliche Touristenbüro versorgt einen hervorragend mit allen Informationen und Angeboten, da kann man sich zuhause die Recherche sparen!

VIELE WEGE FÜHREN NACH DINANT

Wer ein Weltraumfan ist oder seinen Kindern ein ganz besonderes Erlebnis ermöglichen möchte, sollte der N89 etwa 30 Kilometer folgen, bis bei St. Hubert große Schilder zum »Euro Space Center« führen. Ein europaweit (wenn nicht sogar weltweit) einzigartiger Erlebnispark entführt den Besucher in den Weltraum. Gehen wie auf dem Mond, Raumfahrzeuge in Originalgröße sehen oder einen echten Astronauten sprechen – hier ist alles möglich. »Experience a new dimension«! (www.eurospacecenter.be).

Wer lieber auf der Erde bleibt, fährt auf der N888 bis Marche-en-Famenne. Von da geht es auf die N836, »die Höhlenroute«. An der Route liegen die Grotten von Rochefort und de Han (www.grotte-de-han.be). Der Eingang in Rochefort liegt recht zentrumsnah, den vier Kilometer entfernten Eingang der Grotten von de Han erreicht man von **Han-sur-Lesse** bequem mit der 100 Jahre alten Straßenbahn. Sie gilt als eine der berühmtesten Höhlen unseres Kontinents. Das Besondere: Hunde dürfen mit! Große Brücken und Säle und ein unterirdischer Fluss, alles sehr faszinierend.

Danach fährt man für vier Abfahrten (23 bis 19) auf der E411 in Richtung Namur. Kurz nach Verlassen der Autobahn erreichen wir den bezaubernden Ort **Spontin** mit seinem alten Bahnhof, an dem regelmäßig historische Züge mit Dampflokomotiven starten. Der nächste Ort ist **Purnode** mit der Brasserie du Bocq, wo die Biere von Gauloise gebraut werden. Vor dem Genuss des Biers sollte man sich entscheiden, ob man direkt hier vor der Tür nächtigt oder die Serpentinen in das Tal der Bocq fährt, wo sich am Ende der steilen Straße ein wunderschöner Naturcampingplatz befindet.

An der Abfahrt nach Dinant, Perle an der Meuse, sollte man unbedingt einen Fotostopp einlegen und den einmaligen Ausblick über die Festung bis in den Ort festhalten. Berühmtester Sohn der Stadt ist Adolphe Sax, der Vater des Saxofons. Das ist unübersehbar angesichts der Vielzahl der Instrumente, die

Purnode ist der Brauort des Gauloise Bier.

> **AUSFLUG**
>
> **RUNDWEG UM LA ROCHE EN ARDENNE**
>
> Oberhalb des Campingplatzes (an der Rezeption fragen) beginnt eine toller Rundweg, der nur zu Beginn ansteigt, auf dem man La Roche en Ardenne umrunden kann. Die Ausblicke in das Tal sind die Mühen allemal wert und mit etwas Glück sieht man einen der hier ansässigen Steinadler!

Camping Benelux liegt im Tal der Ourthe in La Roche en Ardenne.

sich in der Stadt verteilen. Sehenswert sind Notre-Dame de Dinant, erbaut im 13. Jahrhundert und die Zitadelle auf einem Felsen 100 Meter über der Meuse, die man bequem per Gondel erreichen kann! Die am Ortseingang stehende Abtei de Leffe ist leider nur Namensgeber, nicht aber Braustätte des Leffe-Bieres. Etwa ein Kilometer davor ist direkt auf einer Halbinsel der Meuse ein kleiner, sehr einfacher Campingplatz. Alternativ kann man im sechs Kilometer entfernten Anhée sehr schön am Ufer vor der Brücke stehen. Der Radweg nach Dinant ist hervorragend ausgebaut.

IM TAL DER MOLIGNÉE

Die N971 führt uns in westlicher Richtung von Anhée aus in das Tal der Molignée. Hat man die letzten Häuser der hübschen Ortschaft hinter sich gelassen, schlängelt sich die Straße entlang des dicht bewaldeten Flusses. Unterwegs gibt es einige kleine Parkplätze, die man unbedingt für einen Stopp nutzen sollte. Sobald der Motor aus ist, verbreitet sich eine wunderbare Stille und der Duft der Kräuter und Pflanzen steigt einem in die Nase. Zur Osterzeit sollte man unbedingt die Gelegenheit nutzen und frischen Bärlauch sammeln. Am Abend ganz klein schneiden und mit frischer, rahmiger belgischer Butter vermengen, dazu ein Baguette – köstlich!

Am Ende der Kurven bei Le Marteau links einbiegen, nach rund 500 Metern öffnet sich der Wald und gibt den Blick auf die große Ruine von **Château de Montaigle** (N50°17'32.46" E4°48'55.04") frei! Beeindruckend, im 15. Jahrhundert auf einem Felsen erbaut, können die Überreste erkundet werden.

Dann wird es endlich Zeit für unsere erste Abtei, von denen es in Belgien reichlich gibt. Nur wenige Kilometer hinter Le Marteau geht es rechts hoch auf den Hügel und man erkennt die Türme der Abteikirche von Maredsous. Wir empfehlen eine Ankunft am Nachmittag, da man auf dem unteren Parkplatz eine herrlich ruhige Nacht verbringen kann. Die noch intakte Benediktinerabtei wurde 1872 gegründet. Bis 1892 entstand die komplette Klosteranlage im neugotischen Stil.

Besonders im Sommer laden die riesigen Biergärten zum Verweilen ein, doch auch im Winter hat die Klostergastronomie mit Beleuchtung und Kamin ihren ganz besonderen Reiz! Nicht versäumen sollte man den Besuch der Käserei und der Gärten. Das Bier wird in den Sorten Maredsous Blonde, Bruin und Triple gebraut. Es hat einen Alkoholgehalt zwischen sechs und zehn Prozent! Von daher ist es vielleicht besser, wenn der Tag geht und Maredsous kommt ...

BADEPAUSE AN DEN STAUSEEN DER HEURE

Der Vollständigkeit halber die belgische Bezeichnung: **Lacs de l'Eau d'Heure**. Unser nächstes Ziel ist das größte Seengebiet Belgiens – ein herrliches Fleckchen geschützter Na-

107

Der Marktplatz von Tournai hat den ältesten Belfried Belgiens.

tur. Das größte Wassersportgebiet hat 70 Kilometer Strand, 600 Hektar Wasserfläche, über 1000 Hektar Wiesen- und Waldfläche – perfekt für einen ganzen Familienurlaub!

Hier kann man baden, segeln, surfen, Boot und Jetski fahren, mountainbiken, Fahrradtouren um einzelne Seen machen, aber auch tauchen und das Beste zum Schluss, bei schlechtem Wetter gibt es noch das subtropische Aquacenter!

Wir verlassen nach erholsamer Nacht die Abtei Maredsous Richtung Norden und biegen in Denée auf die N932 nach Fraire, dort geradeaus auf die Verbindungsstraße bis Chastrès, dann linker Hand auf die N978 und ab Walcourt einfach der Beschilderung folgen. Die beste Anlaufstation ist das Aquacenter mit dem benachbarten Landal Freizeitpark, hier kann man sich bestens kostenlos mit Karten des Seengebietes sowie des Fahrrad- und Wanderwegenetzes

SPECIAL

BELGISCHE SPEZIALITÄTEN

Belgien ist bestimmt kein preiswertes Reiseland. Eine übertriebene Bevorratung an Lebensmitteln ist aber nicht nötig, denn die bekannten Discounter sind gut vertreten und bieten viele belgische und französische Spezialitäten zu guten Konditionen an. Der Belgier isst gerne und gut, deshalb sollte man es auf keinen Fall versäumen, bei einem Metzger für den Grillabend Fleisch von belgischen Rindern zu probieren. Wer noch nie in einem Carrefour oder Del Haize eingekauft hat, sollte sich und seinen Lieben diese Auswahl an Käse, Weinen und belgischen Spezialitäten einmal gönnen!

versorgen. 500 Meter davon entfernt, fast in Sichtweite, befindet sich ein sehr schöner Stellplatz auf einer Wiese.

Das Besondere an dem Seengebiet sind die kleinen Parkplätze oder Badestellen, die mit dem Wohnmobil (bis acht Meter Länge) gut zu erreichen sind und zu einem Badetag direkt am Ufer einladen.

KÜSTE MIT ZWEI GESICHTERN

Nach den vielen Tagen über Land und bevor wir die belebte Küste und die großen flämischen Städte besuchen, bietet sich noch ein Stopp in der zweitältesten Stadt Belgiens, **Tournai**, an. Die N40 führt uns über Beaumont direkt an Mons vorbei auf die Autobahn E42 Richtung Tournai an der Schelde. Die Stadt wurde bereits 50 v. Chr. gegründet und besitzt mit der Kathedrale Notre-Dame (11.–13. Jahrhundert) und dem ältesten Belfried Belgiens (12. Jahrhundert) gleich zwei Bauwerke, die zum UNESCO-Welterbe gehören.

In Gehweite zur Altstadt gibt es einen großen, kostenlosen und gut besuchten Stellplatz, den wir auch gleich zum Parken nutzen. Leider wird die Kathedrale bereits seit zwei Jahren kernsaniert (Stand: 2015) und ist nur bedingt zu betreten und zu bestaunen. Eine große, kostenlose Ausstellung über Zeitgeschichte tröstet ein wenig darüber hinweg. Es ist Mittagszeit und die Restaurants sind zur Mittagszeit gut gefüllt. Die verlockenden Mittagsmenüs auf den Schiefertafeln lassen

NATURERLEBNIS ARDENNEN UND STÄDTE IN FLANDERN

uns im »L'Imperatrice« einkehren. Wir entscheiden uns für belgische Carbonade mit einer kräftigen Soße aus Leffe-Bier und – na klar – Fritten. Eine gute Wahl! Können wir nur empfehlen. Das wir dazu ein eiskaltes Leffe vom Fass genossen haben, brauche ich eigentlich nicht zu erwähnen.

Damit unser treuer Begleiter Henry (Yorkie/Tibet-Mix) möglichst schnell an seinem geliebten Strand laufen kann, nehmen wir direkt die E403 an Roeselare vorbei bis zur Abfahrt 9. Von dort sind es auf der N35 noch 30 Kilometer bis Westende. Da die belgische Küste in der Hauptsaison sehr gut gebucht ist und die Auswahl an Stellplätzen eher dürftig ist, haben wir am Ende des Kapitels unsere Tipps für die schönsten Plätze zusammengestellt. Wir entscheiden uns für einen ersten Strandgang bei Middelkerke. Hier kann man etwas außerhalb gut parken.

Unsere Wahl für die Übernachtung fällt wie so oft auf Camping Strooiendorp am nordöstlichen Ortsrand von **De Haan**. Es ist für uns die architektonisch schönste Stadt der Küstenlinie, an der leider viele Bausünden der 1970er-Jahre zu finden sind. Viele der Campingplätze sind eigentlich Dörfer aus Standcaravans, oft weit weg von Natur und Strand. Strooiendorp hat eine extra ausgebaute und reservierte Fläche mit Stellplätzen nur für Camper, die man auch mit »Dickschiffen« gut befahren kann. Nur 50 Meter entfernt hat man Zugang zum bewaldeten Naturschutzgebiet, ein Paradies für Kinder mit extra Spielzonen und einem prima schattigen »Hundeauslaufgebiet«. Hier verläuft der gut ausgeschilderte »Duinbossen Wanderpfad« und zum menschenleeren Strand sind es gerade mal 1000 Meter!

Eine feine, sehr praktische Sache ist die Küstenbahn, die auf 80 Kilometern zwischen De Panne und Knokke-Heist verkehrt. Mit ihren 68 (!) Haltepunkten ermöglicht sie es in kürzester Zeit, ohne Stau und Parkplatzsuche alle Städte und Strandabschnitte zu erreichen. So macht das Erkunden der belgischen Küste viel Spaß. Strandhopping! An den Strandabschnitten mit Bewachung, Liegen- und Sonnenschirmverleih sind Hunde tagsüber verboten. Zwischen diesen Stränden gibt es aber kilometerweite und breite,

menschenleere Strände ohne Verbote! Ein Vergnügen für Zwei- und Vierbeiner.

Bahnhof der Küstenbahn in De Haan

STÄDTETOUR DURCH FLANDERN

Belgische Städtenamen, die einem auf der Zunge zergehen, sind Brügge, Gent, Antwerpen und natürlich die Hauptstadt Brüssel. Jede dieser Städte lohnt für sich einen zwei- oder dreitägigen Aufenthalt.

Brügge ist selbst im Winter eine Reise wert. Der große Stellplatz am Sportboothafen, nur 700 Meter vom Zentrum entfernt, die jährliche Eisskulpturenausstellung in un-

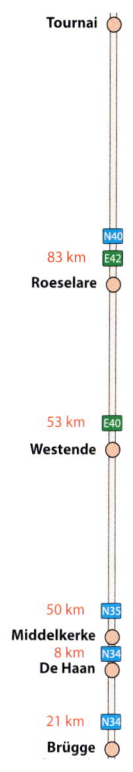

Unser Restaurant-Tipp: das Camprinus in Tournai

109

ROUTE 8

Der Markplatz von Brügge

mittelbarer Nachbarschaft, eine Kutschfahrt bei leichten Plusgraden durch die Gassen der Altstadt, eingehüllt in warme Decken und durch die Nüstern bläst der Atem der Pferde! Nicht zu vergessen die unzähligen Restaurants, Brügge ist die Gourmetstadt Belgiens. Da kommt man einfach ins Schwärmen. In einem der schönsten Gebäude der Innenstadt, der Saaihalle, unweit vom Grote Markt, findet man das **Frietmuseum** (Pommes-Frites-Museum, www.frietmeuseum.be). Kurzweiliges zur Geschichte der Kartoffel und zur Erfindung der »Fritten« und der Saucen. Vielleicht klärt sich ja hier die Frage, ob sie nun in Belgien erfunden wurden oder nicht. Übrigens, im Kellergeschoss kann man das Objekt der Begierde gleich verköstigen! Für das Abendessen bietet sich vis-à-vis vom Stellplatz eines der beiden Gastronomieschiffe an.

Nur 35 Kilometer entfernt befindet sich die vielleicht schönste Stadt Belgiens: **Gent**. Das Stadtbild wird geprägt durch viele Türme und bereits auf dem Weg in die Innenstadt flaniert man an fantastischen Jugendstilfassaden vorbei. Gent ist durchzogen von Kanälen, die im Sommer mit einem der »Cabrioausflugschiffe« unbedingt befahren werden sollten. Höhepunkt ist dann die Ankunft an der Graslei und Korenlei, mit Blick zu den Türmen von Burg Gravensteen, der Kathedrale und den alten Zunfthäusern. Fantastisch! Die Fußgängerzone ist eine sehr schöne Shoppingmeile mit individuellen Geschäften, die wunderbar in die ursprüngliche Bebauung eingepasst wurden. Für das leibliche Wohl empfehlen wir eines der zahlreichen Fischrestaurants. Zur Übernachtung bietet sich der Sport- und Erholungspark Blaarmeersen unweit der Autobahnabfahrt an: ein sehr schöner unterteilter Campingplatz mit Badestrand, Tennishallen, Kinderspielpark und genügend Auslauf für die Hunde. Die Anbindung mit Bus und Fahrradwegen zur Innenstadt ist optimal. Ein Einkaufsladen und ein Restaurant fehlen auch nicht.

Jetzt sind es über die E17 wiederum nur 40 Kilometer bis in die Hafenstadt **Antwerpen**. In direkter Nachbarschaft zum Messegelände ist verkehrsgünstig der Wohnmobilstellplatz gelegen. Der ehemalige Campingplatz bietet mehr als 100 Plätze, ist sehr gut befestigt, auch für schwere Mobile geeignet. Die knapp 20-minütige Fahrt mit der Straßenbahn in die Innenstadt ist sehr unterhaltsam und man erhält einen ersten Eindruck von der »Multikulti-Stadt«.

Antwerpen hat den drittgrößten Seehafen Europas, ist weltweit das wichtigste Handelszentrum für Diamanten sowie deren Verarbeitung und war im 16. Jahrhundert eine der größten Städte der Welt! Das Druckereimuseum Plantin-Moretus und der Turm der Liebfrauenkathedrale gehören zum UNESCO-Weltkulturerbe. Die Innenstadt teilt sich in Neubauten der 1970er-Jahre, wie man sie überall in Europa findet, und in die wunderschöne Altstadt auf. Höhepunkt ist hier der Grote Markt mit seinen Gildehäusern und dem Rathaus. Auf jeden Fall sollte man einen Blick in das Bahnhofsgebäude aus dem 19. Jahrhundert mit seinem berühmten Kuppeldach werfen. Sehr schön ist auch ein Spaziergang durch das alte Hafen- und Rotlichtviertel. Im Touristenbüro am Groten Markt erhält man eine kostenlose Karte mit Stadtrallye für Kinder.

In der »Graselei« stehen die berühmten Zunfthäuser von Gent.

Eine Kutschfahrt über den Markt von Antwerpen

Erstrahlen in neuem Glanz: die Kugeln des Atomiums.

Antwerpen
Altstadt
Grote Markt
Stadtrallye
alter Hafen
Bahnhof
N377

40 km — E17

Brüssel
Triumphbogen
Autoworld
EU Viertel
Grand Place
Sablon
Atomium

40 km — E19

Tienen

50 km — E40

St. Truiden
Speelhof

18 km — N3

Lüttich

34 km — N3

Val Dieu
Abbaye de Val Dieu

E40
N648
36 km — N650

Aubel
Markttag
7 km — N659

Henri-Chapelle
amerikanischer Soldatenfriedhof
6 km — N613

Eupen
N3
N34
15 km — E40

Grenzübergang Lichtenbusch
Ziel

Die letzte Etappe zu einem Städtehöhepunkt in Flandern führt uns 40 Kilometer südlich über die E19 in die Hauptstadt **Brüssel**. Unser ultimativer kostenloser Parkplatztipp liegt direkt im Jubelpark mit seinem Triumphbogen, der 1905 zur 75-Jahr-Feier der belgischen Unabhängigkeit von König Leopold II. »spendiert« wurde. Neben dem tollen Park, der auch zum Picknick einlädt, sind hier die Autoworld und das Militärmuseum untergebracht. Beide sehenswert und die Militärabteilung sogar mit freiem Eintritt. Wer gut zu Fuß ist (rund vier Kilometer), kann von hier durch das Europäische Viertel bis an den Königlichen Palast und weiter zum berühmten Sablon-Viertel gehen! Nicht umsonst gibt es Reiseführer, die ohne Probleme 300 Seiten zu Brüssel und seinen Sehenswürdigkeiten füllen! Allein 30 Museen stehen zur Auswahl so das Horta-Museum, welches Weltkulturerbestatus hat. Keinesfalls verpassen sollte man die Grand-Place, das Börsenviertel, das Sablon-Viertel (Chocolaterie Neuhaus und Marcolini), den Flohmarkt in den Marollen (täglich seit 1919!), das Comic-Museum und Männeken Piss (Achtung ist nur 60 Zentimeter groß!).

Zum Schluss geht's noch zum Atomium, das nach seiner Sanierung in neuem Edelstahl glänzt, Das Wohnmobil steht in der Seitenstraße sicher im Schutz des königlichen Sportvereins.

ZURÜCK AUF START!

Die mittlerweile fünfspurig ausgebaute E40 führt uns ohne Probleme aus der europäischen Metropole. Bei Tienen nehmen wir die Abfahrt 25 und wechseln auf die N3. Nach weiteren 20 Kilometern machen wir bei herrlichstem Sonnenschein am Speelhof von **St. Truiden** (N50°49'16.62" E5°11'30.73") eine ausgiebige Pause. Großer Parkplatz, schöne Terrasse und ein toller Kinderspielplatz in schöner Natur, sehr zu empfehlen. Bei Lüttich wechseln wir wieder von der N3 und umgehen die Industriemetropole Lüttich auf der E40.

Für das Ende unserer Tour durch Belgien haben wir selbstverständlich einen würdigen Abschluss geplant. Am Kreuz Verviers geht es auf die N968, bis wir beim Hinweisschild »Abbaye de Val Dieu« (N50°41'55.22" E5°48'14.51") links einbiegen. Das 1216 am

»Zum Wohl« – frischer Genuss im Kloster Val Dieu

NATURERLEBNIS ARDENNEN UND STÄDTE IN FLANDERN

Ufer der Berwine gegründete Kloster ist ein wahres Kleinod. Es ist eine der wenigen Abteien Belgiens, die das Klosterbier vor Ort unter Anleitung einer Braumeisterin braut! Frisch gezapft und eiskalt, ein Hochgenuss. Vor allen Dingen möchten wir es nicht versäumen, eine der kulinarischen Leidenschaften der Belgier zu genießen: Muscheln mit Fritten. Mit Liebe im Gemüsesud gegart, dazu handgeschnitzte Pommes frites: ein Genuss. Auf dem oberen, abseits der Straße gelegenen Parkplatz kann man sehr ruhig übernachten. Wir fahren auf der Nebenstrecke N649 noch sieben Kilometer bis **Aubel** und besuchen einen der schönsten Märkte Belgiens (jeden Sonn- und Feiertag von 8 bis 15 Uhr). Alles, was das Land zu geben hat, wird hier angeboten. Käse, Obst und Gemüse, Marmeladen, Poulet rôti (Grillhähnchen vom belgischen Fleischhuhn), Fleisch und Wurstspezialitäten, Cidre …

Schließlich geht es über die N3 und N67 bei **Eupen** wieder auf die E40 zum Grenzübergang Lichtenbusch. Hier hat unsere Belgienrundfahrt angefangen und nun endet sie leider schon wieder.

Verwöhnen Sie sich mit belgischen Spezialitäten auf dem Markt von Aubel.

KULTUR

AMERIKANISCHER SOLDATENFRIEDHOF

Stellvertretend für die vielen Erinnerungen an zwei Weltkriege, die in Belgien vielerorts zu sehen sind, hat man an der N613 vor Henri-Chapelle Gelegenheit, den größten amerikanischen Soldatenfriedhof Belgiens zu besichtigen und einen Moment der Stille und des Gedenkens einzulegen. Henri-Chapelle American Memorial Center, www.abmc.gov (N50°41'44.22" E5°53'59.30")

So ist man mobil in der Radfahrernation Belgien.

PRAKTISCHE HINWEISE

TOURISTINFORMATIONEN
Eupen Touristbüro, Marktplatz 7, 4700 Eupen, Tel. 0032/(0)87/55 34 50, E-Mail: info@eupen-info.be.

Touristbüro Dinant, Avenue Colonel Cadoux 8, 5500 Dinant, Tel. 0032/(0)82/22 28 70, www.dinant-tourisme.com.

CAMPING- UND STELLPLÄTZE
Stellplatz Markt Eupen (N50°37'43.44" E6°1'55.86"). Kostenlos, keine Versorgung.

Stellplatz Wesertalsperre Eupen (N50°37'18.71 E6°5'29.31"). Kostenlos, keine Versorgung. Der Stellplatz ist drei Kilometer außerhalb der Stadt, aber sehr schön gelegen. Tolle Wanderwege und Erlebnispfade für Kinder und Jugendliche. An der Talsperre gibt es eine Gastronomie, die in der Regel immer bis zum Sonnenuntergang geöffnet hat. Um den Stausee gibt es einen zwölf Kilometer langen Radrundweg.

Stellplatz Signal Botrange (N50°30'4.52" E6°5'36.77"). Kostenlos, keine Versorgung.

Parkplatz Drachenpfad Mefferscheid/Arboretum (N50°34'4.52" E6°2'1.65"). Geheimtipp auf dem Weg zum Signal de Botrange. Kunst aus und mit Bäumen, besonders beeindruckend sind die mehr als 100 Jahre alten und bis 70 Meter hohen, nordamerikanischen Douglasien. Auf dem einsamen Parkplatz kann man auch problemlos übernachten.

Stellplatz Malmedy (N50°25'22.34" E6°1'47.78"). Alter Bahnhof, 8 Euro, Entsorgung, Strom.

Stellplatz Trois Pont/Coo (N50°23'27.85" E5°52'25.83"). Kostenlos, keine Versorgung.

Campingplatz de la Cascade Grand Coo, Chemin des Faravennes 5, 4970 Stavelot, Tel. 0032/(0)80/68 43 12, www.camping-coo.be (N50°23'33" E5°52'39"). Der Campingplatz liegt direkt am Ufer der Amel und bei gutem Wetter kann man sich eine herrliche Erfrischung gönnen. Die Plätze sind nicht parzelliert und eigentlich ist man direkt im Ort!

Campingplatz Château, Route de dieupart 37, 4920 Aywaille, Tel. 0032/(0)42/63 12 38 www.dieupart.be (N50°28'40.75" E5°41'21.96"). Direkt am Ufer der Amblève kann man baden, angeln und herrlich in der Natur entspannen. Eine kleine Taverne mit belgischer Küche, der Radweg vor der Tür und nur 500 Meter in den Ort mit Einkaufsmöglichkeiten. Auch für Hundefreunde sehr zu empfehlen. Es gibt noch einen großen Kinderspielplatz, Boulebahnen und Tischtennis.

Stellplatz Durbuy (N50°21'28.30" E5°27'29.74"). 21 Euro, Strom, Ver- und Entsorgung.

Einen schönen Stellplatz an der Meuse (niederländisch Maas) findet man in Anhée, 6 Kilometer vor Dinant.

Kurhaus in Spa

Stellplatz Barvaux (N50°21'8.33" E5°29'44.07"). 10 Euro, Strom, Ver- und Entsorgung. Beide Stellplätze liegen am Wasser und nah am Ort. Barvaux ist rund vier Kilometer von Durbuy, liegt aber ruhiger als Durbuy.

Camping Benelux La Roche en Ardenne, Rue de Harzé 24, 6980 La Roche-en-Ardenne, www.campingbenelux.be (N50°11'28.48 E5°34'22.94").

Camping d'Initiative de Dinant, Quai du Camping 1, 5500 Dinant, Tel. 0032/(0)82/22 40 02 (N50°16'36.98 E4°53'49.96"). Ab 15 Euro inklusive Strom, Sanitär, Ver- und Entsorgung. Der Campingplatz ist sehr einfach und wird von einer privaten Initiative betrieben. Die Stellplätze gehen vor bis auf eine kleine Halbinsel im Wasser der Meuse. Zum Ort sind es rund drei Kilometer.

Camping du Bocq, Avenue de la Vallée 2, 5530 Purnode, Tel. 0032/(0)82/61 22 69, www.camping-dubocq.be (N50°19'11.45" E4°56'40.54"). Am Ende der Serpentinenstraße liegt dieses Naturparadies! Umgeben von Wäldern und Felsen kann man hier hervorragend wandern oder Rad fahren. Der Aufstieg zur Brasserie und dem kleinen Ort ist nur über einen sehr steilen Pfad möglich. Am Platz gibt es auch eine Gastronomie mit kleinem Laden für das Nötigste.

Stellplatz Maredsous (N50°17'59.60" E4°45'53.51"). Kostenlos, keine Versorgung.

Stellplatz am See (N50°11'34.07" E4°20'57.58"). 5 Euro, Strom, Ver- und Entsorgung.

Stellplatz Tournai (N50°36'16.14" E3°22'51.25"). Kostenlos, keine Versorgung.

Campingplatz Strooiendorp, Wenduinesteenweg 125, 8421 Vlissegem, Tel. 0032/(0)59/23 42 18, www.strooiendorp.be (N51°16'39.60" E3°3'2.04"). 25 abgeteilte, sehr gut befestigte Plätze, auch für schwere Fahrzeuge. Zum Meer sind es durch das Naturschutzgebiet rund 1,5 Kilometer, hier ist auch gleichzeitig die Haltestelle »Zwarte Kiesel« der Küstenbahn. Sehr gut zu begehen, auch mit dem Fahrrad zu befahren. Schöne Wanderungen möglich. Nach De Haan etwa zwei Kilometer. Der Platz ist ganzjährig geöffnet, hier oben an der Küste eher eine Seltenheit!

Stellplatz Brügge, www.interparking.com (N51°11'47.01" E3°13'32.14"). Ab 15 Euro inklusive Strom, Ver- und Entsorgung.

Campingplatz Blaarmeersen, Campinglaan 16, 9000 Gent, Tel. 0032/(0)9/266 81 60, www.gent.be/blaarmeersen (N51°2'4.76" E3°40'50.10"). Der Platz liegt in einem Naherholungsgebiet, perfekt entfernt zur Stadt. In die Innenstadt sind es mit dem Bus rund zehn Minuten und auf dem ausgebauten Radweg rund 15 Minuten. Hier findet man alle Annehmlichkeiten inklusive Badeplatz am See. Er ist von März bis November geöffnet und wegen der Nähe zur Autobahn leider nicht als sehr ruhig zu bezeichnen.

Stellplatz Antwerpen Vogelzang, Vogelzangplaan 7–9, 2020 Antwerpen, Tel. 0032/(0)495/22 90 58 (N51°11'22.00" E4°24'02.00"), www.camperparkvogelzang.be

Stellplatz Brüssel am Atomium, Dikkelindelaan (N50°53'34.23" E4°20'29.41"). Kostenlos, keine Versorgung.

9 REBENMEER, WALD UND PFÄLZER LEBENSART

Genusstour Deutsche Weinstrasse

Die Deutsche Weinstraße ist Sehnsuchtsroute für Weinliebhaber, Wander- und Radfahrfreunde. Wohnmobilisten finden ausgebaute Stellplätze in Städten und Gemeinden ebenso wie idyllische Übernachtungsplätze direkt beim Winzer. Die kulinarischen Genüsse gehen weit über Saumagen und Riesling hinaus. Diese Fahrt offenbart die Schönheiten der nördlichen wie der südlichen Weinstraße. Man trifft immer wieder auf bezaubernde Weindörfer, hübsche Lauben, lehrreiche Wanderwege sowie Lebensfreude und Genuss – dafür steht die erste und älteste Weinstraße der Welt, deren Besuch mit dem Weintor in Schweigen-Rechtenbach endet.

Saftige Trauben für besten Wein

REBENMEER, WALD UND PFÄLZER LEBENSART

Von Norden kommend lädt das Haus der Deutschen Weinstraße in **Bockenheim** herzlich zur Durchfahrt ein. Hier beginnt also der nördliche Teil der Deutschen Weinstraße mit ihren ausgezeichneten Weinen, ihren Festen und Märkten, mit Geselligkeit und Gastfreundschaft. An diesem Tor befinden sich im zweijährigen Turnus auch der Start und die Zielankunft des Weinstraßen-Marathons, einer der landschaftlich schönsten Läufe in Deutschland. Der große Parkplatz links nach der Torduchfahrt ist ein offizieller Wohnmobilstellplatz und wunderbarer Ausgangspunkt für den ersten Bummel durch das Weindorf Bockenheim. Ende August feiert man Bockenheimer Weinkerwe, sonntags findet zeitgleich der autofreie Erlebnistag Deutsche Weinstraße statt. Dann tummeln sich bis zu 250 000 Besucher über die gesamte Weinstraße mit Fahrrad, Inlinern oder auch zu Fuß auf der hergerichteten Wein-, Schlemmer- und Feiermeile.

ROUTE 9

START- UND ENDPUNKT
Bockenheim und Schweigen

BESTE JAHRESZEIT
März bis Oktober

STRECKENLÄNGE
118 Kilometer

FAHRZEIT
7 bis 10 Tage (ohne Anreise)

MAUTSTRECKEN
Keine

WEIN MIT AUSSICHT

Das Rebenmeer des Leinigerlandes begleitet den Wohnmobilisten nun einige Kilometer entlang der Bundesstraße 271 bis zum Abzweig Asselheim. Von April bis Anfang Oktober hat die Weinwanderhütte in Asselheim samstags, sonn- und feiertags geöffnet. Idyllisch mitten in den Reben hoch über dem Stadtteil Grünstadt-Asselheim gelegen, wird die Hütte wechselnd von ortsansässigen Winzern bewirtschaftet. Es gibt klassische Pfälzer Gerichte, süffigen Wein und eine beeindruckende Aussicht auf die Rheinebene.

Weinwanderhütte in Asselheim mit Blick in die Rheinebene

ROUTE 9

REBEN UMRAHMEN DEN GOLFPLATZ

Unter der Autobahn A6 hindurch führt die Tour durch Kirchheim nach Dackenheim. Golfbegeisterte finden hier die 27-Loch-Anlage Golfgarten Deutsche Weinstraße am sonnigen Haardtrand. Die milde Witterung ermöglicht einen überwiegend ganzjährigen Spielbetrieb. Der Genuss des einzigartigen Panoramablicks von der Restaurantterrasse bis zum Pfälzer Wald ist auch Nichtgolfern zu empfehlen.

NÖRDLICHE WEINSTRASSE UND DER SAUMAGEN

So macht Golfspielen Spaß: Golfgarten Deutsche Weinstraße.

Waldgaststätten laden im Pfälzerwald zu Einkehr und Rast ein.

Das Wohnmobil findet seinen Platz auf dem Parkplatz rechts nach dem Sportgelände, der Fußweg führt mit Ausschilderung auf geteertem Untergrund durch die Weinberge hinauf zur Hütte.

Die Stadt **Grünstadt** gilt als Mittelzentrum des Leinigerlandes. Ein Spaziergang durch die Fußgängerzone bringt den Besucher zur Touristinformation im alten Rathaus mit Glockenspiel.

Ein liebreizendes Weindorf reiht sich nun ans nächste. Von **Kirchheim** nach **Herxheim**, von **Kallstadt** weiter nach **Ungstein** und **Bad Dürkheim**. Die Qual der Wahl zur Einkehr und Weinverkostung ist groß, die Verführung wartet sozusagen an jeder Ecke. Alle, die den Saumagen schon immer mal näher kennenlernen wollten, finden in **Kallstadt** eine der besten Anlaufstellen. So gibt es einerseits den Saumagen im Glas, eine der berühmtesten Spitzenweinlagen der Pfalz. Und an-

Verkaufsstand mit Pfälzer Spezialitäten in Ungstein

dererseits liegt er schmackhaft auf dem Teller, gerne mit Sauerkraut und Brot serviert. Gefeiert wird der Saumagen zudem im September, bei der Saumagenkerwe.

Östlich von Kallstadt liegt, eingebettet in Tausende Rebstöcke und Obstbäume, die mittelalterliche Stadt **Freinsheim** mit einer beeindruckenden Stadtmauer und dem barocken Stadtkern. Mit der Rotweinwanderung Ende Januar beginnt rund um Freinsheim bereits die Festsaison, beliebt sind auch das Stadtmauer- und das Altstadtfest. Mehrere Gourmetrestaurants bieten ganzjährig in edlem Ambiente die Versuchung der kulinarischen Verführung.

Die parallel verlaufende Route der L517 über **Weisenheim am Berg**, **Bobenheim** und **Leistadt** ist landschaftlich ebenso schön. Die Straße schmiegt sich eng an den **Pfälzerwald**, das größte zusammenhängende

Von der Sonne verwöhnt – die Deutsche Weinstraße lockt schon früh im Jahr mit Wärme und sonnigen Plätzen.

Rebenmeer im Frühling

Weit über Landesgrenzen bekannt und beliebt: der Dürkheimer Wurstmarkt im September

WEITWANDERWEGE IN DER PFALZ

Der Pfälzer Weinsteig ist neben dem Pfälzer Höhenweg und dem Pfälzer Waldpfad einer von drei neuen Weitwanderwegen in der Pfalz. Der 170 Kilometer lange Wanderweg schlängelt sich ausgehend vom Haus der Deutschen Weinstraße in Bockenheim bis hin zum Schweigener Weintor an anmutigen Weinbergen, idyllischen Waldpassagen und malerischen Weindörfern vorbei. Die in elf Etappen eingeteilte Wanderung bietet immer wieder weite Ausblicke auf die Rheinebene bis hin zum Odenwald, zum Schwarzwald und den Vogesen. Auf dem insgesamt 139 Kilometer langen »Kraut und Rüben Radweg« kommen auch Fahrradfahrer zwischen Bockenheim und Schweigen auf ihre Kosten.

Waldgebiet Deutschlands. Hinweisschilder zu Parkplätzen und gut gekennzeichnete Wander- oder Spazierwege, wie die knapp 15 Kilometer lange **Wanderung »Wald, Wein und Ungeheuer«**, ausgehend vom Parkplatz Krummbachtal bei Bobenheim am Berg, laden ein, diese grüne Lunge der Pfalz ausgiebig zu erkunden. Einige in den Wanderkarten verzeichnete Waldgaststätten oder Pfälzerwaldhütten bieten insbesondere am Wochenende Brotzeiten und kleine Gerichte, die Öffnungszeiten und -tage können vorab im Internet abgerufen werden. Selbst Mountainbiker und Nordic-Walking-Fans finden ihre Route in natürlicher Umgebung. Der hohe Erholungswert und die authentische Urkraft des Waldes ziehen Naturliebhaber immer wieder in den Bann.

SALINE UND DAS GRÖSSTE WEINFASS DER WELT

Ob Kur oder Wein, gesund sollen beide sein. Was liegt da näher, als in **Bad Dürkheim** die perfekte Verbindung zu suchen. Von Ungstein wie von Leistadt kommend ist die Kurstadt das Etappenziel des Tages. Das Wasser der renaturierten Isenach plätschert durch den Kurpark, an dessen Ende durch die Verdunstung der Saline der Salzgehalt der Umgebungsluft gesundheitsfördernd zunimmt. Ein Bummel entspannt. Im Oktober 2010 wurde der 333 Meter lange Gradierbau eingeweiht, nachdem der Vorgängerbau 2007 vollständig abgebrannt war.

Wohnmobilisten übernachten übrigens fußläufig zur Stadtmitte, zum Kurpark mit Saline sowie zum 1934 erbauten größten Weinfass der Welt auf dem Wohnmobilstellplatz mit Blick in die Weinreben.

Das größte Weinfest der Welt hat seine Heimat ebenfalls in Bad Dürkheim. Der Wurstmarkt zieht im September jährlich über 650 000 Besucher an. Neben den typi-

REBENMEER, WALD UND PFÄLZER LEBENSART

schen 36 Schubkarchständen mit Ausschank der Winzer, begeistern hier auch Pfälzer Spezialitäten. Das stilvolle Weindorf und natürlich die Fahrgeschäfte locken zahlreiche Wurstmarktfreunde aus dem In- und Ausland.

Hoch über dem Stadtteil Bad Dürkheim-Grethen beeindruckt die herausragende Ruine des ehemaligen Benediktinerklosters. Die Sandsteinmauern des **Klosters Limburg** bieten heute die spektakuläre Kulisse bei Sommerkonzerten, Theateraufführungen und Feierlichkeiten.

SPITZENWEINLAGEN, VINOTHEKEN UND STERNEKÖCHE

Junge kreative Winzer, ideenreiche Köche und eine ordentliche Portion Investitionswille verändern seit Jahren das Bild der Deutschen Weinstraße. Edle Vinotheken, modern inszeniert, existieren neben uralt eingesessenen typischen Weinstuben. Erlesene Weingenüsse kredenzt man in passendem Ambiente mit lukullischen Köstlichkeiten. Französisches »savoir-vivre« und das weltoffene Interesse an Neuem halten ebenso Einzug wie das Bewusstsein für Nachhaltigkeit. Lagenweine erhalten die Ehre, die ihnen gebührt. Zeitgemäßes Bewahren des regionalen Erbes steht im Fokus. Die gelebte Vielfalt ist Ausdruck der Flexibilität. Und so findet jeder Gast sein persönliches Highlight, seinen Lieblingsplatz und sicherlich auch den persönlichen Lieblingskoch.

FOTOGRAFIE, ELWEDRITSCHE UND DAS HAMBACHER SCHLOSS

Von Bad Dürkheim führt der Weg nun durch die Mittelhaardt an **Wachenheim** mit **Sektschloss** und **Wachtenburg** vorbei, durch **Forst**, **Deidesheim** und **Musbach** nach **Neustadt**. Es lohnt sich übrigens immer mal, von der Hauptstraße abzubiegen und die Gassen der Weindörfer mit ihren Weinkellern, Winzerhöfen und Lauben sowie ihren Ateliers, Galerien und Künstlern zu besuchen.

Das romantische **Deidesheim** ist berühmt für seine historische Geißbockversteigerung

Das Rathaus in Deidesheim

SPECIAL

WEINKERWE UND -FESTE

Die Deutsche Weinstraße hat gefühlt zwei Hochsaisonzeiten – die Mandelblüte im Frühjahr und die Weinlese im Herbst. Doch die liebliche Weingegend ist zu jeder Zeit einen Besuch wert. Die unterschiedlichen Weinfeste stehen im handlichen Weinfestkalender von Pfalzwein e.V. und Pfalz Touristik e.V. nach Monaten geordnet. Das größte Weinfest der Welt ist der Wurstmarkt in Bad Dürkheim. Heimeliger sind die Weinfeste in kleineren Dörfern. Dann öffnen die Winzer für ein Wochenende ihre Höfe und Keller, die ganze Familie hilft bei Ausschank und Essenausgabe. Die Schoppen laufen die Kehlen hinunter und deftige Köstlichkeiten wie Winzerteller mit Bratwurst, Saumagen, Leberknödel und Kraut, Handkäs mit Musik oder Dampfnudel mit Weinsoße schmecken besonders gut. Der Schoppen an der Weinstraße ist übrigens ein echter halber Liter! Wer keinen reinen Wein trinken möchte, bestellt eine Schorle, wenngleich hierbei das Mischverhältnis mit einer Handbreit Wein und einer Handbreit Wasser oftmals typisch pfälzisch ausfällt.

Wahrzeichen der Demokratie: Das Hambacher Schloss

Weithin sichtbar, das Hambacher Schloss

am Pfingstdienstag, für den servierten Saumagen während der Staatsbesuche des ehemaligen Bundeskanzlers Helmut Kohl sowie für den weit über die Stadtgrenze hinaus bekannten Weihnachtsmarkt. Während dieser Reise sollten Kenner sowie Fotointeressierte beim Bummeln auch das etwas versteckt gelegene Deutsche Film- und Fototechnik Museum (Weinstraße 33, geöffnet von Mittwoch bis Sonntag) besuchen. Die allgegenwärtige Liebe zum Detail begeistert.

In Deidesheim ist das Weingut Geheimer Rat Dr. von Bassermann-Jordan ansässig, das als Familiendynastie den Qualitätsweinbau mit begründet hat und seit knapp 300 Jahren maßgeblich beeinflusst.

Der Marktplatz mit Stiftskirche, mit dem imposanten Marktbrunnen und dem Scheffelhaus in Neustadt ist der richtige Rahmen für eine kleine Verschnaufpause. Dienstags und samstags schmücken Marktstände und buntes Treiben den Platz, es scheint, als

SPECIAL

OBST- UND WEINVERKAUF

Den Lieblingswein nach der Weinprobe gleich mitnehmen oder doch lieber per Post nach Hause schicken lassen – beides ist möglich. In vielen Weindörfern werden außerdem Obstsorten wie Äpfel, Birnen, Mirabellen, Pflaumen und sogar Feigen aus der Region verkauft. Echte Grumbeere (Kartoffeln) oder Pfälzer Hausmacher als Dosenwurst gibt es ebenfalls ganzjährig in Hofläden oder an Verkaufsständen am Straßenrand. Im späten Frühling finden Spargelfreunde einen reich gedeckten Tisch, frische Pfälzer Erdbeeren direkt vom Feld runden die Genüsse gekonnt ab. Im Herbst bereichern Neuer Wein (Federweißer in Rot und Weiß), Keschde (Esskastanien) und der beliebte Zwiebelkuchen das kulinarische Angebot.

Mandelblüte an der Nördlichen Weinstraße

schwappe südländisches Flair übers Kopfsteinpflaster. Nach so vielen Eindrücken und unterschiedlichen Genüssen geht der Bummel weiter an gut erhaltenen Fachwerkhäusern der Altstadt vorbei bis zum **Elwedritsche-Brunnen** am Marstallplatz. Dem pfälzischen Fabelwesen, das man gerne mal weinselig des Nachts mit »Grumbeersack« und »Stalllaterne« zu fangen versucht, hat man geradezu ein Denkmal gesetzt.

Etwas weiter südlich folgten im Jahr 1832 rund 30 000 Menschen dem Aufruf »Hinauf, hinauf zum Schloss!« Der Neustadter Ortsteil Hambach und das **Hambacher Schloss** sind seitdem fest mit der Entwicklung der Demokratie und der schwarz-rot-goldenen Fahne verbunden. Die ereignisreiche Geschichte ist anschaulich dargestellt in der Ausstellung, das renovierte Hambacher Schloss ist täglich für Besucher geöffnet. Parkplätze befinden sich auf der mit Einbahnstraßenregelung geführten Ringstraße rund um das Schloss.

> **SPECIAL**
>
> **MANDELBLÜTE**
>
> Wer zur Mandelblüte unterwegs ist, wird begeistert sein von Millionen rosa Blüten, die die Straßenränder zieren. Hier lebt und liebt man den so zeitig ankommenden Frühling; die ersten wärmenden Sonnenstrahlen glänzen mit blühenden Krokussen, Narzissen und den Mandelblüten um die Wette. Das Gimmeldinger Mandelblütenfest wird oftmals bereits im März als Deutschlands erstes Weinfest gefeiert, wenn alle 1500 Mandelbäume blühen. Der Wanderweg Pfälzer Mandelpfad folgt der Blütenpracht auf 77 Kilometern von Bad Dürkheim nach Schweigen. Zusätzlich werden im März und April Burgen und Schlösser in rosa Licht getaucht.

Spazier-, Wander- und Fahrradwege sind überall gut ausgeschildert.

Gastlichkeit und Gemütlichkeit im Muskatellerdorf Gleiszellen

KÖNIG, KÜNSTLER UND KULTUR

Ab **Maikammer** wartet nun die **Südliche Weinstraße** auf die Wohnmobilisten. Jedes Weindorf, ob **St. Martin**, **Edenkoben**, **Edesheim** oder **Rhodt unter Rietberg**, hat sein eigenes romantisches Gesicht mit winkeligen Gassen und verträumten Eckchen; vereint jedoch durch Wein und ansteckende mediterrane Lebenslust.

Dies erkannte bereits Ludwig I., König von Bayern, der im Jahr 1846 den Grundstein für das als Sommersitz gedachte Bauwerk von **Schloss Villa Ludwigshöhe** in **Edenkoben** legte. Heute hat das Werk Max Slevogts seinen festen Platz im Schloss, Konzerte der Landesstiftung Villa Musica finden im ehemaligen herrschaftlichen Speisesaal statt.

Wenige Meter vom Schloss entfernt entführt die Rietburgbahn hoch auf 550 Meter zur im Jahr 1200 erbauten Rietburg. Die Sesselbahn ist die bequemste Art, zur grandiosen Aussicht und einem einzigartigen Panoramablick zu gelangen, von hier führen markierte Wanderwege durch den Pfälzerwald und natürlich auch wieder zurück ins Tal.

Ein besonderes Highlight ist eine Veranstaltung der jährlich inszenierten Schlossfestspiele Edesheim. Die Freiluftveranstaltungen am Schlossgraben begeistern immer wieder aufs Neue.

Viele Weingüter bieten übrigens an der Deutschen Weinstraße bis zu drei Wohnmobilstellplätze auf ihrem Grundstück an. Das bekannte Wohnmobilschild zeigt gut sichtbar den Weg, Preise und Infrastruktur variieren.

MUSKATELLER SEHEN UND GENIESSEN

Lieblich hügelig, romantisch verträumt und immer wieder gerne neu zu entdecken reihen sich die Weinschönheiten der südlichen Weinstraße nun aneinander. Die Weinstraßentour führt den Wohnmobilisten nach **Gleiszellen-Gleishorbach**, das als Hochburg des Muskatelleranbaus in Deutschland gilt. Die schweren, kalkhaltigen Böden in sanften Talmulden, windgeschützt vom Westen durch den Pfälzerwald, bringen den sortentypischen Muskateller, den jeder Winzer nach eigenen Vorstellungen ausbaut. Eine Weinprobe lohnt sich also. Im Jahr 2007 wurde der 2,5 Kilometer lange Muskateller-Rundwanderweg mit Panoramaausblicken eingeweiht, selbstverständlich werden im Herbst entsprechende Weinfeste gefeiert.

AUSFLUG

WORMS UND SPEYER AM RHEIN

Bei einem Besuch der Deutschen Weinstraße liegen die beiden Domstädte Worms und Speyer gut erreichbar in der Nähe. In Worms begibt man sich auf die Spuren von Luther und den Nibelungen. Speyer begeistert mit dem zum UNESCO-Weltkulturerbe gehörenden Dom und dem Historischen Museum der Pfalz. Beide Städte verfügen über einen innerstädtischen Wohnmobilstellplatz.

Schweigen-Rechtenbach
B38
K23
L544
13 km K24
Dierbach
Ziel

REBENMEER, WALD UND PFÄLZER LEBENSART

Straußwirtschaften und Weinlauben bieten gute Weine und Geselligkeit.

ERSTER DEUTSCHER WEINLEHRPFAD

In **Schweigen-Rechtenbach** endet die köstliche wie kostbare Weinstraßen-Wohnmobiltour mit dem Besuch des 18 Meter hohen und 1936 erbauten Weintors. Interessierte, die den hier beginnenden **Ersten Deutschen Weinlehrpfad** entlangspazieren, kommen zu einem Holztor, das zur Einweihung 1935 die Deutsche Weinstraße markierte. Holzbänke laden immer wieder zu Rast und Weitsicht ein.

Das Fazit der Reise und der Blick zurück zur Weinwanderhütte Asselheim ist gleichzeitig der Blick nach vorne. Denn auf dem Deutschen Weinlehrpfad befindet sich mit dem Weinprobierstand am Sonnenberg die zweite Weinwanderhütte der Deutschen Weinstraße, die am Wochenende von orts-

Das Weintor in Schweigen

ROUTE 9

Innehalten und Genießen

mobilstellplatz in Ortsrandlage von Dierbach. In der rustikalen Weinstube, geöffnet am Wochenende ab 16 Uhr, gibt es regionale und saisonale Speisen sowie Wein und Spirituosen aus der hauseigenen Destillation.

WIEDERHOLUNGEN AUSDRÜCKLICH ERWÜNSCHT

Die Deutsche Weinstraße entschleunigt und begeistert, macht sehnsüchtig und öffnet Wiederholungstätern gerne erneut Weinkeller und Straußwirtschaft. Ob Frühling, Sommer, Herbst oder Winter: 85 Kilometer Rebenmeer, Wald und Pfälzer Lebensarbeit sind immer einen Besuch wert. Während die jungen Weine im Keller reifen, lockt die Adventszeit mit besonders empfehlenswerten Weihnachtsmärkten im Burg- und Weindorf Neuleiningen, in Bobenheim am Berg, Freinsheim, Deidesheim, Wachenheim, Neustadt oder Landau. Beliebt sind auch die Nikolausfahrten mit dem historischen Kuckucksbähnel. Die Weingemütlichkeit verlagert sich dann von der Panoramaterrasse und dem gemütlichen Innenhof einfach in die urige Weinstube mit Kaminofen, und die Zeit vergeht wie im Flug.

ansässigen Winzern im Wechsel in der Zeit von Anfang Mai bis Ende Oktober bewirtschaftet wird.

Von hier aus lohnt sich ein Besuch des benachbarten Elsass und der Stadt Wissembourg (siehe Route 11).

Den letzten Abend an der Deutschen Weinstraße genießt man dann entspannt im Weingut Geiger, auf dem rebennahen Wohn-

Schlafen im Weinberg: Stellplätze Weingut Schäfer in Neustadt-Mußbach

PRAKTISCHE HINWEISE

TOURISTINFORMATIONEN

Grünstadt, Tourist-Information, Hauptstraße 84, 67269 Grünstadt, Tel. 06359/929 72 34, www.gruenstadt.de, www.leiningerland.com

Bad Dürkheim, Tourist-Information Bad Dürkheim, Kurbrunnenstraße 14, 67098 Bad Dürkheim, Tel. 06322/93 51 40, www.bad-duerkheim.com

Neustadt, Tourist-Information, Hetzelplatz 1, 67433 Neustadt an der Weinstraße, Tel. 06321/92 68 92, www.neustadt.eu

CAMPING- UND STELLPLÄTZE

Stellplatz am Haus der Deutschen Weinstraße, Leininger Ring 51, 67278 Bockenheim, Tel. 06359/94 64 10, www.bockenheim.de (N49°36'33.5" E8°10'52.9"). Stellplatz auf dem Festplatz/Parkplatz, ohne Infrastruktur, kostenlos, direkt am Haus der Deutschen Weinstraße, ganzjährig, außer Oktober.

Weingut Kohl, Am Sonnenberg 3, 67278 Bockenheim, Tel. 06359/43 19, www.weingut-kohl-bockenheim.de (N49°35'57.4" E8°10'44.5"). Stellplätze auf dem Weingut, Aussiedlerhof seit 1965 als Familienbetrieb geführt, am südlichen Ortsrand von Bockenheim gelegen. Geeignet für Wanderungen, umrahmt von den Weinbergen der Mittelhaardt. Rustikale Probierstube, Betriebsführung und Kellerbesichtigung auf Anfrage.

Wohnmobilstellplatz, In der Silz, 67098 Bad Dürkheim. Kontaktdaten siehe Tourist-Information Bad Dürkheim (N49°28'4.3" E8°10'8.6"). Mit Parkscheinautomat. Der Wohnmobilstellplatz »In der Silz« verfügt über 170 Standplätze auf über 10 000 Quadratmeter Wiesen. Von Weinbergen umgeben, am Stadtrand gelegen, Nähe Pfälzerwald, guter Ausgangspunkt für Wanderungen und Radtouren, Blick auf Schäferwarte und Dürkheimer Riesenfass. Der Stellplatz ist rund um die Uhr geöffnet (1.1.-31.12.) von 0–24 Uhr, Ver- und Entsorgungsstation.

Weingut Schäfer, Schießmauer 56, 67435 Neustadt-Mußbach, Tel. 06321/64 47, www.weingutschaefer.com (N49°21'48.1" E8°10'14.4"). Ruhige Stellplätze im Hof und im angrenzenden Weinberg des Weinguts. Idyllisch gelegen, mitten in den Reben; alle Plätze mit Stromanschluss und Licht, Ver- und Entsorgung im Hof. Alle Stellplätze, der Weinverkostungsraum und die sanitären Anlagen sind barrierefrei! Für Weinkunden bei Einkauf ab 150 Euro eine Übernachtung frei. Kostenloser WLAN-Hotspot für Gäste; Haustiere erlaubt.

Das Haus der Deutschen Weinstraße in Bockenheim, der Beginn dieser Wohnmobiltour.

Wohnmobilstellplatz, Martin-Luther-Straße, 67433 Neustadt an der Weinstraße, Kontaktdaten siehe Tourist-Information Neustadt an der Weinstraße (N49°21'14" E8°9'9"). Öffentlicher Wohnmobilstellplatz der Stadt bei der Martin-Luther-Kirche in Neustadt an der Weinstraße; 30 Plätze mit Ver- und Entsorgung, Parkscheinautomat.

Stellplatz am Consulat des Weins, St. Martin, Albert Val. Schneider, Maikammerer Straße 44, 67487 St. Martin, Tel. 06323/80 44 25, www.consulat-des-weins.de (N49°17'53.9" E8°6'27.9") (Anfahrt Wohnmobilstellplatz über Riedweg). Stellplätze im Dorf St. Martin, auf dem Parkplatz am »Consulat des Weins« Ver- und Entsorgungsstation an der Straße. Weineinkauf möglich.

Familienweingut Geiger, Hauptstraße 21, 76889 Dierbach, Tel. 06340/412, www.familienweingut-geiger.de (N49°5'1.1" E8°4'0.6"). Großzügig angelegter, neuer Stellplatz auf Rasen, in ruhiger Ortsrandlage. Das terrassenförmig angelegte Gelände bietet Platz für rund 30 Wohnmobile. Der Stellplatz ist unmittelbar hinter dem Weingut und liegt inmitten von Weinbergen. Am Wochenende hat die Weinstube ab 16 Uhr geöffnet. Mit Strom, Ver- und Entsorgung sowie Duschen und Toiletten.

Wohnmobilstellplätze direkt am Weingut
Broschüre zum Herunterladen:
www.deutsche-weinstrasse.de/reisemobil/

10 SANDSTEINBURGEN, WEINORTE UND VOGESENBERGE

Bezauberndes Elsass

Das liebliche Nordelsass wird wenig besucht, obwohl die Burgen, Dörfer und Wälder gute Erholung versprechen. Die elsässische Weinstraße hingegen ist wegen ihrer romantischen Orte und kulinarischen Genüsse touristisch stark frequentiert. Die Weinberge an den Hängen der Vogesen enden an Burgen und Schlössern, die tolle Aussichten bieten. Die Route de Crêtes, heute eine touristische Straße, führt über die höchsten Gipfel der Vogesen.

Das Kloster Mont-Saint-Odile thront auf einem Felsen über der Rheinebene.

SANDSTEINBURGEN, WEINORTE UND VOGESENBERGE

Startpunkt der Genießerreise soll das schmucke **Wissembourg** an der deutschen Grenze sein. Der Wohnmobilstellplatz liegt zentrumsnah. Das freundliche Städtchen besticht durch seine alten Mauern, Wasserläufe und guten Restaurants. Man sollte sich auf jeden Fall den Kreuzgang der Kirche **Saints-Pierre-et-Paul** aus dem 13. Jahrhundert anschauen, außerdem das **Salzhaus** und das **Bruche-Viertel**. Nicht vergessen sollte man die Schlupfgass mit dem Postkartenblick »**Klein-Venedig**«. In einer Stunde ist an und auf der alten Stadtmauer das Städtchen umrundet (Plan in der Tourist-Info im Rathaus).

Wenn man ein paar Kilometer auf der D77 nach Süden fährt, kann man am Weingut **Cléebourg** herrlichen Crémant einkaufen. Auf dem Parkplatz ist die Übernachtung im Wohnmobil erlaubt. Das **Fachwerkdorf Cléebourg** ist ein stilles Kleinod und die hügelige Landschaft lädt auf Themenwegen zu Wanderungen ein.

Westlich von Wissembourg, über die D3 erreichbar, ragt das stolze **Château Fleckenstein**, die schönste der nordelsässischen Sandsteinburgen, über die bewaldeten Hügel. Der Parkplatz der Burg und ein Campingplatz ermöglichen eine ruhige Übernachtung.

ÜBER WOERTH ZUM MITTELALTERLICHEN BOUXWILLER

Die D3 und die D27 bringen uns weiter nach **Woerth**. Am alten Bahnhof ist ein geeigneter Parkplatz. Woerth hat einen netten Ortskern am Flüsschen Sauer mit einem Renaissanceschloss, in dem das »Musée de la bataille 1870« untergebracht ist. Über das Schlachtfeld auf den Hügeln führt die Wanderung »Circuit du champ de bataille 1870«. Dabei hat man einen guten Fernblick vom Aussichtsturm. Auf dem alten Bahndamm ist ein Radweg angelegt, der durch das Tal der Sauer steuert.

Über Niederbronn-les-Bains und Ingwiller erreichen wir auf der D28 und D6 das mittelalterliche **Bouxwiller**, das schon 725 in einer Urkunde erwähnt wurde. Der große Parkplatz am **Place du Château** direkt im Zentrum nimmt auch große Wohnmobile auf, sofern

ROUTE 10

START- UND ENDPUNKT
Wissembourg und Colmar

BESTE JAHRESZEIT
Mai bis Oktober

STRECKENLÄNGE
250 Kilometer

FAHRZEIT
5 bis 6 Tage (ohne An- und Abreise)

MAUTSTRECKEN
Keine

Der berühmte Postkarten-Blick »Klein-Venedig«

Die Illuminierung im weihnachtlichen Saverne verbreitet eine besondere Stimmung.

das alte Zentrum umfahren wird. Ein historischer Rundgang wird durch kleine Pfeile angezeigt. Auf dem **Kornmarkt** und in den engen Gassen wird der Besucher ein paar Jahrhunderte zurückversetzt. Auf den **Bastberg** wanderte auch schon Goethe, um dort Fossilien zu suchen.

SAVERNE AM CANAL DE LA MARNE AU RHIN

Auf der D6 ist es nicht weit nach **Saverne** hinüber. Klein, aber fein ist die Provinzstadt mit ihren reichen Häusern und guten Geschäften. Über den Col de Saverne bauten schon die Römer eine Straße. So entstand im Tal der Zorn eine Siedlung an den drei Tavernen, daraus entwickelte sich der Name Saverne. Durch den **Canal de la Marne au Rhin** wuchs die Bedeutung Savernes. Heute fahren Freizeitschiffe durch die Schleuse und durch den Hafen, an dem auch ein Wohnmobilstellplatz ausgewiesen ist. Das mächtige **Château des Rohan** zeigt die Macht der Fürstbischöfe des 18. Jahrhunderts. In der schicken **Grand Rue** gibt es gute Geschäfte, das Büro der Tourist-Info und die **Kirche Notre-Dame** mit einem romanischen Glockenturm.

Die am meisten besuchte Sehenswürdigkeit ist das **Château du Haut-Barr** mit der romanischen Kapelle, erreichbar mit dem Wohnmobil auf der D171 oder durch eine schöne Wanderung. Die Aussicht reicht weit über Saverne hinaus bis in die Rheinebene und in die nördlichen Vogesen.

Zu einem lohnenswerten Abstecher in das buckelige »Alsace Bossue« (das krumme Elsass) kommen wir auf der D122 und D178. In **Graufthal** hängen **Höhlenwohnungen** wie Bienenstöcke in den Höhlen.

La Petite-Pierre ist ein pittoreskes Städtchen inmitten von dicht bewaldeten Hügeln. Auf einem Bergvorsprung steht ein Château mit guter Aussicht.

AM CANAL DE LA MARNE AU RHIN NACH MARMOUTIER

Weil wir nun zunächst auf der D132 dem **Canal de la Marne au Rhin** folgen, beschreibt der Weg nach Marmoutier fast einen Kreis. An der Strecke liegt das nette **Lutzelbourg** mit kleinem Hafen und staufischem Château auf dem Berg, das aus dem 11. Jahrhundert stammt.

Eine technische Sehenswürdigkeit ist das **Schiffshebewerk bei St. Louis**. Der Parkplatz ist für eine Nacht im Wohnmobil gut geeignet. Das Schiffshebewerk ersetzte 17 Schleu-

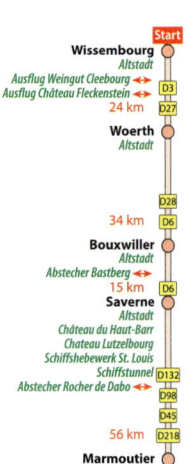

SANDSTEINBURGEN, WEINORTE UND VOGESENBERGE

AUSFLUG
FAHRRADTOUREN IM ELSASS

Die Runde entlang des Canal de la Marne au Rhin, dann über Dabo und Marmoutier nach Saverne zurück, kann man auch als Besichtigungstour mit dem Fahrrad zurücklegen. Über 60 Kilometer und 850 Höhenmeter verlangen gute Kondition. Der Radweg am schönen Canal de la Bruche und an der Mossig gilt als eine der schönsten Radtouren, die man im Elsass unternehmen kann. Entlang des Bruche-Kanals mit verlassenen Schleusen und nett herausgeputzten Schleusen-wärterhäuschen durch ruhige Landschaft mit verschlafenen Dörfern kann man von Saverne oder von Barr aus mit jeweils zirka 50 Kilometern bis nach Straßburg fahren. Der Höhenunterschied ist gering. Parallel zur elsässischen Weinstraße ist das Elsass durchgängig mit dem Fahrrad zu bereisen. Dabei führt die Route meist auf ebener Strecke durch die Weinberge. Die Tourist-Infos halten eine Tourenkarte bereit.

sen am alten Kanal. Am oberen Parkplatz bei Arzwiller verschwindet der Kanal in einem Schiffstunnel.

Der **Rocher de Dabo** ist wegen der guten Aussicht über die elsässische Schweiz einen kurzen Abstecher wert, zumal sich an der Zufahrtstraße ein ruhiger Campingplatz befindet. Auf dem mächtigen Felsenturm stand einst die Dagsburg, von der Heilwige, die Mutter von Papst Leo IX., stammte. Ihm zu Ehren wurde die neoromanische Kapelle St. Leon errichtet.

Die D98 und D218 führen uns nach **Marmoutier** an der Route Roman d'Alsace. Die Abteikirche mit Silbermannorgel des ehemaligen Benediktinerklosters gilt mit ihrem Figurenschmuck als eine der schönsten romanischen Kirchen des Elsass.

ZU DEN PERLEN DER WEINSTRASSE BIS OBERNAI

Auf der D422 (N4) sind es nur ein paar Kilometer bis zur interessanten Stadt **Wasselone**.

Hübsche mittelalterliche Fachwerkhäuser, ein starkes Stadttor, Reste der Stadtmauer und das Flüsschen Mossig tragen maßgeblich zum gemütlichen Ambiente bei. Das Faltblatt »Circuit des emblèmes« führt durch die Stadt vorbei an alten Häusern mit außergewöhnlich vielen Berufswappen.

Marlenheim ist der Startpunkt der elsässischen Weinstraße. Ein Wohnmobilstellplatz

Die romanische Kapelle im Château du Haut-Barr ist ein Schmuckkästchen.

Im Weingut Cléebourg gibt es wunderbare Crémants.

ROUTE 10

Die Aussicht vom Rocher Dabo reicht weit über das Land.

KULTUR

DER BUGATTI-MYTHOS

Der Italiener Ettore Bugatti ließ sich 1909 in Molsheim nieder und gründete mit 20 Arbeitern eine Automobilmanufaktur. Schon die ersten Autos und Rennwagen hatten wegen ihrer Eleganz, technischen Genialität und Sportlichkeit großes Prestige. Rennwagen der Marke Bugatti erzielten bei Autorennen über 1000 Siege. Bugatti, Mann der 1000 Patente, baute aber auch Schienenbusse, Schiffe und andere technische Bauteile.
Heute werden in den Werkhallen Flugzeugteile hergestellt. Automobile sind in Mols-heim nur drei Stück im Musée de la Chartreuse ausgestellt. Mehr gibt es in der Musée-Collection Schlumpf in Mulhouse zu sehen.

bei einem Weinbauern hilft bei der Verdauung von dessen gutem Crémant. Marlenheim punktet mit guten Restaurants an der langen Hauptstraße und Grand-Cru-Weinen aus den Weinbergen um den Ort.

Die Weinstraße verläuft nun eigentlich durch Wangen und über den Kirschenort Westhofen weiter, aber in Wangen versperrt das enge Stadttor mit einer Höhe von 3,10 Metern die Durchfahrt für viele Wohnmobile. Noch kleiner ist das Stadttor von Dachstein östlich der D422. Fotogen sind die Orte **Wangen** und **Dachstein** schon, sie müssen aber zu Fuß erkundet werden. Neben dem romanischen **Dompeter** aus dem Jahr 1049 bei Avolsheim kann einsam übernachtet werden.

Auf jeden Fall steuern wir nun das sehenswerte **Molsheim** an. Für eine Übernachtung stehen ein Campingplatz und ein Wohnmobilstellplatz zur Auswahl. Romantische Elsassmotive bietet der Rathausplatz mit dem neoklassizistischen **Hôtel de Ville** und dem Renaissancegebäude **Alte Metzig** aus dem Jahr 1525. Meine Empfehlung ist das Restaurant »Au Cerf« (55 Rue de Saverne).

Der Radweg am idyllischen Canal de la Bruche entlang gilt als eine der schönsten Radtouren, die man im Elsass unternehmen kann (siehe Tippkasten umseitig). Oder wie wäre es, zwischendurch mal eine Bergtour zu machen? Ein Abstecher auf der N420 zum **Donon** in die nördlichen Vogesen befriedigt diesen Wunsch. Nach 300 Höhenmetern Aufstieg steht man auf 1009 Metern am **Keltentempel**, der als Museumsstück von Napoleon III. errichtet wurde.

Rosheim, die Cité Romane an der Weinstraße (D35), ist unbedingt einen Besuch wert. Ein Wohnmobilstellplatz befindet sich vor dem Löwentor. Die **Kirche Saint-Pierre-**

Die alte Metzig am Rathausplatz in Molsheim ist ein Renaissancebau.

et-Saint-Paul aus gelbem Sandstein ist eines der bedeutendsten Bauwerke an der Route Romane d'Alsace. Berühmt sind der Figurenschmuck und die Silbermannorgel. Die **Pâtisserie Rohmer** gegenüber ist eine Institution. Seit 1602 ist sie im Familienbesitz und damit die älteste Boulangerie Frankreichs. Das **romanische Haus** an der Hauptstraße ist ein Profanbau aus dem 12. Jahrhundert.

Die D35 und damit auch die Weinstraße führen durch die Weinorte **Boersch** und **Ottrott**. Durch das kleine Boersch mit dem berühmten Sechs-Eimer-Brunnen im Renaissancestil sollte man einen Spaziergang machen. Einen Parkplatz gibt es vor dem Aftertor (GPS: N48°28'45" E07°26'19").

Obernai ist einer der bekanntesten und schönsten Orte an der elsässischen Weinstraße mit großem Besucherandrang. Ein Campingplatz und ein Wohnmobilstellplatz empfangen die mobilen Gäste.

Bevorzugter Besuchstag ist der Donnerstag mit dem großen Markt auf der **Place du Marché**. Begrenzt wird der Platz mit dem Renaissancebau **Halle aux Blés**, der einst das Schlachthaus war. Gegenüber sticht das **Rathaus** im Neorenaissancestil heraus. Hinter dem Rathaus bekommen die Besucher in der **Tourist-Info** am **Kapellturm** aus dem 16. Jahrhundert einen Stadtplan und die Broschüre »Guide«.

In westlicher Richtung befindet sich in der Rue des Pèlerins das bemerkenswerte **romanische Haus** aus dem Jahr 1240. Man sollte auf jeden Fall weitergehen bis zur **Place de l'Étoile** mit ihren schmucken Häusern. Im Innenraum der Kirche **Saint-Pierre-et-Paul** befinden sich sehr schöne mittelalterliche Altäre und Schnitzfiguren aus der früheren Kirche. Sehenswert ist auch die **Cour Fastinger**, ein schöner Hof aus dem 15. Jahrhundert mit einer Holzgalerie und Schnitzereien in der **Rue du Général Gouraud**.

Mit einer Wanderung von zwei Kilometern über die Stadtmauer, mit Einblicken in Gärten und Häuser, ist die Stadt umrundet. Oder man wandert auf den **Schenkenberg** mit dem großen Holzkreuz. Eine wunderbare Aussicht von den Grand-Cru-Lagen über die Stadt ist der Lohn des Aufstiegs. Eine größere Wanderung von 15 Kilometern über Boersch und Ottrott führt auf den Odilienberg.

Aber der touristische Hotspot **Mont Sainte-Odile** ist auch auf der D109 mit dem Fahrzeug zu erreichen. Das Kloster bietet eine hervorragende Aussicht in die Rheinebene.

AUF DER WEINSTRASSE BIS COLMAR

Barr ist ein Hauptort des Weinbaus mit dem größten Weinfest im Elsass. Parken kann man in der Avenue des Vosges oder am Bahnhof. Auch ein Campingplatz auf einem Weingut steht zur Verfügung. Die bezaubernde Altstadt, das Rathaus und die alten Häuser geben dem Ort ein angenehmes Ambiente.

Im Elsass brüten Störche fast in jedem Dorf.

Der romanische Dompeter bei Avolsheim steht sehr einsam.

Stiller Schlafplatz unterhalb des geschichtsträchtigen Bastbergs

Der untere Teil der evangelischen Kirche trägt noch romanische Dekore aus dem 12. Jahrhundert.

Zwei Kilometer südlich liegt an der D362 das Dorf **Mittelbergheim**, das zu den schönsten Dörfern Frankreichs gezählt wird. Der Parkplatz am Zotzenberg taugt auch für eine Nacht. Die Besonderheit Mittelbergheims sind die hohen Renaissancehäuser aus dem 16. und 17. Jahrhundert. Erwähnenswert sind die romanische evangelische Kirche und die gegenüberliegende alte Ölmühle aus dem 18. Jahrhundert. Es gibt keine Souvenirläden und keine grell bemalten alten Häuser im modernen Elsässer Stil. Mittelbergheim lebt auch heute noch überwiegend vom Weinbau. Die D62, D253 und die D35 führen über die Weinorte Andlau und Itterswiller nach **Dambach-la-Ville** mit fast vollständig erhaltener Stadtmauer. Vor dem Stadttor ist ein Parkplatz, auf dem auch übernachtet werden darf.

Dambach-la-Ville ist nicht überlaufen und zeigt authentisches Leben. Schmuckstück ist der Marktplatz mit den Renaissancehäusern und **spätgotischen Erkerhäusern**. Oben in den Weinbergen steht die **Kapelle Saint Sébastian** mit dem gruseligen Beinhaus. Eine kurze Wanderung dorthin bringt vor allem eine gute Aussicht über die Stadt und Rheinebene. Ein Stück weiter oben thront das **Château Bernstein** mit

Die Elsass-Romantik in Ribeauville zieht viele Touristen an.

SANDSTEINBURGEN, WEINORTE UND VOGESENBERGE

noch besserem Weitblick. Auf dem Wanderweg ist die Burg in zwei Stunden zu erreichen.

Weiter auf der D35 gelangt man bald nach **Châtenois**. Ein Wohnmobilstellplatz macht die Parkplatzsuche überflüssig. Vor dem südlichen Ortsende befindet sich eine der seltenen Kirchenburgen Europas mit doppelter Mauer, Graben und Zugbrücke. Die **Kirchenburg Saint George** ist die größte ihrer Art im Elsass.

Eine weitere Perle an der Weinstraße und D35 ist **Saint-Hippolyte**. Gleich sechs Wohnmobilstellplätze werden den Besuchern geboten. Barock und Renaissance bestimmen das Bild des Städtchens. Die Stadtmauer aus dem 14. Jahrhundert umfasst den gesamten Ort. Um die Mauer und im Graben kann die Stadt auf einem 2,6 Kilometer langen Weg umwandert werden.

Die am meisten besuchte Sehenswürdigkeit im Elsass ist die **Haut-Koenigsburg** über Saint-Hippolyte, erreichbar mit dem Wohnmobil oder mittels einer Wanderung. Die einst hohenstaufische Burg, erstmals 1147 erwähnt, wurde von Kaiser Wilhelm II. restauriert. Der Blick streift hier oben über die Vogesen, den Schwarzwald und die Alpen.

Nun übernimmt die D1B die Funktion der elsässischen Weinstraße. An ihr liegt auch **Bergheim**. Die Stadt ist unbedingt einen Aufenthalt wert. Der Parkplatz vor dem Stadttor ist zugleich der Wohnmobilstellplatz. Obwohl die Häuser Bergheims aus verschiedenen Jahrhunderten stammen, ergeben sie doch eine authentische, lebendige Einheit. Die Besucher wähnen sich in vergangenen Zeiten. Die **Stadtmauer** mit den Toren ist fast vollständig erhalten und ermöglicht wiederum einen netten Spaziergang um die Stadt.

Die bekanntesten und zuweilen überlaufenen Glanzstücke der elsässischen Weinstraße beginnen mit **Ribeauvillé**. In den stark besuchten Orten hat leider manchmal der Kommerz das authentische Bild besiegt. Auch der Wohnmobilstellplatz von Ribeauvillé ist bisweilen überfüllt.

Die lange **Grand'Rue** bis hinauf zum **Metzgerturm** gibt einen guten Überblick über das hübsche Städtchen. In der Eglise Saint Grégoire aus dem 14. Jahrhundert erklingt eine Silbermannorgel. Für »Süßmäu-

Die Burgen über Ribeauville erschließen sich bei einer schönen Wanderung.

DIE SPIELLEUTE VON DRUSENBACH

Im 13. Jahrhundert entstand am Ort des heutigen Klosters Drusenbach, vier Kilometer westlich von Ribeauvillé, eine Kapelle mit einer Marienfigur, die von einem Kreuzzug stammen soll. Im 14. Jahrhundert stellte sich die Bruderschaft der Gaukler, Akrobaten und reisenden Musikanten, »Pfeifer« genannt, unter den Schutz der Lehensherren von Ribeauvillé. Sie ehrten daraufhin jedes Jahr ihre Beschützer und versammelten sich in der Kapelle »Unserer lieben Frau zu Drusenbach«. Auch heute gibt es noch den sogenannten »Pfifferdaj« (Pfeifertag), zu dem Anfang September mehrere Tausend Menschen nach Ribeauvillé kommen. Die zehn Kilometer lange Wanderung von Ribeauvillé über die drei Burgen und Kloster Drusenbach findet man im Wanderführer »Elsass und Vogesen« (erschienen im Bruckmann Verlag).

SPECIAL

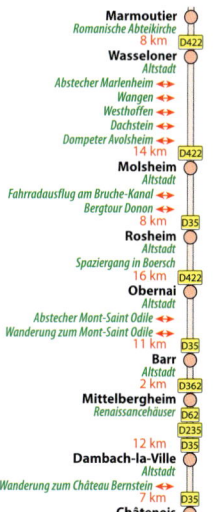

Marmoutier
Romanische Abteikirche
8 km
Wasseloner
Altstadt
Abstecher Marlenheim
Wangen
Westhoffen
Dachstein
Dompeter Avolsheim
14 km
Molsheim
Altstadt
Fahrradausflug am Bruche-Kanal
Bergtour Donon
8 km
Rosheim
Altstadt
Spaziergang in Boersch
16 km
Obernai
Altstadt
Abstecher Mont-Saint Odile
Wanderung zum Mont-Saint Odile
11 km
Barr
Altstadt
2 km
Mittelbergheim
Renaissancehäuser
12 km
Dambach-la-Ville
Altstadt
Wanderung zum Château Bernstein
7 km
Châtenois

135

ROUTE 10

Das bunte Angebot für Touristen aus Fernost wird immer mehr.

In der Grand Rue in Colmar herrscht geschäftiges Treiben.

ler« ist sicher die Pâtisserie Schaal in der Grand'Rue ein interessanter Anlaufpunkt.

Über Ribeauvillé ragen drei stolze **Burgen** aus dem Wald. Fünf Kilometer und 500 Höhenmeter sind es auf dem Wanderweg hinauf zu diesen hervorragenden Aussichtspunkten.

Zwischen Ribeauvillé und Riquewihr steht die **Wehrkirche Saint Jacques** die im 14. Jahrhundert über **Hunawihr** erbaut wurde. Hunawihr stand auch im Mittelalter ohne Stadtmauer da. Dafür wurde die simultane Wehrkirche zu einem Zufluchtsort ausgebaut.

Riquewihr bedient das »Elsassklischee« wohl am besten. Das haben auch fernöstliche Touristen erkannt, die zuweilen den Ort überschwemmen. An der D1B liegt ein Campingplatz, von dem auch weitere Ausflüge möglich sind. Der Wohnmobilstellplatz ist zentrumsnah vor dem Stadttor. Häuser aus dem 15. bis 18. Jahrhundert bilden ein natürlich gewachsenes Freilichtmuseum mit buntem Angebot für Touristen. Dennoch finden sich fotogene Blickpunkte. Am Ende der **Rue du Général de Gaulle** steht der **Wehrturm Dolder** aus dem Jahr 1291, der auch das Wahrzeichen der Stadt ist, und das **Obertor**. Einladende Weinstuben, Geschäfte, Restaurants und Cafés mit schönen Aushängeschildern sind in großer Anzahl vorhanden. Es gibt viel zu sehen in der pittoresken Fachwerkstadt.

Auch das winzige, aber kompakte **Zellenberg** auf dem Hügel östlich von Riquewihr ist einen Spaziergang wert.

In der Nähe des Kreisverkehrs an der D1B gibt es noch zwei Sehenswürdigkeiten. Der **Parc des Cigognes** ist ein Storchenpark, in dem aber auch anderes Federvieh zu sehen ist. Der **Jardin des Papillons** beherbergt in einer Halle einheimische und tropische Schmetterlinge.

Weiter geht die Reise auf der D28 nach Westen in das herrliche Tal der Weiss, in dem das liebliche **Kaysersberg** liegt. Der Wohnmobilstellplatz mit 80 Plätzen kann in der Hauptsaison die Fahrzeuge oft nicht fassen.

In Kaysersberg finden sich bäuerliche Fachwerke neben Renaissancehäusern. Von der Brücke **Pont fortifié** mit dem Blick auf die Weiss und auf herrliche Fachwerkhäuser werden wohl die meisten schönen Fotos in Kaysersberg gemacht. Über die Brücke weiter erreichen wir in der Grand'Rue das **Albert-Schweitzer-Museum**. Es zeigt Bilder und Gegenstände aus dem Leben des Urwalddoktors.

Einen wunderbaren Blick über Kaysersberg und über das Tal der Weiss hat der Spaziergänger von der Ruine des Châteaus aus.

Auch **Turckheim** an der Fecht und besonders das bezaubernde **Eguisheim** im Umkreis Colmars sind eine Reise wert. Beide Orte verfügen über einen Wohnmobilstellplatz. Von Turckheim aus mit dem Zug nach Colmar zu fahren, ist übrigens eine gute

Idee, denn dort ist die Stellplatzsituation für Wohnmobile prekär.

Colmar repräsentiert alle Vorstellungen von elsässischer Romantik. Trotzdem ist es kein Freilichtmuseum, sondern eine lebendige Stadt. Zwei Wohnmobilstellplätze und ein Campingplatz nehmen die motorisierten Besucher auf.

In der Rue des Cloches ist das Büro der **Tourist-Info**, in der es einen Stadtplan gibt. Wenn man sich einen Rundgang zusammenstellt, sollte man folgende Sehenswürdigkeiten berücksichtigen:

An der **Rue des Clefs** nach rechts gewandt, stehen wir am **Quai de la Sinn** am Beginn der **Rue Cleber** vor dem bedeutenden **Unterlindenmuseum**. Es beinhaltet Gemälde und Skulpturen aus dem Mittelalter und der Renaissance. Der **Isenheimer Altar** von den Meistern Grunewald und Nikolaus von Hagenau aus dem 16. Jahrhundert zählt zu den größten Kunstwerken überhaupt. In der südlich abgehenden **Rue des Têtes** steht auf deren linker Seite das **Kopfhaus** aus der Zeit der Renaissance, das mit 111 Köpfen geschmückt ist. Die **Dominikanerkirche** aus dem 13. Jahrhundert ist aus bunt-gelbem Sandstein erbaut.

In der **Rue des Marchands** befindet sich das kleinste Haus Colmars. Auffällig kontrastreich wirkt das Haus Nr. 28 mit der **Jugendstilfassade**. Das **Haus »Zum Kragen«** von 1419 gehörte einem Tuchhändler. Am Ende der Rue des Marchands befindet sich das reich bemalte **Pfisterhaus** aus dem Jahr 1531.

An der **Place de la Cathédrale** steht das **Haus Adolph**. Um 1350 erbaut, ist es eines der ältesten Häuser Colmars. Auf dem Platz dominiert die **Stiftskirche Sankt Martin**. Die **ehemalige Polizeiwache** (Ancien corps de garde) ist ein bemerkenswertes Gebäude im Stil der italienischen Renaissance.

Das **Alte Kaufhaus** (Ancienne douane) an der **Grand'Rue** beherbergte die ehemalige Zollstation. Das **Gerberviertel** liegt südlich hinter dem Alten Kaufhaus. Man sollte unbedingt in die schöne **Alte Markthalle** (1865 erbaut) gehen. Durch die Rue de la Poissonnerie entlang der Kanäle kommt man in das pittoreske Viertel **Krutenau**, auch »Klein Venedig« genannt.

Unzählig sind die Läden und Delikatessengeschäfte von Colmar, in denen man am Ende der Reise durch das bezaubernde Elsass die Einkaufstaschen füllen kann.

Am lebendigen Quai-de-la-Sinn gibt es auch Plätze zur Erholung.

PRAKTISCHE HINWEISE

TOURISTINFORMATIONEN
Tourismusbüro Frankreich, Postfach 100128, 60001 Frankfurt, Tel. 0049/(0)69/74 55 56, de.france.fr/de

INTERNET
www.visit.alsace/de

KARTEN UND LITERATUR
Autokarte Elsass, 1:150 000, Michelin Nr. 315

Reiseführer »Elsass«, Michael Müller Verlag ISBN 978-3-9565-4-021-9

CAMPING- UND STELLPLÄTZE
Wohnmobilstellplatz Wissembourg, »Schwimmbad«, Boulevard Clemenceau, 67160 Wissembourg (N49°02'15" E07°56'07"). Ebener, gekiester Parkplatz ohne Schatten, 600 Meter in die Altstadt. Der Platz liegt am westlichen Stadtrand am Ende des Bruche-Viertels direkt an der D334 an der Lauter. (Ein weiterer Parkplatz ist an der Place de la Foire, N49°02'16" E07°56'56").

Wohnmobilstellplatz Cléebourg, »Weingut Cléebourg«, Route du Vin, 67160 Cléebourg, Tel. 0033/(0)3/88 94 50 33, www.cave-cleebourg.com (N49°00'45" E07°53'38"). Ebene, asphaltierte Plätze, kein Schatten. Liegt an der D77 vor Cléebourg links vor dem Hotel Le Cléebourg.

Besucherparkplatz, »Château Fleckenstein«, Château Fleckenstein, 67510 Lembach (N49°02'53" E07°46'49"). Meist ebener Parkplatz, sehr einsam, Schatten. Ausgeschilderter Abzweig von der D925 am Campingplatz.

Parkplatz Woerth, »Ancienne Gare«, Rue de la Gare, 67360 Woerth (N48°56'09" E07°44'44"). Ebener, gekiester Platz, kein Schatten. Liegt am südlichen Ortsrand, Parallelstraße zur D27.

Parkplatz Bouxwiller, »Place du Château«, Place du Château, 67330 Bouxwiller (N48°49'32" E07°28'59"). Ebener Platz, wenig Schatten. Am besten von Osten über die Rue d'Obermodern.

Wanderparkplatz, »Bastberg«, Bastbergweg, 67330 Imbsheim. Leicht geneigte Stellplätze, kein Schatten (N48°48'44" E07°27'21"). An der D6 vor dem Friedhof Imbsheim rechts auf den Feldweg abbiegen.

Wohnmobilstellplatz Saverne, »Hafen«, Quai du Château, 67700 Saverne, www.saverne.fr (N48°44'33" E07°21'57"). Ebene, gekieste Plätze auf dem Großparkplatz, kein Schatten, Toiletten und Wasser innerhalb der Mauern am Palais Rohan. Nördlich vom Zentrum am Kanalhafen, beschildert.

Campingplatz Saverne, »Camping les portes d'alsace«, Rue du Père Liebermann 40, 67700 Saverne, www.vacances-seasonova.com, Tel. 0033/(0)3/88 91 35 65, (N48°43'53" E07°21'19"). Ebene Wiesenplätze, teilweise Schatten, ruhig, 1,4 Kilometer zum Zentrum. Am Sportplatz im Süden der Stadt, beschildert.

Parkplatz, »Schiffshebewerk«, 57820 St. Louis-Garrebourg (N48°42'44" E07°13'03"). Großparkplatz, ebene Stellplätze, kein Schatten. Liegt an der Kreuzung der D98 und der D97B, beschildert.

Camping Dabo, »Camping du Rocher«, 57850 Dabo, Tel. 0033/(0)3/87 07 47 51 www.ot-dabo.fr (N48°38'55" E07°15'11"). Ebene Wiesenplätze, teilweise Schatten. Liegt an der Zufahrtsstraße D45A nach Dabo, beschildert.

Wohnmobilstellplatz Marlenheim, »Domaine Xavier Muller«, Rue du Moulin, 67520 Marlenheim, Tel. 0033/(0)3/88 59 57 90, www.vin-alsace-muller.fr (N48°37'09" E07°28'52"). Ebener, gekiester Platz, kein Schatten. Vom Kreisverkehr südöstlich von Marlenheim über die Route de Kirchheim oder durch die Unterführung in der Rue d'Usine. Die Domain Xavier Muller liegt südlich der neuen Umgehung D1004 an der Mossig.

Parkplatz Avolsheim, »Dompeter«, Rue du Dompeter, 67120 Avolsheim (N48°33'25" E07°30'14"). Ebene, gekieste Plätze, kein Schatten, einsam. Auf der Rue du Dompeter 800 Meter südlich von Avolsheim, beschildert.

Wohnmobilstellplatz Molsheim, »Schwimmbad«, Rue des Sports, 67120 Molsheim, Tel. 0033/(0)3/88 49 82 45, www.camping-molsheim.com (N48°32'27" E07°29'56"). Ebene, asphaltierte Plätze, kein Schatten, Parkplatz darf mit Wohnmobilen erst ab 19 Uhr benutzt werden, 700 Meter ins Zentrum. Am gut ausgeschilderten Schwimmbad und Campingplatz.

Camping Municipal de Molsheim, »Camping L&M«, 6 Rue des Sports, 67120 Molsheim, Tel. 0033/(0)3/88 49 82 45, www.camping-molsheim.com (N48°32'29" E07°30'00"). Ebene Wiesenplätze, teilweise Schatten. Gegenüber dem Schwimmbad, beschildert.

Wohnmobilstellplatz Rosheim, »Löwentor«, Avenue Clemenceau, 67560 Rosheim (N48°29'53" E07°28'05"). Ebene, asphaltierte Plätze, teilweise Schatten, Picknicktische, Spielplatz, WC. Liegt im Norden außerhalb der Stadtmauer am Löwentor.

Wohnmobilstellplatz Obernai, »Parking des Remparts«, Rue Poincaré, 67210 Obernai (N48°27'35" E07°29'11"). Ebener, gekiester Stellplatz, kein Schatten, WC, Ver- und Entsorgung nur am Campingplatz. Am östlichen Stadtrand, beschildert.

Campingplatz Obernai, »Vallée de l'Ehn«, 1 Rue de Berlin, 67210 Obernai, Tel. 0033/(0)3/88 95 38 48, www.camping-obernai.fr (N48°27'53" E07°28'03"). Ebene Wiesenplätze, teilweise Schatten. Im Westen der Stadt, aus allen Richtungen gut ausgeschildert.

Campingplatz Barr, »Domaine Bachert«, 35a Rue du Docteur Sultzer, 67140 Barr, Tel. 0033/(0)3/88 08 95 89, www.bachert.fr (N48°24'50" E07°27'10"). Ebene Wiesenplätze in den Reben, teilweise Schatten. An der D35 in Richtung Heiligenstein, beschildert.

Parkplatz Mittelbergheim, »Zotzenberg«, Rue Rotland, 67140 Mittelbergheim (N48°23'55" E07°26'31"). Ebene, asphaltierte Plätze, teilweise Schatten. Von Barr kommend liegt der Parkplatz vor dem Ort am Friedhof.

Parkplatz Dambach-la-Ville, »Charpentiers«, Route de Blienschwiller, 67650 Dambach-la-Ville (D35) (N48°19'36" E07°25'27"). Ebene, gepflasterte Plätze, kein Schatten. Von Blienschwiller kommend liegt der Parkplatz vor dem Stadttor links.

Wohnmobilstellplatz Châtenois, Allée des Bains, 67730 Châtenois (N48°16'29" E07°23'56"). Ebene Wiesenplätze, kein Schatten, Entsorgung. Im Ort liegt der Platz in einer Seitenstraße der D35, beschildert.

Wohnmobilstellplatz Saint-Hippolyte, »Windmuel«, Rue Windmuel, 68590 Saint-Hippolyte (N48°13'54" E07°21'51"). Ebene Wiesen und Betonplätze, teilweise Schatten, Ver- und Entsorgung am Aire de Service, 14 Rue Kleinforst (N48 13 52 E07 22 34). Richtung Haut-Koenigsbourg, nach der Festhalle links.

Parkplatz Bergheim, »Oberes Stadttor«, Rue des Remparts, 68750 Bergheim (N48°12'18" E07°21'29"). Ebene, asphaltierte Plätze, teilweise Schatten. Der Platz liegt am Kreisverkehr der D1B vor dem Stadttor.

Wohnmobilstellplatz Ribeauvillé, Route de Guémar, 68150 Ribeauvillé (N48°11'33" E07°19'44"). Ebene, asphaltierte Plätze, teilweise Schatten. In Richtung Guémar, beschildert.

Campingplatz Riquewihr, »Intercommunal«, 1 Route des Vins, 68340 Riquewihr, Tel. 0033/(0)3/89 47 90 08, www.campingriquewihr.com (N48°09'44" E07°19'01"). Ebene Plätze auf der Wiese, teilweise Schatten. Der Platz liegt zwei Kilometer vor Riquewihr an dem Kreisverkehr der D1 und D3, beschildert.

Wohnmobilstellplatz Riquewihr, Avenue J. Preiss, 68340 Ribeauvillé (N48°09'58" E07°18'06"). Ebene, asphaltierte Plätze, kein Schatten. Von der Weinstraße kommend liegt der Platz 200 Meter vor dem Stadttor rechts, beschildert.

Wohnmobilstellplatz Kaysersberg, Place de l'Erlenbad, 68240 Kaysersberg (N48°08'10" E07°15'43"). Ebene, asphaltierte Plätze, kein Schatten. Der Platz liegt an der N415, beschildert.

Wohnmobilstellplatz Turckheim, Quai de la Gare, 68230 Turckheim (N48°05'07" E07°16'34"). Ebene, asphaltierte Plätze, kein Schatten. Am Bahnhof und Tennisplatz, direkt am Flüsschen Fecht, beschildert.

Wohnmobilstellplatz Eguisheim, »Salle polyvalente la Tuilerie«, Rue du Malsbach, 68420 Eguisheim (N48°02'37" E07°18'46"). Ebene, asphaltierte Plätze, kein Schatten. Der Platz ist am östlichen Ortsrand an der Mehrzweckhalle gegenüber dem Friedhof.

Campingplatz Eguisheim, »Camping des trois Châteaux«, 10 Rue du Bassin, 68420 Eguisheim, Tel. 0033/(0)3/89 23 19 39, www.camping-eguisheim.fr (N48°02'33" E07°18'00"). Ebene Wiesen- und Kiesplätze. Von der D14 in Richtung Husseren les Châteaux, ausgeschildert.

Wohnmobilparkplatz Colmar, »Tagesparkplatz«, Rue de la Cavalerie, 68000 Colmar (N48°04'57" E07°21'32"). Ebene, asphaltierte Plätze, kein Schatten, von Gebäuden umgeben, nur Tagesparkplatz. Anfahrt von Westen her auf der Route d'Ingersheim, dann links abbiegen auf die Rue de la 5ème Division Blindée, dann rechts in die Rue de la Cavalerie, auf deren linker Seite die Parkplätze für Wohnmobile sind.

Wohnmobilstellplatz Colmar, »Port de plaisance«, 6, rue du Canal, F-68000 Colmar, Tel 0033/(0)3/89 20 82 20, www.port-plaisance-colmar.fr

(N48°04'48" E07°22'26"). Ebene, asphaltierte Plätze, kein Schatten, oft wegen Überfüllung kein Platz zu finden. Buslinie an der Straße, von Colmar aus auf der Route de Neuf Brisach Richtung Westen. Der Sporthafen liegt auf der linken Seite, ausgeschildert.

Campingplatz Colmar, »Camping de l'Ill«, 1 Allée du Camping, 68180 Horbourg Wihr, Tel. 0033/(0)3/89 41 15 94 (N48°04'46" E07°23'12"), www.campingdelill.fr. Ebene Wiesenstellplätze, teilweise Schatten. Von Colmar aus auf der Route de Neuf Brisach nach Westen. Direkt nach der Überquerung der Ill nach rechts abbiegen, ausgeschildert.

Auf dem Wohnmobilstellplatz in Châtenois

11 TOUR DE BRETAGNE – MIT DEM ATLANTIK AUF TUCHFÜHLUNG

Spektakuläre Küste und malerische Städte

Diese »Tour de Bretagne« gehört zu den schönsten Routen, die man in Frankreich unternehmen kann. Ausgangspunkt ist die weltberühmte Klosterinsel Le Mont-St.-Michel und nach wenigen Kilometern erreicht man dann die erlebenswerte Region Bretagne. Naturerlebnisse an der spektakulären Küste sind ebenso garantiert wie die Freude über die vielen historischen Städte. Die Liste der grandiosen Städte reicht von Saint-Malo über Tréguier, Morlaix und Quimper bis hin zur Stadt Vannes am Golf von Morbihan. Abseits der sehenswerten Städte locken traumhafte Strände und so manche unvergessliche Küstenwanderung. In der Bretagne macht das Camping Spaß, denn glücklicherweise ist das Netz von Camping- und Stellplätzen flächendeckend gut.

Kurzer Stopp am Fischerhafen von Quiberon

TOUR DE BRETAGNE – MIT DEM ATLANTIK AUF TUCHFÜHLUNG

ROUTE 11

START- UND ENDPUNKT
Le Mont-Saint-Michel und Vannes

BESTE JAHRESZEIT
April bis Oktober

STRECKENLÄNGE
600 bis 650 km

FAHRZEIT
14–21 Tage

MAUTSTRECKEN
keine

Die Reise beginnt mit dem Besuch der weltberühmten Klosterinsel **Le Mont-St-Michel**, die nur wenige Kilometer östlich der Bretagnegrenze in der Normandie vom Meer umspült wird. Auf einen Besuch sollte man auf keinen Fall verzichten! Nach 8 km geht es in westliche Richtung über die N176 weiter. Willkommen in der Bretagne bzw. in dem **Departement Ille-et-Vilaine**! Auf der gut ausgebauten Straße kann man zügig fahren und nach 19 km erreicht man den Ort **Dol-de-Bretagne** mit der sehenswerten Kathedrale St-Samson. Hier setzt der Reisemobilist seine Fahrt über die D155 in nördliche Richtung fort. Nach zwei Kilometern erreicht er den **Mont-Dol**, das Gegenstück zum vorher besichtigten Le Mont-St-Michel. Allerdings thront dieser 65 Meter hohen Felsen schon lange nicht mehr im Meer. Im Mittelalter wurde das feuchte Umland trockengelegt. Von der Spitze des Berges hat man einen grandiosen Ausblick auf die flache Landschaft und das nahe liegende Meer sowie die einladende Stadt **Cancale**.

Über die D155 erreicht man nach wenigen Kilometern das Meer, fährt durch kleine Orte und über die D76 bis nach Cancale (Stellplatz), das von Dol-de-Bretagne 22 km entfernt ist.

MALERISCHES FISCHERDORF CANCALE

Cancale ist über die Grenzen der Bretagne hinaus für seine Meeresfrüchte und die vielen Fischrestaurants am Hafen bekannt. Beliebt sind vorrangig die Austern aus Cancale, die u.a. direkt am Hafen erhältlich sind. 189 Treppenstufen führen auf den Turm der Pfarrkirche Saint-Méen. Von dort hat man einen herrlichen Ausblick auf die schöne Küste und den Hafen.

CÔTE D'EMERAUDE – SMARAGDKÜSTE

Einer der eindrucksvollsten Landstriche der Bretagne ist die Smaragdküste. Sie erstreckt sich im Norden der Bretagne am **Golf von St-Malo**. Die zerklüftete steile Felsküste mit idyllischen Sandstränden prägt das Landschaftsbild. Vorgelagert sind viele kleine Inseln und markante Felsen, wie das »**Cap Fréhel**« oder der »**Pointe de St-Cast**«, die ein herrliches Panorama bieten. An den Klippen brüten Seevögel und oberhalb der Felsen komplettiert eine artenreiche und blühende Flora das fotogene Bild.

Über die grandiose Küstenstraße D201 gelangt man durch den kleine Ort **Rothéneuf**. Hier ziehen die Fantasiefiguren am Strand

Start
- Le Mont-St-Michel
- 8 km (976 / N176)
- 11 km
- Dol-de-Bretagne / St-Samson
- 2 km (155)
- Mont Dol
- 22 km (155 / 76)
- Cancale
- 6 km
- Pointe du Grouin
- (201) Smaragdküste
- (201)
- Rothéneuf
- 6 km
- St-Malo

141

ROUTE 11

- St-Malo
  - Ville Close
  - Kathedrale St-Vincent
  - Schloss
  - Musée de la Ville
  - Quic-en-Groigne
  - Grand Aquarium de Saint Malo
- **168**
  - Gezeitenkraftwerk
  - 11 km
- Dinard
  - Musée de la Mer
  - Musée de la Pomme
- **168** **768** 24 km
- Martignon
- Fréhel
- **34**
- **34A** Cap Fréhel
- **786**
- **17A**
- **786**
- **N12**
- St-Brieuc
- **N12**
- **786** 15 km
- Binic
  - Heimatmuseum
  - Plage de la Blanche
- **786** 30 km
- Paimpol
  - Abbaye de Beauport
  - Île de Bréhat
- **786** 10 km
- Tréguire
  - Kathedrale
- **786** Altstadt
  - 5 km
- **6**
  - 15 km
- Perros-Guirec
  - Trestignel
  - Testraou
  - Wanderung
- **786**
  - 10 km
- Lannion
  - 7 km
- St-Efflam
  - Badestrand
- Morlaix

Granitküste

AUSTERN SCHLÜRFEN

Sicherlich sind die glibberigen Meeresbewohner nicht jedermanns Sache. Wer in der Bretagne unterwegs ist, kommt in fast jedem Hafen an einem Austernstand vorbei, kauft sie im Fischgeschäft oder man bestellt sie von der Karte im Fischrestaurant. Am besten probiert man sie direkt am Verkaufsstand am Hafen. Dort werden sie mit dem Messer geöffnet und der Meeresfrüchte-Liebhaber kann sie roh mit etwas Zitrone schlürfen. Für viele Reisende ist das Schlürfen nicht immer eine »Geschmackssache«, sondern ein gern zelebriertes Urlaubsritual.

des Badeortes alle Blicke auf sich. Die rund 300 Figuren wurden von dem Geistlichen Adolphe Julian Fourre in den Fels gemeißelt. Von Rothéneuf sind es nur 6 km bis nach **St-Malo**. Am besten steuert man direkt den ausgeschilderten Wohnmobilstellplatz (an der Pferderennbahn) an und fährt mit dem Gratisbus in das imposante Stadtzentrum.

ST-MALO – DIE ALTE KORSARENSTADT

St-Malo ist ein »Muss« im Bretagne-Urlaub und gehört zweifelsfrei zu den interessantesten Städten des Landes. Innerhalb der mächtigen Mauern der Altstadt herrscht noch ein wenig Seefahrerromantik. Rund 48 000 Menschen leben in St-Malo, dessen Stadtgebiet sich heute innerhalb der Stadtmauern (Ville Close) und natürlich weiträumig außerhalb der Altstadt erstreckt. Die Erkundung der Altstadt sollte man auf den Stadtmauern beginnen. Der rund zwei Kilometer lange Rundweg bietet Blicke in die prächtige Altstadt »**Ville Close**«. Die engen Gassen und alten Häuser täuschen darüber hinweg, dass die Altstadt durch verheerende Bombenangriffe im Zweiten Weltkrieg (1944) zu großen Teilen zerstört wurde. Glücklicherweise stellte man beim Wiederaufbau der Stadt ihr Erscheinungsbild des 18. Jahrhunderts wieder her. Durch das Stadttor St-Vincent gelangt man »intra-muros«. Viele Besucher bevölkern die zahlreichen Restaurants und Straßencafés, bevor sie sich durch die lebendigen Gassen, vorbei an schönen Patrizierhäusern Richtung Kathedrale St-Vincent aufmachen. Neben dem Stadttor St-Vincent erstreckt sich das viertürmige Schloss (15. Jh.), in dessen Wehrturm heute das Stadtmuseum untergebracht ist. Außerhalb der befestigten Altstadt steht das Fort National, das 1689 erbaut wurde.

Die eindrucksvolle Korsarenstadt verlässt der Reisemobilist über die D168 in Richtung Dinard und erreicht die Mündungsbucht des Flusses **Rance**. Man fährt über den Staudamm und parkt an dem in der Welt (noch) einmaligen Gezeitenkraftwerk, das bereits 1966 in Betrieb genommen wurde. Vom Kraftwerk sind es nur wenige Kilometer nach **Dinard**.

DINARD – BELIEBTES SEEBAD

Das Seebad Dinard zählt zu ältesten Bädern der Bretagne und ist besonders bei den Engländern beliebt. Die Gäste erfreuen sich in erster Linie an den feinen Sandstränden wie dem »Plage de l'Écluse«. Weitere Highlights

Binic ist ein idyllischer Badeort.

Ruhiger und wärmer als der Atlantik ist das Meerwasserbecken von St-Malo.

sind das Meeresmuseum »Musée de la Mer« und das Museum »Musée de la Pomme et du Cidre«, das über die Verarbeitung der Äpfel zum Apfelwein (Cidre) und zum Apfelschnaps (Calvados) informiert.

Über die D168 und D768 geht es weiter durch **Martignon** (Campingplatz) bis zum kleinen Ort **Fréhel** und dann die D34/D34A in nördliche Richtung bis zum markanten **Cap Fréhel** und über die grandiose Panoramastraße D34A, die D786, D17A und wiederum D786 nach **Binic**.

BINIC – SCHÖNER BADEORT

Binic liegt an der Mündung des Flusses Ic. Bevor die Touristen das Hafenstädtchen zu ihrem Urlaubsziel auserwählten, war Binic ein bedeutender Fischereihafen. Von hier legten in Frankreich die ersten Fischer ab, um Kabeljau zu fischen. Heute hat sich der Ort dem Fremdenverkehr verschrieben und so hat der Urlauber keine Probleme, das passende Restaurant zu finden. Im Ort erstreckt sich mit dem »Plage de la Blanche« der Hauptstrand, der mit Meerwasserbecken und Umkleiden gut ausgestattet ist. Bei Ebbe muss zum Wasser allerdings weit gelaufen werden.

Relaxt und erfrischt wird die Reise fortgesetzt. Über die D786 erreicht man zunächst den empfehlenswerten und nahe gelegenen Rastplatz »Aire de Chapelle« mit Bänken und schöner Aussicht über die »**Bucht von St-Brieuc**«. Von Binic erreicht man nach rund 30 km die Hafenstadt **Paimpol**.

PAIMPOL – GELASSENE ATMOSPHÄRE

Im Hafenbecken tummeln sich die Jachten, am Kai haben kleine Fischkutter festgemacht, Besucher schlendern am Hafen vorbei und steuern die Altstadt mit ihren gemütlichen Gassen und Plätzen an: das ist die Hafenstadt Paimpol. Eisenbahnfreunde werden an der historischen Eisenbahn ihre Freude haben. Der rund 100 Jahre alte Zug verkehrt zwischen **Paimpol** und **Pontrieux** (Mai bis September). Nicht nur mit dem historischen Zug kann man das Umland entdecken, sondern auch mit der Fähre. Sie bringt den Urlauber auf die schöne autofreie Insel »**Île de Bréhat**«. Die Fähre legt in **Port-Clos** an und von dort kann man eine schöne Wanderung rund um die rote Felseninsel unternehmen. Das milde Klima ist für die einzigartige üppige Vegetation verantwortlich und so gedeihen hier u. a. Oleander, Feigen und Mimosen.

Mit einem ernst gemeinten »Au Revoir« verlässt der Reisemobilist über die vertraute

ROUTE 11

Der Zöllnerpfad führt durch die atemberaubende Landschaft der rosa Granitküste.

- **Morlaix**
  *Château de Taureau
  Eisenbahn Viadukt
  Laternenhäuser
  Musée des Jacobins
  Zigarrenfabrik*
  [N12] 10 km
- **St-Thégonnec**
  *Renaissance-
  Glockenturm
  Pfarrhof*
  [N12]
  [30] Sizun
  [764] 23 km
  [791] Le Faou
  [887] Halbinsel Crozon
  27 km
- **Crozon**
  *Klosterruine
  St-Pierre*
  ←→ Morgat
  *Grotten von
  Morgat*
  [10] 5 km

dem lebendigen Touristenzentrum erreicht man auch die »**Côte de Granit Rose**«, die rosa Granitküste. Während der blühende Urlaubsort mit den beiden Stränden »**Trestignel**« und »**Testraou**« die Leute zum Sonnenbaden und zu einem erfrischendem Bad im Atlantik animiert, spricht die landschaftlich reizvolle Küste den Wanderer an. Nach der Wanderung kann man sich beim Bad am breiten Strand von Testraou noch einmal erfrischen, bevor man über die D786 den Badeort wieder verlässt und nach **Morlaix** weiterfährt.

MORLAIX – IM SCHATTEN DES VIADUKTES

Morlaix liegt 15 Kilometer im Binnenland und verfügt über einen geschützten Hafen. Bedeutendstes und auffälligstes Bauwerk ist das alles überragende Eisenbahn-Viadukt, das auf mächtigen Pfeilern steht. Immerhin hat es eine Höhe von 58 Metern und eine Länge von 258 Metern und wurde bereits 1861 gebaut. Es ist ein Teil der wichtigen Bahnverbindung von Paris nach Brest. Unterhalb des Viaduktes befindet sich der lebhafte Platz »Place des Otages«, wo auch das prächtige Rathaus (1900) steht. Über eine Treppe erreicht man die spätgotische Kirche St-Mélaine. Die reizvolle Altstadt zeigt sich mit einer Vielzahl von alten Fachwerkhäusern von ihrer schönsten Seite. Ein schönes Bauwerk ist das »Maison de la Reine Anne« (15. Jh.) am Marktplatz. Einen Besuch wert ist das Stadtmuseum »Musée des Jacobins«, das in der ehemaligen Jakobinerkirche aus dem 15. Jahrhundert untergebracht ist und bretonische Volkskunst und Gemälde zeigt. Ebenfalls interessant ist eine Besichtigung der Zigarrenfabrik »La Manufacture de Cigares«, in der seit dem 19. Jahrhundert Zigarren hergestellt werden.

Zügig fährt das Wohnmobil über die zweispurige Nationalstraße N12 zur 10 km entfernten Stadt **St-Thégonnec**, die über einen guten Stellplatz verfügt, dann weiter über die D30, die D764 und die D18 bis nach **Le Faou** (Stellplatz). Der kleine Ort mit einem ursprünglichen Ortskern bietet eine Park- und Pausenmöglichkeit am Ende der schmalen Bucht Faou und einen Naturcam-

D786 die Stadt Paimpol in Richtung **Tréguier**, einen der schönsten Fleckchen in der Bretagne. Am Hafen unterhalb der Altstadt kann man parken und seine Entdeckungstour beginnen oder man steuert direkt den ausgeschilderten und ruhigen Stellplatz an.

TRÉGUIER – DAS EINSTIGE GEISTIGE ZENTRUM DER BRETAGNE

Sie gehört zu den schönsten Städten der Bretagne und der Besucher wird sofort in den Bann der mittelalterlichen Altstadt gezogen. Am Hafen machen bereits die alten Türme aus Naturstein und historische Fachwerkhäuser neugierig. Dann schlendert man die Straße zur mächtigen Kathedrale hinauf. Alte Häuser, die viel über die Geschichte der Stadt erzählen können, säumen die Straße.

Nach 5 Kilometern über die D786 erreicht man die D6, der man 15 Kilometer lang bis nach **Perros-Guirec** (Campingplatz) folgt. Mit

TOUR DE BRETAGNE – MIT DEM ATLANTIK AUF TUCHFÜHLUNG

pingplatz. Im Süden von **Le Faou** erreicht man die Straße D791, die in westliche Richtung über die Halbinsel Crozon führt. Vom Ort Crozon sind es über die D10 in westliche Richtung nur 10 km bis **Camaret-sur-Mer**, den westlichsten Punkt der Reise.

URLAUB PUR IN CAMARET-SUR-MER

Einst war Camaret ein bedeutender Langustenhafen und im Jahre 1801 verließ hier das erste U-Boot den Hafen. Heute verlassen hier überwiegend Segelboote, Motorboote und in bescheidener Zahl Fischerboote den Hafen. Der Naturdamm Sillon mit dem »Kutterfriedhof« umschließt den Hafen und gibt ausreichend Schutz. Auf engstem Raum drängen sich hier die interessante Kapelle »Notre Dame de Rocamadour« und die Festung »Tour Vauban«.

Westlich der Stadt (neben dem Stellplatz) befindet sich ein Feld aus **Menhiren**. Sie sind der Rest eines riesigen Megalith-Feldes, das aus ursprünglich 800 Steinen bestand.

Über die D83 geht es wieder zurück. Man passiert Crozon und bleibt nun auf der D887.

Nach 2 Kilometern erreicht man das Dorf Ste-Marie-du-Ménez-Hom und folgt der D47 und im weiteren Verlauf der D63. Die hügelige Strecke bringt den Reisenden über **Plonévez** nach **Locronan**, der am Ortsein- und -ausgang jeweils einen Stellplatz bietet.

MITTELALTERLICHES LOCRONAN

Die schönen Gassen mit den grauen Granithäusern münden auf dem alten Marktplatz vor der Kirche St-Ronan (15. Jh.). Einst verdienten die Bürger durch die Herstellung von Segeltüchern ihr Geld – heute überwiegend durch Tourismus. So stößt man in den alten Granithäusern auf nette Restaurants sowie Souvenirläden und Kunsthandwerk. Von Locronan sind es lediglich 16 Kilometer bis **Quimper**.

QUIMPER – MIT PRÄCHTIGEM FACHWERK

Obwohl Quimper etliche Kilometer landeinwärts liegt, hat es durch eine schmale Bucht einen Zugang zum Meer. Quimper ist ein bischöflicher und herzöglicher Sitz und die

---

10 5 km
Bucht Anse de Dina
5 km
○ Camaret-sur-Mer
Kapelle Notre Dame de Rocamadour
Festung Tour Vauba
Schloss Manoir de St-Pol Roux
Badestrände
8
887 Wassersport
○ Tal-ar-Groas
887 3 km ↔ Berg
83 2 km Ménez Hor
887
○ Ste-Marie-du-Ménez-Hom
Chapelle Saint Marie-du-Ménez
47
63
○ Plonévez
Kirche
63 4 km
○ Locronan
63 Historische Altstadt
16 km
39
○ Quimper

Das Eisenbahn-Viadukt prägt das Stadtbild von Morlaix.

145

Der »Place du St-Sauveur« am alten Hafen ist das Herzstück von Auray.

Quimper
*Cathédrale
St-Corentin
Le Musée Breton
Centre d'Art
Contemporain Le
Quartier*
N165
70   23 km

Concarneau
*Ville Close
Fischereimuseum
Kutter »Hémérica«*
783   Trégunc
14 km

Pont Avent
Kunstmuseum
783   17 km

Quimperlé
St-Croix
N165
35 km

Hauptstadt des Département Finistère. Sie ist eine typisch bretonische Stadt und lädt zum Bummeln in der schmucken Altstadt ein. Die »Rue Kéréon« ist die lebhafteste Straße mit vielen Läden. Sie bietet stets einen guten Blick auf die gotische Kathedrale, die man auf jeden Fall besichtigen sollte. Direkt nebenan im Heimatmuseum »Le Musée Breton« widmen sich die Ausstellungen den Themen regionale Geschichte, Trachten, Keramiken und Möbel.

Abseits der Küste führt die N165 in südöstliche Richtung und später erreicht man über die D70 die Hafenstadt Concarneau (23 km). Ein großer Parkplatz, der auch als Reisemobil-Stellplatz (Gratisbus) dient, ist ein guter Ausgangspunkt, um die einzigartige Altstadt zu entdecken.

CONCARNEAU – PERLE DES OZEANS

In Concarneau drehte und dreht sich alles um den Fischfang. In den Fischkonservenfabriken wird der Fisch verarbeitet und in der Auktionshalle versteigert.

Die wahre Perle der Stadt ist »Ville Close«, die durch mächtige Mauern geschützte Altstadt auf einer Insel. Sie erreicht man über einen kurzen Damm und dort schlendert man durch rausgeputzte Gassen vorbei an Crêperien, Eisdielen, Restaurants, Souvenirgeschäften und interessanten Läden. Spätestens hier sollte man den leckeren Butterkuchen »Kouign Amann« probieren.

Am vorletzten Sonntag im August wird ausgiebig das Festival »Filets Bleus« gefeiert. Höhepunkt des Festes der »blauen Fischernetze« ist der Umzug in Trachtenkleidung.

Die D783 führt durch Trégunc weiter über **Pont Aven** zum Örtchen **Quimperlé** (Stellplatz) mit der sehenswerten romanischen Kirche St-Croix, die bereits 1083 errichtet wurde. Über die gut ausgebaute Nationalstraße N165 verlässt man das landschaftlich reizvolle Département Finistère und ist fortan in dem Département Morbihan unterwegs.

AURAY – NICHT VERSÄUMEN!

Auray liegt am **Fluss Loch**, im Nordwesten des Golfes von Morbihan. Durch die Oberstadt von Auray geht es allmählich hinunter zum Hafen **St-Goustan** am Fluss Loch. Er seit dem Mittelalter ein lebendiger Hafen und heute schlägt hier das Herz der Stadt. Über-

TOUR DE BRETAGNE – MIT DEM ATLANTIK AUF TUCHFÜHLUNG

ragt wird der Stadtteil von der gotischen Kirche St-Sauveur. Den schönsten Blick auf das malerische Häuserensemble hat man von der »Promenade du Loch«. Von Auray geht es über die D768 zunächst in südwestliche Richtung und abzweigend über die D781 nach **Carnac** (15 km; Stellplatz!).

CARNAC – BEKANNT FÜR SEINE AUSTERN

Der freundliche kleine Badeort Carnac erstreckt sich an der großen Bucht »**Baie de Quiberon**«, im Windschatten der großen gleichnamigen Halbinsel. Carnac ist auch für seine Austernzucht bekannt. Neben guten Restaurants und den schönen Stränden machen vor allem unzählige prähistorische Zeugnisse den Besuch lohnenswert. So gehört die Besichtigung der riesigen Felder mit **Dolmen und Menhiren** zum Pflichtprogramm einer Bretagne-Reise.

Von Carnac kann man über die D781 und die D786 problemlos die lang gezogene Halbinsel erreichen. Hier stehen einige Camping- und Stellplätze bereit.

HALBINSEL QUIBERON

Die rund 15 Kilometer lange und teils sehr schmale Halbinsel »**Presqu'île de Quiberon**« zeigt zwei Gesichter. Die Côte Sauvage mit ihrer felsigen und zerklüfteten Küste an der Westküste ist dem Wind und den Wellen schutzlos ausgesetzt. Im Osten bietet sich im Schatten der Brandung und des Windes ein gegensätzliches Bild mit schönen Sandstränden und seichtem Wasser. Mit einer Vielzahl von Campingplätzen und sonstigen Beherbergungsbetrieben ist die Insel bestens für den Fremdenverkehr gerüstet, denn mit rund 2000 Sonnenstunden im Jahr gehört die Halbinsel zu den sonnenreichsten Regionen des Landes. Um den Strand und den Hafen reihen sich Restaurants und Kneipen. Ruhiger wird es erst wieder auf dem reizvollen Küstenwanderweg. Neben dem Wandern bieten sich auch einige Wassersportaktivitäten an. Aber auch Radfahren lohnt sich auf der Insel (Vermietung in Quiberon). Vom Hafen in Quiberon (Gare Maritime) werden auch Schiffsfahrten zu den Inseln **Belle-Île**, **Houat** und **Hoedic** angeboten.

Die letzte Etappe der Reise auf der bretonischen Halbinsel führt zur vielseitigen Stadt **Vannes**, am **Golf von Morbihan**.

VANNES – VIELSEITIGE STADT

Bereits die Kelten haben sich an der tief in das Land ragenden Bucht niedergelassen. Inmitten der alten Stadtmauern ist die Zahl der historischen Bauwerke sehr hoch und teils farbenfrohe Fachwerkhäuser sind ein beliebtes Fotomotiv. Zu den Sehenswürdigkeiten der Stadt gehört in erster Linie die beeindruckende »Cathédrale St-Pierre«, deren Bau nach einer 600-jährigen Bauzeit erst im 18. Jahrhundert beendet wurde. Sie gehört zu den wenigen Renaissancebauwerken der Bretagne und verfügt über die Reliquien des Heiligen Vinzenz. Vor der alten Stadtmauer erstreckt sich die schöne Parkanlage »Jardins des Remparts«. Zwei Kilometer südlich der Altstadt befinden sich das Aquarium und der Schmetterlingspark »Le Jardin aux Papillons«. Wer sich für Archäologie interessiert, sollte das »Musée d'Archéologie« aufsuchen, das in dem ehemaligen Parlamentsgebäude, dem beeindruckenden »Château Gaillard« aus dem 15. Jahrhundert untergebracht ist.

N165
35 km
○ Auray
 St-Sauveur
768
781 15 km
○ Carnac
 Dolmen und Menhire
781
786
 Halbinsel Quiberon Strände
 40 km
768
N165
○ Vannes
Ziel *Jardins des Remparts*
 Schmetterlingspark
 Musée d'Archéologie
 Kathedrale
 Altstadt
 Golf von Morbihan
 Schiffsausflüge

Die Menhire rund um Carnac lassen viele Fragen offen.

PRAKTISCHE HINWEISE

Fahrt durch das idyllische Quiberon

TOURISTINFORMATIONEN

Saint Malo: Office de Tourisme, Esplanade St-Vincent, 35400 Saint Malo, Tel. 0033-(0)8 25 13 52 00, www.saint-malo-tourisme.com

Quimper: Office de Tourisme, 8, Rue Elie Freron, 29000 Quimper, Tel. 0033-(0)2 98 53 04 05, www.quimper-tourisme.com

Quiberon: Office de Tourisme, 14, Rue de Verdun, 56174 Quiberon, Tel. 0033-(0)2 97 50 07 84, www.quiberon.com

Vannes: Office de Tourisme de Pays de Vannes, Quai Tabarly, 56039 Vannes, Tel. 0033-(0)2 97 47 24 34, www.tourisme-vannes.com

CAMPING- UND STELLPLÄTZE

Cancale – Stellplatz
GPS: 48°40'10"N; 001°51'59"W; Der Schotterplatz Parking Ville Ballet befindet sich rund 300 Meter vom Meer entfernt, in der Rue des Francais Libres, in der Nähe des Hafens »Port de La Houle«. www.ville-cancale.fr

Saint Malo – Stellplatz Parking Relais Paul Féval
GPS: 48°38'37"N; 001°59'82"W; Bereits bei der Ortseinfahrt sieht man die Schilder, die zum großen Wohnmobil-Stellplatz in der Rue Paul Féval führen. Er befindet sich neben der Pferderennbahn. Auf ebenen Schotterflächen steht man hier und fährt mit dem kostenlosen Bus in das sehenswerte Stadtzentrum. www.ville-saint-malo.com

Martignon – Campingplatz Le Vallon aux Merlettes
GPS: 48°35'27"N; 002°17'44"W; An der D13 an der Ortsausfahrt Richtung Lamballe befindet sich der schöne und gut ausgestattete Campingplatz: 43 Rue du Docteur Jobert, 22550 Martignon, Tel. 0033-(0)29 68 23 77 99, www.vallonausmerlettes.com

Binic – Stellplatz
GPS: 48°36'01"N; 002°50'07"W; Nur 500 Meter vom Ortszentrum und Strand ist der ruhig gelegene Stellplatz entfernt. Er ist umgeben von hohen Bäumen und bietet Schotterplätze und natürlich Ver- und Entsorgungsmöglichkeiten: Rue de l'Ic, www.ville-binic.fr

Paimpol – Stellplatz
GPS: 48°47'03"N; 003°02'45"W; Auf einem asphaltierten Parkplatz in der Rue de Goas Plat steht das Reisemobil rund 500 Meter von der Altstadt entfernt. Ein weiterer Stellplatz befindet sich in rund 150 Meter Entfernung. Dieser bietet Ver- und Entsorgungsmöglichkeiten. Die Plätze sind gut beschildert, www.paimpol-goelo.com

Tréguier – Stellplatz
GPS: 48°47'25"N; 003°13'49"W; Eine tolle Stadt und ein guter Stellplatz ist das, was sich Reisemobilisten wünschen. In Tréguier geht mit dem ebenen und ausgeschilderten Stellplatz, am Rand der sehenswerten Altstadt, der Wunsch in Erfüllung: Boulevard Le Braz, 22220 Tréguir: www.tregor-cotedajoncs-tourisme.com

Saint-Thégonnec – Stellplatz
GPS: 48°31'20"N; 003°56'45"W; Rund 400 Meter vom sehenswerten Pfarrbezirk ist der Stellplatz entfernt. Hier freut man sich über ebene parzellierte Stellplätze. Avenue Park an Iliz, 29410 Saint-Thégonnec, www.saint-thegonnec.fr

Le Faou – Stellplatz Aire du Faou
GPS 48°17'43" N; 004°10'59"W; In dem kleinen Örtchen Le Faou befindet sich der einfache Stellplatz in der Straße »Rue de la Gréve«, Tel. 02 98 81 90 44.

Camaret-sur-Mer – Stellplatz Aire Communale Camping Car
GPS: 48°16'26"N; 004°36'31"W; Der tolle Stellplatz lädt zum längeren Verweilen ein. Rund 300 Meter ist er von der Küste entfernt, 100 Meter sind es zu einem Feld mit prähistorischen Menhiren und zum Stadtzentrum läuft man rund 1 km bergab. Die moderne Anlage verfügt über zahlreiche parzellierte und ebene Stellplätze: Rue Georges Ancey, 29570 Camaret-sur-Mer, www.camaret-sur-mer.com

Locronan – Stellplätze
Am Ortseingang und am Ortsausgang gibt es jeweils einen Stellplatz. Sie sind ausgewiesene Bereiche des öffentlichen Parkplatzes. Zur sehenswerten Altstadt sind es

nur wenige hundert Meter, www.villedelocronan.fr

Concarneau – Stellplatz »Avenue de la Gare«
GPS: 47°52'43"N; 003°55'15"W; Von der großen Straße »Avenue de la Gare« biegt man rechts auf den öffentlichen Parkplatz ab. Hier wurden Parkplätze für Wohnmobile eingerichtet. Leicht bergab führt die Straße zur befestigten Altstadt »Ville Close«, die man nach rund 1,5 km erreicht. Bequemer geht es mit dem kostenlosen Bus, www.tourismeconcarneau.fr

Quimperle – Stellplatz Aire de Quimperlé
In der Route du Poule-Saint-Nicolas befindet sich südlich des Zentrums der kleine Stellplatz.

Auray – Stellplatz am Schwimmbad
GPS: 47°39'55"N; 002°59'25"W; Auf dem asphaltierten Parkplatz »Espace Culturell Athéna«, neben dem Schwimmbad steht der Reisemobilist nur 500 Meter von der Altstadt entfernt. Ein weiterer Stellplatz befindet sich im Stadtteil St-Goustan, in der Rue Saint-Sauveur, www.auray-tourisme.com

Quiberon – Stellplatz Aire de Camping Kerné
GPS: 47°29'30"N; 003°08'21"W; Neben dem Campingplatz »Camping municipal de Kerné« befindet sich der Stellplatz, rund 1,5 km westlich des Ortes Quiberon. Er bietet ebene Stellplätze und einen Meerblick. An dem tollen Küstenabschnitt führt ein reizvoller Küstenpfad entlang, über den man auch nach Quiberon gelangt. Der Stellplatz ist im Ort ausgeschildert und die Zufahrt (D186) führt an der Küste entlang. Rue de Port Kerné, 56170 Quiberon. Darüber hinaus stößt der Reisende auf der Halbinsel auf 12 weitere Campingplätze, www.quiberon.com

Carnac – Stellplatz Parkplatz
GPS: 47°35'07"N; 003°04'57"W; Zur Altstadt von Carnac ist es nur ein Katzensprung vom Stellplatz. Hier steht man unter Bäumen auf einer teilweise geneigten Asphaltfläche, Square d'Illertissen, 56340 Carnac, www.carnac.fr

Vannes – Campingplatz »Camping de Conleau«
GPS: 47°38'05"N; 002°46'48"W; Der gut ausgestattete Campingplatz bietet Stellplätze auf dem Campinggelände mit Rasenflächen oder einen abgetrennten asphaltierten Bereich für Reisemobilisten. Nur wenige hundert Meter sind es zur Insel »Île de Conleau«, die durch Freibad und Meerbad einen hohen Freizeitwert besitzt. Vor dem Campingplatz ist direkt eine Bushaltestelle (kostenloser Bus in die Altstadt!), 188, Avenue de Maréchal Juin, 56000 Vannes, Tel. 0033-(0)2 97 63 13 88, www.de.vannes-camping.com

Camaret-sur-Mer verfügt mit dem Stellplatz Aire Communale Camping über einen tollen Stellplatz in Meeresnähe.

Über den Dächern von Mali Losinj

» DER SÜDWESTEN UND DER SÜDEN

12 ALTES KULTURLAND AM FUSS GROSSARTIGER GIPFEL

Ab Moissac über Toulouse in die Pyrenäen

Die westlichen Teile von Okzitanien (ehemalige Region Midi-Pyrénées) einschließlich der zentralen Pyrenäen warten mit spannenden Stationen auf, die Reisemobilfahrer auf einer Tour durch Südwestfrankreich nicht versäumen sollten. Der Startschuss fällt im altehrwürdigen Städtchen Moissac und führt über den ehemals großen Handelsplatz Montauban in die umtriebige Metropole Toulouse. Dann führt die Route weiter entlang des Pyrenäen-Hauptkammes. Ziel ist der fantastische Bergsee Lac de Gaube. Vom milden Klima begünstigt, dauert die Wandersaison hier in den französischen Hochpyrenäen bis weit in den Herbst.

Blick von der Brücke in Castelsarrasin auf bunte, schwimmende Heime

ALTES KULTURLAND AM FUSS GROSSARTIGER GIPFEL

Der Ort **Moissac** liegt mitten in einem sehr fruchtbaren Hügelland, wo – durchzogen von Wasseradern wie Tarn, Garonne und Garonne-Seitenkanal – die berühmten Chasselas-Trauben heranreifen. Im alten Kern der Stadt erhebt sich die ehemalige Abteikirche Saint-Pierre mit ihrem befestigten Glockenturm aus dem 12. Jahrhundert.

Durch das Tourismusbüro hindurch gelangt man zu einem weiteren Glanzstück romanischer Baufertigkeit: dem überwältigend schönen Kreuzgang. Er besticht durch die Leichtigkeit seiner 76 reich geschmückten Arkadenbögen. Zahllose Kriege und Plünderungen setzten den Gebäuden seit ihrer mutmaßlichen Gründung durch einen Benediktinermönch im 7. Jahrhundert stark zu. Die endgültige Zerstörung des Klosters in der Mitte des 19. Jahrhunderts drohte aber von ganz anderer Seite: Alles einschließlich Kreuzgang sollte abgerissen werden, um den Schienen der Eisenbahnstrecke Bordeaux–Sète Platz zu machen, was damals von Denkmalschützern gerade noch verhindert werden konnte. In den beschaulichen Gassen ringsum trifft man heute auf Glasbläser und andere Kunsthandwerker.

KRÄMERSEELEN UND KÜNSTLERNATUREN

Der Handel mit Tuch und Wein ließ vor langer Zeit das benachbarte **Montauban** groß werden. Die mittelalterliche Planstadt und spätere Hochburg des Calvinismus erstreckt sich ebenfalls am Tarn-Fluss, 50 Kilometer von der Metropole Toulouse entfernt. Den Mittelpunkt

ROUTE 12

START- UND ENDPUNKT
Moissac und Lac de Gaube

BESTE JAHRESZEIT
Mai bis Oktober

STRECKENLÄNGE
483 Kilometer

FAHRZEIT
6 bis 9 Tage

MAUTSTRECKEN
keine

Moissac: außergewöhnlich prächtig gestalteter Kreuzgang

153

ROUTE 12

Start
Moissac
Abteikirche Saint-Pierre 72
45
72BIS
72

28 km

Montauban
Place Nationale Ingres-Museum 21
94
13
4

52 km

Toulouse

Handwerk mit Tradition: Glasbläser in Moissac

von Montauban bildet der Place Nationale, umringt von eleganten Häusern aus rosarotem Ziegelstein und Arkaden mit Doppelgalerien. Die gewölbeartigen Gänge sind der Ersatz für überdachte Holzpassagen, die im 17. Jahrhundert zwei Großbränden zum Opfer fielen. Am ersten Pfeiler an der Ecke Rue Malcousinat ist übrigens das Metermaß der Tuchhändler eingelassen. Auch heute noch weht jeden Morgen ein Hauch von historischer Marktatmosphäre über den Platz.

Capitol, so nennt man das stattliche Rathaus in **Toulouse**, ebenso den weitläufigen Platz davor. Namensgeber waren die »Capitouls«, jene Stadträte, die bis zur erstmalig stattfindenden Wahl eines Bürgermeisters im Jahr 1790 die Garonne-Metropole gemeinsam regieren. Die Arkaden um den Capitol-Platz bilden einen stimmungsvollen Rahmen – ganz besonders in den noch immer sehr frequentierten Abendstunden, wenn alle Fassaden in festlichem Lichterglanz erstrahlen. »Rosa Stadt« wird Toulouse indes wegen der auch hier vorherrschenden Backsteinarchitektur genannt. Rund 110 000 Studenten, zahlreiche Musik- und Straßenfestivals tragen zur locker-quirligen Atmosphäre bei. Schicke Läden, gemütliche Bistros, Restaurants und Straßencafés verführen zum stundenlangen Müßiggang, bestehend aus unbeschwertem Bummeln und bewusstem Genießen.

Zu den bedeutendsten Sehenswürdigkeiten der Stadt gehört die Basilika Saint-Sernin mit ihrem markanten, 65 Meter hohen achteckigen Glockenturm; er wurde vor allem in der Region Languedoc oft nachgebildet. Saint-Sernin gilt als eine der schönsten Pilgerkirchen auf dem Weg nach Santiago de Compostela. Neben anderen biblischen Figuren sind hier König David und die Apostel dargestellt. Der große Reichtum von einst resultierte aus dem Handel mit der Färberpflanze Färberwaid. Heute hingegen sichert die Luft- und Raumfahrtindustrie Arbeitsplätze und Wohlstand. Nebenbei bemerkt führt ein herrlicher Radweg am Garonne-Kanal entlang von Moissac nach Toulouse.

Revel ist eine liebenswerte Kleinstadt im Südosten von Toulouse. Sie wurde anno 1342 als Bastide gegründet. Als Bastide bezeichnet man in Okzitanien einen militärisch gesicherten Ort. Seine Besonderheit ist der von Arkaden gesäumte Hauptplatz Philippe VI. de Valois – er gehört zu den größten Frankreichs – mit einer sehr bemerkenswerten Markthalle aus dem 14. Jahrhundert. Diese besitzt einen Turm und trägt ein Dach mit hölzernem Dachstuhl. Die schönen Arkaden rings um den Platz stammen aus dem 17. bis 18. Jahrhundert. In Revel gibt es sehr viele Holz verarbeitende Betriebe – daher spricht man auch von der Hauptstadt der Kunstmöbel.

SCHÖN STANDHAFT, DIE BURG

Das Stadtbild von Foix weiter im Süden, früherer Hauptort der gleichnamigen Grafschaft, wird von einer mächtigen mittelalterlichen Burganlage gekrönt. Diese galt im 12. Jahrhundert als Zentrum der höfischen Welt Okzitaniens. Ein Minnesänger würdigte sie mit dieser Liedzeile: »Die Burg ist so stark, sie verteidigt sich selbst.« Graf Gaston IV. ließ schließlich den runden Turm (Tour ronde)

Durch Toulouse fließt breit die Garonne.

Toulouse
Capitol
Basilika
Saint-Sernin 826
1

52 km

Revel
Place Philippe VI
de Valois
Markthalle
Stausee Saint-
Ferréol 79
126
624
6
28
119
513
13
10
13
113
86 km 1

Foix

SPECIAL

IKONEN DER LUFTFAHRT

Caravelle und Concorde sind Namen, die Flugzeugfans in aller Welt aufhorchen lassen. Die beiden legendären Modelle und weitere Maschinen aus der Airbus-Schmiede wie den A 300 zeigt das neue, großartig gestaltete Musée Aeroscopia. Es befindet sich am Nordende des Flughafens Toulouse-Blagnac. Der 1984 in Betrieb genommene A 300 war das erste Großraum-Flugzeug für Kurz- und Mittelstrecken. Die ausgestellte Concorde diente als Testflugzeug und wurde das ein oder andere Mal für Flüge des französischen Staatspräsidenten genutzt. Weiteres Ausstellungs-Highlight: der Riesenvogel Super Guppy Turbine – speziell gebaut zum Transport von Flugzeugbaugruppen (www.musee-aeroscopia.fr).

ROUTE 12

Foix hielt den Angriffen fast immer stand.

Foix
Burg | 117
73
16 km | 618
Tarascon-sur-Ariège
Parc de la préhistoire | 618
3
60 km
Saint-Lizier
Kathedrale historische Apotheke | 117
133
60H
60
5B
34
26
26D
26
9
57 km | 26
Saint-Bertrand-de-Comminges
Kathedrale Sainte-Marie Kreuzgang | 26A
26
825
125
44B
125
32 km | 125C
Bagnères-de-Luchon

errichten, der das Aussehen der Stadt bis heute prägt. Nur ein einziges Mal fiel die Burg: 1486 durch Johann von Foix-Étampes im Kampf gegen seine Nichte, Königin Katharina von Navarra. Seit 1930 beherbergen die standfesten Mauern ein sehenswertes regionales Geschichtsmuseum.

Gewaltige Schmelzwassermassen schufen in den tiefer gelegenen Pyrenäen-Gebieten zum Ende der Eiszeit unzählige unterirdische Gänge und Höhlen, die später häufig bewohnt wurden. Allein in der Umgebung im nachfolgenden Ort **Tarascon-sur-Ariège** fand man 15 Höhlen mit prähistorischen Wandmalereien. Um diese zu schützen, wurde der Parc de la Préhistoire ins Leben gerufen, wo Kopien der frühen Kunstwerke und multimediale Präsentationen ein Bild der Steinzeit aufzeigen sollen. (www.sites-touristiques-ariege.fr/sites-touristiques-ariege/parc-de-la-prehistoire).

VIEL SONNE, VIEL REGEN

Beim Erlebnispark zweigt eine kurvenreiche Passstraße quer durch das Massif de l'Arize zum 1250 Meter hohen Col de Port ab. Am Weg grüßen die mächtigen Felsen Soudour und Calamès, danach der Zackengrat des häufig verschneiten Pic des Trois Seigneurs (2199 m). Die einzig größere Ortschaft in diesem Gebiet ist wieder im Tal unten das Bergdorf **Massat** mit kanonenbestückter Kirche und kleinen Läden, wo sich die Vorräte im Reisemobil gut mit Herzhaftem aus der Region auffüllen lassen.

Die nächste Stadt heißt **Saint-Lizier**, ihr Wahrzeichen ist die Kathedrale mit achteckigem Ziegelsteinturm. Deren Innenwände schmücken bedeutende romanische Fresken und das Kloster daneben wartet mit einem Kreuzgang mit 32 Arkaden auf, die vor allem durch ihre fein ausgearbeiteten Kapi-

ALTES KULTURLAND AM FUSS GROSSARTIGER GIPFEL

telle bestechen. Beim Bummel durch die beschaulichen Altstadtgässchen käme man nie auf den Gedanken, dass im Ort lange Zeit, nämlich fast 1300 Jahre, Bischöfe regierten, die das Alltagsleben maßgeblich prägten. Ebenfalls wenig bekannt ist, dass alle Sakralbauten und die in Teilen erhaltene römische Stadtmauer zum Weltkulturerbe zählen.

Edle Gefäße, die äußerst fragwürdige Heilmittelchen wie etwa »Hundeöl« (huile de chien) enthielten, reihen sich in der historischen Apotheke; sie gehörte früher zum Hôtel-Dieu der Stadt und kann täglich mit Führung besichtigt werden (Anmeldungen im örtlichen Tourismusbüro). Von der großen Terrasse des Restaurants Le Carré de l'Ange im Palais des Evêques bietet sich im Übrigen ein überwältigender Blick auf Altstadt und Kathedrale. Das Haus offeriert traditionelle Küche auf höchstem Niveau (www.carre-ange.fr).

INTENSIVER GESCHMACK

Traditionell wird in dieser Südecke Frankreichs das Essen in einer Runde mit einem Schluck »Hypocras« eröffnet. Dies ist ein seit dem Mittelalter geschätzter, süßer Gewürz-wein. Als wohl beliebteste Vorspeise in der Region gilt die umstrittene Foie gras, Geflügelstopfleber. Dazu kommen Enten in al-len erdenklichen Zubereitungsarten auf den Tisch: etwa als gegrillte Entenbrust oder -filet, eingelegte Keulen, fein gewürzte Pasteten oder Entenmagen. Zu den gastronomischen Höhepunkten zählt ebenso das Toulouser Cassoulet. Dieser weit über die Grenzen der Region bekannte Eintopf-Klassiker besteht zumeist aus weißen Bohnen, Gänsefleisch, Schweinebauch und Saucisson, der berühmten Knoblauchwurst. Ein echtes Cassoulet muss stundenlang köcheln, bevor es im großen Tontopf serviert wird.

Wasserspiele im »Park der Frühgeschichte«

ROUTE 12

Fette Weide mit glücklichen Kühen bei Mirepoix

Fantastischer Weitblick am Col de Port

In den kühlen Gebirgsflüssen fängt man hauptsächlich Forellen, die vor allem gegrillt köstlich schmecken. Spitzenweine in der Region Midi-Pyrénées, die das begehrte AOP-Zeichen tragen dürfen, heißen: Cahors, Gaillac, Fronton, Madiran und Marcillac. Nach dem Essen mundet vorzüglich ein Armagnac. Der seit vielen Jahrhunderten am Fuß der Berge hergestellte Weinbrand trägt zum ausgezeichneten Ruf der Regionalküche bei.

Die Strecke mit der Straßennummer 618 schlängelt sich nun weiter in Richtung des bekannten Wallfahrtsorts **Saint-Bertrand-de-Comminges**. Er erhebt sich majestätisch auf einer Anhöhe. Gekrönt wird das festungsartige Dorf von der Kathedrale Sainte-Marie. Von deren Kreuzgang mit Klostergarten kann man weit über die Landschaft blicken.

Die gern besuchte Wallfahrtsgemeinde verdankt ihren Aufstieg dem Geistlichen Bertrand de l'Isle, der im 12. Jahrhundert zum Bischof der Region ernannt wurde. Er ließ die Kathedrale bauen und gründete ein Domherrenstift, woraufhin der Zug der Gläubigen und Pilger einsetzte. Auf den Resten eines römischen Gräberfeldes ruht in Sichtweite im Tal die romanische Basilika Saint-Just, die mit eher ungewöhnlichen Stilelementen aufwartet, wie etwa einer nach innen eingebuchteten Apsis (= Raumteil, meist halbkreisförmig).

WIEDER GUT DURCHATMEN

Schwefelhaltiges warmes und heißes Wasser aus den Tiefen der Erde macht ein Stück südlich **Bagnères-de-Luchon** zum bedeutendsten Kurort in den Pyrenäen. Um 1760 erkannte man seine heilsame Wirkung speziell bei Atemwegserkrankungen, woraufhin mondäne Thermenkomplexe errichtet wurden. Diese tragen bis heute wesentlich zum gediegenen Flair Luchons bei. Doch die Quellen sind weitaus länger bekannt: Ihr Wasser mit Austrittstemperaturen zwischen 18 und 66 Grad Celsius wurde bereits in galloromischer Zeit umgeleitet, gemischt und therapeutisch genutzt, wie freigelegte Marmorbecken, Heißluftschächte und Wasserläufe nahelegen. Als die schönsten Gründerzeitvillen im Ort gelten die Villa Edouard (2, Boulevard Edmond Rostand) und die in der Nähe liegende Villa Julia mit Erkern beziehungsweise sechseckigem Turm.

ZUM DAHINSCHMELZEN

Über die Gebirgspässe Col d'Aspin (1489 m) und den berühmten Col du Tourmalet (2114 m) gelangt man nach viel Kurbelei in den wohnmobilfreundlichen Traditionskurort **Cauterets** (2 Stellplätze). Der Ort ist der ideale Ausgangspunkt für Wanderungen in

ALTES KULTURLAND AM FUSS GROSSARTIGER GIPFEL

die Hochpyrenäen. Eines der beliebtesten Routenziele dort ist der Gaube-See. Sein tiefgrün schimmerndes Wasser und die vereisten Gipfel des Vignemale-Massivs im Hintergrund verzückten schon im 19. Jahrhundert Schriftsteller und Landschaftsmaler. Er gehört zu einer ganzen Kette von Bergseen. Seinen Zufluss sichern überwiegend unterirdisch verlaufende Schmelzwasserströme.

Man erreicht das Gewässer nach einer rund dreistündigen Wanderung direkt von Cauterets aus – oder deutlich bequemer und schneller per Seilbahn und anschließendem kurzen Fußmarsch. Um den Lac de Gaube ranken sich sowohl romantische als auch geradezu schaurige Geschichten, wie etwa die eines frischvermählten jungen Paares, das unter mysteriösen Umständen in den unergründlichen Fluten ertrank. Eine weitere klassische Tour dort oben folgt den Spuren einer einst belebten Passstraße, die von Port d'Espagne durch das Marcadau-Tal zur Wallin-Hütte führt. Diese ist jedoch nur im Hochsommer bewirtschaftet.

Wallfahrtsort Saint-Bertrand-de-Comminges mit festungsartiger Kathedrale

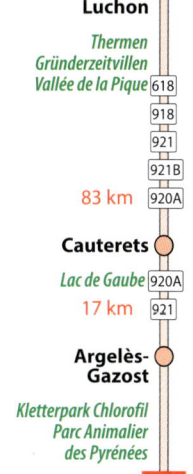

AUSFLUG

VALLÉE DE LA PIQUE

Natur- und Wanderfreunde, die es ins wunderbare Pique-Tal zieht, sollten auf der D 125 kurz hinter Luchon an der Abzweigung zum Lys-Tal zunächst weiterfahren. Darauf folgt das Forst-Laboratorium Maison Forestière de Jouéu, wo man das Fahrzeug abstellen kann. Zu Fuß ist rasch die Hospice de France (1385 m) erreicht. Das historische Gebäude mit der neu gestalteten Gaststube ist seit über 400 Jahren gefragte Station für Reisende. Die Alpe ringsum mit kleinen plätschernden Wasserfällen lädt zu Spaziergängen ein. Trainierte Tourengeher können frühmorgens über den Maultierpfad zum Port de Vénasque (2448 m) weiter hinaufsteigen oder auch zum Pic de Sauvegarde (2738 m), wo sich grandiose Aussichten auf das Maladeta-Massiv eröffnen. Schließlich lockt am Abend das Hospiz mit gutem Essen (www.hospicedefrance.fr).

159

PRAKTISCHE HINWEISE

TOURISTINFORMATIONEN
Office de Tourisme Moissac
Terres des Confluences 1, Boulevard de Brienne, 82200 Moissac, Tel. 05 32 09 69 36, tourisme-moissac-terresdesconfluences.fr

Office de Tourisme de Montauban
1, Place Pénélope, 82000 Moissac, Tel. 05 63 63 60 60, montauban-tourisme.com

Office de Tourisme de Toulouse
Donjon du Capitole, Square Charles de Gaulle, 31080 Toulouse,
Tel. 08 92 18 01 80, www.toulouse-tourisme.com

Office de Tourisme de Foix
29, Rue Théophile Delcassé, 09000 Foix,
Tel. 05 61 65 12 12, www.foix-tourisme.com

Office de Tourisme de Tarascon
Av. Paul Joucla, 09400 Tarascon-sur-Ariège, Tel. 05 61 64 60 60, tourisme-occitanie.com

Office de Tourisme Saint-Girons Saint-Lizier
Quai du Gravier Maurice Gardelle, 09200 Saint-Girons, Tel. 05 6196 26 60, www.tourisme-couserans-pyrenees.com

Office de Tourisme de Bagneres-de-Luchon
18, Allee d'Etigny, 31110 Bagneres-de-Luchon, Tel. 0561792121, www.pyrenees31.com

Office de Tourisme de Cauterets
Place Foch, 65110 Cauterets,
Tel. 05 62 92 50 50, www.cauterets.com

CAMPINGPLÄTZE UND STELLPLÄTZE
Aire de Camping-car L'Abattoir
Rue Garonne, 82400 Valence d'Agen,
Tel. 05 63 39 88 07, https://valencedagen.fr
GPS-Daten: N 44°06'20" E 00°53'09"
Stellplatz für zehn Reisemobile am restaurierten alten Schlachthaus an einem Seitenkanal der Garonne. Im Gebäude (geöffnet von ca. 8.30 bis 19 Uhr) befinden sich Duschen, Aufenthaltsraum und eine Kochgelegenheit. Ganzjährig.

Castelnau-Durban: schöner Stellplatz mitten im Ort unter Bäumen

Aire de Camping-car des Berges du Tarn
281, Chemin de la Rhode, 82200 Moissac,
Tel. 05 63 04 01 85, tourisme-moissac-terresdesconfluences.fr vap-camping.fr/camping-de-toulouse
GPS-Daten: N 44°05'54" E 01°05'38"
43 Stellplätze auf befestigter Fläche zwischen dem Fluss Tarn und einem Kanal, 300 m vom Zentrum entfernt. Strom- und Wasseranschlüsse, Bodeneinlass und Ausguss für Chemietoiletten stehen zur Verfügung. Zahlung erfolgt mit Bank- oder Kreditkarte. Ganzjährig.

Camping Caravaning Le Rupé
21, Chemin du Pont-de-Rupé, 31200 Toulouse,
Tel. 05 61 70 07 35, www.camping-toulouse.com
GPS-Daten: N 43°39'21" E 01°24'56"
Ganzjahres-Campingplatz der Mittelklasse an der N 20 Richtung Montauban in verkehrsreicher Lage, 6 km nördlich des Stadtzentrums. Die Stellplätze liegen meist unter Bäumen. Gegenüber befindet sich ein Freizeitzentrum.

Camping La Tisarne
451, Chemin de la Tisarne, 82370 Campsas,
Tel. 05 63 64 02 75,
https://sites.google.com/site/campinglatisarne
GPS-Daten: N 43°53'46" E 01°18'02"
Kleiner, günstiger Campingplatz mit Standardeinrichtung einschließlich Freibad und Servicestation – umgeben von Rebfeldern. Die Sanitäreinrichtungen sind von 8 bis 22 Uhr geöffnet, dann schließt auch die Schranke bis 8 Uhr. Ganzjährig.

Parking Centre Ville
D 117, 09420 Castelnau-Durban,
Tel. 05 61 96 34 33
GPS-Daten: N 42°59'59" E 01°20'25"
Stellplatz für zehn Fahrzeuge auf charmantem Dorfplatz unter dichten Laubbäumen an der Durchgangsstraße am kleinen Fluss Arillac. Stromanschlüsse, Toiletten und Grillplatz sind vorhanden, Entsorgung ist möglich. Das Zentrum mit Restaurants und Geschäften befindet sich gegenüber. Ganzjährig.

Yelloh! Camping Village Le Pré Lombard
Avenue de l'Ayroule, 09400 Tarascon-sur-Ariège,
Tel. 05 61 05 61 94, www.prelombard.com
GPS-Daten: N 42°50'23" E 01°36'43"
Zentrumsnaher Komfortplatz (mit vielen Mietunterkünften) am Fluss Ariège. Das ebene Wiesengelände bietet neben dichtem Baumbestand stellenweise

Archäologische Schätze im Ingres-Museum

schönen Bergblick. Zur Ausstattung gehören unter anderem Freibad, Restaurant und Kiosk. Angeboten werden des Weiteren Animation, Abendveranstaltungen und geführte Sportaktivitäten aller Art einschließlich Paragliding. März bis Anfang Oktober.

Camping Pradelongue
Moustajon, 31110 Luchon,
Tel. 05 61 79 86 44, www.camping-pradelongue.com
GPS-Daten: N 42°48'30" E 00°35'52"
Lang gestrecktes Gelände, parkähnlich mit Hecken und Bäumen angelegt. Schöner Blick auf die umliegenden Berge. Freibad, überdachter Outdoor-Fitnesspark, Grillplatz und Aufenthaltsraum sind vorhanden. April bis Ende September.

Aire de Camping-car Le Pibeste
16, Avenue du Lavedan, 65400 Agos-Vidalos,
Tel. 01 83 64 69 21, www.campingcarpark.com
GPS-Daten: N 43°02'08" W 00°04'15"
Komplett ausgestatteter Stellplatz der Campingcarpark-Gruppe für 30 Fahrzeuge. Ganzjährig.

Camping de la Fôret
Route de la Fôret, 65100 Lourdes,
Tel. 05 62 94 04 38, www.campingplatz-lourdes.camping-hautes-pyrenees.com
GPS-Daten: N 43°05'45" W 00°04'33"
Von einem jungen Ehepaar mit Herzblut geführter Platz auf einem 4 ha großen naturnahen Grundstück am Waldrand von Lourdes, 2 km außerhalb des Ortes. 98 Stellplätze stehen zur Verfügung, ferner ein Freibad, ein kleines Restaurant und ein renaturiertes Waldstück zur Erholung. April bis Oktober.

13 AUF DEN SPUREN DES »RITTERS VON DER TRAURIGEN GESTALT«

Zentralspanien: über Salamanca, Segovia, Madrid und Toledo nach Consuegra

Die Regionen Kastilien-Léon, Madrid, Toledo, Kastilien-La Mancha bilden – abgesehen von der Hauptstadt – einen besonders ruhigen Teil des Landes. Kastilien-Léon begeistert mit weiten Ebenen, oft verschneiten Berggipfeln, komplett erhaltenen Mittelalterperlen, Märchenburgen und gutem Essen. »Das Leben genießen« ist auch das Motto der Madrilenen. Ihre Stadt gilt als Trendsetter, Sitz erstklassiger Kunstmuseen und Dorado der Nachtschwärmer. Das alte Toledo steht ebenfalls in dem Ruf, eine tolerante Metropole zu sein. Äußerst spektakulär erhebt sie sich über dem Río Tajo.

Plaza del Azoguejo in Segovia mit dem einzigartigen römischen Viadukt

AUF DEN SPUREN DES »RITTERS VON DER TRAURIGEN GESTALT«

DURCH ZENTRALSPANIEN

»In einem Ort in der Mancha, an dessen Namen ich mich nicht erinnern möchte ...« – ein wenig geheimnisvoll klingen die Anfangsworte im berühmten Werk des Schriftstellers Miguel de Cervantes (1547–1616) über den Junker Don Quijote, der als angeblicher Ritter abenteuersuchend in die weite Welt aufbricht.

Kastilien-La Mancha heißt heute jene spanische Autonome Gemeinschaft, die sich östlich und südlich von Madrid erstreckt. Ausgangspunkt dieser Tour durch Zentralspanien ist **Salamanca**, ein gutes Stück im Nordwesten und Hauptstadt der ebenso bezeichneten Provinz in der Region Kastilien und León.

Die markante Stadtsilhouette von Salamanca – sie erscheint am schönsten vom linken Ufer des Río Tormes aus – bestimmen die beiden gewaltigen, ineinandergebauten Kathedralen. Im Jahr 1513 begann Juan Gil de Hontañón mit dem Bau der **Neuen Kathedrale** (Catedral Nueva). Sie wurde erst 1733 vollendet. Das stattliche Gotteshaus vereinigt viele verschiedene Stilrichtungen wie Renaissance oder Barock, bestimmend aber sind die gotischen Formelemente.

Über das rechte Seitenschiff gelangt man in die romanische **Alte Kathedrale**. Der Besuch der Kathedralen ist kostenpflichtig; Öffnungszeiten und nähere Informationen unter http://catedralsalamanca.org.

HÖHERE LEHRANSTALT

Alle historischen Bauwerke in der Stadt bestehen aus dem goldgelb leuchtenden Stein aus Villamayor. Weltruf erlangte Salamanca durch Alfons VI. von León, der 1215 die Uni-

ROUTE 13

START- UND ENDPUNKT
Salamanca und Consuegra

STRECKENLÄNGE
414 km

FAHRZEIT
5 bis 8 Tage

MAUTSTRECKEN
AP-6, AP-51, AP-61 auf Teilstücken

BESTE JAHRESZEIT
Mai und September

Salamanca – erbaut aus goldgelbem Villamayor-Stein

163

ROUTE 13

Start: Salamanca
Plaza Mayor
Casa de las Conchas
Universität
Alte und Neue Kathedrale
N501
21 km CL510

Alba de Tormes
Grab von Teresa de Ávila
Salida 114

CL610
A50
92 km N501

Ávila

versität gründete. Die Hochschule stand in ihrem Ansehen den Universitäten in Bologna, Paris oder Oxford in nichts nach. Sie zählte im 16. Jahrhundert über 7000 Studenten – unter ihnen auch der spätere Schriftsteller Cervantes. Zu seiner Zeit lehrten unter anderem der Dichter und Humanist Fray Luis de Léon und der Mystiker Juan de la Cruz, den die katholische Kirche als Heiligen verehrt.

Eine Besonderheit unter den vielen Museen Salamancas stellt das **Museo Art Nouveau y Art Déco Casa Lis** dar. Die beeindruckende Kunstsammlung umfasst zum Beispiel Skulpturen, Artdéco und Jugendstilobjekte, Spielzeug des Teddy-Erfinders Steiff, Porzellan aus Limoges oder eine Vielzahl von Kinderpuppen aus dem 19. Jahrhundert (www.museocasalis.org/nuevaweb). Zweistündige kostenpflichtige Stadtführungen starten täglich am Vormittag vor der Touristeninformation an der Plaza Mayor, freitags zusätzlich am Abend sowie mehrmals an Samstagen.

THERESA UND JOHANNES

Gut 20 Kilometer südöstlich erhebt sich auf einem Hügel am Fluss Tormes das hübsche Mittelalterstädtchen **Alba de Tormes**, einer der großen Wallfahrtsorte in Spanien. Denn hier in der **Kirche des Karmeliterklosters** befindet sich das Grab der heiligen Teresa von Ávila (1515–1582). Am schönen Hauptplatz steht die Backsteinkirche **San Juan** im romanisch-byzantinischen Stil (12. Jh.), die mit prächtigem Altarbild und romanischen Apostelfiguren besticht. In den Gassen findet man noch ein paar alte Keramikwerkstätten, darunter in der Calle Cuesta del Castillo und der Calle Puerco.

Ávila, Hauptstadt der gleichnamigen Provinz in Kastilien-León, zählt wegen ihrer gewaltigen, noch vollständig intakten Befestigungsanlage (11. Jh.) heute zum UNESCO-Weltkulturerbe. Die Stadtmauer mit ihren 88 Türmen gehört gar zu den weltweit besterhaltenen aus dem Frühmittelalter. Ávilas faszinierende Silhouette ragt inmitten einer baumlosen, in über 1100 Meter Höhe gelegenen Hochebene empor.

RAUS IN DEN SCHNEE

Das Skigebiet **Puerto de Navacerrada** (1860 bis 2200 m) in der Sierra de Guadarrama liegt denn auch nur rund eine Fahrstunde von Ávi-

Völlig erhalten: Stadtmauer in Ávila

la entfernt. Mit 9,1 Pistenkilometern ist der Ort eines der kleinsten Reviere im Land – und dennoch ein bevorzugtes Wochenendziel der Brettl-Fans im Dreieck Ávila-Segovia-Madrid.

Ohne Zweifel ist Ávila eine ausgiebige Erkundung wert. Die Stadt ging aus dem römischen Avela hervor. Die nach der Reconquista sich hier niederlassenden Adligen führten zum Namen »Ávila de los Caballeros«, frei übersetzt »ritterliches Ávila«. Die Blütezeit im 16. Jahrhundert stand ganz im Zeichen der heiligen Teresa. Von jahrelanger schwerer Krankheit genesen, reformierte sie ihren Orden der »Unbeschuhten Karmeliterinnen« und errichtete mehrere Klöster. Teresa wurde 1622 heiliggesprochen, 40 Jahre nach ihrem Tod – sie gilt als die größte christliche Mystikerin. Ihre Wirkungsstätten in der Stadt, einschließlich barockisiertem Geburtszimmer, lassen sich auf einem Rundgang erkunden; den Plan bekommt man im Tourismusbüro.

STEINE, HOLZ UND SILBER

Es waren maurische Gefangene, welche die 2557 Meter lange, etwa zwölf Meter hohe und drei Meter dicke Befestigungsmauer Ávilas bauen mussten. Neun Stadttore gewähren Zutritt. Die Verteidigungsanlage verfügt über drei kostenpflichtige Besuchereingänge (www.murralladeavila.com). Ein Bestandteil des östlichen Mauerrings ist die gewaltige Kathedrale **San Salvador**, deren Bau im Jahr 1091 begonnen wurde. Die Arbeiten dauerten fast 300 Jahre.

Nach dem Sightseeing empfiehlt sich eine Einkehr zum Beispiel in das Restaurant Mesón del Rastro, das der Höhenlage entsprechend unter anderem mit Spanferkel und deftigen Bohnengerichten aufwartet. Ein beliebtes Dessert ist der Flan des Hauses (www.elrastroavila.com). Gelegentlich trifft man im Geviert auf die sogenannten »tunas« – Studenten in rot-weißen Trachten, die Lauten zupfend und Lieder singend durch die Gassen ziehen. Außerhalb der Stadtmauer befindet sich die romanische **Basilica de San Vicente** (12. Jh.) mit fein gearbeiteten Skulpturengruppen.

SOLIDE GEBAUT

Beim Eintreten in die Altstadt von **Segovia** kommen viele Besucher aus dem Staunen nicht mehr heraus: Über ihren Köpfen spannt sich ein 28 Meter hoher und 276 Meter langer Teilabschnitt des **römischen Aquädukts** mit 44 doppelstöckigen Bogen. Insgesamt besteht das Bauwerk, welches das Tal überquert und zur Oberstadt führt, aus 163 Bogen; seine Gesamtlänge beträgt 813 Meter. Es ist damit das größte römische Monument in Spanien, noch vor jenen großen in Tarragona und Lugo. Die Granitquader sind ohne Mörtel und Klammern aufeinandergeschichtet. Der Aquädukt wurde wahrscheinlich 98 nach Christus unter Kaiser Trajan fertiggestellt und sicherte seither die Wasserversorgung der Stadt – bis zu seiner Schließung im Jahr 1974. Die 18 Kilometer lange, aus den Bergen führende Zuflussleitung ist ausgetrocknet. Auf einem steilen Felskamm ragt zwischen

Klein, aber fein: Skigebiet Puerto de Navacerrada

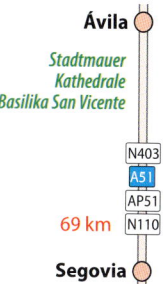

Die maximale Höhe des Aquädukts in Segovia beträgt 28 Meter.

den Flüssen Eresma und Clamores die stolze Burg auf. Sie ist ein Musterbeispiel einer **kastilischen Festung**. Mehr als 150 Stufen führen hinauf zur Plattform mit faszinierendem Ausblick über die Stadt. Da die Inneneinrichtung 1862 bei einem Brand größtenteils zerstört wurde, ließ Heinrich IV. unter anderem den Thronsaal mit Königsgalerie und vergoldeter Sternendecke neu ausstatten.

NACH ALTER SITTE

Am höchsten Punkt der Altstadt Segovias prangt die **Kathedrale** mit 100 Meter hohem Glockenturm (16. Jh.). Die spätgotische Basilika gefällt durch ihren hellen, großen Innenraum und prächtige Glasgemälde. Segovias kulinarische Spezialität ist im Übrigen Spanferkel aus dem Backofen (»cochinillo asado«) – traditionell serviert bekommt man es, das heißt auf einem Teller zerteilt, zum Beispiel im Restaurant Mesón de Cándido (www.mesondecandido.es).

Auf einer Terrasse am Südhang der Sierra Guadarrama wacht das monumentale Klosterschloss **El Escorial**. Nach dem Sieg über die Franzosen im Jahr 1557 gelobte Philipp II. den Bau eines Klosters. Die Außenanlage des Monasterio de San Lorenzo de El Escorial gibt sich nüchtern wie eine Kaserne. Der riesige Komplex (161 × 204 m) im Stil der spanischen Renaissance fungierte später als königliche Sommerresidenz; er birgt Kirche, Kloster, Palast und vieles mehr. Diese Zahlen beeindrucken besonders: Die Anlage umfasst 2673 Fenster, 1250 Türen und 16 Kilometer Gänge.

Der **Palacio Real** begeistert im Bourbonentrakt mit vielerlei kostbaren Einrichtungsgegenständen, darunter Wandteppiche aus der königlichen Santa-Bárbara-Manufaktur (Öffnungszeiten und nähere Informationen zu El Escorial unter www.patrimonionacional.es).

ATTRAKTIVE METROPOLE

Unsere Weiterreise führt uns nach **Madrid**. Die Hauptstadt Spaniens sei leidenschaftlich, betörend, trendy ... stimmt. In keiner anderen Stadt Spaniens findet man so viele Museen mit hochkarätigen Kunstschätzen, charmante Cafés, traditionelle Speiselokale und urige Tapas-Bars – kurz: Lebensfreude. Müßiggang, Hektik und Lärm liegen eng beieinander.

Die Straßen sind oft verstopft. Daher sollte man die Fahrt mit dem Wohnmobil ins Zentrum wenn möglich meiden. Im engsten Kern ist zudem eine Umweltplakette erforderlich (siehe Seite 330). Elf Metro-Linien verkehren

AUF DEN SPUREN DES »RITTERS VON DER TRAURIGEN GESTALT«

zwischen 6.00 und 1.30 Uhr. Es gibt Einzel- und Zehnfahrtenkarten. Mehr als 150 Buslinien und 20 Nachtlinien sind werktags im Einsatz. Nur an Sonn- und Feiertagen sind es deutlich weniger. Beispielsweise kaum mehr als eine halbe Stunde Fahrtzeit benötigt man mit Bus und Metro von **Camping Madrid Arco Iris** in der westlichen Vorstadt **Villaviciosa de Odón** bis zum Bahnhof Príncipe Pío, nur ein paar Schritte von der Altstadt entfernt.

Die Höhenlage der Stadt (655 m) und die große Entfernung zum Atlantik und Mittelmeer führen zu starken Temperaturschwankungen zwischen Tag und Nacht (Erkältungsgefahr!). Die Sommer sind meist brütend heiß, die Nächte im Winter, vor allem im Dezember und Januar, manchmal klirrend kalt. Bis weit in den November kann es tagsüber noch sehr warm sein. Weht der Wind aus den Bergen, ist die Luft klar und schneidend.

Das Zentrum von Stadt und Land ist die **Puerta del Sol**, das »Sonnentor«. Dieses dem Platz namengebende sechstürmige Tor gibt es nicht mehr. Es ist Kilometer null für alle Straßen, die ins Land führen. Die Metrolinien 1, 2 und 3, Hauptstraßen und die wichtigsten Busstrecken treffen hier aufeinander. Nicht weit davon ist in einem Barockpalast die Madrider **Kunstakademie** untergebracht. Die Ausstellungen zeigen Werke von Größen wie El Greco, Goya und Rubens (im August geschlossen; www.realacademiabellasartes-sanfernando.com).

TREFFPUNKT – DAMALS WIE HEUTE

Ab den Mittagsstunden bis weit in die Nacht kommen die Menschen aus allen Teilen der Welt auf der **Plaza Mayor** zusammen. Früher kamen sie, um bei Pferderennen, Stier- und allerlei anderen Wettkämpfen mitzufiebern – oft auch, um Prozessen beizuwohnen und sich an Hinrichtungen zu ergötzen. Heute genießt man einfach die einzigartige Atmosphäre; unzählige Restaurants, Bars und Terrassencafés werden umgeben von einem stilvoll gestalteten, arkadengesäumten Häuserensemble.

Über die Treppe des **Arco de Cuchilleros** gelangt man auf der Calle de Toledo zur Granitkirche **San Isidro Labrador** (17. Jh.), einst Hauptkirche. 300 Meter südlich findet jeden Sonntag der El Rastro statt, Madrids berühmter bunter (Floh-)Markt für Waren aller Art.

Äußerst prunkvoll ausgestattet ist der **Palacio Real** im Westen der Altstadt. Felipe V. ließ den Repräsentativbau anstelle der 1734 abgebrannten Festung errichten. Die Bauarbeiten dauerten 26 Jahre. Die Königsfamilie bewohnte das Schloss bis zur Abdankung von Alfonso XIII. im Jahr 1931. Der amtierende Monarch Felipe VI. lebt außerhalb im kleinen Schloss La Zarzuela; der Palacio

Kleines Straßencafé in der Calle Toledo in Madrid

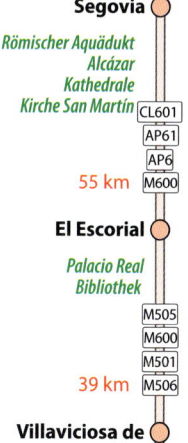

SPECIAL

ETWAS SÜßES GEFÄLLIG?

Die Spanier sehen traditionell ihre Beziehung zur Kirche und deren Heiligen sehr entspannt. Daher überrascht es nicht, dass man an jeder Ecke in Ávila auf die heilige Teresa trifft, besonders beim Bäcker in Form einer süßen Knabberei unter dem Namen »Yemas de Santa Teresa«. Es ist wohl das berühmteste Konditoreiprodukt, das die Region Kastilien-León hervorgebracht hat. Es ist rund geformt und dottergelb gemäß der Hauptzutat – innen zart und mit knusprigem Zuckerguss überzogen.

Plaza Mayor in Madrid; sie gilt als Spaniens schönster Platz.

Real dient heute nur noch für Staatsempfänge (www.patrimonionacional.es).

Unangefochtenes Wahrzeichen ist die **Kathedrale**, erbaut zwischen 1227 und 1493. Sie bildet mit jenen in Burgos und Sevilla die »Großen Drei«. Die Glocke (1753) im 90 Meter hohen Nordturm wiegt beachtliche 14,5 Tonnen. Drei reich verzierte gotische Portale bestimmen die Hauptfassade.

MUSEEN VON WELTRUF

Im 18. Jahrhundert wurde der **Paseo del Prado** geschaffen. Entlang dieser Flaniermeile reihen sich Museen und Kunstgalerien auf. Die beiden berühmtesten Sammlungen sind das **Museo Nacional del Prado** und das **Museo Nacional Thyssen-Bornemisza**. Der Prado ist eine der ältesten und berühmtesten Gemäldegalerien der Welt – gegliedert in spanische und flämische, niederländische und deutsche sowie italienische und französische Malerei. Ebenso bedeutend ist das andere Haus. Baron Heinrich Thyssen-Bornemisza und sein Sohn Hans Heinrich lieferten den Grundstock für das Museum. 1992 kaufte der Staat ihre Sammlung. Sie umfasst etwa 1000 Werke, darunter von Goya, Picasso und van Gogh. Das **Museo Nacional Centro de Arte Reina Sofía** präsentiert überwiegend Arbeiten von spanischen Künstlern. Absolutes Glanzstück: Pablo Picassos weltberühmtes Antikriegsgemälde »Guernica«. Für diese drei Museen ist an allen Kassen ein Sammelticket erhältlich (www.museodelprado.es, www.museothyssen.org, www.museoreinasofia.es). Schinken und Würste vom Schwein sowie Käse sind indes im **Museo del Jamón** in der Altstadt zu bewundern – und dort natürlich auch käuflich zu erwerben.

In Madrid gibt es noch viele Traditionscafés, wie das Comercial oder das Café del Circulo de Bellas Artes. Altehrwürdige Bistrotische aus Marmor laden ins Gijón ein, das noch einzig existierende der früheren Literatencafés. Gediegen und gut essen kann man in jedem Fall unter anderem im Botín, Madrids ältestem Restaurant (1725) und im La Bola, wo man angeblich den besten Eintopf serviert bekommt (www.labola.es).

FRIEDE UNTER DEN VÖLKERN

Die Bauten von **Toledo**, eine der ältesten Städte im Land, türmen sich hoch über ei-

Villaviciosa de Odón

Camping Madrid Arco Iris
Plaza Mayor
Palacio Real
Museen Thyssen-Bornemisza del Prado und Nacional
Centro de Arte Reina Sofía M506
Altstadtlokale M50
74 km A42

Toledo

AUF DEN SPUREN DES »RITTERS VON DER TRAURIGEN GESTALT«

ner Flussschleife des Río Tajo. Sie war die Hauptstadt der iberischen Carpetaner. 192 vor Christus eroberten die Römer den Ort und nannten ihn Toletum. Toletum wurde 534 wiederum Hauptstadt, diesmal die der Westgoten. Das maurische Tolaitola war Sitz eines Emirs und selbstständiges Königreich, Taifa genannt. Die Herstellung von Waffen, Seide und Wolle brachte den ersten Wohlstand. Berühmt vor allem sind die Toledaner Stahlklingen. Ab 1087 regierten die Könige von Kastilien; sie machten Toledo zum religiösen Zentrum Spaniens. Im Mittelalter steht die Stadt für ein friedliches Miteinander von Christen, Juden und Mauren. Im 16. Jahrhundert lebte und arbeitete dort El Greco (1541–1614), das aus Griechenland stammende künstlerische Multitalent.

Unangefochtenes Wahrzeichen ist die Kathedrale (Bauzeit: 1227–1493). Sie bildet mit jenen in Burgos und Sevilla die »Großen Drei«. Die Glocke (1753) im 90 Meter hohen Nordturm wiegt beachtliche 14,5 Tonnen. Drei reich verzierte, gotische Portale bestimmen die Hauptfassade. Am mittleren großen schuf Hans der Deutsche (Juán Alemán) eine Darstellung von Maria, als sie dem heiligen Ildefonso ein Messgewand übergibt. Besonders sehenswert im Innern ist das aus Walnussholz geschnitzte Renaissance-Chorgestühl. Das riesige Altarbild in der Capilla Mayor schildert Szenen aus dem Neuen Testament.

GROSSE JÜDISCHE VERGANGENHEIT

El Grecos Schaffenskraft ist im **Museo del Greco** zu bewundern. Es zeigt Originalgemälde, darunter »San Bartolomé«, »Las Lágrimas de San Pedro« (»Die Tränen des Heiligen Petrus«) und eine Toledo-Ansicht. In der Nähe befindet sich die **Sinagoga del Tránsito** (1366). Den einschiffigen Raum schmücken umlaufende hebräische Schriftzeichen mit Lobpreisungen, Zackenbogenfenster und Zedernholzdecke. Das angeschlossene **Museo Sefardí** stellt die Geschichte und Kultur der Juden in Spanien dar (www.culturaydeporte.gob.es). Der spätgotische Kreuzgang im benachbarten Franziskanerkloster **San Juan de los Reyes** gilt als eine der schönsten Schöpfungen dieses Stils in Spanien.

Vom Tajo-Ufer gegenüber bietet sich der prächtigste Ausblick auf die Stadt, deren gelbe Fassaden in den Abendstunden rotgolden zu leuchten beginnen. An der Straße reihen sich einige Aussichtspunkte aneinander, die man auch mit dem Wohnmobil gut anfahren kann. Camping El Greco, der einzige Platz in und um Toledo, liegt ebenfalls erhöht etwas außerhalb. Der Fußweg zur Innenstadt beträgt 30 Minuten.

DON QUIJOTES ANGEBETETE

Von Toledo ist es nicht mehr weit nach **Consuegra** in der La Mancha. Über dem Ort prangt erhaben die restaurierte Burg – und hier stehen auch jene elf Windmühlen, gegen die Don Quijote erfolglos ankämpfte. Die Dörfer wirken von oben betrachtet wie weiße Flecken in öder, staubiger Umgebung.

Immer am letzten Wochenende im Oktober kommt Farbe ins Spiel: Die Einheimischen feiern neben der einzigen noch funktionierenden Windmühle die Safranernte. Zu den Programmpunkten gehören auch ein Wettkampf der Safranpflücker und Folkloredarbietungen im großen Festzelt in der Altstadt. Ein bunter Jahrmarkt schließt sich an.

Toledo
Kathedrale
Museo del Greco
Mirador überm Tajo

64 km | N400 / CM42

Consuegra
Windmühlen
Safranfest

»Es sind Riesen«, sagte einst Don Quijote zu Sancho Pansa.

169

PRAKTISCHE HINWEISE

TOURISTENINFORMATIONEN

Oficina de Turismo de Salamanca
Plaza Mayor, 32, 37002 Salamanca,
Tel. 09 23 21 83 42, www.salamanca.es

Oficina de Turismo de la Junta de Castilla y León
Calle de San Segundo, 17, 05001 Ávila,
Tel. 09 20 21 13 87, www.turismocastillayleon.com

Oficina de Turismo de Ávila
Avenida de Madrid, 39, 05001 Ávila,
Tel. 09 20 35 40 00,
www.avilaturismo.com

Oficina de Turismo de Segovia
Plaza Azoguejo, 1, 40001 Segovia,
Tel. 09 21 46 67 20, www.turismodesegovia.com

Centro de Turismo Plaza Mayor
Plaza Mayor, 7J (Casa de la Panaden'a),
28012 Madrid, www.esmadrid.com/centros-de-informacionturistica

Oficina de Turismo de Toledo
Paseo Merchan, s/n, 45003 Toledo, Tel.:
09 25 21 10 05, www.turismo.toledo.es

Oficina de Turismo de Consuegra
Avenida Castilla la Mancha, Molino de Viento »Bolero«, 45700 Consuegra,
Tel. 09 25 59 31 18, www.consuegra.es

CAMPING- UND STELLPLÄTZE

Camping Ruta de la Plata
Camino Alto a los Villares, s/n,
37184 Salamanca, Tel. 09 23 28 95 74, www.campingrutadelaplata.com
GPS-Daten: N 40°59'59" W 05°40'44"
Kleiner, ganzjährig geöffneter und engagiert geführter Campingplatz in Autobahnnähe mit guten Busverbindungen in die Stadt. Es stehen zur Verfügung: Imbiss, Freibad und Aufenthaltsraum.

Camping Regio
Carretera Ávila-Madrid, Km 4, 37900 Santa Marta de Tormes bei Salamanca,
Tel. 09 23 13 88 88, www.campingregio.com
GPS-Daten: N 40°56'57" W 05°36'55"
Der komfortable Platz gehört zu einem Hotelkomplex nahe der historischen Altstadt (4 km). Das öffentliche Schwimmbad hat von Anfang Juni bis Anfang September geöffnet. Daneben gibt es zwei Tennisplätze und weitere Sportfelder. Das Angebot umfasst auch Restaurant, Imbiss und WLAN. Es besteht freie Stellplatzwahl. Ganzjährig.

Parking Palacio de Congresos
Paseo de Santa María de la Cabeza, s/n,
05001 Ávila, Tel. 09 20 22 59 69,
www.avilaturismo.com
GPS-Daten: N 40°39'39" W 04°42'16"
Der Stellplatz ohne Serviceeinrichtungen ist Teil eines Großparkplatzes; von ihm bietet sich am Abend ein schöner Blick auf die festlich beleuchteten Mauern und Türme der Altstadt. Ganzjährig.

Camping El Acueducto
Carretera de La Granja, Km 112,
40006 Segovia, Tel. 09 21 42 50 00, www.campingacueducto.com
GPS-Daten: N 40°55'53" W 04°05'32"
Solide eingerichteter Campingplatz auf 1000 Meter Meereshöhe am östlichen Stadtrand, direkt an der Zufahrtsstraße. Der römische Aquädukt, die Hauptsehenswürdigkeit der Stadt, liegt etwa drei Kilometer entfernt. Imbiss und Freibad sind vorhanden. Mitte März bis Mitte Oktober.

Willkommen auf Camping El Greco in Toledo

Camping El Escorial
Carretera M-600, Km 3,5,
28280 El Escorial, Tel. 09 18 90 24 12,
www.capfun.com
GPS-Daten: N 40°37'34" W 04°06'00"
Großflächiges, sehr gut ausgestattetes Areal (30 ha) mit Laubbäumen. Das Freibad verfügt über einen Lift für mobilitätseingeschränkte Personen. Zum weiteren Angebot zählen unter anderem Sportfelder, Spielplatz und Diskothek. Die Platzgebühren sind im Voraus zu entrichten. Ganzjährig.

Camping Madrid Arco Iris
Carretera Villaviciosa-Boadilla M-501,
Km 7,1, 28670 Villaviciosa de Odón,
Tel. 09 16 16 03 87,
www.campingmadridarcoiris.com
GPS-Daten: N 40°22'55" W 03°54'29"
Gute Innenstadtverbindungen mit Bus und Metro bis Mitternacht sowie komfortable Einrichtungen machen diesen Platz attraktiv. Die größtenteils neu angelegten Stellplätze für Touristen liegen im oberen Hangbereich. Am Eingang an der Schnellstraße befinden sich Freibad, Supermarkt und Restaurant-Cafeteria. Mitte Januar bis Ende November.

Área de Pinto
Calle Poeta José Hierro, s/n, 28320 Pinto,
Tel. 09 12 48 37 00, www.ayto-pinto.es
GPS-Daten: N 40°14'18" W 03°41'28"
Stellplatz für 45 Wohnmobile auf Asphalt an einem Einkaufszentrum mit Tankstelle, Ver- und Entsorgung – 30 Bahnminuten von Madrids Innenstadt entfernt. Die maximale Aufenthaltsdauer beträgt 72 Stunden. Ganzjährig.

Camping El Greco
Carretera CM-4000, Km 0,7, 45004 Toledo,
Tel. 09 25 22 00 90, www.campingelgreco.es
GPS-Daten: N 39°51'55" W 04°02'50"
Ausreichend große, mit Hecken abgegrenzte und gekieste Parzellen kennzeichnen diesen Platz, der sich auf einem flachen Bergrücken etwas außerhalb der Stadt erstreckt. Mittelhohe Laubbäume spenden Schatten. Die sanitären Einrichtungen wurden zur Saison 2018 neu renoviert, das Freibad (Juni bis September) ist öffentlich. Zu Fuß benötigt man etwa 30 Minuten nach Toledo, meist stündlich verkehrt ein Bus.
Ganzjährig.

14 REIZVOLLE SCHÄTZE UNTER SPRÖDER OBERFLÄCHE

Von der Costa Cálida und Costa de Almería nach Granada und in die Sierra Nevada

Ihr rauer Charme unterscheidet die Costa Cálida, die »warme Küste«, von den zanderen Meerregionen Spaniens. Schon die antiken Völker schürften hier Erze. Ob der heilige Jakobus im heutigen Cartagena an Land ging, ist strittig. In jedem Fall deuten viele Funde auf eine bewegte Vergangenheit hin. Die Landschaft ist, vom kurzen Frühling abgesehen, meist karg, aber reizvoll. Bettenburgen fehlen. Beides gilt insbesondere für den Naturpark Cabo de Gata, der sich in Andalusien anschließt und die Südostspitze des Landes bildet. Durch seine Vulkanlandschaft führen herrliche Wanderwege; sie beginnen oft direkt am Campingplatz.

Nur im Winter offen: Camperpark Oasis Al Mar in Vera

REIZVOLLE SCHÄTZE UNTER SPRÖDER OBERFLÄCHE

STADT MIT GESCHICHTE

In der Absicht, Spanien zu missionieren, soll der Apostel Jakobus einer Überlieferung nach mit dem Schiff aus dem Heiligen Land in **Cartagena** angelegt haben. Glaubhafte Belege gibt es dafür nicht.

Wichtig wurde Cartagena erst im 18. Jahrhundert, als Carlos III. den Ort zu einem führenden Marinestützpunkt ausbauen ließ – unter anderem mit riesiger Festung, zu der man heute bequem über einen Panorama-Aufzug gelangt. Vom **Castillo de la Concepción** bietet sich ein weiter Ausblick über die Stadt. Etwa vier Kilometer südlich erstreckt sich die Badebucht **Cala Cortina** mit grobem Sand, wo sich auch das beliebte Restaurant Mares Bravas befindet (www.maresbravas.es).

KRIEG UND FRIEDEN

Cartagenas Sehenswürdigkeiten liegen alle in der Altstadt; sie sind gut zu Fuß erreichbar. Doch sollte man sie aufgrund der zahlreichen Einbahnstraßen und der angespannten Parkplatzsituation nicht mit dem Wohnmobil anfahren. Am Westende der Promenade steht das **Monumento de los Héroes de Cavite**, das an die Gefallenen des Spanisch-Amerikanischen Krieges von 1898 erinnert. Hinter der

ROUTE 14

START- UND ENDPUNKT
Cartagena und Güéjar Sierra

STRECKENLÄNGE
516 km

FAHRZEIT
5 bis 8 Tage

MAUTSTRECKEN
keine

BESTE JAHRESZEIT
Oktober bis Mai

Willkommen, tritt ein! Plaza del Ayuntamiento in Cartagena

ROUTE 14

Cartagena — Start
Castillo de la Concepción
Calle Mayor
Alte Kathedrale
Amphitheater E22
Museo Romano E16
23 km E22

Isla Plana
Camping Los Madriles E22
6 km N332

Puerto de Mazarrón
Hafenpromenade
Bolnuevo
D6
N332
MU603
RM3
C3315
A7
55 km 340a

Lorca
Castillo
Plaza de España

36 km RM11

Águilas

Isla Plana:
hohe Felsen statt Hochhäuser

Modernisme-Bau in der Calle Mayor

Säule eröffnet sich die weitläufige **Plaza del Ayuntamiento** mit dem opulent dekorierten Jugendstil-Rathaus an der Spitze; es markiert den Eingang zur freundlichen Fußgängerzone **Calle Mayor**. Diese säumen gemütliche Lokale und mehrere Modernisme-Bauten, wie etwa das Gran Hotel von 1907 oder die **Casa Cervantes** (Hausnummer 15) – entworfen um 1900 vom Gaudí-Schüler Víctor Beltrí.

Verlässt man den Rathausplatz in Richtung Osten, gelangt man sehr bald zur Ruine der Alten Kathedrale **Santa María la Vieja** (13. Jh.), die im Spanischen Bürgerkrieg zerstört wurde; die Kirche wird zurzeit restauriert. Daneben prangt das römische Amphitheater aus der Zeit von Kaiser Augustus, das zwischen 1998 und 2003 freigelegt wurde. Es bot einst Platz für 6000 Zuschauer.

Etliche weitere Museen in der Stadt widmen sich ebenfalls vorrangig dem Thema Ausgrabungen. So präsentiert etwa das **Museo de Arqueología Subacuática** antike Fundstücke aus dem Meer vor Cartagenas Küste, darunter römische und griechische Amphoren.

Am Jachthafen wurde eine schöne **Flaniermeile** geschaffen. Dort ist auch eines der ersten Unterseeboote zu sehen, das 1888 von Isaac Peral konstruiert wurde – einem Sohn der Stadt. Hafenrundfahrten starten ab 11 Uhr häufig im Stundentakt (www.cartagenapuertodeculturas.com).

BELIEBTE BASISQUARTIERE

Nur wenige Fahrminuten westlich der Stadt befindet sich der liebevoll eingerichtete Stellplatz »Sens Sleep« mit schönem Blick auf die Sierra de la Muela. Die Betreiber Saskia Hendriks und John Welmers verweisen

auf die wunderbaren Wandermöglichkeiten in diesem Naturschutzgebiet. Ihr Platz glänzt indes mit Salzwasserpool, Einzelbadezimmer und Grillecke. Camping Los Madriles an der Küste im nahen Isla Plana überzeugt durch sein ganzjährig geöffnetes Thermalfreibad.

BAROCK, BIZARR, BEZAUBERND

Die Marktstadt **Lorca** wurde 2011 von einem Erdbeben heimgesucht. Obwohl nicht alle Schäden von damals beseitigt sind, lohnt in jedem Fall ein Abstecher dorthin. Ein römischer Kilometerstein an der Plaza San Vicente weist darauf hin, dass die Stadt früher eine wichtige Station an der Via Heraclea war. Über den Dächern ragt das **Castillo** aus dem 13. Jahrhundert hervor. Mittelpunkt ist die **Plaza de España** mit wunderschönen Barockgebäuden, darunter einem Getreidespeicher und der Kirche **Colegiata de San Patricio** mit Renaissance-Ausstattung.

Wieder zurück am Meer, überzeugt **Águilas** mit mehreren kilometerlangen Sandstränden, bizarren Wüstenfelsen und vier bezaubernden Buchten, den »Cuatro Calas«. Die Kleinstadt an der Grenze zu Andalusien ist darüber hinaus bekannt für ihren außergewöhnlichen Karneval, dessen Figuren Menschlichkeit, Tugend- und Lasterhaftigkeit verkörpern.

Vera, das erste große andalusische Dorf, liegt einige Kilometer vom Meer entfernt. An seinem Rand hat sich ein schöner, nur im

Lorca im Hinterland der Costa Calida

DIE WEIßEN UND DIE BLAUEN

Lorca ist weithin bekannt für seine Osterprozessionen. In der Stadt sind sechs Bruderschaften ansässig, die in der Karwoche festlich geschmückt durch die Straßen ziehen. Besonders die Weißen (»los Blancos«) und die Blauen (»los Azules«) heben sich von den anderen hervor. Unter beiden brennt ein Wettstreit um die schönsten handgestickten Kostüme. Viele Monate lang arbeiten die Frauen an den kostbaren Umhängen, die durch ihre außergewöhnliche Farbenpracht und Detailtreue bestechen. Die Bruderschaften unterhalten Museen, die Weißen an der Plaza Santo Domingo, die Blauen in der Calle Nogalte, 7 (www.semanasantalorca.com).

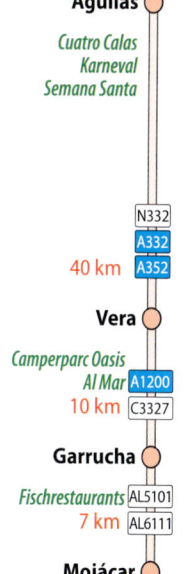

Das weiße Dorf Mojácar ist schon von Weitem sichtbar.

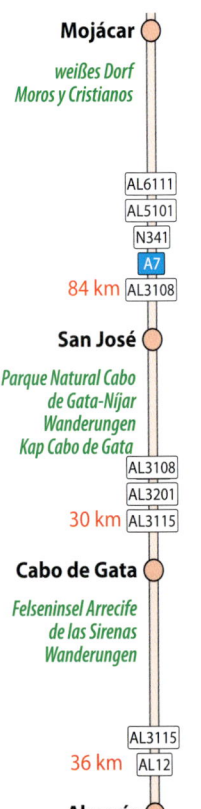

Winter betriebener Stellplatz etabliert. Am Fischerhafen in **Garrucha** haben sich mehrere Restaurants darauf spezialisiert, den angelandeten Fang, wie etwa Garnelen oder Muscheln, ihren Gästen fangfrisch zu servieren. Als beste Adresse gilt das El Almejero. Bleiben am Morgen die Netze leer, bleibt das Lokal geschlossen.

STAUDEN, SOUVENIRS UND SÄBELKÄMPFE

Das weiße **Mojácar** erhebt sich etwa zwei Kilometer landeinwärts zwischen grünen Hügeln hoch über dem Meer. Besonders im Frühling und Herbst ist es ein Genuss, an den kleinen Häusern entlangzuschlendern. Auch in Mojácar erinnert man mit »Moros y Cristianos«, einem farbenfrohen Geschichtsspektakel, an die Auseinandersetzung der Mauren und Christen um die Vorherrschaft im Ort; es findet in den ersten Junitagen statt (www.nuestrasfiestas.com).

ENTSTANDEN AUS URGEWALTEN

Vor etwa 15 Millionen Jahren begannen Vulkanausbrüche, die rund 30 Kilometer lange, graubraune Gebirgskette zu formen. Die letzten Eruptionen fanden vor ungefähr sieben Höchster Berg ist der 500 Meter hohe Cerro del Fraile in der Nähe des Hauptortes **San José**. Dieser bietet die gewohnte touristische Infrastruktur und weite Strände, die sich im Südwesten anschließen – darunter die besonders schöne **Playa de Mónsul** mit feinem, dunklem Sand zwischen ausgewaschenen Vulkanfelsen und großer Düne.

Vom recht attraktiven Ortsstrand abgesehen, sind alle Strände dort nur über eine Rüttelpiste zu erreichen. Im Sommer gelten zusätzliche Einschränkungen für den Privatverkehr, es ist jedoch ein Buspendeldienst eingerichtet. Auf dem Parkplatz am Ortseingang darf man nur tagsüber mit dem Wohnmobil stehen. Nicht alle halten sich daran. Ein gut eingerichteter Stellplatz befindet sich acht Kilometer vom Meer entfernt zwischen Gewächshäusern. Es stehen auch ein paar Campingplätze mit günstigen Langzeittarifen bereit, etwa in **Los Escullos**. Am nördlichen Rand von **San Jóse** verläuft ein kleiner Jachthafen, gesäumt von einigen Fischlokalen.

Almería war unter den Mauren eine der mächtigsten spanischen Städte. Die Herrscher aus Nordafrika gaben ihr den poetischen Namen »Al-Mariya«, »Spiegel des Meeres«. Eine beliebte Redewendung lautet: »Als Almería schon Almería war, war Granada nichts weiter als sein Bauernhof.« Dass es

REIZVOLLE SCHÄTZE UNTER SPRÖDER OBERFLÄCHE

heute in der alten Handelsstadt kaum historische Bausubstanz gibt, ist auf das verheerende Erdbeben von 1522 zurückzuführen, wo viele Gebäude unwiederbringlich zerstört wurden. Statt einer Vielzahl steinerner Monumente locken schöne Cafés und gemütliche Kneipen. Repräsentativste Meile ist die parkähnlich gestaltete **Rambla de Belén**. Von ihr zweigt der Paseo ab, die Hauptgeschäftsstraße der Stadt. Sie führt zum Zentrum **Puerta de Purchena**. Südwestlich davon breitet sich die Altstadt aus.

SCHWERE GESCHÜTZE

Mit dem Bau der **Kathedrale** im Süden der Altstadt wurde sofort nach dem Erdbeben begonnen. Baumeister war Diego de Silhoé, der auch die Kathedrale in Granada entwarf. Das festungsartige Gotteshaus sollte Piratenangriffe abwehren; in den vier mächtigen Türmen waren einst Kanonen verschanzt. Das nahe **Centro Andaluz de la Fotografía** zeigt wechselnde Ausstellungen mit Arbeiten teils renommierter Fotografen und Fotokünstler.

Trotz besagter Naturkatastrophe gelang es in Almería, ein mehr als 1000 Jahre altes Bauwerk zu bewahren beziehungsweise in Teilen wiederherzustellen: Über den Dächern erhebt sich auf einem 100 Meter hohen Plateau die gewaltige **Alcazaba**, eine der eindrucksvollsten maurischen Festungen. Ihre drei Meter dicken und fünf Meter hohen Mauern erstrecken sich auf einer Gesamtlänge von rund 1,5 Kilometern. 20 000 Menschen konnten hinter ihnen Zuflucht finden. Doch die Alcazaba bot nicht nur Schutz, sie stellte auch das luxuriöse Heim der Herrscher dar.

LEICHT- UND MASSIVBAUWEISE

Die Burg besteht aus drei Bereichen: Der erste birgt unter anderem Gärten und einen Brunnen; dessen Wasserrad transportierte das kostbare Nass einst 70 Meter hoch aus der Tiefe. Der zweite bildete einst eine riesige Palastanlage mit Moschee und Thermen.

Der dritte Bereich ist der höchstgelegene und jüngste. Er wurde unter den Katholischen Königen nicht mehr aus Lehm, sondern aus Stein errichtet – und diente bis ins 20. Jahrhundert als Militärbasis. Von dort bietet der Pulverturm die beste Aussicht über den Hafen.

Bereits zur Provinz Granada gehört das Höhlenstädtchen **Guadix**. Es erstreckt sich auf fast 1000 Höhenmetern und ist zum einen für seine **Kathedrale** bekannt, zum anderen für seine in Löss gegrabenen Wohnstätten. Die Kirche aus dem 16. Jahrhundert wurde 200

Vulkane haben die Landschaft geformt.

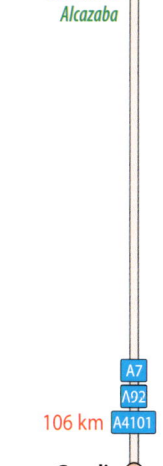

Almería
Rambla de Belén
Kathedrale
Alcazaba

106 km

Guadix

Die legendäre Alhambra in Granada

Jahre später aufwendig barockisiert. Das Höhlenviertel **Barrio de las Cuevas** ist eine zunehmend aufgesuchte Touristenattraktion. Die Felsenwohnungen bieten im Winter wie im Sommer eine gleichbleibende angenehme Innentemperatur von etwa 20 Grad Celsius. Ein Informationszentrum an der Plaza Ermita Nueva zeigt die jahrhundertealte Geschichte des hiesigen Höhlenlebens (täglich außer sonntags geöffnet).

ROTE MAUERN – MARMORNE LÖWEN

Seit jeher besangen Dichter den Liebreiz der vielleicht schönsten Stadt Spaniens – **Granada**. Federico García Lorca etwa schrieb: » ... Granada ist gemacht für Träumerei.« Fast das ganze Jahr über blinken im Hintergrund die schneebedeckten Gipfel der Sierra Nevada. Auf einem Hügel zu deren Füßen thront die **Alhambra**, die unvergleichliche »Rote Festung«. Sie wirkt von außen zwar sehr gewaltig, aber auch etwas unscheinbar. Ihre Raffinesse spielt sich in der feinen Bauweise im Inneren ab, etwa in den prächtigen Kachel- und Stuckdekorationen in den Frauengemächern des Königspalasts oder im Patio de los Leones mit Löwenbrunnen und Wasser speienden Löwen aus Marmor.

In den Augen der Wüstensöhne galt Wasser als der größte Reichtum. Ihr örtlicher Anführer war Mohammed al-Ahmar. Nachdem 1236 Córdoba von den christlichen Heeren zurückerobert worden war, ernannte er sich selbst zum König von Granada, rief die Dynastie der Nasriden aus und begann mit dem Bau der Palaststadt. Seine Taktik und die seiner Nachfolger war, sich mit den militärisch überlegenen Spaniern zu verbünden.

So blühten unter der Nasriden-Herrschaft über 250 Jahre lang insbesondere Kunst und Kultur, was sich überall in der Alhambra widerspiegelt. Die prachtvolle Sommerresidenz **Generalife** liegt über der Alhambra

HIER WEILT MAN GERN

Albaicín heißt der älteste Ortsteil Granadas. Über malerische, holprige Gassen steigt man hinauf bis zur höchstgelegenen Stelle mit der Kirche **San Nicolás** und dem gleichnamigen Aussichtsplatz (Mirador). Faszinierend: die entspannte Atmosphäre dort mit jungen und jung gebliebenen Menschen aus aller Welt, örtlichen Musikern und Kunsthandwerkern – speziell im weniger frequentierten Frühjahr vor Ostern und im Spätherbst. Die schönste Sicht auf das maurische Märchenschloss bietet sich normalerweise am Nachmittag, wenn das warme Sonnenlicht über die Ebene im Westen schräg auf die Alhambra fällt. Unterhalb des Miradors reihen sich gediegene Lokale auf, die von ihren Außentischen ein ebenso prächtiges Panorama gewähren.

Die Kathedrale **Santa María de la Encarnación** sehen viele als das Siegesmonument der Christen in Spanien; für ihren Bau musste eine Moschee weichen. Sie ist zweifelsfrei die schönste Renaissancekirche im Land. Die Arbeiten begannen 1523 zunächst nach den Plänen von Enrique Egas und wurden wenig später unter der Leitung von Diego de Siloé im plateresken Stil fortgeführt. An der Südseite der Kathedrale befindet sich die angebaute Grabkapelle der Katholischen Könige. Einer der Glanzpunkte der Begräbnisstätte ist das kunstvoll gearbeitete, vergoldete Gitter von Bartolomé aus Jaén, das den Hochaltar umschließt.

FACETTENREICHES ANDALUSIEN

Als guter Ausgangspunkt – sowohl für Granada-Besuche als auch für Ausflüge in die Sierra Nevada – eignet sich Camping Las Lomas in einem stillen Seitental beim Städtchen **Güéjar Sierra**. Tief unten glitzert ein grüner Stausee. Die Bushaltestelle befindet sich direkt gegenüber der Einfahrt. Hinter dem Ort führt eine schmale Serpentinenstraße mitten in das »Schneegebirge« – durch dichte Laubwälder, vorbei am rauschenden Gebirgsbach. Die Strecke ist jedoch nur für sportlich ambitionierte Radler oder mit kleinem Camper zu empfehlen.

und besitzt einen eigenen Eingang. Die Eroberung durch die Katholischen Könige im Jahr 1492 bedeutete aber nicht das Ende der Palastanlage. Sie zerstörten diese nicht und ließen sogar einige Bereiche renovieren.

Die Alhambra ist das meistbesuchte Monument in Spanien, weshalb es in der Vergangenheit oft schwierig war, an Tickets zu gelangen. Dies soll das 2017 neu eingeführte Ticket- und Reservierungssystem ändern. Man kann jetzt die Eintrittskarten im Voraus zwischen drei Monaten und zwei Stunden vor dem geplanten Besuch online kaufen (www.alhambra-tickets.es; Angabe der Nummer des Reisepasses oder Personalausweises erforderlich) – eine Vorbestellung wie bisher entfällt. Die personalisierten und nicht übertragbaren Tickets kann man zu Hause ausdrucken und muss sie nicht mehr an der Kasse abholen. Auch am Schalter gibt es weiterhin Karten zu kaufen, allerdings nur per Kreditkarte.

PRAKTISCHE HINWEISE

TOURISTENINFORMATIONEN

Oficina de Turismo de Cartagena
Plaza del Ayuntamiento, s/n,
30201 Cartagena, Tel. 09 68 12 89 55,
turismo.cartagena.es

Oficina de Turismo de Puerto de Mazarrón
Plaza Toneleros, s/n, 30860 Puerto de
Mazarrón, Tel. 09 68 59 44 26,
www.visitamazarron.com

Oficina de Turismo de Águilas
Plaza Antonio Cortijos, s/n, 30880 Águilas,
Tel. 09 68 49 32 85, www.aguilas.es

Oficina Municipal de Turismo de Mojácar
Plaza del Frontón, s/n, 04638 Mojácar,
Tel. 09 50 61 50 25, www.mojacar.es

Oficina de Turismo de San José – Parque Natural Cabo de Gata
Avenida de San José, 27, 04118 San José –
Nijar, Tel. 09 50 38 02 99,
www.cabodegata-nijar.com

Oficina Municipal de Turismo de Almería
Paseo de Almería, 12, 04001 Almería, Tel.
09 50 21 05 38, www.turismodealmeria.org

Oficina de Turismo Comarca de Guadix
Plaza la Constitución, 15/18, 18500 Guadix,
Tel. 09 58 66 28 04, www.guadix.es

Oficina Municipal de Turismo de Granada
Ayuntamiento de Granada, Plaza
del Carmen, s/n, 18071 Granada, Tel.
09 58 24 82 80, www.granadatur.com

CAMPING- UND STELLPLÄTZE

Camper parking SenS Sleep
Carretera de la Corona, 17,
RM-E26, 30396 Los Llanos de Perín,
Tel. 06 31 53 47 59, www.sens-sleep.es
GPS-Daten: N 37°37'50" W 01°05'48"
Der 2017 liebevoll eingerichtete, kleine Stellplatz befindet sich auf einem Privatanwesen mit Blick auf Mandelhaine und die Sierra de la Muela. Als Fläche dient ein ehemaliger Tennisplatz. Es gibt ein sehr schönes Einzelbad mit Dusche, einen Gemeinschaftsgrill und einen Salzwasserpool (5 × 10 m). Abwasserentsorgung ist bislang nur mit Eimer möglich. Ganzjährig.

Camping Las Torres
Carretera N-332 Mazarrón-Cartagena,
Km 26, 30860 Puerto de Mazarrón,
Tel. 09 68 59 52 25,
www.campinglastorres.com
GPS-Daten: N 37°35'23" W 01°13'45"
Ganzjahresplatz mit vielen Dauercampern und Mietunterkünften auf ebenem Gelände mit Aussicht auf Berge und Meer. Schatten durch Bäume und Mattendächer. Die Entfernung zum Ort beträgt fünf Kilometer, zum Strand zwei Kilometer. Zur Ausstattung gehören sowohl ein Freibad als auch ein kleines Hallenbad.

Camping La Quinta Bella
Finca El Charcon, Carretera Los Arejos, 31,
30889 Águilas, Tel. 09 68 43 85 35,
www.quintabella.com
GPS-Daten: N 37°27'14" W 01°38'44"
Campingplatz, der über einen separaten Bereich für 30 Wohnmobile verfügt, etwas abgeschieden auf dem Land mit Blick auf Berge. Zur Ausstattung gehören unter anderem ein schöner Pool und 14 Stromanschlüsse. Die Entsorgung erfolgt über einen seitlich anfahrbaren Bodeneinlass neben dem Sanitärgebäude. Ganzjährig.

Camping El Quinto
Camino El Quinto, s/n, 04638 Mojácar,
Tel. 09 50 47 87 04,
GPS-Daten: N 37°08'27" W 01°51'33"

El Quinto auf einem geschützten Sonnenplateau

Am Fuß eines Berges in der Sierra Cabrera beim berühmten weißen Städtchen Mojácar – mit Ausblick auf die umliegenden Ortschaften. El Quinto ist unter deutscher Leitung. Alle 41 Parzellen sind gekiest und mit Hecken begrenzt. Es gibt ein kleines, nicht beheiztes Schwimmbecken. Der zwei Kilometer entfernte Strand ist sowohl stündlich mit dem Bus als auch über einen Fußweg erreichbar. Ganzjährig.

Camping Los Escullos
Paraje Los Escullos, s/n, 04118 Níjar, Tel. 09 50 38 98 11, www.losesculloscabodegata.com
GPS-Daten: N 36°48'10" W 02°04'39"
Von Vulkanbergen umrahmtes, leicht geneigtes Areal mit 167 Touristenplätzen. Diese sind geschottert und durch Buschreihen unterteilt. Für die Gäste stehen unter anderem ganzjährig bereit: Restaurant, Café, Pizzeria, Snack-Bar, Supermarkt und Freibad. Zu den besonderen Extras zählen etwa Sauna, Massageangebot oder Tauch-Club. Die Entfernung zum Meer beträgt rund 1,5 Kilometer.

Camping La Garrofa
Carretera N-340a, Km 435,4, 04002 Almería, Tel. 09 50 23 57 70, www.lagarrofa.com
GPS-Daten: N 36°49'35" W 02°30'59"
Der kleine Campingplatz mit 96 Stellplätzen befindet sich an einem von Felsen begrenzten Kiesstrand vier Kilometer westlich der Stadt. Er besteht aus zwei durch ein Bachbett getrennten Bereichen. Die Zufahrt ist steil, die Parzellen sind nicht für große Fahrzeuge geeignet. Schatten durch Mattendächer und teils hohe Bäume. Mit Laden und Restaurant. Ganzjährig.

Camping Granada
Paraje Cerro de la Cruz, s/n, 18210 Peligros, Tel. 09 58 34 05 48, www.campinggranada.es
GPS-Daten: N 37°14'29" W 03°37'53"
Enge, steile Wege sind das größte Manko, die wunderbare Aussicht auf Granada mit der Alhambra und auf die Sierra Nevada das größte Plus. Restaurant und Freibad vervollständigen die gute Einrichtung. Ende März bis Ende September.

Camping Las Lomas
Carretera de Güéjar Sierra, Km 6,5, 18160 Güéjar Sierra, Tel. 09 58 48 47 42, www.campinglaslomas.com
GPS-Daten: N 37°09'36" W 03°27'14"
Gut geführte Terrassenanlage mit Laub- und Olivenbäumen auf einer Bergkuppe in der Sierra Nevada auf 1100 Höhenmeter gelegen. Von den obersten Rängen genießt man einen wunderbaren Blick auf die Bergwelt und den im Tal gelegenen Stausee. Die Haltestelle für den Bus nach Granada befindet sich gegenüber der Einfahrt. Das Restaurant und der kleine Laden haben ganzjährig, das Freibad von Mai bis Ende September geöffnet. Die Entfernung zum Wintersportort Pradollano beträgt 30 Kilometer.

15 SANDSTRÄNDE, FELSENKÜSTE, AZULEJOS UND SARDINEN

Algarve pur

Die Algarve begeistert mit einzigartigem Licht, gutem Essen, idyllischen Buchten und faszinierenden Felsformationen. Die Reise beginnt am Grenzfluss Rio Guadiana von Spanien kommend mit der Sandalgarve und ihren langen, breiten Sandstränden. Bei Olhão wartet das Lagunensystem im Naturschutzgebiet Ria Formosa mit einem wahren Paradies für Vogelliebhaber. Abkühlung und Aussicht bietet das vulkanische Bergmassiv Serra de Monchique. Mit dem Übergang zur Felsenalgarve beeindrucken die vom Meerwasser umspülten, algarvetypischen Felsformationen entlang der Küste.

Sehnsuchtsort Algarve

SANDSTRÄNDE, FELSENKÜSTE, AZULEJOS UND SARDINEN

ROUTE 15

START- UND ENDPUNKT
Vila Real de Santo António (Sandalgarve) und Cabo de São Vicente

BESTE JAHRESZEIT
Frühjahr und Herbst, ganzjährig möglich

STRECKENLÄNGE
271 Kilometer

FAHRZEIT
7 bis 10 Tage (ohne Anreise)

MAUTSTRECKEN
Keine

Die Erkundung der über 150 Kilometer langen Küste der Algarve beginnt am Grenzfluss Rio Guadiana. Die mautfreie Autobahnbrücke oder die Fährüberfahrt markieren den Übergang von Spanien nach Portugal. Die Stadt **Vila Real de Santo António** empfängt den Wohnmobilisten mit überdurchschnittlich vielen Textilgeschäften und zahlreichen Cafés und Restaurants, hübsch geplant im Schachbrettmuster mit zentralem Marktplatz. Der Wohnmobilstellplatz befindet sich in der Nähe der Marina. Rund fünf Kilometer entfernt und über gut ausgebaute Radwege durch Pinienwälder bestens mit dem Fahrrad erreichbar, liegt die Feriensiedlung Monte Gordo, direkt an der Küste am geradezu endlosen Strand der Sandalgarve. Dieser vielleicht ungewohnte Eindruck mit flach abfallendem, teils 100 Meter breitem Strand spiegelt eine Facette der vielfältigen Schönheiten der Algarve wider, die man gesehen haben sollte.

EINES DER SIEBEN NATURWUNDER PORTUGALS

Der nächste Tag steht ganz im Zeichen der Sandalgarve und des **Naturparks Ria For-**

Cafés, Restaurants und Läden in Vila Real de Santo António

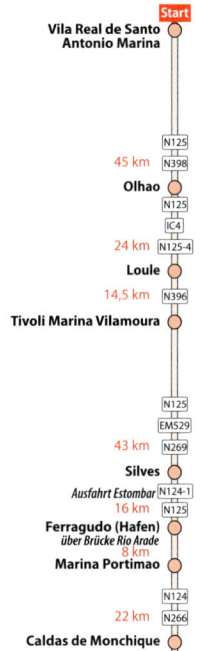

ROUTE 15

Golfspielen an der Algarve ist für viele Urlauber eine der schönsten Freizeitbeschäftigungen.

Azulejos – die Fliesenvielfalt begeistert.

mosa. Die Fahrt führt über die von Ost nach West verlaufende Bundesstraße 125. Die mautpflichtige Algarveautobahn kann man während der gesamten Tour gerne »links liegen« lassen. Die Stadt **Olhão** ist bekannt für gute Fischrestaurants und den großen Markt an der Seepromenade. Einen innenstadtnahen Parkplatz findet man an der Avenida 16 de Junho, die Boote zu den **Inseln Armona** und **Culatra** mit dem Leuchtturm Santa Maria starten am Hafen östlich des Markts. Das einzigartige Lagunensystem ist ein Vogelparadies und wichtiger Rastplatz für Zugvögel. Erwähnenswert sind die Seepferdchen, die hier in einer der größten Populationen weltweit beheimatet sind. Insgesamt erstreckt sich der Naturpark 60 Kilometer entlang der Küste, verfügt über wunderbare Wandergebiete und Fahrradrouten und hat durch die von Fischern betriebenen Muschel- und Austernfarmen auch wirtschaftlich eine große Bedeutung.

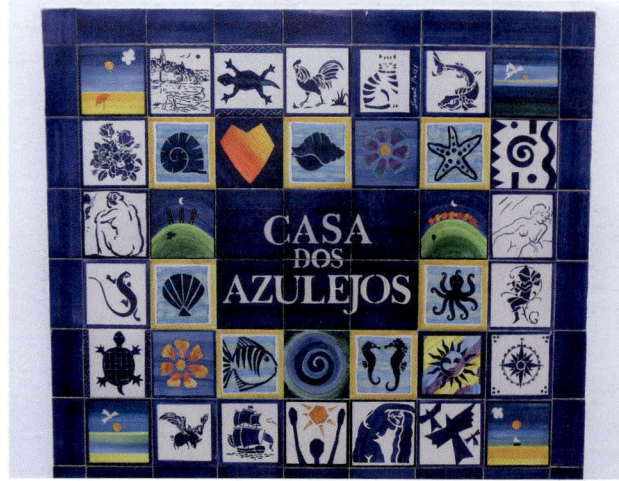

SPECIAL

AZULEJOS

Azulejos, die für Portugal so typischen Kacheln, findet man fast überall im Land: in Kirchen, Kapellen, öffentlichen Gebäuden, Laubengängen und auf Bänken. Sie verzieren ganze Wände und spielen gerne in ungezählten Schattierungen mit der Farbe Blau. Die Fliesenarbeiten sind wahrhaftig Gemälde und überdauern innen wie außen teilweise Jahrhunderte. Die zumeist quadratischen, stets bunt bemalten und glasierten Keramikfliesen gehören zur portugiesischen Kultur und werden auch heute noch zum Kauf angeboten.

Der größte Jachthafen in Portugal, die Marina Vilamoura

MARKT UND MITTELALTER

Im Hinterland der Küstenregion lockt am Samstagvormittag der Markt in **Loulé**. Doch auch an anderen Tagen sind die Stände der neo-maurischen Markthalle (Mercado) an der Largo de Gago Coutinho geöffnet und mit Waren gefüllt. Wenngleich das Gebäude innen wie außen absolut sehenswert ist, sind kleinere Markthallen und Märkte in Portugal, auf denen überwiegend die Einheimischen einkaufen, preisgünstiger und heimeliger. Ein Bummel durch die hübsche, mittelalterliche Stadt lohnt sich. So zeigen großflächige Kachelgemälde an den Innenwänden der kleinen Kapelle Nossa Senhora da Conceição Szenen aus dem Neuen Testament. An archäologischen Ausgrabungen Interessierte sollten die Casa das Bicas aufsuchen. Die Ausgrabungsstätte kann bei Anwesenheit von Mitarbeitern besichtigt werden.

TOURISTISCHER TRUBEL INKLUSIVE

Zurück zu Strand und Action geht es nach Vilamoura oder besser zur Marina. Rund um den größten Jachthafen Portugals mit rund 1000 Liegeplätzen begeistern Restaurants, Bars und Clubs. Von hier aus führt ein Fußweg am großen Tivoli-Hotel vorbei zum Sandstrand.

Vilamoura ist als Feriensiedlung neben dem ehemaligen Fischerdorf Quarteira entstanden und entsprechend touristisch ausgebaut. Rund um Vilamoura wurden viele Golfplätze angelegt, gilt doch die Algarve als äußerst beliebte Golfregion bei zahlreichen Touristen. Eine große Auswahl an Golfakademien und Golftrainern bieten Golfanfängern und Könnern beste Voraussetzungen, ihr Spiel zu verbessern und in angenehmer Atmosphäre ihrem Hobby nachzugehen. In Vale do Lobo, Quinta do Lago und Vilamoura liegen die luxuriösesten und hinsichtlich des Golfsports am besten ausgestatteten Gebiete der Algarve. Für Insider und Kenner sind sie als »Goldenes Dreieck« bekannt.

FISCHERDORF MIT ATMOSPHÄRE

Der Übergang von der Sandalgarve zur Felsenalgarve ist erreicht, nun warten verwinkelte Gassen und Treppen, der köstliche Duft von gegrilltem Fisch, eine kleine Markthalle, die nur vormittags geöffnet hat und zwei Sandstrände. Im Fischerdorf

Das Castelo de São João do Arade in Ferragudo

Ferragudo scheint die Uhr etwas langsamer zu gehen. Massentourismus kennt man hier nicht. Die Anfahrt erfolgt über die N125, durch die Ortschaft Parchal und am Kreisel Richtung Ferragudo. Zum Parken eignet sich die Straße Rua Afonso de Albuquerque vor der Brücke. Das Fischerdorf ist stark verwinkelt, die Durchfahrt zu den Stränden am Rio Arade und zur Praia Grande sowie zu dem im Privatbesitz befindlichen Castelo de São João do Arade ist einzig über die Rua da Hortinha möglich. Von hier erfolgt der Zugang zum

AUSFLUG

ALTE MAURISCHE HAUPTSTADT SILVES

Der Duft von Orangen begleitet die Fahrt von Portimão nach Silves. Die maurische Burg prägt die Silhouette der Kleinstadt, deren Häuser sich vom Rio Arade bis zur Burg an den Hang schmiegen. Unterhalb der Burg liegt die dreischiffige Kathedrale Sé; ein Bummel über Treppen, Straßen und Gassen gewährt Einblicke in verwunschene Privatgärten der alten maurischen Hauptstadt. Eine große Auswahl an modernen Korktaschen, Gürteln oder sonstigen Accessoires bietet »a Bit of Portugal« in der Rua da Mesquita 21. Vom großzügigen Parkplatz am Hallenbad kommt man zu Fuß gut in die Stadt.

SANDSTRÄNDE, FELSENKÜSTE, AZULEJOS UND SARDINEN

Schmale Gassen lassen die Zeit stillstehen.

Dorf am besten zu Fuß Richtung Kirche. Freunde des portugiesischen Fado sollten in der Weinbar Casa Grande (Rua Vasco da Gama 18) auf den Terminkalender schauen. Liebhaber gegrillten Fischs werden an der Uferpromenade des Rio Arade fündig. Bei einem Bica (Espresso) auf dem kleinen Hauptplatz genießt man die Sonne mit Ruhe und portugiesischer Lebensart.

DER »GROSSE HAFEN« UND DIE PRAIA DA ROCHA

Gegenüber von Ferragudo liegt die zweitgrößte Stadt der Algarve, **Portimão**. Sie verfügt über einen Fischereihafen, eine neu gestaltete Promenade am Rio Arade und ein kleines Stadtzentrum, das außerhalb des Strand- und Touristentrubels liegt. Das Shoppingcenter Aqua Portimão, das empfehlenswerte Fischlokal Restaurante Dona Barca (Largo da Barca 22) und der lange wie beliebte Strand **Praia da Rocha** sind weitere attraktive Anziehungspunkte.

Von der Marina aus geht es fußläufig zum Strand und in die Hotel- und Kneipenzone, die überwiegend in der Saison heftig belebt ist. Fahrten in die Stadtmitte sind einfacher mit dem öffentlichen Nahverkehr zu bewältigen, manche Einbahnstraßen werden im Verlauf extrem eng, große Parkplätze sind rar.

Für Fotofans und Felsenliebhaber befindet sich ein besonders beeindruckender Strandabschnitt mit faszinierenden Fels-

ROUTE 15

An der Algarve findet jeder Wohnmobilist seinen Platz.

Caldas de Monchique
N266
N124
N125
24 km EM531-1
Alvor
EM531-1
20 km N125
Lagos

formationen an der Einfahrt zur Estrado do Vau, nach dem großen Kreisel in Fahrtrichtung Alvor.

BROT, QUELLE UND AUSSICHT

Ein Ausflug ins Gebirge der Serra de Monchique ist ein Eintauchen in eine andere Welt. Weg von Sand, Strand und Felsen gibt es nun üppiges Grün und dichte Wälder mit Pinien und Korkeichen. Mit 902 Metern ist **Fóia** die höchste Erhebung, Spaziergänger genießen von hier einen sagenhaften Panoramablick bis zur Küste, an klaren Tagen soll dieser bis zum Cabo de São Vicente möglich sein. Im kleinen Thermalbadeort Caldas de Monchique duftet es tagtäglich nach frisch gebackenem Brot, das direkt aus dem gemauerten Holzofen verkauft wird. Sind die Touristenbusse weg, ist es zudem richtig gemütlich im schattigen Kurpark, fast ist dann der Charme vergangener Tage zu spüren.

IM GLANZ DER UNTERGEHENDEN ABENDSONNE

Ein Strandspaziergang in der sich im Meer spiegelnden Abendsonne gehört sicherlich zu den emotionalen Momenten eines Urlaubs am Meer. Der perfekte Platz hierfür ist der lange Sandstrand von Alvor, der das Glitzern im Atlantik besonders romantisch inszeniert.

SPECIAL

GANZJAHRESDESTINATION

Die Algarve ist zu jeder Jahreszeit ein gerne bereistes Urlaubsland. In der Hauptsaison tummeln sich zahlreiche Touristen an den Stränden, in Hotels, Kneipen und Cafés. Im Winter kehrt hier Ruhe ein und das milde Klima lockt. Die Küste zieht europäische »Snowbirds« (Winterflüchtlinge) in jeder Art von Wohnmobilen in die tagsüber oft frühlingshaft strahlende Wintersonne. Die Nächte jedoch können empfindlich kalt werden. Nur einige Hotels haben dann entlang der Küste geöffnet, auch die Restaurants machen Winterpause. Viele Wohnmobilstellplätze sind entsprechend beliebt und bestens belebt. Das früher geduldete Freistehen ist allerdings seit 2021 insbesondere entlang der Küste per Strafe verboten und wird auch kontrolliert. In Städten und Dörfern, in denen noch überwiegend Einheimische leben, findet man die notwendige und aktive Infrastruktur mit Cafés und Lokalen.

Linke Seite: Einfach faszinierend, die grandiosen Felsenformationen der Algarve

Sonnenuntergang am langen Sandstrand von Alvor

Empfehlenswerte Fischlokale und die Ortschaft **Alvor** mit ursprünglichem Charakter und hübschen Gassen findet man ein paar Hundert Meter vom Strand entfernt, in der Lagune des Rio de Alvor. Die Anfahrt ist über Portimão ausgeschildet.

Die zahlreichen Strände der Algarve sind geradezu von der Natur verwöhnt. Dabei gibt es Strände für jeden Geschmack, die größtenteils mit dem europäischen Qualitätssiegel der »Blauen Flagge« ausgezeichnet sind.

LAGOS UND PONTA DA PIEDADE

Kameraakkus aufladen und genießen. Jetzt geht es über die N125 in die Hafenstadt Lagos mit zweigeschossiger Markthalle (Mercado), sehenswert idyllischer Altstadt und einer großen Marina. Manch einer soll sogar den Hauch von Fernweh spüren, war Lagos doch Ausgangspunkt der Entdeckungsreisen großer portugiesischer Seefahrer. Das frische Fischangebot in der Markthalle ist einen Besuch wert, Straßenkünstler und hübsche Lokale in der Fußgängerzone (Praça Gil Eanes) laden zum Verweilen ein. Kunsthandwerk und kleine Boutiquen verführen schon mal zum Kauf. Für Staunen sorgt zudem der Besuch der Kirche Igreja de Santo António, deren Innenraum reich und prunkvoll von einem bemalten hölzernen Tonnengewölbe überspannt wird.

Von Lagos sind es nur noch wenige Kilometer zur Felsensensation der Algarve. Die **Ponta da Piedade** muss man einfach gesehen haben. Bizarr, phänomenal oder einfach atemberaubend, alle Adjektive stimmen,

---

SPECIAL

KULINARISCHES

Die portugiesische Küche scheint einfach, ist aber extrem schmackhaft. Fisch und Meeresfrüchte spielen eine große Rolle. Gegrillter Fisch, Kartoffeln mit Salz und ein knackiger Tomatensalat, dazu als Kür ein »Vinho Verde à pressão« (frisch aus dem Fass), all das ist sehr lecker. Für Feinschmecker darf es auch gerne Lamm sein. Wer sich traut, probiert den getrockneten Stockfisch Bacalhau, der gut und appetitlich zubereitet wirklich empfehlenswert und in der getrockneten Form überall im Supermarkt zu kaufen ist. Süßspeisen und Gebäck mit Mandeln sind geradezu eine Sünde wert. Beim Medronho, auch bekannt als Erdbeerbaumschnaps, sollte man auf die Qualität und die Herkunft achten.

SANDSTRÄNDE, FELSENKÜSTE, AZULEJOS UND SARDINEN

ROUTE 15

die bis zu 20 Meter hohen Kalksteinwände sind wirklich imposant. Parken (aber nicht übernachten) ist auf dem großen Parkplatz beim Leuchtturm am Kap erlaubt. Ist man nahe genug an die Klippen herangegangen, erschließt sich einem die Schönheit der Felsen, Grotten und Schluchten von Ponta da Piedade. Über zahlreiche Treppen geht es bis hinunter ans Wasser.

DAS ENDE EUROPAS

Ein Höhepunkt jagt hier den nächsten, ab Lagos jedoch wird die Landschaft karger

Gegrillte Sardinen und Vinho Verde à pressão

Unterwegs in der Fußgängerzone in Lagos

und die Winde werden rauer. Von Lagos führt der Weg über die N125, ab **Vila do Bispo** geht es nach Süden auf der N268 Richtung **Sagres**. Von dort nähert sich der Wohnmobilist dem Ende Europas, das auf einer fünf Kilometer langen und knapp einen Kilometer breiten Halbinsel mit dem **Cabo de São Vicente** dann wahrhaftig vor einem liegt. Zuerst erkennt man die rote Spitze des Leuchtturms, dann sieht man, wie die Klippen rund 60 Meter in die Tiefe fallen. Der Atlantik schlägt kräftig und mit Schaumkronen an die Felsen, der Wind zerzaust die Haare. Aber es ist einfach schön! In der Hauptsaison gibt es neben der sensationellen Naturkulisse eine weitere beliebte Attraktion, initiiert vom deutschen Auswanderer Wolfgang Bald: »Die letzte Bratwurst vor Amerika«.

ADEUS!

Am besten erkundet man das Land zu Fuß oder mit dem Fahrrad. So zeigen die vielen Strände und Buchten, Gassen und Plätze, die Wanderwege fern der Küste und die wunderbare Flora und Fauna ihr wahres Gesicht und erst dann spürt man den Wind in den Haaren und den leichten Salzgeschmack auf der Zunge. Erholung ist garantiert und der Wunsch nach dem sprichwörtlichen »Auf Wiedersehen« macht die nächste Reiseplanung eigentlich sehr einfach.

Geradezu atemberaubend sind die Felsen der Ponte de Piedade bei Lagos.

PRAKTISCHE HINWEISE

Abendstimmung im Fischerdorf Ferragudo

TOURISTINFORMATIONEN

Nationale Tourismusbehörde, Turismo de Portugal, Rua Ivone Silva, Lote 6, 1050-124 Lissabon, Tel. 00351/(0)211/14 02 00, www.visitportugal.com

Regionale Tourismusstelle der Algarve, Avenida 5 de Outubro 18-20, 8000-076 Faro, Tel. 00351/(0)289/80 04 00 oder 00351/(0)289/80 04 89, www.visitalgarve.pt

CAMPING- UND STELLPLÄTZE

Vila Real de Santo António/Stellplatz am Hafen, Avenida da República, 8900-201 Vila Real de Santo António, Tel. 00351/(0)281/51 00 00, www.cm-vrsa.pt (N37°11'52.6" W7°24'51.8"). Kostenpflichtiger Stellplatz in der Nähe der Marina. Zentral gelegen zur Innenstadt.

Park Caravanas Manta Rota, Praia da Manta Rota, 8900-067 Vila Nova de Cacela (N37°9'53.6" W7°31'15.8"). Gebührenpflichtiger Stellplatz für 100 Wohnmobile am bewachten Sandstrand vor einer Feriensiedlung. Mehrere Restaurants und Geschäfte ab 200 Meter. Saison: Mitte Oktober bis Mitte Juni.

Stellplatz Algarve Motorhome Falésia, Estrada do Alfarmar, 8200-593 Albufeira (N37°05'25", W8°09'37"). Gebührenpflichtiger Stellplatz für 100 Wohnmobile, V/E und Strom vorhanden, Saison Anfang Oktober bis Mitte Juni

Stellplatz Algarve Motorhome Park Silves, N124 Lugar da Tapada, 8300-038 Silves, www.algarvemotorhome-park.com (N37°11'15.7" W8°27'4.6"). Parzellierte Stellplätze für 50 Wohnmobile im eingezäunten Gelände, videoüberwacht. Westlich der Stadt, im Tal des Rio Arada. Gebührenpflichtig, rund einen Kilometer zum Stadtzentrum. Ganzjährig nutzbar.

Vale da Carrasqueira Parque Rural de Auto-Caravanas Barracão 190, 8550-213 Monchique, Tel. 00351/282911502, valedacarrasqueira@sapo.pt, campingvaledacarrasqueira.com (N37°16'17.7 W8°32'55.6).
Ganzjährig geöffneter Stellplatz für 14 Mobile auf befestigtem, relativ eng parzelliertem Untergrund. Komplette Infrastruktur, Pool. Die ausgeschilderte Zuwegung erfolgt von der Landstraße N266 ca. 9km südlich von Monchique (Lugar Pocilgais) auf Schotterweg hinauf zum Platz. Für größere Mobile sind nur wenige Parzellen geeignet, vor An-

Das »Ende Europas« am Cabo de São Vicente

reise ist eine telefonische Verfügbarkeitsabfrage sinnvoll. Von der herrlichen Landschaft des Vale da Carrasqueira umgeben, bietet der familiär betriebene Standort Ruhe und Entspannung pur. Da der Weg zum nächsten Lebensmittel-Markt weit ist, empfiehlt sich die vorherige Bevorratung.

Turiscampo, Estrada Nacional N125, 8600 Lagos, Tel. 00351/(0)282/78 92 65, www.turiscampo.com (N37°6'8.7" W8°44'2.4"). Campingplatz mit 200 Plätzen, ganzjährig geöffnet, fünf Kilometer von Lagos an der N125.

Stellplatz Vento Norte
Rua de Santa Fé, 8650-435 Vila do Bispo, Tel. 00351/967612678, ventogmail.com, facebook.com/Vento-Norte-110595507778596 (N37°4'47.767" W8°54'50.245"). Ganzjährig geöffneter, parzellierter Stellplatz für 27 Mobile auf Sand-/Schotteruntergrund. V/E, Strom, WC/Dusche, Waschmaschine/Trockner, WLAN. Der WC/Duschcontainer nur von einer Partei zur gleichen Zeit nutzbar. Kompakter, familiär geführter Platz mit relativ engen Parzellen, XXL-Mobile haben wenig Auswahl. Sehr ruhige Lage, obwohl direkt an einen Lebensmittel-Discounter angrenzend. Fußläufig in den Ortskern mit Waschsalon, einigen Restaurants und Cafes. Kurze Wege nach Sagres und zum Cabo da Sao Vicente.

Campingplatz Salema Eco Camp
Praia da Salema, 8650-196 Salema (Budens), Tel. 00351/282695201, info@salemaecocamp.com, salemaecocamp.com (N37°4'20.358" W8°49'48.248"). Ganzjährig geöffneter Campingplatz mit einer unbestimmbaren Stellplatzanzahl für Wohnmobile. Komplette Infrastruktur, Restaurant/Bar, Surf- und Fahrradverleih, Eco Store. Der verzweigte, terrassenförmige Platz ist eingebettet in weitgehend naturbelassenes Gelände mit Apartments, Mobilheimen, Glamping-, Safari- und Tipi-Zelten. Die Betreiber legen Wert auf ökologische Bewirtschaftung. Anfahrt: Von der N125 (Figueira-Budens) auf die M537 Richtung Salema. Vom CP sind es bis zum ausgezeichneten Strand von Salema ca. 1,5km, zum Ortskern von Budens ca. 2 Kilometer.

Entsorgungsstation Tankstelle Intermarche, Möglichkeit zur Entsorgung und zum Wasserauftanken in Sagres bei der extra eingerichteten Entsorgungsstation an der Tankstelle am Intermarche.

16 AUF UND AB ÜBER DIE SCHÖNSTEN PÄSSE DER ALPEN

Von Innsbruck nach Interlaken

In den Alpen erleben wir drei Länder auf einer Tour. Wir starten in der Olympiastadt Innsbruck und erreichen durch das Paznaun Vorarlberg. Dabei überqueren wir auf der Silvretta-Hochalpenstraße die Bieler Höhe. Durch das Montafon gelangen wir nach Liechtenstein und in die Schweiz, wo wir mit dem Oberalppass, dem Furkapass und dem Grimselpass zahlreiche Serpentinen befahren und faszinierende Aussichten genießen können. Zum Schluss landen wir in Interlaken, wo wir das Wohnmobil mit der Zahnradbahn tauschen und durch die Eiger-Nordwand in eine Höhe von fast 3500 Metern auf das Jungfraujoch fahren und einen einmaligen Blick auf das Weltnaturerbe Aletschgletscher haben.

Das Goldene Dachl ist zwar klein, aber das Wahrzeichen von Tirols Hauptstadt Innsbruck.

AUF UND AB ÜBER DIE SCHÖNSTEN PÄSSE DER ALPEN

ROUTE 16

START- UND ENDPUNKT
Innsbruck (Österreich) und Interlaken (Schweiz)

BESTE JAHRESZEIT
Sommer

STRECKENLÄNGE
340 Kilometer

FAHRZEIT
5 bis 7 Tage

MAUTSTRECKEN
Silvretta-Hochalpenstraße, Vignettenpflicht auf den Autobahnen in Österreich (Go-Box bei > 3,5 t) und der Schweiz

Innsbruck ist ein idealer Ausgangspunkt für eine Wohnmobiltour durch die Alpen. Die Hauptstadt Tirols liegt wunderbar eingebettet im Tal des Inn und ist von Rosenheim aus über die Autobahn erreichbar. Wer von Garmisch anreist, wird mit dem **Scharnitzpass** bereits das erste deutliche Gefälle hinter sich gebracht haben und Reisende aus Südtirol haben sich natürlich für die Fahrt über den **Brennerpass** entschieden.

Innsbruck war im vergangenen Jahrhundert zweimal Ausrichter der Olympischen Spiele und Olympia ist das richtige Stichwort bei der Parkplatzsuche. Denn in der Olympiastraße, direkt neben dem Tivoli-Stadion, gibt es geeignete Parkplätze, da Wohnmobilstellplätze in Innsbruck Mangelware sind. Mit dem Ticket für den Parkplatz dürfen zudem bis zu fünf Personen den öffentlichen Nahverkehr benutzen, weswegen man zügig in der Innsbrucker Altstadt ist. Allerdings ist diese auch nur zwei Kilometer entfernt und kann daher ebenso gut zu Fuß erreicht werden.

SIGHTSEEING IN INNSBRUCK

Die Hauptsehenswürdigkeit ist natürlich das berühmte **Goldene Dachl**, das nicht ein komplettes Haus bedeckt, sondern nur den Erker einer ehemaligen Residenz der Tiroler Landesfürsten. Der Erker wurde Ende des 15. Jahrhunderts an das Haus angebaut. Dieses ist rund 80 Jahre älter. Seinen Glanz erhielt das Dach durch 2657 feuervergoldete Kupferschindeln, womit der damalige Auftraggeber, Maximilian I. seine Macht demonstrieren wollte. Das Haus mit dem Goldenen Dachl steht am nördlichen Ende der

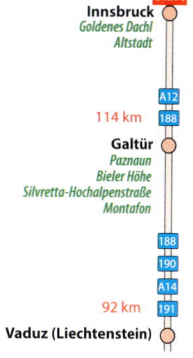

Wer die Bieler Höhe erreicht hat, blickt so in das Paznaun zurück.

197

Galtür im Paznaun ist der letzte Ort vor der Silvretta-Hochalpenstraße.

ab, wo es gleich zum barocken Innsbrucker **Dom** geht. Direkt daneben erhebt sich die **Hofburg** als ehemaliger Sitz der Tiroler Landesfürsten. 400 Zimmer und ein großer Burghof machen das Rokokogebäude aus.

Im Süden der Stadt liegt schließlich noch eines der Wahrzeichen von Innsbruck – die **Bergiselschanze**. Der alljährliche Austragungsort der Vierschanzentournee kann natürlich auch im Sommer besichtigt werden und beherbergt im Schanzenturm ein Restaurant. Gleich daneben befinden sich das **Tirol Panorama** und das **Kaiserjägermuseum**, die unterirdisch miteinander verbunden sind. Das Tirol Panorama zeigt als Riesenrundgemälde eine der vier bedeutenden Schlachten, die am Bergisel gegen die Truppen Napoleons stattfanden, während in einer Ausstellung innerhalb des Museums mehr über die Tiroler Militärgeschichte zu erfahren ist.

WEITER DURCH ÖSTERREICH

Über die Inntalautobahn, die A12, fahren wir bequem in Richtung Osten durch das Inntal und verlassen diese an der Ausfahrt Paznaun/Ischgl. Dort wechseln wir auf die Bundesstraße 188 und gewinnen nun im Paznaun stetig an Höhe. Am Eingang des Tals sind wir noch auf einer Höhe von 900 Metern und werden am Ende in einer Höhe von 2037 Metern stehen. Allerdings erstreckt sich dieser Höhenunterschied auf eine Länge von rund 45 Kilometern.

Im **Paznaun** durchqueren wir beliebte Wintersportorte wie Kappl und **Galtür**. Letzterer war im Jahr 1999 weltweit in den Schlagzeilen, als sich im Februar eine 400 Meter breite Lawine löste und dabei sieben Häuser komplett unter sich begrub. 60 weitere Gebäude wurden beschädigt und 100 Fahrzeuge waren

trapezförmigen Herzog-Friedrich-Straße, die wenig später in die Maria-Theresien-Straße übergeht. Bei einem Spaziergang auf der bei Besuchern beliebten Fußgängerzone passieren wir das Rathaus aus dem 14. Jahrhundert. Der dazugehörige Turm kann erklommen werden und lädt zu einer schönen Aussicht auf Innsbruck ein. In direkter Nachbarschaft erhebt sich die Annasäule mit ihren vier aus Marmor geschaffenen Heiligenfiguren.

Aber vom Goldenen Dachl zweigen auch kleine Gassen in weitere Teile der Altstadt

KULTUR

ALPINARIUM

An das Unglück in Galtür erinnert heute das Alpinarium. Die Ausstellung befindet sich in einem über 300 Meter langen Gebäude, das gleichzeitig als Lawinenschutzwand dient. Es wurde noch im selben Jahr des Lawinenabgangs gebaut und greift nicht nur die Geschehnisse von damals auf, sondern informiert auch über die Geschichte und Landschaftsform des Paznaun. Alpinarium Galtür, Hauptstraße 29c, 6563 Galtür, Tel. 0043/(0)5443/200 00, www.alpinarium.at.

AUF UND AB ÜBER DIE SCHÖNSTEN PÄSSE DER ALPEN

Bei einer Wanderung um den Silvretta-Stausee genießt man den Anblick dieser Landschaft.

unter den Schneemassen begraben. Bei diesem Unglück kamen 31 Menschen ums Leben, sieben weitere Menschen starben einen Tag später bei einer Lawine in der Nachbargemeinde Valzur. Zum Zeitpunkt des Unglücks war Galtür bereits von der Außenwelt abgeschnitten, da durch tagelange Schneefälle die einzige Zufahrtsstraße, auf der wir gerade durch das Paznaun unterwegs sind, gesperrt war. Die **Silvretta-Hochalpenstraße**, die wir als nächstes erreichen werden, ist im Winter ohnehin gesperrt.

Kurz hinter Galtür folgt die Mautstation für die nun folgende **Silvretta-Hochalpenstraße**. Auf ihr überwinden wir die letzten 400 Höhenmeter bis zur Bieler Höhe, die den höchsten Punkt der Alpenstraße markiert und Tirol vom österreichischen Bundesland Vorarlberg abgrenzt (46.918476, 10.090230). Entstanden ist die Straße eher zufällig, als nämlich auf Seiten Vorarlbergs die Illwerke, die für die hier anzutreffenden Stauseen zuständig sind, einen Transportweg aus dem Montafon hinauf benötigten. Als sie mit dem Bau des **Silvretta-Stausees** fertig waren und das hierfür notwendige Arbeitsgerät wieder ins Tal hinabgebracht werden sollte, entschied man sich, mit dem überdimensionalen Bagger einen Weg in das Paznaun zu bauen. Damit löste die dadurch entstandene Silvretta-Hochalpenstraße das etwas weiter nördlich gelegene Zeinisjoch ab, das heute nur noch für Radfahrer und Wanderer zugänglich ist.

Das Übernachten auf der **Bieler Höhe** ist grundsätzlich nicht erlaubt. Es vergeht jedoch kaum eine Sommernacht, in der nicht Wohnmobile dort oben parken und die sternenklare Nacht genießen.

Die Abfahrt von der Bieler Höhe über die Silvretta-Hochalpenstraße verläuft in west-

Stolz erhebt sich vor dem Oberalppass das Kloster Disentis.

ROUTE 16

AUSFLUG
SILVRETTA-STAUSEE

Innerhalb von zwei Stunden kann man den in schönsten Grüntönen schimmernden Silvretta-Stausee einfach umrunden. Es sind kaum Steigungen zu überwinden und man hat dabei wunderbare Ausblicke auf den See und die umliegenden Gebirgsmassive. Am Südrand des Gewässers erhebt sich die Silvretta-Gruppe, die mit dem Piz Linard bis zu 3410 Meter in den Himmel ragt. Damit blickt man aber bereits in die Schweiz, da beide Länder Anteil an dem Gebirgsmassiv haben.

Und er leuchtet sogar, der Leuchtturm auf dem Oberalppass.

liche Richtung deutlich kurviger. Während wir im Paznaun gerade einmal zwei Spitzkehren zu befahren hatten, sind es in das **Montafon** hinein ganze 32 Serpentinen mit einem Gefälle von rund 14 Prozent. Am Ende der Abfahrt folgt die zweite Mautstation, die wir jedoch direkt passieren können.

Unser erster Ort im Montafon ist **Partenen**, in dem auf der linken Seite ganz unscheinbar das Vernuntwerk steht. Wer gut zu Fuß ist und für den nächsten Hochhaustreppenlauf üben möchte, sollte den dortigen Parkplatz (46.968545, 10.056946) ansteuern. Denn hier beginnt die sogenannte »Europatreppe 4000«, auf der es 3609 Stufen zu überwinden gibt. Eigentlich handelt es sich um eine alte Wartungstreppe für die parallel verlaufende **Vernuntbahn**, doch alljährlich wird hier ein Treppenlauf veranstaltet, bei dem man sich während der 700 Höhenmeter mit anderen Treppenläufern messen kann. Die Europatreppe gilt als die längste, geradeaus verlaufende Treppe Europas und besitzt doppelt so viele Stufen wir das Empire State Building in New York.

Das Montafon ist ähnlich lang wie das Paznaun und beherbergt ebenfalls einige sehenswerte Ortschaften. Dazu gehört zum Beispiel **Bludenz** mit der Werdenbergerstraße, die durch ihre Laubengänge besticht.

Auf der alten Passstraße am Oberalppass lässt es sich hervorragend übernachten.

Viele Passstraßen in den Alpen lassen sich auch mit dem Wohnmobil leicht erreichen.

NACH LIECHTENSTEIN

Am Ende des Montafon erreichen wir über die A14 die Stadt **Feldkirch** mit ihrer **Schattenburg** und wechseln auf die Bundesstraße 191, mit der wir Österreich verlassen und Liechtenstein bereisen. Hier bietet es sich an, gleich bis in die nahe gelegene Hauptstadt **Vaduz** zu fahren, wo der Parkplatz der Stadt auch zur Übernachtung genutzt werden darf (47.139060, 9.510540). Zu Fuß ist man vom Parkplatz in nur wenigen Minuten im überschaubaren Zentrum von Vaduz schnell angekommen. Leider kann die Hauptsehenswürdigkeit, das Schloss, nur von außen besichtigt werden, ist aber mit seiner Lage am Berghang einen Blick wert.

IN DIE SCHWEIZ

Mit **Liechtenstein** haben wir das Rheintal erreicht und folgen diesem ganz bequem in südliche Richtung. Dabei überqueren wir die Grenze zur Schweiz und steuern unser Wohnmobil auf die Straßen des Kantons Graubünden. Nach einer kurzen Fahrt erreichen wir den Hauptort des Kantons. Chur gilt aber gleichzeitig auch als älteste Stadt der Schweiz und hat eine schöne Altstadt zu bieten. Diese ist zu Fuß oder mit dem Bus vom Campingplatz und Stellplatz am Rheinufer aus zu erreichen.

Wer ausreichend Zeit mitbringt, kann hier das Wohnmobil auch mal einen Tag stehen lassen und den Fahrersitz mit einem Sitzplatz

> **AUSFLUG**
>
> **RHEINBRÜCKE**
>
> Folgt man am Stadionparkplatz dem Rheinuferweg, gelangt man nach wenigen Minuten zur letzten erhalten gebliebenen Holzbrücke im Alpenrheintal. Das überdachte Bauwerk ist 135 Meter lang und dient Wanderern und Radfahrern nicht nur dazu, den Rhein zu überqueren, sondern auch, um von Liechtenstein in die Schweiz zu wechseln. Im Inneren der Brücke ist der Grenzübergang offiziell beschildert.

im **Bernina-Express** tauschen. Das fahrende Weltkulturerbe benötigt vier Stunden, um in das italienische Tirano zu gelangen und überquert mit dem Landwasserviadukt und dem Brusioviadukt spektakuläre Bauten in einer faszinierenden Bergwelt.

Nach Westen verläuft die Straße 19 weiter durch das **Rheintal**. In **Disentis/Mustér** fällt unser Blick ganz von alleine auf das Kloster Disentis. Die Abtei wurde im frühen 8. Jahrhundert gegründet und beherbergt heute unter anderem ein Museum mit einer mittelalterlichen Sammlung. Ein Stopp lohnt sich aber alleine schon für einen Blick in die barocke Klosterkirche.

AUF DEN OBERALPPASS

Kurz hinter dem Kloster zweigt die Straße 19 nach rechts ab. Mit dem Verlassen der Ort-

Vaduz (Liechtenstein)

40 km　13
Chur (Schweiz)
Oberalppass
Rheinquelle

92 km　19
Andermatt
Furkapass
Rhône-Gletscher
Grimselpass
Murmeltierpark

Manchmal lohnt es sich, das Wohnmobil für eine Bahnfahrt, wie hier mit der Furkabahn, stehen zu lassen.

schaft geht es nun wieder für uns bergauf. Die ersten 500 Höhenmeter steigen noch gemächlich an, doch kurz hinter Tavetsch folgen schließlich ein Dutzend Serpentinen, die uns auf den **Oberalppass** hinaufbringen, wo wir erstaunlicherweise in einer Höhe von 2044 Metern von einem Leuchtturm begrüßt werden (46.658721, 8.671116). Die Erklärung hierfür ist ganz einfach, denn der Leuchtturm ist eine Replik des Turmes, der an der niederländischen Rheinmündung in die Nordsee steht und dient als Hinweis darauf, dass sich ganz in der Nähe eine der beiden **Rheinquellen** befindet. Gleich neben dem Turm gibt das Rheinquellen-Informationszentrum Auskunft über die Wandermöglichkeiten zum Tomasee, der als Rheinquelle bezeichnet wird. Für die Wanderung sollte man rund eineinhalb Stunden je Strecke einplanen.

Spätestens auf dem Oberalppass, der die Grenze zwischen den Kantonen Graubünden und Uri markiert, sehen wir auch, dass eine Bahnlinie in dieser Höhe verkehrt. Neben dem Parkplatz auf der linken Seite befindet sich der kleine Bahnhof Oberalppass. Er ist der höchstgelegene Bahnhof auf der Strecke des legendären und beliebten Glacier-Express. Dieser wird gerne als der langsamste Schnellzug der Welt bezeichnet und pendelt als beliebter Touristenzug zwischen St. Moritz und Zermatt. Vom Bahnhof aus erkennen wir den glänzenden Oberalpsee und gleich daneben einen Tunnel, in dem die Straße 19 verschwindet. Vor dem Tunnel zweigt die alte Passstraße nach rechts ab, die heute gerne als inoffizieller Übernachtungsplatz von Wohnmobilisten genutzt wird.

Bei einem gemütlichen Spaziergang kann man die Altstadt von Chur in Graubünden erleben.

AUF UND AB ÜBER DIE SCHÖNSTEN PÄSSE DER ALPEN

Der Straße folgend verlieren wir wieder an Höhe, indem wir durch neun Spitzkehren nach Andermatt hinabfahren. Das auf einer Höhe von über 1400 Metern liegende **Andermatt** ist ein beliebter Wintersportort und Ausgangspunkt für faszinierende Alpenpässe zugleich. Den östlich der Ortschaft gelegenen Oberalppass durften wir gerade erleben. In südliche Richtung gelangt man auf den 2106 Meter hohen Gotthardpass, wo man ein Museum besuchen kann. Nach Norden durchquert man das Schöllenental bis Wassen, wo man zum Sustenpass und dem Steingletscher abzweigen kann. Unterwegs passiert man in der **Schöllenenschlucht** die spektakulären und sogenannten Teufelsbrücken, auf denen man bei der Überquerung direkt in eine Felswand hineinfährt.

Hat man den Furkapass überquert, sieht man vor sich bereits den Grimselpass mit der nächsten Steigung.

Wollgras dominiert die feuchten Flächen auf dem Grimselpass.

ROUTE 16

An vielen Pässen gibt es genügend Parkmöglichkeiten, um zwischendurch die Bremsen zu kühlen.

AUF DEN FURKAPASS

Wir verlassen Andermatt jedoch in Richtung Westen und folgen weiterhin der Straße 19. Hinter dem kleinen Ort Realp steigt diese wieder an und bringt uns in mehreren Kurven auf eine Höhe von 2429 Metern. Am höchsten Punkt der Alpenstraße, dem **Furkapass**, gelangen wir abermals an eine Kantonsgrenze und erreichen das Wallis. Der Furkapass ist relativ unscheinbar und bietet keine kommerziellen Einrichtungen sowie nur einen verhältnismäßig kleinen Parkplatz. Doch wenn wir der Passstraße in das Wallis folgen, sind es nur zwei Spitzkehren, die wir auf dem Weg in das Tal durchqueren, bis wir am Belvedere herauskommen. An diesem wunderschönen Aussichtspunkt können wir einen faszinierenden Ausblick in das Rhône-Tal werfen. Tief unten im Tal sehen wir den Weiler Gletsch, hinter dem der noch junge Fluss nach links zwischen den Felswänden abzweigt. Links davon erkennen wir den unteren Teil der Furkapassstraße, auf der wir später hinabfahren werden, während in der rechten Bergflanke eine weitere Passstraße zu sehen ist. Sie führt hinauf auf den Grimselpass. Und direkt zu unserer Rechten haben wir einen Souvenirstand, der gleichzeitig Zugang zum **Rhône-Gletscher** ist.

Acht Spitzkehren sind es, die uns weitere 500 Höhenmeter in die Tiefe bringen, wo wir Gletsch erreichen und die Möglichkeit haben,

SPECIAL

RHÔNE-GLETSCHER

Der Rhône-Gletscher reichte noch vor rund 100 Jahren hinab in das Tal bis zum Ort Gletsch, heute ist er jedoch insgesamt nur noch acht Kilometer lang und es steht zu befürchten, dass er bis Ende des Jahrhunderts vollkommen verschwunden sein wird. Damit wird dann die Quelle der Rhône offen liegen, denn derzeit gilt der Gletscher als Quelle des Flusses. Historische Aufnahmen am Souvenirstand zeigen die einst mächtige Größe des Gletschers. Angesichts des Gletscherrückgangs ist es umso verwunderlicher, dass jedes Jahr ein Tunnel in das Eis gegraben wird, in dem Besucher einen Blick in das Innere des Gletschers werfen können. Aufgrund der dadurch entstehenden Wärme dürfte der Rückgang des Eises beschleunigt werden, weshalb man von der Besichtigung besser absehen sollte.

einen Blick auf die Dampfbahn der Furka-Bergstrecke zu werfen. Diese Bahn verkehrt nämlich schnaufend zwischen Realp und Gletsch und unterquert dabei den Furkapass im zwei Kilometer langen Furkascheiteltunnel. Vor der stolzen Bergkulisse geben die hier verkehrenden Dampflokomotiven natürlich ein erhabenes Bild ab.

AUF DEN GRIMSELPASS

In Gletsch verlassen wir die Straße 19, die weiter durch das Rhône-Tal verläuft und steuern unser Wohnmobil auf die nächste Passstraße, die wir bereits vom Belvedere aus sehen konnten. Ein halbes Dutzend Serpentinen bringen uns mit einer Steigung von maximal neun Prozent 400 Höhenmeter nach oben. Gleich zu Beginn des **Grimselpasses** erhebt sich zu unserer Rechten ein Hotel, das auf der gegenüberliegenden Straßenseite einen **Murmeltierpark** und einen kleinen Wohnmobilstellplatz betreibt. Der Murmeltierpark erscheint ein wenig überflüssig, da man bei Wanderungen hier in dieser Höhe ohnehin regelmäßig auf Murmeltiere stößt, doch der Übernachtungsplatz verspricht eine angenehme Ruhe und bei wolkenlosem Himmel einen Blick in die sternklare Nacht.

Gleich daneben breitet sich der kleine **Totensee** aus, an dessen gegenüberliegendem Ufer sich ein weiteres Hotel erhebt. Außerdem haben wir hier natürlich auch einen wunderbaren Blick zurück zum Furkapass, dem Belvedere und können außerdem den Rhône-Gletscher in seiner noch vorhandenen Pracht bewundern.

Atemberaubender Ausblick auf das Weltnaturerbe Aletschgletscher

Wanderschuhe sollte man im Gepäck haben, um solche Anblicke genießen zu können.

ROUTE 16

Mit etwas Glück lassen sich in den Bergen auch Murmeltiere beobachten.

Auf über 3000 Metern Höhe erreicht man die Aussichtsplattform am Jungfraujoch.

Bei der Abfahrt vom Grimselpass überqueren wir die Grenze zum Kanton Bern, passieren den **Grimselsee** und den **Räterichsbodensee** und fahren erneut durch zahlreiche Kurven. Bis in das 26 Kilometer entfernte **Innertkirchen** legen wir dabei einen Höhenunterschied von über 1500 Metern zurück. In Innertkirchen stoßen wir auf die Straße 11, die uns nach Osten führend noch einmal die Gelegenheit gibt, zum Sustenpass und dem Steingletscher zu fahren. Anschließend kämen wir dann wieder in der Schöllenenschlucht heraus und würden unsere Passrunde in Andermatt beenden.

Wir folgen der Straße jedoch in westliche Richtung und steuern das Wohnmobil am Ufer des malerischen Brienzersees entlang. An seinem westlichen Ende befindet sich unser Zielort **Interlaken**. Wir lassen hier zwar das Wohnmobil stehen, doch unsere Reise soll hier noch nicht zu Ende gehen. Denn Interlaken ist Ausgangspunkt für eine weitere spannende Zugreise. Vom Bahnhof Interlaken geht es mit dem Zug über **Lauterbrunnen** bis hinauf zur Kleinen Scheidegg, von wo aus man mit der Zahnradbahn durch die legendäre **Eiger-Nordwand** fährt und in spektakulärer Weise den Bahnhof am Jungfraujoch erreicht. Nun steht nur noch eine kurze Fahrstuhlfahrt inmitten des Bergmassivs an und schon befindet man sich in einer Höhe von 3471 Metern und kann den einmaligen Ausblick auf den **Aletschgletscher** genießen, der von der UNESCO zum Weltnaturerbe erklärt wurde.

PRAKTISCHE HINWEISE

AUSFLUG/WANDERUNG
Eigerwalk. Mit dem Ticket für die Fahrt zum Jungfraujoch kann man an verschiedenen Haltepunkten der Bahn ein- oder aussteigen. So kann man zwischen verschiedenen Stationen auch zu Fuß wandern. Empfehlenswert ist hierbei der sogenannte Eigerwalk. Er beginnt an der Bahnstation Eigergletscher, verläuft unterhalb des Gletschers bis Station Kleine Scheidegg. Unterwegs passiert man noch den Fallbodensee, in dessen Wasseroberfläche sich das majestätische Bergmassiv spiegelt.

TOURISTINFORMATIONEN
Innsbruck Tourismus, Burggraben 3, 6021 Innsbruck, Tel. 0043/(0)512/598 50, www.innsbruck.info

Tourismusverband Paznaun-Ischgl, Dorfstraße 43, 6561 Ischgl, Tel. 0043/(0)50/99 01 00, www.paznaun-ischgl.com

Montafon Tourismus, Montafonerstraße 21, 6780 Schruns, Tel. 0043/(0)5556/72 25 30, www.montafon.at

Bludenz Tourismus, Werdenbergerstraße 42, 6700 Bludenz, Tel. 0043/(0)5552/63 62 17 90, www.vorarlberg-alpenregion.at

Liechtenstein und Vaduz – Liechtenstein Marketing, Äulestraße 30, 9490 Vaduz, Tel. 00423/(0)239/63 63, www.tourismus.li

Chur – Regionales Infozentrum in der Personenunterführung am Bahnhof, 7000 Chur, Tel. 0041/(0)81/252 18 18, www.churtourismus.ch

Andermatt-Urserntal Tourismus GmbH, Gotthardstraße 2, 6490 Andermatt, Tel. 0041/(0)41/888 71 00, www.andermatt.ch

CAMPINGPLÄTZE
Camping Innsbruck Kranebitterhof, Kranebitterallee 216, 6020 Innsbruck, Tel. 0043/(0)512/27 95 58, www.campingplatz-innsbruck.at (47.263771, 11.326306). Großer Campingplatz im Westen von Innsbruck. Zwar unmittelbar am Innufer, aber auch in direkter Nähe zum Flugplatz.

Camping Innsbruck, Natterer See 1, 6161 Natters, Tel. 0043/(0)512/54 67 32, www.natterersee.com (47.237433, 11.338812). Campingplatz an einem kleinen See südlich von Innsbruck. Mit dem stündlich fahrenden Bus ist man in rund einer Stunde in der Innsbrucker Altstadt.

TCS Camping Bönigen-Interlaken, Campingstraße 14, 3806 Bönigen, Tel. 0041/(0)33/822 11 62, www.tcs.ch. Campingplatz unter Bäumen und direkt am Ufer des Brienzer Sees.

TCS Camping Interlaken, Brienzstraße 24, 3800 Interlaken-Ost, Tel. 0041/(0)33/822 44 34. Kleiner Campingplatz am Ufer der Aare. Guter Ausgangspunkt für eine Fahrt mit der Bahn auf das Jungfraujoch, da der Bahnhof Interlaken Ost direkt auf der anderen Seite des Flusses liegt.

STELLPLÄTZE
Vaduz, Rheinstraße, Liechtenstein (47.138729, 9.510847), Stellplatz für maximal zwei Übernachtungen auf dem Parkplatz des Rheinstadions. Direkt am Rheinufer und nur 15 Minuten Fußweg in das Zentrum von Vaduz.

Chur – Camp Au, Felsenaustraße 61, 7000 Chur, Tel. 0041/(0)81/284 22 83, www.camping-chur.ch (46.861783, 9.507352). Der Campingplatz an der Mündung der Plessur in den Rhein bietet auch Wohnmobilstellplätze für den Kurzaufenthalt an.

Oberalppass. Auf der Seite des Kantons Uri verläuft die alte Passstraße, die von Wohnmobilisten in der Nacht kostenlos genutzt werden darf. Keine Ausstattung, aber schöne Lage. Die Zufahrt erfolgt an der Galerie oder gegenüber vom kleinen Bahnhof.

Grimselpass. Das Hotel Grimselblick bietet auf der Passhöhe neben dem Murmeltierpark einen kleinen schotterigen Übernachtungsplatz für 10 CHF an. Die Toiletten des Hotels dürfen während der Öffnungszeiten mitgenutzt werden. Duschen kostet extra, kein Strom. Sehr schöne Lage und nachts außerordentlich ruhig.

Vor der Tour kann man sich in der Altstadt von Innsbruck stärken.

17 UMRUNDUNG DES GRÖSSTEN ITALIENISCHEN SEES

Gardasee

Urlaub am Gardasee! Romantische Bilder vermischen sich mit einer grandiosen Landschaft. Eine Rundreise im Uhrzeigersinn führt größtenteils über die östliche Uferstraße »Gardesana Orientale« und die westliche Uferstraße »Gardesana Occidentale«. Sie bietet malerische Städte, herrliche Ausblicke und mediterrane Atmosphäre im Süden der Alpen. Nicht nur Genießer, sondern auch Aktivurlauber kommen am Gardasee auf ihre Kosten, denn Wanderungen und Wassersport bieten sich an.

Blick über den Gardasee in nördliche Richtung

UMRUNDUNG DES GRÖSSTEN ITALIENISCHEN SEES

ROUTE 17

START- UND ENDPUNKT
Torbole und Riva

BESTE JAHRESZEIT
Mai bis Juni und September bis Oktober (Juli und August vielbesucht)

STRECKENLÄNGE
ca. 200 Kilometer

FAHRZEIT
10 bis 14 Tage

MAUTSTRECKEN
Keine

Camping al Porto in Torbole

START IN TORBOLE

Über die Autobahn A22 (E45) aus dem Norden kommend, nähert man sich dem Gardasee. Nach der Abfahrt »Lago di Garda Nord« erreicht man nach rund zwölf Kilometern den Ort Torbole. Rund zwei Kilometer vor Torbole sollte man rechts auf den Parkplatz fahren, der einen grandiosen Überblick über den Gardasee bietet. Die Straße führt ab hier stetig bergab, bis man nach Torbole gelangt. Die weitere Route führt im Uhrzeigersinn um den Gardasee.

FREUNDLICHES TORBOLE

Das nette Städtchen **Torbole** liegt am nördlichen Ufer und wird von der größeren Nachbarstadt Riva durch den markanten, schräg stehenden Felsen Monte Brione getrennt. Torbole ist für Wassersportler und insbesondere für Surfer ein ideales Reiseziel. Die Winde wehen hier kräftig und man kann die Uhr nach ihnen stellen, sodass die jungen Surfer auch schon mal um sechs Uhr aufstehen, um morgens den starken Wind namens Ora zu erwischen. Das idyllische Örtchen strahlt Ruhe aus, denn der Trubel findet ja auf dem Wasser statt. Die Stadtansicht wird bestimmt durch farbenprächtige Häuser und zwischen ihnen und den Bergen thront die Kirche Sant'Andrea (1175) mit einem sehenswerten Tafelbild von Giambettino Cignaroli in der Apsis. Am Ufer schlendert man über eine kurze, aber makellose Promenade, die an einem Kiesstrand vorbeiführt. Hier nimmt man Platz und kann den Surfern und Kite-Surfern auf dem Wasser zusehen.

Von Torbole fährt man nun über die landschaftlich sehr reizvolle Straße 249, die »Gardesana Orientale« in südliche Richtung. Die **Gardesana Orientale** ist eine bedeutende Straße, denn sie verbindet die Orte am östlichen Ufer. Ihr Bau war nicht so aufwendig wie der Bau der **Gardesana Occidentale**, der wichtigen Verbindungsstraße am westlichen Ufer, da die Landschaft hier wesentlich flacher ist. Große Teile der Straße wurden bereits 1929 fertiggestellt. Aufgrund der Beliebtheit vieler Orte ist die Straße in der Hochsaison stark befahren. Sie führt durch zahlreiche Tunnels und bietet immer wieder herrliche Ausblicke auf den nördlichen und engen Teil des Gardasees. Nach 15 Kilometern erreicht man die malerische Gemeinde Malcesine. Vor dem Ort befinden sich an

Parken direkt an der Promenade von Torbole

MALCESINE – AM FUSSE DES MONTE BALDO

Das idyllische Städtchen **Malcesine** mit seiner prächtigen Altstadt ist ein Muss. Es bietet zunächst die Merkmale einer typischen Gardaseestadt mit einem kleinen Hafen, einer stolzen Skaligerburg, engen gepflegten Gassen und zahlreichen Straßenrestaurants sowie dem unvermeidlichen Touristenansturm. Dennoch gewinnt man bei diesem Örtchen den Eindruck, dass es sich um ein ganz besonderes Fleckchen am Gardasee handelt. Die intakte mittelalterliche Stadt mit ihrem Steinpflaster versprüht einen besonderen Charme. Im Zentrum der Altstadt befindet sich der kleine Hafen, der mit den umgebenden Häusern das Herz der Stadt bildet. Die Zahl der kleinen Fischerboote ist begrenzt und mittlerweile zwängen sich Taxiboote (nach Limone) und große Ausflugsschiffe in den Hafen. Am Hafen und in den kleinen Gassen hat der Besucher keine Probleme, einen netten Laden, ein Eiscafé oder ein Restaurant zu finden. Wenige Hundert Meter nördlich des Hafens steht eines der eindrucksvollsten Bauwerke am nördlichen Gardasee, die Festung Rocca. Die intakte Festung mit den besonderen Schwalbenschwanzzinnen beherbergt heute ein Museum, in dem interessante Ausstellungen unter anderem über die Flora und Fauna der Region untergebracht sind. Bei einem Besuch der Skaligerburg sollte man auf jeden Fall den 32 Meter hohen Turm besteigen. Der Ausblick über den Gardasee ist fantastisch. Lohnenswert ist auch der Besuch des Palazzo del Capitano del Lago in der Altstadt. Hier residierte der venezianische See-Statthalter. Das prächtige Bauwerk wurde im 16. Jahrhundert im venezianischen Renaissancestil erbaut und verfügt über einen romantischen Innenhof mit farbenprächtigen Blumen und Palmen. Von Malcesine besteht eine Fährverbindung zur Stadt Limone (Dauer 20 Min.). Wer ausreichend Zeit hat und den Gardasee mal aus der Vogelperspektive überblicken möchte, sollte mit der Seilbahn hinauf auf das Gebirgsmassiv **Monte Baldo** fahren. Der Ausblick aus einer Höhe von 1760 Metern ist atemberaubend. Hier lohnt sich auch eine Wanderung auf dem Höhenwanderweg. Die Talstation der Seilbahn liegt oberhalb, am Rande der Altstadt von Malcesine.

Es geht über die vertraute Straße 249 in Richtung Süden weiter. Man fährt durch kleine Orte mit Blick nach rechts auf den See und passiert einige Campingplätze. Nach rund 20 Kilometern erreicht man den nächsten sehenswerten Ort, Torri del Benaco. Große Parkplätze befinden sich in der Nähe der Skaligerburg.

Seilbahn hinauf zum Monte Baldo

UMRUNDUNG DES GRÖSSTEN ITALIENISCHEN SEES

TORRI DEL BENACO

Die Kleinstadt **Torri del Benaco** (Benaco ist der alte Name des Gardasees) liegt im mittleren Bereich des Gardasees und ist wegen ihrer mächtigen Skaligerburg bekannt. Die protzige Festung entstand im Jahr 1383 auf dem Fundament einer Wehranlage aus dem 10. Jahrhundert. Inmitten der meterdicken Burgmauern bilden die Orangenbäume einen interessanten Kontrast zu dem tristen Mauerwerk. Seit 1760 ist die Burg keine Festungsanlage mehr. Sie diente als Treibhaus für Orangenbäume (Limonai) und heute beherbergt die ehemalige Skaligerburg mit dem »Museo del Castello Scaligero« eines der sehenswertesten Museen am Gardasee. Es informiert über einige traditionelle Erwerbszweige: Fischerei, Olivenölproduktion und Anbau von Zitrusfrüchten. Im Zentrum des Ortes befindet sich der kleine, von Platanen umgebene Hafen mit bunten Fischer- und Segelbooten. Hier und in den vergleichsweise kühlen Gassen der Altstadt stößt man auf einladende Straßencafés, gute Restaurants und nette Geschäfte.

Nach vier Kilometern in südlicher Richtung erreicht man San Vigilio, den vielleicht verträumtesten Ort am Gardasee.

SAN VIGILIO

Das kleine malerische Örtchen **San Vigilio** (oder auch Punta di San Vigilio) hat eine einzigartige Lage auf dem weit in den See hineinragenden Ausläufer des Berges **Monte Luppia**. Am Ende der Landzunge ist alles so malerisch und wirkt fast schon künstlich. Eine Zypressenallee mit hohen schlanken Bäumen führt hinunter zur Villa San Vigilio, einer privaten Renaissancevilla von 1540. Gleich nebenan liegt ein winziger Hafen und eine kleine Kapelle, die dem Einsiedler San Vigilio (13. Jh.) gewidmet ist. Besonders einladend sind auch die idyllischen Badebuchten rund um den bezaubernden Ort.

Von San Vigilio ist es ein Katzensprung nach Garda, das nur drei Kilometer östlich liegt und in wenigen Minuten über die vertraute Straße 249 zu erreichen ist (Stellplatz).

LEBENDIGES STÄDTCHEN GARDA

Die Stadt **Garda** hat eine reizvolle Lage in einer großen Bucht. Sie hat dem großen See seinen Namen beschert. Ihre Geschichte beginnt im 8. Jahrhundert. Unter Beteiligung Karls des Großen entstand die Grafschaft Garda, die ihre Macht über die Region ausbauen konnte. Garda gehört heute zu den größeren Orten rund um den Gardasee und die wichtigste Einnahmequelle ist der Fremdenverkehr. Aber auch der Fischfang ist noch für

In der Altstadt von Malcesine gibt es zahlreiche Straßenrestaurants.

Die Skaligerburg thront mitten in Malcesine.

ROUTE 17

Idyllische Orte wie Lazise stehen bei den Touristen hoch im Kurs.

viele Menschen bedeutsam, und so zählt man in keinem anderen Ort rund um den See mehr hauptberufliche Fischer. Wer nicht am Hafen dem bunten Treiben zuschaut, wird sicherlich auf der schönen Promenade spazieren oder hat einen Stuhl in einem der vielen Straßenrestaurants ergattert. Interessante Geschäfte und weitere Restaurants findet man auch in den Gassen der historischen Altstadt. Garda verfügt über einige sehenswerte Bauwerke wie die schlossartige Villa Albertini, die von der Promenade durch die »Gardesana Orientale« getrennt ist. Dieser Prachtbau wurde 1779 im klassizistischen Stile erbaut, im Garten der Villa wurde eine einzigartige Magnolienallee angelegt. Leider kann dieses Schlösschen nicht besichtigt werden, denn es befindet sich im Privatbesitz der Familie Albertini. Ein weiteres sehenswertes Haus ist der gotisch-venezianische »Palazzo del Capitano« aus dem 15. Jahrhundert, der am Ende der lebendigen Piazza Catullo liegt und heute die Bar Capitano beherbergt. Hinter dem Palazzo liegt das venezianische Viertel mit dem Palazzo Fregoso aus dem Jahr 1510 und dem integrierten Stadttor. Auch Garda verfügt über eine Burg bzw. eine Burgruine. Sie steht auf der 294 Meter hohen Rocca, bestand bereits während der Römerzeit und hielt so manchem Angriff stand. So gelang es Kaiser Barbarossa nicht, die Festung im Jahr 1158 einzunehmen.

AUSFLUG

AUSFLUG IN DIE WEINBERGE

Rund um Bardolino ist das Klima mild und optimal für den Weinanbau. Ende September bis Anfang Oktober ist Weinlese und dann wird bei einem Fest ausgelassen die Weinernte gefeiert. Typischer Wein ist der rubinrote Bardolino, den man direkt bei den Winzern oder in den Geschäften der Altstadt kaufen kann. Im Osten von Bardolino lohnt sich die Fahrt über die »Strada del Vino«, die durch ein Schild mit roten Weintrauben gekennzeichnet ist. An dieser Weinstraße liegen rund 45 Weinkellereien, die zu einer Weinprobe einladen und gerne ihre Produkte verkaufen. Nachdem man in Bardolino nahe der Touristinformation an der Gardesana Orientale gestartet ist, fährt man Richtung Garda, biegt bei der ersten Möglichkeit rechts ab und erreicht das Weinmuseum. Im Osten schließt sich jenseits des Flusses Etsch das bekannte Weinanbaugebiet Valpolicella an. Wer eine intensivere Weinprobe plant und vorhat, ausreichend Wein zu kaufen, sollte den Winzer fragen, ob er an geeigneter Stelle mit seinem Wohnmobil übernachten kann.

Schlendern durch die Gassen von Bardolino

Wer sich nach der ausgiebigen Besichtigungstour historischer Bauwerke ausruhen möchte, erfreut sich am idyllischen Park im Süden der Altstadt, der direkt am See liegt. Wer dann genug Energie getankt hat, sollte in der Nähe, außerhalb der ehemaligen Stadtmauer und jenseits der Gardesana Orientale, die schöne Pfarrkirche Santa Maria Maggiore besuchen. Ein sakrales Bauwerk aus dem 15. Jahrhundert mit einem Kreuzgang aus dem 10. bzw. 15. Jahrhundert. Im Inneren sind schöne Fresken und Altarbilder zu sehen.

Von Garda gelangt man über die schöne Uferpromenade zum vier Kilometer entfernten Örtchen Bardolino oder fährt direkt mit dem Wohnmobil dorthin (Stellplatz).

WEINDORF BARDOLINO

Bei dem Namen Bardolino denkt man zwangsläufig an den berühmten Bardolino-Wein. Aber die Stadt braucht sich nicht hinter dem rubinroten Tropfen zu verstecken, denn sie selbst ist mit ihrer lebendigen Altstadt ein lohnenswertes Ziel. **Bardolino** erstreckt sich entlang des Seeufers auf einem breiten Streifen die Hänge hinauf und geht dann in ein großes Weinanbaugebiet über. Seit 1929 erreicht man den Ort über die wichtige Straße »Gardesana Orientale« und nach dem Krieg setzte verstärkt der wirtschaftlich so bedeut-

same Tourismus ein. Eine Stadtbesichtigung sollte man im Zentrum der Altstadt, an der »Piazza Mateotti« zwischen dem Hafen und der stattlichen Pfarrkirche beginnen. Die schmucke Kirche wurde erst 1840 erbaut und verfügt über eine klassizistische Fassade, die der Blickfang am Ende der Piazza ist. An dem lebendigen Platz locken Straßencafés, Eisdielen, Restaurants und kleine Geschäfte. Direkt unterhalb des Platzes befindet sich der kleine Hafen mit Segel- und Fischerbooten. Am Hafen vorbei, in beide Richtungen, führt eine

Orangenbäumen sind in vielen Städten Italiens zu finden.

Das farbenfrohe Gardaland ist viel besucht.

schöne Promenade am Ufer entlang. In der Altstadt sollte man der kleinen Kirche San Severo einen Besuch abstatten. Sie gehört zu den schönsten romanischen Kirchen in der Region und verfügt über faszinierende Fresken aus dem 13. Jahrhundert sowie eine Krypta aus dem 10. Jahrhundert. Natürlich hat auch Bardolino eine Skaligerburg. Jedoch ist nach einer Zerstörung durch die Belagerer (1526) nur noch der Turm am Hafen übriggeblieben. Nicht nur den baulichen Attraktionen sollte man in Bardolino seine Aufmerksamkeit schenken, sondern auch dem berühmten Wein und so lohnt sich eine Fahrt über die Weinstraße »Strada del Vino«.

Den berühmten Weinort Bardolino verlässt man in südliche Richtung über die Straße 249. Von der Straße sind einige Campingplätze gut zu erreichen. Nach fünf Kilometern gelangt man in den Ort Lazise.

LAZISE

Das kleine Örtchen **Lazise** gehört zur Provinz Veneto und verfügt über eine schöne Altstadt, die von einer mächtigen Stadtmauer umgeben ist. Innerhalb der Mauern ist die Altstadt verkehrsberuhigt und so kann man in aller Ruhe die kleinen Gassen, schönen Plätze und netten Geschäfte entdecken. Viele Italiener kommen von weit her, um in Lazise Fisch zu essen. Rund um den kleinen Kanalhafen beeindrucken farbenfrohe Häuser und am Eingang des Hafens schlendert man über die schöne Uferpromenade. Mitte des 14. Jahrhunderts wurde die Skaligerburg mit sechs Türmen errichtet. Sie ist das auffallendste Gebäude der Stadt (Privatbesitz, keine Besichtigung!). Am Hafen steht auch die Kirche San Nicolò aus dem 12. Jahrhundert mit einem zierlichen Glockenturm und beeindruckenden Fresken.

Die Straße 249 führt in südliche Richtung nicht mehr direkt am See entlang. Das Landschaftsbild hat sich stark verändert und es ist nur noch flachwellig. Man passiert den großen Vergnügungspark »Gardaland« und erreicht Peschiera del Garda.

PESCHIERA DEL GARDA

Der lebhafte und interessante Ort **Peschiera** gehört mit rund 9000 Einwohnern zu den größeren Städten rund um den Gardasee. Der Stadtname leitet sich wahrscheinlich vom italienischen Wort »pesce« ab. Das bedeutet Fisch und steht im Zusammenhang mit dem Fischreichtum vor Ort. Heute gehören der

San Vigilio
3 km 249
Garda
Altstadt
Promenade
4 km 249
Bardolino
Altstadt
Strada del Vino
5 km 249
Lazise
Freizeitpark
Gardaland
9 km 249
Peschiera del Garda
Madonna del Frassino
11 km 11
Viele Campingplätze
Sirmione
Altstadt
Skaligerburg
Grotten des Catull
10 km 11
Desenzano del Garda
Piazza Malvezzi
Dom

UMRUNDUNG DES GRÖSSTEN ITALIENISCHEN SEES

Fischfang, der Bootsbau und natürlich der Tourismus zu den wirtschaftlichen Standbeinen der Stadt. Am ebenen Südufer konnte sich das Stadtgebiet uneingeschränkt ausbreiten. Peschiera erstreckt sich entlang des Flusses Mincio, durch den der Gardasee entwässert. Im Mittelalter war der Fluss noch schiffbar und stellte so eine wichtige Verbindung zur Adria dar. Aufgrund dieser strategisch günstigen Lage wurde Mitte des 16. Jahrhunderts eine gigantische Festung gebaut. 1790 ließ Napoleon die Festung noch mal verstärken. Das mächtige Mauerwerk hat eine beachtliche Länge von 2250 Metern. In der Altstadt bietet sich dem Stadtbesucher ein vertrautes Bild und so laden hier Eiscafés, Restaurants und nette Geschäfte ein. Sehr ansprechend ist die gepflegte Uferpromenade.

Die Küstenstraße 11 führt von Peschiera in östliche Richtung zu zahlreichen Campingplätzen am See. Nach elf Kilometern endet die Straße in Sirmione, einer der schönsten Städte mit herrlicher Lage auf einer Halbinsel im See. Schon aus der Ferne ist dieser grandiose Ort mit der mächtigen Burg zu erkennen. Ein guter Parkplatz ist gleichzeitig der Stellplatz am Rande der Altstadt.

RÖMISCHES SIRMIONE

Sirmione war bereits in der Römerzeit besiedelt. Im Osthafen entstand um 1300 die mächtige Skaligerburg, die heute zu den besterhaltenen Wehranlagen Europas ge-

Die Palastruinen des römischen Dichters Catull gehören zu den Highlights von Sirmione.

Die Kirche San Nicolo von Lazise stammt aus dem 12. Jahrhundert.

ROUTE 17

Sirmione ist eine Perle am Gardasee.

hört. 1889 wurden die Boiola-Thermalquellen entdeckt und der Grundstein für den Fremdenverkehr gelegt. Viele Touristen zieht es insbesondere in die schmucke Altstadt mit der beeindruckenden Skaligerburg. Der 30 Meter hohe Turm, das mächtige Mauerwerk und die markanten Zinnen prägen das Erscheinungsbild. Lohnenswert ist der Aufstieg zum Hauptturm, von dem man einen herrlichen Ausblick über die Insel mit der historischen Altstadt hat. Wer eine andere Perspektive auf die Burg haben möchte, sollte eine kleine Bootsrundfahrt unternehmen. Von der Festung sind es nur wenige Schritte zur Piazza Carducci. Sie ist der schönste und lebendigste Platz der Stadt. Sehenswert ist die Kirche San Pietro Mavino, die inmitten eines Olivenhains steht. Die ursprünglich im 8. Jahrhundert von langobardischen Mönchen erbaute Kirche gehört zu den schönsten der Region und besticht durch byzantinische Fresken und viele Kunstwerke. Interessant ist auch die Kirche Santa Maria Maggiore (15. Jh.) mit einer interessanten barocken Orgel. Eine weitere Attraktion sind die Grotten des Catull am nördlichen Ende der Halbinsel. Hierbei handelt es sich nicht um eine Grotte, sondern vielmehr um eine riesige Ruine, eine villenarti-

ge Thermalanlage, die einst eine gigantische Größe von 167 x 105 Metern hatte. Wer relaxen möchte, sollte an der östlichen Seite der Insel die kleinen Kiesstrände aufsuchen.

Von Sirmione geht es über die Halbinsel zurück zur Straße Nr. 11, hier fährt man Richtung Westen und gelangt nach Desenzano del Garda (10 km).

DESENZANO

Desenzano ist die größte Stadt am Gardasee (23 000 Einw.) und hat eine schöne Lage am südlichen Ufer, am Golf von Desenzano. Wie in vielen anderen Städten am Gardasee übernahm Venedig zu Beginn des 15. Jahrhunderts auch die Herrschaft über diesen Ort. Dies führte zu Frieden und wirtschaftlichem Aufschwung und einem stetigen Anstieg der Bevölkerungszahl. Der Hafen wurde ausgebaut und viele Vorrats- und Speichergebäude errichtet. Am Hafen, an der schönen Piazza Malvezzi, entstand der schmucke Arkadenbau, in dem früher unter anderem das Getreide gelagert wurde. Via Riva gelangten die Waren über die Alpen bis nach Nordeuropa. Immer mehr wohlhabende Kaufleute zog es in die aufstrebende Stadt.

Sie trieben Handel und bauten prächtige Villen. Auch heute zeigt sich Desenzano von seiner schönen Seite mit prächtigen Häusern, gepflegten Straßen und Gassen. Pittoresker Höhepunkt ist der Hauptplatz Piazza Malvezzi. Die beiden schönen Gebäude, der Palazzo Communale (das ehemalige Rathaus) und der Palazzo del Provveditore, stehen sich hier gegenüber. Von der Piazza erreicht man durch eine Gasse die Burg, die oberhalb der Altstadt thront. Sie stammt aus der Antike und wurde im 12. Jahrhundert wiedererbaut und um 1480 befestigt. Die größte Attraktion der Stadt ist die Villa Romana, die im 3. Jahrhundert inmitten eines großen Feldes erbaut wurde. Zu den Schmuckstücken der Villa Romana gehören die grandiosen Mosaiken.

Desenzano verlässt man über die Straße 572 in nördliche Richtung und passiert kleine Touristenorte wie **Padenghe sul Garda**, **Moniga del Garda** mit imposanter Burg und **Manerba del Garda**. In Manerba kann man von einer alten Burgruine (Rocca di Menerba) aus 150 Metern Höhe über dem Niveau des Gardasees die Aussicht genießen. Die Straße führt weiter durch das Inland und über eine kleinere Straße hinunter wieder zurück zum Gardasee in die Stadt Salò.

FLANIEREN IN SALÒ

Die Stadt **Salò** hat eine reizvolle Lage an der großen Bucht, dem Golf von Salò, unterhalb des Berges Monte San Bartolomeo. In den schönen Gassen findet man im Sommer lauschige und schattige Plätze und die Promenade lädt ein zum Spazierengehen. Anders als in vielen Gardaseeorten hat sich der Fremdenverkehr in Salò nicht so massiv durchgesetzt und so hält sich der Trubel in den Sommermonaten in Grenzen. Die Stadt hat dem Besucher einiges zu bieten, wie den Palazzo del Capitano (heute Rathaus), ein Prachtbau aus dem Jahr 1386, der nach einem Erdbeben im Jahr 1901 wiederaufgebaut werden musste. Nebenan steht der venezianische Palazzo della Magnifica Patria, der mit dem Rathaus eine malerische Einheit bildet. Er verfügt über einen schönen Laubengang, die Loggia della Magnifica Patria. Der Gebäudekomplex bietet auch ein archäologisches Museum mit Fundstücken aus der Römerzeit. Schönstes Kirchengebäude der Stadt und die größte Kirche am Gardasee ist der spätgotische Dom Santa Maria Annunziata. Mit dem Bau wurde 1453 nach dem Entwurf von Filippo delle Vacche be-

Links:
Am alten Hafen
von Dezensano,
dem Porto Vecchio,
steht der Palast.

Rechts:
Kleiner Badestrand
in Manerba

Die Stadt Salò mit ihrer langen Promenade liegt am Golf von Salò.

gonnen. Das schöne Renaissanceportal trägt die Handschrift von Antonio della Porta und Gasparo da Coirano und entstand 1509. Zahlreiche Kunstwerke zieren das Innenleben der dreischiffigen Kirche. Oberhalb der Kirche befindet sich der Palazzo Fantoni mit dem geschichtlichen Museum. An der langen Promenade reihen sich viele Bars, Restaurants und Cafés aneinander. Von Salò sind es nur wenige Kilometer bis zur Nachbarstadt Gardone Riviera.

MONDÄNES GARDONE RIVIERA

Das Städtchen **Gardone Riviera** liegt am Ufer des Gardasees und am Fuße des 907 Meter hohen und mit Zypressen und Olivenbäumen bewachsenen **Monte Lavino**. Dieses »Klein-Nizza« war einst ein unberührtes Fischerdörfchen. Dann kam der deutsche Hotelier Ludwig Wimmer im Jahr 1880 und ließ das luxuriöse Grand Hotel Gardone Riviera mit beachtlichen 400 Betten bauen. Ihm folgte der deutsche Forscher Dr. Ludwig Rhoden, der das Klima in diesem Ort als besonders heilend anpries. Der dritte im Bunde war der deutsche Arzt Arthur Hruska, der von der reichhaltigen Pflanzenwelt so begeistert war, dass er 1910 einen grandiosen Botanischen Garten anlegte. Der Weg für den Fremdenverkehr war geebnet und viele wohlhabende Reisegäste kamen. Viele von ihnen blieben auch und ließen Prachtbauten errichten. Der Dichter Gabriele d'Annunzio (1863–1938) erwarb die Villa »Il Vittoriale degli Italiani«. Bei einem Spaziergang auf der herrlichen Promenade kann man das Flair vergangener Tage erle-ben. Diese reizvolle Promenade wurde 1901 künstlich errichtet und steht auf Stelzen. Ein markantes Bauwerk am Ufer ist der Turm Torre San Marco aus dem 19. Jahrhundert. Auf dem Programm sollte auf jeden Fall ein Besuch des Botanischen Gartens (Giardino Botanico Hruska) stehen. Der Artenreichtum ist verblüffend und die Anlagen sind eine Stiftung des bekannten Aktionskünstlers André Heller.

Das mondäne Örtchen Gardone Riviera verlässt man in nordöstliche Richtung über die Straße »45 bis«, die »Gardesana Occidentale«. Sie verbindet die Orte Salò und Limone und wurde 1931 fertiggestellt. Sie ist ein Meisterwerk des Straßenbaus und bietet zwischen den vielen Tunneln und Galerien grandiose Ausblicke auf den Gardasee. Nach wenigen Kilometern erreicht man die beiden Ortschaften **Toscolano** und **Maderno**. Hier hat man die Möglichkeit, mit der Fähre zum Ostufer nach Torri del Benaco zu fahren. Viele Italiener verbringen hier ihren Urlaub, weil sie die Strände und Wassersporthäfen schätzen. Interessant sind außerdem der Zoo oder die schöne Kirche Sant'Andrea Apostolo (12. Jh.). Auf der weiteren Strecke nach Gargnano befinden sich einige Campingplätze.

UMRUNDUNG DES GRÖSSTEN ITALIENISCHEN SEES

GARGNANO

Gargnano liegt unterhalb des 1047 Meter hohen **Monte Magno** und vermittelt mit der malerischen Altstadt das Bild einer typischen italienischen Stadt. Durch die Gassen knattern Vesparoller, am kleinen Hafenbecken stehen sehenswerte Gebäude in matten Pastellfarben und kleine Mandarinenbäume bringen weitere Farbtupfer. Auch eine kleine Promenade mit Eiscafés und Restaurants gibt es hier. Zu den schönsten Gebäuden gehören der Palazzo Communale (1852) und die Kirche San Martino aus dem 18. Jahrhundert sowie die kleine Kirche San Giacomo di Calino (11.-12. Jh.) mit grandiosen Fresken. Gargnano ist mit den beiden umliegenden Orten **Bogliaco** und **Villa** zusammengewachsen. In beiden Örtchen stehen eine Vielzahl von Villen und Prachtbauten. Ein bekanntes Bauwerk erwartet uns im Vorort **San Faustino**. Hier steht die Villa Feltrinelli (1894), in der in den Kriegsjahren 1943–1945 der italienische »Führer« Benito Mussolini wohnte. So wird heute die Villa auch als »Villa del Duce« bezeichnet.

Zwischen Gargnano und Limone müssen rund 20 Kilometer zurückgelegt werden. Hierbei geht die Fahrt durch etliche kurze und lange Tunnel und es gibt nur wenig Gelegenheit zum Parken. Wer sich dann dem Ort Limone nähert und zahlreiche Zitronenbäume passiert, glaubt, er hätte schon den Grund der Namensgebung erkannt. Auch wenn über Jahrhunderte in der Region intensiv Zitronenanbau betrieben wurde, so leitet sich der klangvolle Ortsname doch von dem lateinischen »limes« ab, was Grenze bedeu-

Kurzer Stopp in Toscolano-Maderno

Das Grand Hotel von Gargnano

Die Parkanlage der Villa Feltrinelli findet man im Vorort San Faustino (Gargnano).

tet. Denn immerhin lag der Ort bis zum Ende des Ersten Weltkrieges an der Grenze zu Österreich. Oberhalb der Altstadt von Limone befinden sich Parkplätze für Wohnmobile (Ausschilderung P3).

LIMONE – ÜBER DEN SEE HINAUS BEKANNT

Limone hat eine reizvolle Lage unterhalb steiler Berge am Ostufer. Hier leben rund 1000 Menschen, die das milde Klima genießen. Der florierende Fremdenverkehr beschert vielen einen gesicherten Arbeitsplatz. Früher war der Anbau von Zitronen eine weitere Einnahmequelle. Die Region rund um Limone ist das nördlichste Zitronenanbaugebiet Europas; über Jahrhunderte hinweg war dies ein wichtiger Wirtschaftszweig. Heute sieht man noch die großen Treibhäuser, die sogenannten »Limonaie«, in denen die Obstbäume im Winter geschützt wurden. Sie sind nicht als ehemalige Treibhäuser zu erkennen, da ihnen die Verglasung fehlt. Nach der Fertigstellung der wichtigen Verbindungsstraße Gardesana Occidentale im Jahr 1930 hielt der Tourismus in Limone Einzug. Limone verfügt über eine gepflegte Altstadt, eine schöne Uferpromenade, einen kleinen idyllischen Hafen sowie kleine Strände. Limone ist auch ein guter Ausgangspunkt für Ausflüge mit den kleinen Passagierschiffen. Zu den Sehenswürdigkeiten der Stadt gehören die Pfarrkirche San Benedetto und die romanische Kirche San Pietro, die inmitten eines Olivenhains etwas außerhalb der Stadt steht. Oberhalb des Ortes befindet sich die Kirche San Rocco (1436), die man über einige Stufen erreichen

Limone liegt am Westufer am Fuße hoher Berge.

UMRUNDUNG DES GRÖSSTEN ITALIENISCHEN SEES

kann. Im Inneren sind schöne Renaissancefresken zu bewundern.

Der Wohnmobilist verlässt Limone in nördliche Richtung und setzt seine Route auf der Straße »45 bis« fort. Links der Straße steigen die Berge steil an und haben Höhen bis zu 1591 Metern (Monte Carone). Nach wenigen Kilometern verlässt man die Provinz Lombardei und erreicht die Provinz Trentino-Südtirol. Auf dieser Strecke führen zahlreiche Tunnels durch die Berge. Im weiteren Verlauf erreicht man die Stadt Riva del Garda, am Nordufer des Gardasees. Sie bildet den Endpunkt der Rundreise um den größten See Italiens. Nur wenige Kilometer östlich befindet sich die Stadt Torbole, der Ausgangspunkt der Reise. Zum Abschluss der erlebnisreichen Rundreise sollte man die zweitgrößte Stadt am Gardasee genauer unter die Lupe nehmen. Es lohnt sich!

RIVA – KRÖNENDER ABSCHLUSS DER REISE

Riva besticht durch die reizvolle Lage am nördlichsten Ende des Gardasees, unterhalb der Trentiner Alpen. Zu Beginn des 20. Jahrhunderts zog es den Adel und das Bürgertum Mitteleuropas in die Stadt und so suchten Prominente wie Friedrich Nietzsche, Thomas Mann oder Franz Kafka in Riva nach Ruhe und Erholung. Den heutigen Touristen bietet die attraktive Hafenstadt in erster Linie eine lebendige und schöne Altstadt mit idyllischen Plätzen, malerischen Gassen und einigen prächtigen Bauwerken. Der zweifelsfrei stolzeste Platz ist die »Piazza Tre Novembre«, der von schönen Häusern wie dem Palazzo Pretorio und dem Palazzo Communale umgeben ist. Der Platz öffnet sich zum See und bietet breite Stufen am Wasser, von denen man den Blick über den Gardasee genießen sollte. Der 34 Meter hohe Turm Apponale, der 1220 erbaut und 1555 aufgestockt wurde, prägt die Silhouette der Stadt und ist das Wahrzeichen Rivas. Nicht weit entfernt sieht man ein großes, gelbes Gebäude unterhalb der Felsen. Es ist das Ponale-Wasserkraftwerk, das seit 1925 die Region mit Strom versorgt.

Typisches Mitbringsel aus Limone ist der Limoncello.

Ein weiteres interessantes Bauwerk ist »La Rocca«, eine Skaligerburg, die ursprünglich im Jahr 1124 erbaut wurde. Die wuchtige Festung ist von einem Wassergraben umgeben, der teilweise als Hafen genutzt wird. Heute sind in der Festung ein Konzertsaal und das Stadtmuseum (»Museo Civico«) untergebracht. Zu sehen sind umfangreiche Kunstsammlungen italienischer Maler sowie Ausstellungen mit römischen und mittelalterlichen Funden. Lohnenswert ist auch die Besichtigung der Barockkirche Santa Maria Assunta (1728). Nach dem Kirchenbesuch sollte man durch die schönen, schattigen Gassen vorbei an interessanten Geschäften und kleinen Ladenlokalen schlendern. Wesentlich ruhiger geht es in dem erholsamen Park und auf der Uferpromenade zu. Bei einem Spaziergang passiert man den großen Jachthafen. Die vielen Segelboote weisen darauf hin, dass hier ausschließlich gesegelt wird. Denn Motorbootfahren ist in dem Gewässerabschnitt vor Riva nicht erlaubt.

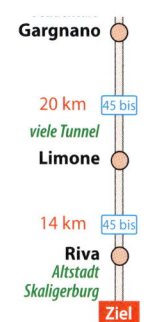

Lohnenswert ist eine Turmbesteigung des Torre Apponale in Riva.

PRAKTISCHE HINWEISE

Camping Zocco in Manerba

TOURISTINFORMATIONEN
Staatl. Italienisches Fremdenverkehrsamt ENIT, Barckhausstraße 10, 60325 Frankfurt a. M., Tel. 0049/(0)69/23 74 34, www.enit-italia.de, www.gardasee.de

KARTE
Marco Polo Freizeitkarte Gardasee, 1:100 000

CAMPING- UND STELLPLÄTZE
Camping al Porto, Via al Cor 3, 38069 Torbole, Tel. 0039/(0)464/50 58 91, www.campingalporto.it (N45°52'19" E10°52'23"). Dichte Hecken umgeben den ebenen Campingplatz direkt am Ufer. Nur wenige Schritte sind es nach Torbole mit dem kleinen Hafen und dem Strand. Sehr gut für Surfer und Segler geeignet. Die Parzellen verfügen über schattenspendende Bäume.

Camping Lombardi, Via Navene Vecchia 141, 37018 Malcesine, Tel. 0039/(0)45/740 08 49, www.campinglombardi.com (N45°47'03" E10°49'19"). Gepflegter Platz, teilweise mit Blick auf den Gardasee. Das Gelände ist teils eben, teils geneigt und das Wohnmobil steht unter alten Olivenbäumen. Der Platz ist gut ausgestattet und bietet auch Tagesstellplätze für Wohnmobile. Er liegt rund zweieinhalb Kilometer nördlich von Malcesine, direkt am Ufer.

Torri del Benaco, Stellplatz (N45°36'22" E10°41'08"). Im Zentrum von Torri del Benaco, neben der Skaligerburg, befindet sich der gebührenpflichtige Parkplatz, der auch für kompakte Wohnmobile einige Übernachtungsplätze anbietet.

Garda, Stellplatz, Via C. Colombo (N45°34'30" E10°42'37"). Vom Parkplatz sind es nur wenige Schritte bis in die nette Altstadt von Garda. Der Parkplatz verfügt über parzellierte Übernachtungsplätze für Wohnmobile. Bezahlt wird am Parkautomaten. Ein weiterer Stellplatz befindet sich in der Straße Via Carmelo Preite.

Campingplatz Europa, Via Santa Cristina 12, 37011 Bardolino, Tel. 0039/(0)45/721 10 89, www.campinggarda.it (N 45°32'33" E 10°43'29"). Der Campingplatz erstreckt sich südlich von Bardolino und liegt zwischen dem Ufer des Gardasees und der Hauptstraße SS249. Er bietet ebene und parzellierte Stellflächen. Zum Kiesstrand sind es nur wenige Schritte, über die Promenade erreicht man in wenigen Gehminuten die Altstadt von Bardolino. Der Campingplatz verfügt auch über eine Pizzeria.

Bardolino, Stellplatz (N45°33'42" E10°42'54"). Der einfache

Stellplatz mit seinen leicht geneigten Stellflächen befindet sich zwischen Garda und Bardolino, direkt an der Hauptstraße. Unterhalb des Platzes verlaufen die Promenade und das Seeufer. Zur Altstadt von Bardolino sind es rund eineinhalb Kilometer.

Camping Serenella, Loc. Mezzariva 19, 37011 Bardolino, Tel. 0039/(0)45/721 13 33, www.camping-serenella.com (N45°33'33" E10°43'00"). Gut ausgestatteter Campingplatz an der langen Uferpromenade. Rund zwei Kilometer zu Fuß nach Garda und eineinhalb Kilometer bis Bardolino. Oleanderhecken, Laubbäume sowie Olivenbäume prägen den Platz, der neben Restaurant und Kiosk auch ein gutes Wassersportangebot (u. a. Wasserski) hat.

Camping Piani di Clodia, Via Fossalta 42, 37017 Lazise, Tel. 0039/(0)45/759 04 56, www.pianidiclodia.it (N45°28'58" E10°43'45"). Gehört zu den besten Anlagen am Gardasee. Eine umfangreiche Ausstattung unter anderem mit einer Badewelt prägt den Platz am Ufer des Sees. Strand und viele Sportanlagen. Auf dem geneigten Campingplatz wurden terrassierte Plätze mit Bäumen angelegt. Umfangreiches gastronomisches Angebot. Kostenfreier Bus zweieinhalb Kilometer nördlich nach Lazise.

Camping Bella Italia, Via Bella Italia 2, Peschiera del Garda, Tel. 0039/(0)45/640 06 88, www.camping-bellaitalia.it (N 45°26'31" E10°40'42"). Liegt westlich von Peschiera, ist bestens ausgestattet und erstreckt sich auf einem leicht geneigten Wiesengelände. Zahlreiche Sanitärgebäude, Supermarkt, Restaurants, Pool, Spielplätze und vieles mehr. Für Familien gibt es ein umfangreiches Animationsprogramm. Über die Seepromenade erreicht man nach rund eineinhalb Kilometern Peschiera.

Peschiera del Garda, Stellplatz Frassino, Via Frassino 11, 37019 Peschiera del Garda (N 45°32'33" E 10°43'29"). Ein weiterer großer Stellplatz liegt rund zwei Kilometer südwestlich der Altstadt, unterhalb der Autobahn A4. Der große Schotterplatz ist gut ausgestattet und ganzjährig geöffnet.

Sirmione, Stellplatz und Camping Sirmione (N45°29'13" E10°36'35"). Mit dem Wohnmobil kann man kaum besser stehen als auf dem kostenpflichtigen Parkplatz am Rand von Sirmione. Auf ebenen Asphaltflächen parkt man teilweise direkt am Ufer. Bezahlt wird am Parkautomat. Dann sind es nur wenige Schritte zur Skaligerburg und zur Altstadt. Als Campingplatz empfiehlt sich »Camping Sirmione«, rund zwei Kilometer südlich der Altstadt.

Camping Zocco, Via del Zocco 43, 25080 Manerba, Tel. 0039/(0)365/55 16 05, www.campingzocco.it

Der Stellplatz in Sirmione liegt direkt am Wasser.

(N45°32'24" E10°33'21"). Gut ausgestatteter Campingplatz direkt am See. Teilweise herrlicher Blick über den Gardasee. Restaurant, Pool, langer Kiesstrand am See. Über den Platz verteilen sich schattenspendende Olivenbäume.

Camping Villaggio Weekend, Via Vallone della Selva 2, 25010 San Felice del Benaco, Tel. 0039/(0)365/437 12, www.weekend.it (N45°35'51" E10°32'02"). Oberhalb des Sees, rund zweieinhalb Kilometer nordwestlich von San Felice del Benaco. Der Platz erstreckt sich oberhalb eines Hanges. Teilweise herrlicher Blick auf den Golf von Salò. Aktivitäten und Unterhaltung insbesondere für Familien.

Camping Toscolano, Via Religione 88, 25088 Toscolano, Tel. 0039/(0)365/64 15 84, www.hghotels.com (N45°38'16" E10°36'45"). Erstreckt sich am Ufer des Gardasees. Er wurde innerhalb der Mauern eines Klosters aus dem 14. Jahrhundert errichtet. Bar und Restaurants befinden sich in den historischen Klosterbauwerken. Das Gelände ist eben und das Fahrzeug steht auf Wiesen, umgeben von Pinien. Toscolano und Maderno sind zu Fuß erreichbar. Sand- und Kiesstrand zum Relaxen.

Camping Garda, Via IV Novembre 10, 25010 Limone sul Garda, Tel. 0039/(0)365/95 45 50, www.hghotels.com (N45°48'20" E10°47'15"). Umgeben von Olivenhainen, wenige Hundert Meter südlich von Limone. Privatstrand, außerdem zwei Schwimmbäder. Auf dem Campingplatz spenden Laubbäume Schatten.

Riva del Garda, Stellplatz (N45°52'45" E10°51'31"). Einfacher, ebener Stellplatz in der Straße Via Brione, in der Nähe des Hafens Porto San Nicolò.

Camping Bavaria, Viale Rovereto 100, 38066 Riva del Garda, Tel. 0039/(0)464/55 25 24, www.bavarianet.it (N45°52'48" E10°51'22"). Unweit des idyllischen Zentrums von Riva del Garda, direkt an der Uferpromenade. Strand in der Nähe und gute Wassersportmöglichkeiten.

18 SARDINIEN – AUF INS INSELPARADIES!
Vom Süden über den Osten nach Norden

Bucht an Bucht – Centro Vacanze Isuledda

Sardinien, dieser Kontinent im Kleinen, wie man das faszinierende Felsenreich im Mittelmeer oft nennt, wartet mit Traumbuchten und großartigen Gebirgslandschaften auf. Darüber hinaus ist die italienische Insel noch gespickt mit Zeugnissen einer jahrtausendealten Geschichte. Genug gute Gründe, weshalb man die mehrstündige Passage dorthin gerne auf sich nimmt.

SARDINIEN – AUF INS INSELPARADIES!

Sant'Antioco, betriebsamer Flecken mit antiken Schätzen

ROUTE 18

START- UND ENDPUNKT
Sant'Antioco und Castelsardo

BESTE JAHRESZEIT
Mai bis September

STRECKENLÄNGE
630 Kilometer

FAHRZEIT
8 bis 12 Tage

MAUTSTRECKEN
Keine

Am Rezeptionstresen von Camping Tonnara stapeln sich die neuausgepackten Prospekte. Sie sollen Lust machen auf den noch weitgehend unbekannten Südwesten Sardiniens einschließlich der vorgelagerten Isola Sant'Antioco, auf der diese Tour startet. Die großformatigen Abbildungen zeigen unter anderem antike Stelen in urwüchsiger, mediterraner Landschaft, dazu blumenübersäte Hänge, knorrige Rebstöcke sowie einsame, von bizarren Felsen umrahmte, tiefblaue Buchten. Und tatsächlich präsentiert sich die kleine Insel genauso, wie es die bunten Hochglanzbroschüren verheißen.

MITUNTER MENSCHENLEER

Zwar ist das Eiland seit punischen Zeiten durch einen Damm mit der Hauptinsel verbunden, doch die großen Verkehrsströme verlaufen zum Glück woanders. Dies gilt insbesondere für die Küstenstraße im Westen, wo nur hier und da eine quietschbunte Vespa den Weg kreuzt oder ein knatternder Dreiradlaster, bis unter das Dach mit Obst und Gemüse beladen.

Mehr Betrieb herrscht gewöhnlich nur an »Ferragosto«, jenen superheißen Tagen um den 15. August, an denen Einheimische und Gäste die Strände bevölkern, wie etwa in der fjordartigen Cala Lunga im Westen Sant'Antiocos. Neben dem mit einem hübschen Pool bestückten Campingplatz, der sich in der benachbarten Cala Sapone erstreckt, gibt es weit und breit keine weiteren touristischen Zentren – ja, es existieren noch nicht einmal Orte, die aus mehr als drei Häuser bestehen.

ROUTE 18

Farbenfrohe Piazza Umberto in Sant'Antioco

Sant'Antioco
Pfarrkirche Basilica di Sant'Antioco
Tophet
Seitmausoleum
Menhire Su Para e sa Mongia   SS126
                                SS195
38 km   SP71

Costa del Sud
feine Sandstrände zwischen Granitfelsen

                                SP71
31 km   SS195

Pula
römische Hafenstadt Nora

29 km   SS195

Cagliari
Basilika
Amphitheater
Rathaus

Vergleichsweise dicht besiedelt ist hingegen die Nordküste. Dort liegen zum einen die freundliche Hafenstadt Calasetta, das einst savoyische Könige am Reißbrett entwarfen, zum anderen der rege Hauptort Sant'Antioco. Er besaß schon vor unserer Zeitrechnung unter dem phönizischen Namen Sulki (römisch Sulkis) einen wichtigen Ausfuhrhafen für Eisenerze, der auch heute noch als solcher betrieben wird. Zahlreiche unterirdische Grabkammern und eine Brandopferstätte der Phönizier sind die Hauptattraktionen der rund 12 000 Einwohner zählenden Gemeinde. Man fand die Überreste an einem Hügel nahe der Altstadt. Die Besichtigung ist nur geführt möglich. Danach empfiehlt sich ein Streifzug durch den von Laubkronen überspannten Corso Vittorio Emanuele mit guten Einkaufsmöglichkeiten. Auf der Suche nach hochwertigen Produkten aus der Re-

AUSFLUG

MEEROCHSEN-HÖHLE

Nördlich von Arbatax bei Cala Gonone prangen auf Meereshöhe zwei riesige, mit Barken befahrbare Öffnungen in der Steilküste – die Eingänge zur Grotta del Bue Marino. Ihren Namen hat die Höhle von den Mönchsrobben, auch Meerochsen genannt, die hier bis in die 1980er-Jahre lebten. Auch Einritzungen von Menschenhand aus der Jungsteinzeit wurden an den Wänden entdeckt.

Ein unterirdischer Fluss hat den Kalkstein in Jahrmillionen ausgespült. Tropfsteine jeglicher Form flankieren den weiterführenden Fußweg. Bei Schneeschmelze gibt es auch einen Wasserfall zu bestaunen. Auf der Oberfläche eines Sees spiegelt sich die zerklüftete Höhlendecke wider. Nach einem Kilometer ist mit dem Orgelsaal das Ende des für Besucher zugänglichen Teils erreicht.

SARDINIEN – AUF INS INSELPARADIES!

gion führt auch hier der Weg wie so oft in die Feinkostläden, wo es etwa »Fregola sarda«, winzige, wohlschmeckende Nudeln aus Hartweizengries, zu kaufen gibt, oder den bekannten Pecorino, einen wunderbar würzigen Käse aus Schafs- oder Ziegenmilch.

HIER UND NICHT WEITER

Sie sehnen sich nach einer Portion Karibik? Dann kommt der Strand von Tuerredda im Süden Sardiniens diesem Wunsch sehr nahe. Sein weißglitzernder, weicher Sand, das glasklare, in allen Blautönen schimmernde Wasser und der weite Ausblick über den Golf von Teulada machen ihn ohne Zweifel zu einem der attraktivsten Mittelmeerstrände. Ein Stück östlich zweigt ein schöner Wanderweg zum Capo Spartivento ab. Die Landspitze mit ihrem ehemaligen Leuchtturm aus dem 19. Jahrhundert – er wurde zu einem Luxushotel umgebaut – ist der südlichste Inselpunkt, den man als Zivilist betreten darf. Denn das westlich davon gelegene, weiter ins Meer ragende Capo Teulada ist Militärsperrgebiet.

Nach Tagen mit ausgiebigem Sonnenbaden, genüsslichem Plantschen und Schnorcheln im Meer bietet sich Ihnen bei Pula erneut die Gelegenheit, mehr über die oft im Dunkeln liegende Vergangenheit Sardiniens zu erfahren. Südlich des Ortes sind die teils 3000 Jahre alten Ruinen der antiken Stadt Nora zu bestaunen, des ältesten Stützpunkts der Phönizier. Vieles wurde jedoch von den Römern überbaut. Gut erhalten sind ein Amphitheater und einige wunderschöne Fußbodenmosaike.

MODERNE, MARMOR UND MUSEEN

Kurz darauf erreichen Sie die Inselhauptstadt Cagliari. Auch sie wurde vermutlich von den Phöniziern unter dem Namen Karalis gegründet. Überhaupt nicht selbstverständlich und daher bemerkenswert ist der große Reisemobilstellplatz direkt im Zentrum. Steile Hügel mit Befestigungsanlagen umgeben die zunächst sehr modern erscheinende Metropole. Das Altstadtviertel Castello jedoch, das sich ebenfalls auf einem Kalksteinrücken erstreckt,

besticht mit einer Vielzahl an beschaulichen Ecken wie etwa von prächtigen Palazzi gesäumte Plätze. In den altehrwürdigen Gebäuden residierten bis ins 19. Jahrhundert hinein weltliche und geistliche Größen. Der Aufstieg zu einem Machtzentrum begann im 13. Jahrhundert mit dem Bau der Kathedrale Santa Maria. Von ihrem ursprünglich pisano-romanischen Stil zeugen nur noch der Campanile und die Seitenschiff-Portale. Das barocke Innere glänzt mit kostbaren Kunstwerken, darunter dem Silbertabernakel auf

Schroff und schön – Steilküste nahe Calasetta

ROUTE 18

Cagliari
Basilika
Amphitheater
Rathaus

SS554
SS125
SP20
48 km   SP17

Villasimius
Archäologisches
Museum
Fortezza Vecchia
15 km   SP98

Costa Rei
10 km
langer Strand

SS125
SP13
SP11
120 km SS125

Arbatax
rote Felsen von
Arbatax   SS125
21 km   SS198

Camping Telis ist eine traumhaft gelegene Terrassenanlage.

dem Hochaltar. Größtes Prunkstück ist die Marmorkanzel, die der Künstler Guglielmo um 1160 schuf. Unter den vielen Museen der Stadt ist das Museo Archeologico Nazionale das bedeutendste. Es zeigt unter anderem fast 3000 Jahre alte, nuraghische Bronzefiguren: eindrucksvolle Darstellungen von Stammesfürsten, Kriegern und gewöhnlichen Menschen. Fundstücke aus der Frühzeit sind auf Sardinien ein immer wiederkehrendes Thema, so auch in der Ortschaft Villasimius im äußersten Südosten. Das Archäologische Museum präsentiert dort in vier Sälen zum Beispiel aus dem Meer geborgene Amphoren, Vasen oder Münzen. Hauptattraktion ist ein spanisches Schiffswrack. Südlich der kleinen Stadt erhebt sich auf einem Felsen die Fortezza Vecchia, ein mächtiges Bollwerk aus dem 14. Jahrhundert zur Abwehr von Piraten. Den Seeräubern gewidmet ist auch eine anschaulich aufbereitete Ausstellung im Inneren, die besonders Kinder begeistert.

Weißer Sand und Wacholderdünen bestimmen das Bild der nachfolgenden Costa Rei, der Königsküste. Sie begleitet ein fast zehn Kilometer langer Strand, nur selten unterbrochen von meerumspülten Felsen, die flach ins Wasser abfallen. Es gibt hier einige Campingplätze, die wegen ihrer tollen Lage bereits im Juni sehr voll sind.

VIELGESTALTIG UND FARBIG

Ein weiterer landschaftlicher Höhepunkt an der Ostküste sind die zerklüfteten roten Felsen von Arbatax. In ihrer Nähe liegt Camping Telis. Zu den Besonderheiten dieses Platzes gehört zum Beispiel, dass auf die Trennung von Toiletten, Duschen und Einzelwaschkabinen verzichtet wurde. Man hat alles in leuchtend bunt gestalteten, abschließbaren Badezimmern vereint. Wechselnde Farben prägen auch die umgebende Natur: Von Anthrazit bis Hellbeige schimmern die großen glatten Steine, die den feinsandigen, platzeigenen Strand einrahmen. Das Meer funkelt Türkis. Die Terrassenplätze breiten sich unter Bäumen an den Hängen eines Hügels in der

SARDINIEN – AUF INS INSELPARADIES!

Portu Frailis aus, zu Deutsch »Bucht der Blumen«. Die besagten bizarren Klippen lassen sich am besten vom Aussichtspunkt beim Leuchtturm am Capo Bellavista bewundern. Den Besuch der zauberhaften Bucht Cala Luna und die Teilnahme an einer geführten Bootstour zur Grotta del Bue Marino, der wohl spektakulärsten Inselgrotte, sollte man sich ebenfalls nicht entgehen lassen.

Beeindruckende Bergmassive mit dichten Wäldern und steil aufragenden Felsformationen prägen die Insel westlich der Stadt Tortoli. Die erste Station ist dort häufig Lanusei, die Kreishauptstadt der Gebirgsregion Ogliastra. Häuser mit mehreren Stockwerken, die am Hang kleben, prägen hier vornehmlich das Ortsbild. Über den Dächern beginnt dann der Bosco Selene, ein schattiger Steineichenwald, der zu erholsamen Spaziergängen einlädt. Vereinzelt sprudeln hier Quellen, dazu gibt es ein paar Picknickstellen. Auch ein Nuraghierdorf aus dem 15. Jahrhundert vor Christus kann man hier besichtigen. In Lanusei beginnt des Weiteren ein besonders kurvenreicher Streckenabschnitt, der vorbeiführt an tiefen Schluchten und abgelegenen Dörfern in Richtung Jerzu. Wichtigstes Etappenziel ist das Bergdorf Ulássai, wo sich die sehenswerte Tropfsteinhöhle Su Marmuri befindet, die vor allem durch ihre unterirdischen Seen besticht.

RÄTSELHAFTER UNTERGANG

In Olbia, der schnell gewachsenen Hafenstadt an der Nordostküste, trifft man trotz ihrer langen Geschichte auf nur wenige alte Bauwerke. Für die Römer war sie ein wichtiger Umschlagplatz. Einzige Relikte aus jener Epoche sind die elf gesunkenen Handelsschiffe (5. Jahrhundert), die man 1999 bei einem Tunnelbau am Hafen entdeckte. Warum sie untergingen, weiß man nicht. Womöglich vernichteten die Römer ihre Flotte selbst, damit diese nicht den Vandalen in die Hände fiel. Die Wracks und weitere Funde von der Jungsteinzeit bis zum Mittelalter zeigt das neue Museum auf der Isola di Peddone. Wichtigstes Baudenkmal der Stadt ist die Kirche San Simplicio, errichtet im 11. Jahrhundert. Das romanische Got-

Großzügig – Freibad auf Camping Tonnara

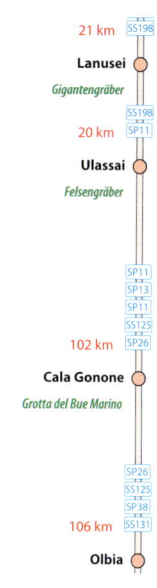

ROUTE 18

Hinreißend schöne Abendstimmung auf dem Stellplatz in Valledoria

Olbia
Kirche San Simplicio
Kirche zum Apostel Paulus
römischer Aquädukt
Sa Rughitulla
Gigantengrab
Su Monte de s´Ape
SS127
27 km   SS125

Arzachena
Nuraghe Albucciu
Gigantengrab Coddu Vecchiu
Nuraghe La Prisgionas

SS125
34 km   SS133bis

Santa Teresa
Gesteinsformationen
Fährverbindung nach Korsika

69 km   SS200

Castelsardo
Kathedrale
Sant´Antonio
Elefantenfels
Ziel

teshaus zeigt lombardische und toskanische Stilelemente. Für einen längeren Badeurlaub bestens geeignet ist beispielsweise Camping Isuledda. Dessen Areal erstreckt sich überaus reizvoll auf einer Halbinsel im Golf von Arzachena weiter im Norden. Kleine feinsandige Badebuchten zeichnen den Platz aus, darüber hinaus gibt es ein täglich wechselndes Sport- und Unterhaltungsprogramm für Kinder. Ein nahe gelegenes Ausflugsziel ist die Costa Smeralda, die legendäre, in aller Welt bekannte Smaragdküste. Deren Hauptort ist Porto Cervo am nördlichen Ende des 50 Kilometer langen Küstenstreifens. Sein Yachthafen mit über 500 Liegeplätzen zählt zu den größten am Mittelmeer.

WENN DIE ROTE SONNE ...

Von Santa Terasa di Gallura an der Nordspitze führt eine Küstenstraße mit zauberhaften Aussichten nach Castelsardo, der vorletzten Station dieser Sardinien-Reise.

Castelsardo erhebt sich malerisch auf einem Felssporn vulkanischen Ursprungs. Das Dorf wurde 1102 unter dem Namen Castel Genovese von Genuesen als Festung gegründet. Sehenswert ist vor allem der freistehende Glockenturm der Kathedrale Sant'Antonio Abate, den ein farbenfrohes Majolika-Dach schmückt. Der Kirchenraum ist reich mit Gold verziert. Bekannt ist der Ort vor allem durch sein traditionelles Flechthandwerk. Viele Einwohner im alten Kern fertigen Körbe aus Riedgras und Zwergpalmfasern und bieten sie zum Kauf an. Ein Museum, das sich ausführlich diesem Thema widmet, ist im Castello untergebracht, dem beherrschendsten Bauwerk – auf der Spitze des besagten Vulkanfelsens. Castelsardo ist zudem bekannt für seine feierliche Lunissanti-Prozession an Ostern, bestehend aus einem Meer aus Fackeln. Diese Tour endet schließlich auf dem Stellplatz im nahen Valledoria, in exklusiver Lage über der Steilküste vor prächtiger Sonnenuntergangskulisse.

PRAKTISCHE HINWEISE

TOURISTINFORMATIONEN
Italienische Zentrale für Tourismus ENIT, Schaumainkai 87, 60325 Frankfurt, Tel. 069/23 74 34, www.enit.de, www.sardegnaturismo.it

FÄHRVERBINDUNGEN
Oft mehrmals pro Woche ab Genua, Livorno und Piombino nach Olbia mit Moby Lines, ab Civitavecchia nach Porto Torres mit Grimaldi Lines

CAMPING- UND STELLPLÄTZE
Camping Tonnara, Loc. Cala Sapone, 09017 Sant'Antioco, Tel. 0039/0781809058, www.camping-tonnara.it
GPS N39°00'24" E08°23'15"
Mehrere Geländestufen in abgelegener Felsenbucht, Freibad, Restaurant und Laden.

Calgliari Parking, Via Stanislao Caboni, 09125 Cagliari, Tel. 0039/0703 03147, www.campercagliaripark.it
GPS N39°12'37" E09°07'39"
Stellplatz für 150 Wohnmobile auf asphaltierter Fläche neben kleinem Park. Servicestation, Sanitäranlagen und Werkstatt am Platz.

Area Camper Baia Cea, SS125, Km 133, 08048 Lido di Cea, Tel. 0039/3200727533, www.baiacea.it,
GPS N39°52'07" E09°40'50"
Ebenes Areal in hohem Eukalyptuswald direkt am Sandstrand. 100 Plätze. Restaurant mit großer Aussichtsterrasse.

Camping Telis, Loc. Baia di Porto Frailis, 08048 Arbatax-Tortolì, Tel. 0039/0782667140, www.campingtelis.com
GPS N39°55'30" E09°42'25"
Auf Terrassen unter Eukalyptusbäumen und Pinien an der Felsenküste, komfortabel, u. a. mit Pool.

Centro Vacanze Isuledda, Loc. La Conia, 07021 Cannigione di Arzachena, Tel. 0039/0789860 03,
GPS N41°07'54" E09°26'26"
Naturbelassenes Terrain mit feinsandigen Buchten. Restaurant und Veranstaltungsbühne.

Camping Baia Blu la Tortuga, 07020 Vignola Mare, Tel. 0039/079602200, www.campinglatortuga.com
GPS N41°07'28" E09°04'03"
Luxus-Campingplatz im Pinienwald hinter Dünen und großem Freizeitangebot.

Area Camper Punto Maragnani, Via Cristoforo Colombo, 07039 Valledoria, Tel. 0039/3496124675, http://web.tiscali.it/areacampermaragnani;
GPS N40°55'05" E08°47'05"
Direkt über der Steilküste auf Wiese und Schotter, Strom, Wasser, Entsorgung und Dusche.

Ausgangspunkt der Tour – Camping Tonnara

Herrliche Aussicht: am Vršičpass in Slowenien

19 KÜSTENTOUR MIT INSELHOPPING IN KROATIENS ÄLTESTER FERIENREGION

Einmal um die Kvarner Bucht

Täglicher Treffpunkt: Rijekas altehrwürdige Markthallen

Der Ausgangspunkt für unsere Tour rund um die Kvarner Bucht ist Rijeka. Entlang der Opatijariviera geht es dann weiter mit dem Reisemobil auf die Inseln Cres, Lošinj, Krk und Rab. Mit Novi Vinodolski und Crikvenica am Fuß des Vinodolgebirges, den beiden letzten Etappen, schließt sich der Kreis. Jeder Ort ist anders, jeder erzählt eine andere Geschichte. Auf manches trifft man immer wieder: etwa auf Schafe, die zwischen den Trockenmauern an dornigem Buschwerk knabbern. Landauf, landab gibt es viele jahrhundertealte Kulturschätze zu bewundern – und überall begegnet einem die von Herzen kommende Gastfreundschaft.

KÜSTENTOUR MIT INSELHOPPING IN KROATIENS ÄLTESTER FERIENREGION

Hinter der schmutzig grauen Schale aus Schiffswerften, Raffinerien und Wohnsilos, die **Rijeka** umgibt, verbirgt sich ein schöner Kern, dessen üppige Architektur die einstige Pracht widerspiegelt. Das eine oder andere in der Altstadt wirkt zwar marode, doch nach und nach kehrt der alte Glanz zurück, zu dem zahlreiche Völker und Nationen beigetragen haben. Auf Kelten und Römer folgten die Grafen der Frankopanfamilie, die das **Kastell Tarsatica** auf dem 138 Meter hohen Burgberg zu ihrem Sitz ausbauten. Maßgeblich für das heutige Aussehen der Trsat-Festung ist ihr letzter Besitzer, der österreichische Feldmarschall Graf Laval Nugent. Er ließ im 19. Jahrhundert die Türme und Terrassen renovieren beziehungsweise neu errichten. Der lauschige grüne Innenhof bildet einen perfekten Rahmen für Sommerkonzerte. Im Stadtgebiet hinterließen vor allem Venezianer, Türken und Österreicher sowie Ungarn, Franzosen und Italiener ihre Spuren. Erst 1945 fand Rijeka den Anschluss an das frühere Jugoslawien.

ROUTE 19

START- UND ENDPUNKT
Rijeka und Crikvenica

BESTE JAHRESZEIT
April bis September

STRECKENLÄNGE
ca. 350 Kilometer

FAHRZEIT
7 bis 14 Tage

MAUTSTRECKEN
Keine

KRONLEUCHTER VOM KRONPRINZ

Das Entstehen der Wallfahrtsstätte nahe der Burg geht der Legende nach auf den angeblichen Transport von Marias Geburts- und Wohnhaus von Nazareth nach Trsat mit Hilfe von Engeln zurück. Einige Jahre später soll das Haus von Engeln weiter in das italienische Loreto getragen worden sein, wo das »Heilige Haus« bis heute verehrt wird. Der Bau der Kirche in Trsat geht wieder auf die Frankopanen zurück, die diesen im 13. Jahrhundert veranlassten. Ein Stilmix aus verschiedenen Epochen prägt die Kirche der Muttergottes von Trsat heute. Hervorzuheben sind die schönen Barockaltäre. Gekrönte Häupter und bekannte Persönlichkeiten stifteten wertvolle Einrichtungsgegenstände, so stammen etwa die riesigen Kronleuchter von Kronprinz Leopold von Österreich.

Es finden in jedem Jahr etliche Wallfahrten statt; die bedeutendste ist die an Mariä Himmelfahrt am 15. August mit einer großen Prozession den Wallfahrtsweg von der Altstadt hinauf. Unten lädt die Fußgängerzone, der Korzo, mit prächtig sanierten Bürgerhäusern, vielen Läden und Cafés zum Shoppen und Bummeln ein. Bedeutendste Sehenswürdigkeiten im Zentrum sind der etwa 600 Jahre alte Uhrturm und ein römischer

Ein breites Angebot zeichnet die Fischhalle der Stadt aus.

ROUTE 19

Dümpelnde Boote im reizenden Küstenort Mošćenička Draga

Triumphbogen, vermutlich erbaut im 4. Jahrhundert. Westlich des Theaterplatzes liegen die stets gut besuchten Markthallen. Anzumerken ist, dass Parkplätze in Rijeka rar sind. Da auch keine Reisemobilstellplätze zur Verfügung stehen, ist es empfehlenswert, das in Medveja gelegene Autocamp Medveja als Quartier zu wählen, und von da mit dem Bus in die Stadt zu fahren.

KURORT DER KAISERIN

Folgt man der Küstenstraße in Richtung Pula, schließen sich **Opatija** und die ebenso bezeichnete Riviera an – ein schmaler Streifen am Meer mit mondänen Jugendstilvillen, subtropischen Gärten und einer zwölf Kilometer langen Uferpromenade, **Lungomare** genannt. Alles nahm seinen Anfang im Jahr 1844, als sich der reiche Rijeker Kaufmann Higinio Scarpa hier eine Sommervilla bauen ließ und fortan Leute von Rang und Namen zu rauschenden Festen dorthin einlud. So kam es, dass sich die österreichische Kaiserin Maria Anna, die ebenfalls bei Scarpa zu Gast war, spontan in diesen Küstenabschnitt verliebte. Das milde Klima im Schutz des Učka-Gebirges zog weitere zahlungskräftige Gäste an. Derzeit erfährt die Riviera eine vorsichtige Sanierung, die das inzwischen angegraute Image auffrischen soll. Als Beispiel sei die Eröffnung des trendigen Terrassenrestaurants »Navis« im Sommer 2015 genannt. Bleibt abzuwarten, ob die Neuerungen auch andere Bereiche erfassen. Den einfachen Campingplätzen in dieser Gegend würde eine Aufwertung guttun. Ein eben vollzogener Besitzerwechsel auf Camping Opatija in Ičići lässt hoffen.

Thunfisch gegrillt, serviert in einem Hafenlokal in Mali Losinj

FISCH VOM FEINSTEN

Erste Maßnahmen in puncto Modernisierung haben die Verantwortlichen vom Autocamp Draga in **Mošćenička Draga**, dem nächstge-

Schöne Sicht auf Brseč kurz vor dem Übersetzen nach Cres

legenen Städtchen, bereits abgeschlossen. Der Platz verfügt nun flächendeckend über ebene, gekieste Parzellen speziell für Reisemobile. In dem ursprünglich anmutenden Ort verweilt man gerne ein paar Tage. Er bietet alles, außer Hektik, darunter einen schönen, langen, flach abfallenden Kiesstrand. Im Hafen laufen jeden Tag zu früher Stunde die Fischer mit ihren Booten ein – beladen mit Fisch, Kalmare und Scampi. Zu den Hauptabnehmern zählen die Jurdana-Brüder, die nur wenige Schritte oberhalb des Campingplatzes das »Johnson« betreiben, ein auf den ersten Blick unscheinbar wirkendes Fischlokal, das gleichwohl internationales Renommee genießt. Hier kommt nur auf den Teller, was am Morgen an Land gebracht wurde. Ein Blick in die Speisekarte ist daher unüblich, man bestellt nach Sichtung des Fangs und eingehender Beratung (www.johnson.hr).

Zu Füßen des malerischen Bergdörfchens **Mošćenice** (siehe Kasten) schlängelt sich die Küstenstraße weiter bis zur Abzweigung hinter dem alten Küstenort **Brseč**. Diese führt zum **Fährhafen Brestova**, wo die Schiffe nach **Cres** ablegen. Das letzte Stück hinunter ist sehr steil, aber im kleinen Gang gut zu meistern. Stundenlange Wartezeiten am Pier, wie früher üblich, muss man heute nicht mehr fürchten: Die Fähren sind deutlich größer geworden – sie fassen manchmal mehr als 200 Fahrzeuge – und verkehren bei Bedarf nonstop. Trotzdem ist es ratsam, die Wochenenden in der Hochsaison zu mei-

AUSFLUG

MOŠĆENICE

Sowohl ein Serpentinensträßchen als auch ein Treppenweg mit 756 Stufen führen von Mošćenička Draga nach Mošćenice, einem mittelalterlichen Dorf, das sich 173 Meter über dem Meer erhebt. Eine massive Mauer, die einst Schutz vor den Truppen Venedigs bot, umrahmt den winzigen Kern. Man betritt ihn durch ein Tor, das mit dem Wappen der Habsburger geschmückt ist. Das kleine Heimatmuseum gleich daneben zeigt unter anderem Volkstrachten (Juli/August 9 bis 13 Uhr/17–21, sonst 10–17 Uhr). Ein paar Schritte weiter fällt der Blick auf eine etwa 300 Jahre alte Olivenpresse, die bis in die 1970er-Jahre betrieben wurde. Hinter der barocken Pfarrkirche Sveti Andreja Apostol öffnet sich eine Loggia, die eine fantastische Aussicht über die Küste bietet. Das Dorf ist zudem Ausgangspunkt einer acht Kilometer langen Mountainbikestrecke nach Brseč.

Ausflug nach Lubenice, mittelalterliches Kleinod überm Meer

Lubenice
Steilküste
St. Antonius Kirche

35 km

Osor
Schwebebrücke
Dom

22 km

Mali Lošinj
Hafen
Bastei
Pfarrkirche
3 km

Veli Lošinj
Hafen
Barockbasilika
Stadtmuseum

22 km

Nerezine
Fischerhafen

den. Übrigens: Die modernen Schiffsrampen sind jetzt höhenverstellbar, das heißt, dass bei Wohnmobilen mit langem Überhang die Gefahr, mit dem Heck aufzusetzen, geringer geworden ist. Die Überfahrt zur Anlegestelle **Porozina** dauert rund 20 Minuten.

GÄNSEGEIER UND RÖMER

Die ersten paar Meter auf dem teils dicht bewaldeten Eiland zeigen, dass die Natur hier breiten Raum einnimmt. Mit etwas Glück sieht man auf karstigen Höhen Gänsegeier kreisen – und überall ringsum summen die Bienen. Letztere liefern unter anderem den köstlichen Salbeihonig, der auf vielen Märkten und bei den Imkern direkt erhältlich ist. Die bis 2013 im kleinen Wehrdorf Beli stationierte Geierschutzstation ist ins Velebitgebirge ans Festland umgezogen, nahe Senj im Osten der Kvarner Bucht. Woher der Name Kvarner stammt, ist nicht zweifelsfrei geklärt, vermutlich leitet er sich vom Lateinischen »mare quaternarium« (»vierteiliges Meer«) ab. Auch sollen die Römer auf Cres sehr aktiv gewesen sein; ihr Interesse galt hauptsächlich der Bernsteinstraße, einem wichtigen Handelsweg zwischen dem Baltikum und Asien. Um eine kürzere Schiffspassage zu schaffen, trennten sie durch einen Kanal die Landverbindung zur Nachbarinsel **Lošinj** im Süden. Unter Tiberius oder Augustus bekam der Hauptort von Cres, der ebenso heißt, das Stadtrecht verliehen. In **Cres-Stadt** geht es meist beschaulich zu: Farbenprächtige Bürgerhäuser reihen sich um den Hafen, wo weiße Holzboote im stillen Wasser dümpeln. Lebhafter wird es nur, wenn in der Saison die

KÜSTENTOUR MIT INSELHOPPING IN KROATIENS ÄLTESTER FERIENREGION

»Blaue Stunde« am Hafenbecken in Nerezine auf Lošinj

Ausflugsboote einlaufen. Die Ströme ziehen dann etwa zur Kathedrale Sveta Marija Snežna (15./16. Jahrhundert). Im Stadtmuseum lassen sich indes archäologische und volkskundliche Exponate bestaunen. Der wertvollste gezeigte Schatz sind antike Amphoren, die aus einem gesunkenen Handelsschiff stammen. Im Norden der Stadt erhebt sich der schön renovierte Stadtturm, der von den Venezianern erbaut wurde. Von oben genießt man einen prächtigen Rundumblick (geöffnet 15. Juni bis 30. September 9–14 und 18–23 Uhr).

ZWEI WELTENTRÜCKTE DÖRFER

Ein reizvoller Abstecher führt in das zehn Kilometer südlich gelegene Dorf **Valun**, vielen bekannt aus der Fernsehserie »Der Sonne entgegen« aus der Mitte der 1980er-Jahre. Das Reisemobil sollte man unbedingt auf dem Parkplatz am Ortseingang parken, denn die Stichstraße nach unten zum kleinen Zentrum ist sehr schmal und es gibt weder weitere Park- noch Wendemöglichkeiten. Unten angelangt führen steile Gässchen wieder hinauf zur Kirche Sveta Marija. Ihr einzigartiger Schatz: die »Steintafel von Valun«, eine im 11. Jahrhundert verfasste Inschrift in Latein und Glagoliza. Glagoliza ist eine ornamentale, altslawische Schrift, die vermutlich der Mönch Kyrillos aus Saloniki ersann, um Bibelinhalte anschaulich vermitteln zu können. Jeder, der Valun besucht, möchte sicher auch den Nachbarort **Lubenice** besichtigen, ein weiteres abgeschiedenes Dorf, das pittoresk in fast 400 Metern Höhe auf einem Felssporn über der Westküste thront. Die Asphaltstraße dorthin ist allerdings kaum drei Meter breit – sie zwängt sich zwischen Steinmauern durch

Die alte Küstenstraße nach Losinj

wildes Macchialand – und Ausweichstellen gibt es kaum. Wer daher lieber wandern möchte, folgt dem beschilderten Weg Valun–Lubenice (Dauer: 1 Stunde). Lubenice verzaubert mit Natursteinhäusern und schlichten Gotteshäusern aus dem Mittelalter. Vor allem jedoch begeistert der weite Blick auf das offene Meer, das hier noch blauer erscheint als anderswo in der Region.

Das südlichste Inselstädtchen heißt **Osor**. Es erstreckt sich an dem bereits erwähnten Kanal, der Cres von Lošinj trennt. In dem zur Römerzeit womöglich mehr als 25 000 Einwohner zählenden Ort, leben heute nicht einmal 100. Osor verlor massiv an Bedeutung, als im 16. Jahrhundert, der Zeit der großen Entdeckungen, die Handelsschiffe sehr viel größer wurden, und sie deshalb den engen Kanal nicht mehr befahren konnten. Heute verbindet eine Schwenkbrücke die Inseln; sie schließt täglich um 9 und 17 Uhr jeweils für eine halbe Stunde für den Autoverkehr, damit kleine Schiffe die Wasserstraße passieren können. Das Grün alter Bäume umgibt Osors kleinen Hauptplatz mit der 1497 erbauten Marienkathedrale, oft Dom genannt. Deren Portal zieren korinthische Säulen, drinnen finden sich Altäre aus Marmor.

Mit mildem Mikroklima gesegnet ist die Insel Lošinj. Die Badesaison dauert hier bis weit in den Herbst, auch die Winter sind sonnenreich. Gute Gründe also, die das Management von Camping Čikat im Hauptort **Mali Lošinj** in 2014 bewogen haben, die Anlage künftig in Kombination mit Gesundheitsangeboten ganzjährig zu betreiben. Im Juli 2015 wurde zudem auf dem Gelände eine riesige Badelandschaft eröffnet. Am Abend bietet sich am Hafen entlang ein schöner Spaziergang in die zwei Kilometer entfernte Innenstadt an. Um den Hauptplatz Trg Republike Hrvatske reihen sich Restaurants und Cafés – teils mit verspieltem Interieur, das an die Zeiten vor mehr als 100 Jahren erinnert, als der österreichische Hochadel und wohlhabende Bürger erstmals zum Kuren hierher kamen. Viele blieben länger und ließen sich in den zahlreichen umliegenden Buchten

Blick auf den Hafen in Krk, das früher der Sitz der Frankopanfürsten war

Herrlich türkisfarbene Bucht hinter Punat auf der Insel Krk

```
Nerezine
Fischerhafen
         100
51 km    101
Fähre Merag-Valbiska
25 Minuten
Krk-Stadt
Stadtbefestigung
Kathedrale
Kastell
Insel Košljun
Badebuchten    101
17 km          5125
Stara Baška

               5125
27 km          102
Baška
Panorama
Strand Vela
Plaza          102
18 km          5183
Vrbnik
Klančić-Gässchen
```

repräsentative Villen errichten. Verwinkelte Gassen führen steil hinauf zur alten Bastei und zur Pfarrkirche Sveti Marije, von deren Vorplatz sich ein schöner Blick über die Dächer der Stadt bietet.

Obgleich »Mali« klein bedeutet und »Veli« groß, ist heute der Nachbarort **Veli Lošinj** das kleinere, beschauliche Gegenstück zum betriebsamen Mali Lošinj. Die Namen stammen aus dem 19. Jahrhundert, als Veli Lošinj noch ein bedeutendes Schiffsbauzentrum war. Blickfang am kleinen Hafen ist die stattliche Barockbasilika Sveti Antun, die dem heiligen Antonius dem Eremiten, geweiht ist. Reiche Kapitäne stifteten einst die kostbare Inneneinrichtung mit umfangreicher Bildersammlung. Die Orgel ist ein Werk des venezianischen Orgelbauers Gaetano Callido. Im massiven Wehrturm der Stadt, der etlichen Piratenangriffen standhielt, ist das Stadtmuseum untergebracht (Sommer Di–So 10–13 Uhr/19–22 Uhr). Ein weiteres interessantes Etappenziel auf der Insel ist der Fischerort Nerezine, wo man in einer kleinen Werft im Hafenbecken noch dabei zuschauen kann, wie Boote in traditioneller Holzbauweise entstehen.

ZU WASSER ODER ZU LAND

Rund eine halbe Stunde dauert die Fahrt mit der Fähre, die Cres und Krk miteinander verbindet. Das Schiff verkehrt täglich je nach Saison im Ein- oder Zwei-Stunden-Takt zwischen den Häfen Merag und Valbiska. Reisemobilfahrer erreichen die größte kroatische Insel mit dem hart klingenden Namen aber nicht nur zu Wasser, sondern auch vom Festland aus über die gebührenpflichtige

Fast stündlich verkehren die Schiffe zwischen Cres und Krk.

Krk: Hinter diesen Mauern residierten einst die Frankopanfürsten.

Krički most. Die 60 Meter hohe Brücke an der Nordspitze besteht aus zwei kühn konstruierten Bögen, die auf einer Gesamtlänge von 1,3 Kilometern einen Ausläufer des Vinodol-Kanals überspannen. Die Insel zeigt viele Landschaftsbilder: von flach bis gebirgig – von extrem karg über steinig bis ausgesprochen fruchtbar. Auch Bäche fließen auf Krk. Überall blitzen gelbe und lilafarbige Blüten, Eidechsen huschen zwischen Steinen, die so spitz wie Messer sind. Hier und da leuchten Kornfelder. Das übrige Land prägen Weinberge, Trockenmauern und Flaumeichen. Verbreitet sieht man Schafe, die an Dornbüschen knabbern. Die gleichnamige Inselmetropole ist häufig das erste Anlaufziel.

Vor deren Toren liegt Camping Ježevac. Die Anlage – sie zählt landesweit zu den besten – erstreckt sich auf einer von Pinien bewachsenen Landzunge, die unmittelbar an den Hafen grenzt. Ebenfalls stadtnah, ein Stück östlich: Camping Krk, ein recht neuer Platz, der innerhalb kurzer Zeit in die Spitzenklasse aufgerückt ist – was etwa die Mitgliedschaft im Kreis der Leading Campings of Europe nachdrücklich unterstreicht.

MARMOR, STEIN UND MEERESBLICK

Funde deuten darauf hin, dass das heutige Stadtgebiet zum ersten Mal in der Jungsteinzeit besiedelt wurde. Die alten Römer

Vrbnik
Klančić-Gässchen

5183
28 km 102

Njivice
Uferpromenade
102
19 km 104

Fähre Valbiska-Lopar
80 Minuten
Lopar
San Marino Sandstrand
12 km 105
Stadt Rab
Kathedrale
Campanile

KLOSTERINSEL KOŠLJUN

Etwa fünf Kilometer östlich von Krk weitet sich die fast ganz umschlossene Bucht von Punat; in ihr erhebt sich die kreisrunde Klosterinsel Košljun. Diese misst nur etwas mehr als 1000 Meter im Durchmesser. Daher ist es sehr erstaunlich, dass auf einem solch kleinen Flecken Erde 540 Arten von Pflanzen und Pilzen gedeihen. Das im 11. oder 12. Jahrhundert von Benediktinern gegründete Kloster ging 1447 in den Besitz der Franziskaner über. Eine kleine Gruppe dieses Ordens lebt bis heute hier. Das kostbarste Kunstwerk in der Kirche ist das Polyptychon über dem Haupt-altar, eine Darstellung der Jungfrau Maria – geschaffen vom venezianischen Meister Girolamo da Santacroce. Das ethnografische Museum im Südwestflügel der Klosteranlage präsentiert unter anderem Schiffsmodelle, Volkstrachten und Musikinstrumente, des Weiteren Sammlungen von Münzen und Muscheln. Košljun ist von Punat aus nur mit Taxibooten zu erreichen.

AUSFLUG

KÜSTENTOUR MIT INSELHOPPING IN KROATIENS ÄLTESTER FERIENREGION

Feiner Kiesstrand in Baška im Südosten der »Goldenen Insel«

nannten die erste Siedlung dort Curicum und verliehen ihr ihre Rechtsordnung. Dem Eiland gaben sie den Namen »Insula aurea«, die Goldene Insel (golden = fruchtbar). Mit der slawischen Völkerwanderung kamen schließlich die Kroaten auf die Insel. Aus den Anfängen des ersten Nationalstaates, um das Jahr 1100, stammt zum Beispiel die »Tafel von Baška«, eine Schenkungsurkunde – ebenfalls in glagolitischen Schriftzeichen. Sie wurde in **Baška** an der Südostspitze gefunden, später dazu mehr. Die Frankopanfürsten, die herrschenden Herren von Krk, hielten die Glagolizatradition lange Zeit aufrecht – bis 1480, als sie sich selbst bekriegten und dabei das Zepter an Venedig verloren. Ein Zeugnis ihrer Macht ist die mächtige Feste, das Kaštel, auf der Südseite der mit Marmor gepflasterten Altstadt, wo sich ein prächtiger Blick auf das Meer eröffnet. Nur ein paar Schritte weiter erhebt sich die Kathedrale Maria Verkündigung aus dem 12. Jahrhundert. An deren Stelle stand zuvor rund 600 Jahre lang eine frühchristliche Basilika, die wiederum auf den Resten eines Römerbads fußte. Auch heute noch stützen Römersäulen die romanischen Deckengewölbe. Besondere Aufmerksamkeit verdienen darüber hinaus die Renaissancekanzeln aus Stein und die barocke Holzkanzel sowie das Wappenschild der Frankopanen.

Dessen Motiv zeigt einen Brot verschlingenden Löwen (»Frange pani«).

Hinter dem Städtchen **Punat** im Süden wird die Straße zunehmend kurviger. Sie

Die Kapelle des Heiligen Dunat (12. Jh.) steht gegenüber der Klosterinsel.

ROUTE 19

> **SPECIAL**
>
> **ŽLAHTINA-WEIN**
>
> Žlahtina, gesprochen: »Schlachtina«, heißt ein leichter, erfrischender Weißwein mit einer Fruchtnote, die ein wenig an Grapefruit und grünen Apfel erinnert. Er passt hervorragend zur Mittelmeerküche, insbesondere zu Fisch. Bei der »Vrbnička Žlahtina« handelt sich um eine autochthone Rebsorte, das heißt: Sie kommt nur in einem Gebiet vor – es umfasst die Insel Krk und das Umland des Küstenortes Crikvenica am Festland gegenüber. Das Gut Gospoja der Familie Toljanić in Vrbnik zum Beispiel stellt jährlich rund 500 000 Liter dieses köstlichen Sommerweins her. Fünf Prozent davon werden in andere Länder exportiert, darunter Deutschland, Österreich und die USA (www.gospoja.hr). Ein weiterer sehr engagierter Produzent im Ort ist die Familie Juranić, die das Weingut Nada führt (www.nada-vrbnik.hr). Beide Familien betreiben auch eigene Restaurants; die Konoba Gospoja und Nada sind für ihre exzellente Inselküche bekannt.

Vrbnik ist ein geschichtsreicher Ort hoch auf einem Fels an Krks Ostküste.

folgt der zerklüfteten, felsigen Küstenlinie mit einigen der schönsten Strände, die Krk zu bieten hat. Immer wieder leuchten tief unten türkisfarbene Buchten, deren kristallklares Wasser zum Baden und Schnorcheln einlädt; oft führt nur ein schmaler Trampelpfad zu ihnen. Schatten wird man dort kaum finden, weshalb man einen Sonnenschirm zum Strand mitnehmen sollte. Alte Hirtenwege führen hinauf zu den Bergen Veli vrh (541 m) und Obzova (568 m). An ihren Hängen mischen sich in die Salzluft wohlfeine Düfte. Es riecht intensiv nach Salbei, Thymian und Rosmarin, nach Lavendel und Minze. Oben auf den Hochflächen dominiert der Karst mit seiner spröden Schönheit. Doch Vorsicht: Bei allen Bergwanderungen sollte man feste, halbhohe Schuhe tragen und obendrein achtsam sein, denn Begegnungen mit der zwar meist trägen, aber giftigen Hornotter sind nicht auszuschließen.

WEISSER STRAND UND WEISSER WEIN

Ein steiler Maultierpfad führt auch in das zuvor erwähnte Baška hinüber. Im Vorort **Jurandvor** steht die frühromanische Kirche Sv. Lucija, in deren Boden man 1851 die schon genannte, wertvolle Tafel in glagolitischer Schrift entdeckt hat. Im Gotteshaus ist eine Kopie ausgestellt, das Original befindet sich in der Zagreber Akademie der Wissenschaft und Künste. Baška selbst ist vor allem für seinen Hauptstrand Vela Plaža bekannt. Er ist 1,8 Kilometer lang und besteht aus weißem, feinem Kiesel, weshalb er für Kinder besonders geeignet ist. Den schönsten Panoramablick auf Bucht und Ort hat man von der

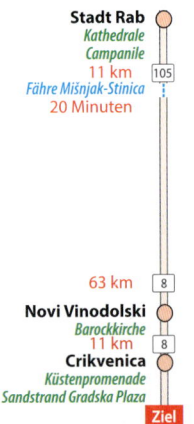

Stadt Rab
Kathedrale
Campanile
11 km
Fähre Mišnjak-Stinica
20 Minuten

63 km

Novi Vinodolski
Barockkirche
11 km

Crikvenica
Küstenpromenade
Sandstrand Gradska Plaza
Ziel

Das Klančić-Gässchen in Vrbnik ist das vermutlich schmalste weltweit.

am Berg gelegenen Friedhofskirche Calva Sv. Ivana. Im Osten der Insel erhebt sich auf einem 49 Meter hohen Felsen über dem Meer das malerische Städtchen **Vrbnik**. Von diesem Außenposten aus organisierten einst die Fürsten von Krk den Widerstand gegen die byzantinischen und römischen Machtansprüche. Die Häuser und die engen, verwinkelten Gassen wurden dem Felsen angepasst. Das Klančić-Gässchen, das angeblich schmalste der Welt, ist nur 43 Zentimeter breit. Wunderschöne Kiesstrände prägen auch diesen Küstenstrich. Sieben Winzerbetriebe widmen sich mit Hingabe dem Anbau des berühmten Žlahtina-Weins.

Von Vrbnik aus empfiehlt sich ein kleiner Abstecher nach **Njivice** im Norden. Die gepflegte Uferpromenade dort lädt zum Flanieren ein – vielleicht mit einem Zwischenstopp im Restaurant Rivica, das berühmt ist für seine exquisiten Gaumenfreuden. In **Valbiska** besteht im Sommer viermal täglich eine Fährverbindung nach **Lopar** auf die **Insel Rab**. Lopar ist vor allem bekannt für den San-Marino-Strand, einen der wenigen flachen Feinsandstrände an der Küste, weshalb er auch Paradiesstrand genannt wird. Die Stadt Rab dagegen markiert das kulturelle Zentrum mit beeindruckenden Palästen und Gotteshäusern. Ihr Wahrzeichen ist der 1212 erbaute, frei stehende Campanile der Marienkathedrale, der mit seiner spitzen Dachhaube zu den schönsten seiner Art an der dalmatinischen Küste zählt.

Viele Jahrhunderte lang wurde in **Novi Vinodolski** auf dem Festland hauptsächlich der im Vinodol-Tal gekelterte Wein verschifft. Dies trat in den Hintergrund, als auch hier am Ende des 19. Jahrhunderts die ersten Feriengäste eintrafen. Novi Grad hieß der Ort früher – bekannt vor allem durch den hier verfassten »Vinodolski Zakon«, der ältesten, bis 1850 gültigen Rechtsordnung in slawischer Sprache. Sie wird in der Nationalbibliothek in Zagreb aufbewahrt. Über der Altstadt thront weithin sichtbar der 30 Meter hohe, weiße Glockenturm der Kirche Sveti Filipa i Jakova. Im Juli wird im Ort ausgelassen Karneval gefeiert. In **Crikvenica** weilte anno 1888 Erzherzog Joseph, der Bruder des österreichischen Kaisers Franz Joseph I., und leitete damit den Aufstieg zu einem mondänen Seebad ein. Heute zeigt der Ferienort ein modernes Antlitz, sein Hauptanziehungspunkt ist der Gradska Plaza, ein schöner, flacher Sandstrand, nur 200 Meter vom Zentrum entfernt. Die mit Palmen begrünte Promenade mit vereinzelten Villen aus der Gründerzeit ist acht Kilometer lang. Wer zum Abschluss einfach nur vor dem Wohnmobil entspannen möchte, sollte den kleinen Campingplatz Sibinj in Krmpotski bei Senj ansteuern, der sich in einer bezaubernden Kiesbucht mit türkis leuchtendem Wasser ausbreitet.

Ein Spaziergang in Rab führt uns am Abend zur Spitze der Stadthalbinsel.

»Silent Beach« bei Vrbnik ist nur zu Fuß oder per Rad zu erreichen.

PRAKTISCHE HINWEISE

Camping Ježevac in Krk, bestens geführter Platz in stadtnaher Lage

TOURISTINFORMATIONEN

Tourismusverband Kvarner, Nikole Tesle 2, 51410 Opatija, Tel. 00385/(0)51/27 29 88, www.kvarner.hr

Touristisches Informationszentrum, Korzo 14, 51000 Rijeka, Tel. 00385/(0)51/33 58 82, visitrijeka.hr

Touristinformation (TIC), Ulica Maršala Tita 128, 51410 Opatija, Tel. 00385/(0)51/27 13 10, visitopatjia.com

Turistička zajednica općine Mošćenička Draga, Aleja Slatina bb, 51417 Mošćenička Draga, Tel. 00385/(0)51/73 91 66, www.tz-moscenicka.hr

Turistička zadjednica grada Cresa, Cons 10, 51557 Cres, Tel. 00385/(0)51/57 15 35, www.tzg-cres.hr

Turistička zadjednica Mali Lošinj, Priko 42, 51550 Mali Lošinj, Tel. 00385/(0)51/23 18 84, visitlosinj.hr

Turistička zadjednica grada Krka, Vela placa 1/1, 51500 Krk, Tel. 00385/(0)51/22 14 14, www.tz-krk.hr

Turistička zajednica grada Raba, Trg Municipium Arba 8, 51280 Rab, Tel. 00385/(0)51/72 40 64, www.rab-visit.com

Touristinformation (TIC), Trg Stjepana Radića 1c (Hafen), 51260 Crikvenica, Tel. 00385/(0)51/24 10 51, www.rivieracrikvenica.com

CAMPING- UND STELLPLÄTZE

Medveja, Autocamp Medveja, Medveja b.b., Tel. 00385/(0)51/71 04 44, www.liburnia.hr

(N45°16'15" W14°16'08"). Der 9 ha große Campingplatz liegt 6 km südlich von Opatjia zwischen den waldreichen Hängen des Učka-Gebirges. Das Wiesengelände ist leicht geneigt, hohe Laub- und Nadelbäume spenden teilweise Schatten. Eine verkehrsreiche Straße trennt das Gelände vom Strand, eine Lärmbeeinträchtigung besteht aber nur im vorderen Platzteil. Die nächste Bushaltestelle liegt 50 m entfernt, wo die Linie 32 nach Rijeka verkehrt. Mitte April bis Ende September.

Mošćenička Draga, Autocamp Draga, A. Slatina bb, 51417 Mošćenička Draga, Tel. 00385/(0)51/73 75 23, www.autocampdraga.com (N45°14'25" E14°14'59"). Das Gelände mit gekiesten Stellplätzen auf mehreren Stufen befindet sich unterhalb der Küstenstraße in einem Tal. Der Platz verfügt über einfache, aber gepflegte Einrichtungen. Am Eingang gibt es einen kleinen Laden. Das Ortszentrum und der Strand liegen 200 beziehungsweise 400 Meter entfernt. Die Sport- und Wellnesseinrichtungen eines nahen Hotels können gegen Gebühr benutzt werden, auch bietet das Hotel-Restaurant den Campinggästen einen Preisnachlass. Anfang April bis Ende September.

Cres Stadt, Camp Kovačine, Melin I/20, 51557 Cres, Tel. 00385/(0)51/57 31 50, www.camp-kovacine.com (N44°57'47" E14°23'49"). Diese 23 Hektar große Anlage mit separatem FKK-Platz- und Strandteil erstreckt sich gut einen Kilometer außerhalb der Stadt. Sie besteht aus mehreren Geländestufen, bewachsen mit einzelnen Olivenbäumen und Pinien. Für große Wohnmobile sind manche

Klein, aber fein: das Autocamp Draga im Fischerdorf Mošćenička Draga

Stellplätze etwas zu knapp bemessen, ansonsten ist die Ausstattung sehr gut. Es stehen auch Reisemobilstellplätze zur einmaligen Übernachtung vor der Schranke zur Verfügung. Der Fels- und Kiesstrand ist etwa eineinhalb Kilometer lang. Am Platz befindet sich eine Tauchschule. Ostern bis Mitte Oktober.

Mali Lošinj, Camping Čikat, Čikat 6a, 51550 Mali Lošinj, Tel. 00385/(0)51/23 21 25, www.camp-cikat.com (N44°32'10" E14°27'03"). Der Platz breitet sich um die gleichnamige Bucht in einem dichten Pinienwald aus. Begehrt sind besonders die sonnigen Premiumparzellen mit Meerblick. Am Felsstrand gibt es zwei kleine Kiesbuchten, dazu betonierte Liegeflächen. Angeboten werden Sport- und Freizeitprogramme für Kinder. Im Juli 2015 wurde ein großer Aquapark eingeweiht. Čikat hat ganzjährig geöffnet.

Krk Stadt, Premium Camping Resort Ježevac, Plavnička 37, 51500 Krk, Tel. 00385/(0)51/22 10 81, www.camping-adriatic.com (N45°01'08" E14°34'00"). Ježevac zeichnet unter anderem seine Nähe zur Altstadt aus (400 Meter). Sein Gelände überzieht eine von Pinien bewachsene Landzunge. Um möglichst ebene Flächen zu schaffen, wurden an vielen Stellen niedrige Terrassen mit Steinmauern angelegt. Am 700 Meter langen Fels- und Kiesstrand verläuft ein baumloser Streifen. Die sanitären Anlagen sind vorbildlich. Mitte April bis Anfang Oktober.

Krk Stadt, Krk Premium Camping Resort, Narodnog preporoda 80, 51500 Krk, Tel. 00385/(0)51/22 13 51, www.camping-adriatic.com (N45°01'28" E14°35'30"). Ein neuer, zwei Kilometer östlich der Stadt gelegener Campingplatz mit noch jungem Bewuchs. Er ist sehr komfortabel ausgestattet, unter anderem mit einem Schwimmbad. Ebenfalls von Steinwällen durchzogen. Am zerklüfteten Felsstrand mit Kiesbucht gibt es sowohl einen Bereich für FKK als auch für Gäste mit Hund. Ende April bis Anfang Oktober.

Krk Stadt, Camper Stop Felix, Narodnog preporada 51, 51500 Krk, Tel. 00385/(0)98/21 82 18. (N45°01'46" E14°34'53"). Ein privater Stellplatz in der Stadt, liegt im ummauerten Hinterhof eines Wohnhauses. Ver- und Entsorgung sind vorhanden. Ganzjährig geöffnet 7–24 Uhr.

Punat/Krk, Camping Pila mit Stellplatz, Šetalište I. Brusića 2, 51521 Punat, Tel. 00385/(0)51/85 40 20, campingpunat.com (N45°00'58" E14°37'44"). Die Stellplätze dieses gut ausgestatteten Campingplatzes am Ortsrand liegen überwiegend in einem Kiefernwald. Vor dem Eingang erstreckt sich eine baumlose Wiese, speziell für Reisemobile. Die maximale Aufenthaltsdauer dort beträgt zwei Tage. Ende April bis Anfang Oktober.

Banjol/Rab, Padova Premium Camping Resort, Banjol 496, HR 51280 Rab-Banjol/Rab, Tel. 00385/(0)51/72 43 55, www.camping-adriatic.com (N44°45'09" E14°46'27"). Der Campingplatz mit sehr guten Einrichtungen befindet sich in einem Vorort der Inselhauptstadt. Sein Gelände ist teils leicht geneigt, teils terrassiert. Nadelbäume spenden vereinzelt Schatten. In der Mitte befindet sich ein großer Versorgungskomplex. Ein schmaler Kiesstrand verläuft um eine Bucht. Anfang April bis Mitte Oktober.

Sibinj Krmpotski bei **Senj**, Camping Sibinj, Tel. 00385/(0)51/79 69 16 (N45°02'45" E14°52'38"). Der vorwiegend von Reisemobilen genutzte Platz hat zwar nur einfache Einrichtungen, liegt aber wunderschön in einer grünen Bucht an der Küstenstraße. Die Stellplätze direkt am Meer sind sehr gefragt. März bis Oktober.

20 FASZINIERENDE STÄDTE UND NATUR PUR ERLEBEN

Slowenien für Geniesser

Attraktiver Ausgangspunkt ist die Kulturhauptstadt des Jahres 2012, Maribor, mit der ältesten Weinrebe der Welt und unterirdischen Weinkellern. Nach der Erkundung der Hauptstadt Ljubljana geht es hinein in die Natur. So locken in Bled die Klosterinsel, die Vintgar-Klamm und der malerische See sowie kulinarisch die berühmte Kremšnite. So gestärkt überwindet man mit spektakulären Aussichten den Vršičpass, um danach das türkisgrüne Wasser des Wildflusses Soča aus nächster Nähe zu erleben. Höhlenfreunde kommen hier mehrfach auf ihre Kosten und die Weiterfahrt zur winzigen Küste Sloweniens entführt zum Abschluss in venezianische Lebensart.

An Kehre 17 auf dem Vršičpass hat man einen spektakulären Ausblick auf die Julischen Alpen.

FASZINIERENDE STÄDTE UND NATUR PUR ERLEBEN

ROUTE 20

START- UND ENDPUNKT
Maribor und Portoroz, Adria

BESTE JAHRESZEIT
Mai bis September

STRECKENLÄNGE
614 Kilometer

FAHRZEIT
7 bis 10 Tage (ohne Anreise)

MAUTSTRECKEN
Keine

Den kompakten Altstadtkern von **Maribor**, der zweitgrößten Stadt Sloweniens, erkundet man bequem zu Fuß. Das Wohnmobil kann dabei direkt am Fluss Drava geparkt werden. Am Flussufer entlang führt der Weg vorbei am Wasserturm, der Synagoge mit Judenturm bis zum Haus der Alten Rebe. Ihr zu Ehren wurde extra ein Museum eingerichtet, liefert der alte Rebstock doch seit über 400 Jahren jährlich Trauben für einige Flaschen besonderen Weins. Zudem repräsentiert die Rebe die lebendige Überlieferung der Weinbaukultur im Mariborer Weingebiet, die noch in die Zeit vor den Römern zurückreicht, zudem ist sie seit 2004 im Guinnessbuch der Rekorde eingetragen.

Das angrenzende Kneipenviertel Lent bietet heute zahlreiche Cafés und Restaurants, früher lebten und arbeiteten hier Flößer, Gerber und Handwerker. Durch schmale Gassen erreicht man den **Hauptplatz Glavni Trg**, den in der Nähe des historischen Alten Rathauses die Pestsäule ziert, errichtet als Mahnmal für die zwischen 1646 und 1681 an der Pest verstorbenen Bewohner.

Beim Bummel durch die Fußgängerzone finden Interessierte die unterirdischen Gänge des Weingutes VINAG, die gegen Entgelt zu besichtigen sind. Der Eingang befindet sich am Trg Svobode in der Nähe des Stadtschlosses, das auch das Regionalmuseum beherbergt. Kirchenliebhaber sollten den **Dom St. Johannes** (Sv. Janez Krstnik) und die Franziskanerkirche besuchen.

NAHERHOLUNG DIREKT AM STADTRAND

Maribor liegt am Fuß des Mittelgebirges **Pohorje**, dem städtischen Naherholungsgebiet. Bereits frühmorgens, abends und natürlich am Wochenende strömen die Einheimischen den Berg zu Fuß hinauf und halten sich fit auf den vorhandenen Wander- und Nor-dic-Walking-Wegen oder Downhillstrecken im Wald. Andere nutzen bequem die Kabinenseilbahn, um den Blick auf das Umland und die Stadt zu genießen. An der Talstation haben sich zudem ein Businesshotel,

Museum und »Alte Rebe« in Maribor

Weiter geht die Fahrt durch liebliche Landschaften und viel Grün.

Restaurants und der Campingplatz Kekec angesiedelt. Bei einem Besuch der Peggy Bar trifft man sicherlich auf die deutsche Inhaberin, die – der Liebe wegen – seit dem Jahr 2000 in Slowenien wohnt und viel zu erzählen weiß.

ÄLTESTE STADT SLOWENIENS

Zwischen Pohorje und der Stadtmitte Mariborsführt der Weg rechts ab in Richtung **Ptuj**. Über der ältesten Stadt Sloweniens mit Bauteilen aus dem 12. Jahrhundert thront die Burg, alte Häuser in engen Gassen säumen den Weg nach oben. Heute residiert dort das Landesmuseum. Sehenswert sind zudem das Dominikanerkloster, die Georgskirche und die Gewölbe des alten Weinkellers Vinska Klet. Vor der Fußgängerbrücke über den Fluss Drava befindet sich rechts ein großer Parkplatz. Wer länger in Ptuj verweilt, besucht die Therme Ptuj mit Campingplatz und Schwimmbad, fußläufig am Fluss entlang kommt man nach 50 Minuten zum Stadtkern.

FLANIEREN IM EHEMALIGEN K.U.K.-KURBAD

Die Landschaft ist lieblich grün, sanfte Hügel begleiten die weitere Fahrt in die Kurstadt **Rogaška Slatina**. Früher bedeutend und in einem Atemzug genannt mit Baden-Baden und Karlsbad, ist der Kurort heute eher ruhig, die Gebäude des ehemaligen K.u.k.-Kurbads sind renoviert und der Kurpark ist übersichtlich angelegt. Das Medical-Center ist das größte, private medizinische Zentrum Sloweniens, das Quellwasser ist reich an Magnesium und somit gut für die Verdauung.

LJUBLJANA – MODERNE TRIFFT TRADITION

Die kleinste europäische Hauptstadt begeistert mit liebenswertem Charme, einer kompakten Innenstadt und reichlich Atmosphäre. Auf dem Weg dorthin empfiehlt sich der Halt am Pass Trojane, gelegen zwischen dem Tal-

Eine bunte schmackhafte Vielfalt bietet der Markt in Ljubljana.

FASZINIERENDE STÄDTE UND NATUR PUR ERLEBEN

becken von Ljubljana und dem Savinja-Tal. Denn genau hier befindet sich das größte Rasthaus an der Strecke Ljubljana–Celje–Maribor, in dem der weit über die Landesgrenzen bekannte und beliebte Trojanerkrapfen tagtäglich frisch produziert und verkauft wird. Er ist vergleichbar mit dem deutschen Berliner, nur viel, viel größer. Süßmäuler und Freunde des gefüllten Gebäcks finden sicherlich ihr Paradies, alle anderen sollten die Speisekarte nach Herzhaftem der traditionell slowenischen Küche durchsuchen.

Das innere Stadtgebiet von Ljubljana ist für Wohnmobile über 3,5 Tonnen nicht zugelassen, parken empfiehlt sich daher auf den Parkstreifen der Dunajska cesta. In ein paar Gehminuten erreicht man von dort das Stadtzentrum mit seinen barocken Gebäuden und den Flaniermeilen entlang des Flusses Ljubljanica. Beeindruckend ist die von Stararchitekt Jože Plečniks geschaffene **Tromostovje**, eine Dreifachbrücke mitten im Zentrum mit Blick auf den Burgberg. Wer zwischen Brücke und Touristinformation nach links abbiegt, findet auch hier die Handschrift von Plečnik bei den 1940 bis 1944 errichteten **Kolonnaden Tržnica**, in deren Schatten noch heute unterschiedlichste Waren ansprechend präsentiert und verkauft werden. Die andere Flussseite säumen hübsche Restaurants und Szenecafés mit Blick auf den Burgberg und die Ljubljanica und laden bei Sonnenschein zum Verweilen ein. Hier pulsiert das tägliche Leben. Wer übrigens die Stadt gemütlich vom Wasser aus betrachten möchte, sollte eine Flussfahrt, im Angebot mit und ohne Führung, wählen.

Es lohnt sich, den Burgberg zu erklimmen, es bieten sich dazu der Fußweg oder die Fahrt mit der Standseilbahn an. Oben angekommen wird man mit einem wunderbaren Blick über die Stadt und bei gutem Wetter mit einer Fernsicht bis zu den **Julischen Alpen** belohnt. Als markanteste Sehenswürdigkeit der Stadt ist die Burg Touristenmagnet und Aussichtspunkt sowie Ort der Historie und attraktiver Events zugleich. Ein Teil beherbergt zudem die ständige Ausstellung »Slowenische Geschichte«. Die gesamte Burg ist im Rahmen einer Burgführung zu besichtigen.

Wer nach langem Laufen und Sightseeing Hunger hat, sollte einen Burek, eine mit Hackfleisch oder Käse gefüllte Blätterteigtasche, probieren. Kenner sagen, die besten gäbe es bei Nobel Burek, doch auch andere sind empfehlenswert.

Die Dreifachbrücke in Ljubljana mit dem Burgberg

GESCHICHTE IN ROMANTISCHER ATMOSPHÄRE

Nach so viel wunderbar städtischem Flair führt die Fahrt nun bewusst in die Natur, ins traditionsreiche **Bled** am Rande des **Nationalparks Triglav**, benannt nach dem höchsten Punkt, dem 2864 Meter hohen Berg Triglav. Bled ist ein exzellenter Ausgangspunkt, um Sloweniens einzigen Nationalpark

> **AUSFLUG**
>
> **NATIONALPARK TRIGLAV**
>
> Wer den Nationalpark Triglav erkunden möchte, sollte einige Tage einplanen. Spezielle Wander- und Tourenkarten sind teilweise frei oder gegen Gebühr erhältlich. In unmittelbarer Nähe von Bled fasziniert neben der Vintgar-Klamm auch der Bohinjer See, zudem begeistern Sommerrodelbahn und Märchenland Reisende mit Kindern. Auch im Winter hat die Gegend ihren Reiz mit Skilift, Langlaufloipen und – mit viel Glück – einem zugefrorenen Bleder See.

ROUTE 20

Die Klosterinsel im Bleder See ist ein beliebtes Postkartenmotiv.

mit seinen Naturschönheiten zu erkunden. Ob Mountainbiker, Motorradfahrer, Paddler, Wanderer oder einfach Genießer – hier findet jeder seine ganz persönliche Route.

Die letzten Kilometer zum naturnahen Campingplatz Bled fährt man idyllisch am See entlang und damit erstmals an der romantischen **Klosterinsel** vorbei. Sie ist die einzige Insel Sloweniens und zieht Besucher insbesondere mit ihrer »Wunschglocke«, die geheime Wünsche erfüllen soll, in den Bann. Am Bootsanleger der Pletna, den überdachten Holzbooten, erhascht man noch einen Blick auf die **Burg Bled**, die auf ihrem 140 Meter hohen Felsen über den See wacht. Dichter und Reisejournalisten früherer Tage schwärmten bereits vom reizvollen Ausblick über den See.

Spaziergänger und Wanderfreunde kommen in dieser waldreichen Gegend gleichermaßen auf ihre Kosten, führt doch einerseits ein Rundweg um den See oder es geht hinauf in die Berge. Eine schöne Kombination mit gurgelndem Wasser und faszinierenden Felseinschnitten erleben Spaziergänger bei der Erkundung der **Vintgar-Klamm**, die teilweise über Holzstege erschlossen ist. Fotoapparat, gutes Schuhwerk und je nach Witterung warme, wasserfeste Kleidung sind von Vorteil. Der Parkplatz liegt direkt am Eingang aus Richtung Bled kommend.

Die Rückfahrt zum See eignet sich hervorragend, um nun der Burg Bled mit ihrer 1000-jährigen Geschichte und dem Museum einen Besuch abzustatten. Der märchenhafte Blick bei sonnigem Wetter entschädigt für die vielen Stufen.

Die original Bleder Kremšnite, eine cremige Schnitte, ist übrigens eine Sünde wert. 1953 erstmalig in Bleds Park Hotel zubereitet, wurden bis heute über zwölf Millionen Stück hergestellt. Für alle Leckermäulchen, die es eilig haben, gibt es in Bled sogar einen Drive-in!

Spaziergang durch die Vintgar-Klamm

SPEKTAKULÄRE AUSSICHTEN INKLUSIVE

Grandiose Eindrücke und sensationelle Aussichten versprechen die 40 Spitzkehren des **Vršičpasses**. Rund 800 Höhenmeter sind auf insgesamt 21 Kilometern Länge, erst nach oben und dann wieder nach unten zu bewältigen. Der Einstieg in den höchsten Gebirgspass Sloweniens erfolgt nordwestlich von Bled am Jasna-Stausee mit dem Wahrzeichen des Steinbocks. **Kranjska Gora** liegt eingebettet zwischen Julischen Alpen und **Karawanken**, also unweit der österreichischen Grenze. Kehre um Kehre, manch eine mit Kopfsteinpflaster, schraubt man sich nun Richtung Süden orientiert nach oben. Das Fahren fordert selbst geübte Wohnmobilisten heraus, der Pass ist für Wohnwagen nicht zugelassen. Den spektakulärsten Ausblick genießt man an Kehre 17 auf 1418 Metern. Geradezu ideal geeignet für ein Picknick bei gleichzeitigem Genuss der wunderbaren Bergwelt. Den höchsten Punkt erreicht man auf 1611 Metern, um danach mit stets neuen Perspektiven gleich dem nächsten Naturschauspiel entgegenzufahren.

Denn die Talfahrt bringt die sichtlich begeisterten Bergfahrer mit jeder Kurve dem faszinierenden **Soča-Tal** näher. Der Wildfluss stellt geradezu ein Paradies für Canyoning dar und genießt hohes Ansehen bei vielen Aktivurlaubern. Die dem Pass folgenden Kilometer bis zum Tagesetappenziel in **Kobarid** führen bereits überwiegend am Soča-Fluss entlang.

AKTIV UND ERHOLSAM

Die **Smaragdstraße** steht heute für aktives Erleben in unberührter Natur. Das war allerdings nicht immer so, war die schöne Soča im Ersten Weltkrieg doch Schauplatz großer und blutiger Schlachten. Das weite und vielfältige Gebiet um einen der bedeutendsten slowenischen Flüsse definiert sich nun über Natur, Sport und Lebendigkeit, wird zudem ergänzt durch Wein und Kulinarik.

Mit dieser Slowenienrundreise erlebt der Wohnmobilist die ganze Bandbreite an Möglichkeiten, die das Land Slowenien bietet. So wurden Kobarid und die Kobaridschlucht von »Wandern und Biken Slowenien« in den

Bei strahlendem Sonnenschein ein Traum – der Vršičpass

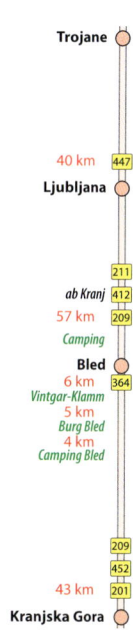

Die Napoleonbrücke steht am engsten Punkt der Soča-Schlucht.

dere aus Deutschland, Holland und Österreich. Da kommt man schnell ins Gespräch.

Wer nach der Traumstrecke über den Vršičpass den nächsten Tag geruhsam angehen möchte, findet ausgehend vom Campingplatz mit der längsten Tradition im Soča-Tal entweder ein Plätzchen zum Relaxen oder unternimmt einen schönen Spaziergang zum nahe gelegenen Wasserfall. Actionfans hingegen buchen gleich eines der zahlreichen Angebote rund um Kanu, Kajak, Mountainbike, Rafting, Canyoning, Paragliding oder Hiking.

WEIN UND SPORT

Die Naturvielfalt Sloweniens zeigt sich im weiteren Verlauf der Route erneut von der grünen Seite und einem wahren Reichtum von ober- und unterirdischen Naturspektakeln.

Weinberge und die hügelige Landschaft begleiten durch das fruchtbare Vipavatal, in dem auch Aprikosen, köstliche Kirschen und Pfirsiche reifen. Mit Weinbergwanderungen und -proben kann man es durchaus gemütlich und geruhsam angehen. So bietet der idyllisch am Ortsrand gelegene Wohnmobilstellplatz auf dem Traditionsweingut der Familie Saksida viel Ruhe sowie wunderbare Rad- und Wanderwege durch Wein- und Obstgärten.

Radfernweg »Trans Slovenia« eingebettet. Auch kulinarisch gibt es einiges zu probieren. Im saftigen Grün weidende Schafe und Rinder geben dem Bovecer und Tolminer Käse einen speziellen Geschmack. Die Soča-Forelle, auch Marmorata oder marmorierte Forelle genannt, hat hier ihren Lebensraum und lockt Angler an den Fluss und Gourmets in die Restaurants.

Über die Napoleonbrücke am engsten Punkt der Schlucht erreicht man nach links abbiegend den Öko-Campingplatz Kamp Koren direkt am Fluss. Bereits zu jugoslawischen Zeiten eröffnet, ist der Platz seit Jahren beliebter Treffpunkt für Aktivurlauber, insbeson-

Kletterbegeisterte hingegen zieht es an die Wände der Gradiška Tura am südlichen Rand der Nanosebene, wo sie Geschicklichkeit und Ausdauer prüfen können. Vom Anfänger bis zum Profi sind alle Schwierigkeitsgrade möglich. Auf der Hochebene befindet sich auch der Campingplatz Kamp Tura mit Sportplätzen, künstlicher Kletterwand und einer wunderbaren Aussicht. Die Straße dorthin führt steil bergan, trotzdem immer weiterfahren bis zum Tor.

Antiquariat in Radovljica

DIE REISE IN DIE UNTERWELT

Von Vipava aus wartet ein besonderes Highlight auf den Wohnmobilisten. Warm angezogen und mit Gummistiefeln und Berglampe ausgestattet bietet der Besuch der **Karsthöhle Križna Jama** die seltene Gelegenheit, eine noch ursprüngliche Höhle mit unterirdischen

FASZINIERENDE STÄDTE UND NATUR PUR ERLEBEN

Weinberge im fruchtbaren Vipavatal

Seen, Fundstätten von Höhlenbärenknochen und vielen Höhlentieren zu entdecken. Das Erlebnis, tief im Berg die Lampen zu löschen und in völliger Dunkelheit und Stille die Höhle zu spüren, ist einzigartig.

Nur 8000 Besucher jährlich erleben den Trockenteil inklusive der Fahrt mit dem Schlauchboot über den ersten See und gerade mal 1000 Besucher haben die Möglichkeit, den zweiten See zu sehen. Für 100 Gäste erfüllt sich der Traum einer vier- bzw. im Winter siebenstündigen Tour durch die Höhlengänge und die vielen Seen.

Wegen des Höhlenschutzes dürfen die längeren Touren maximal einmal täglich in Kleinstgruppen und nur nach Voranmeldung durchgeführt werden. Die Anfahrt führt einige Kilometer durch den Wald, der Weg ist nicht geteert, aber befestigt, den Hinweisschildern einfach bis zum Parkplatz folgen (www.kriszna-jama.si).

MEDITERRANE LEBENSFREUDE UND TEMPERAMENT

Nach diesen kühlen, unterirdischen Schönheiten erwartet uns zum Abschluss der faszinierenden Reise venezianische Lebensart. Die slowenische Küste grenzt direkt an Italien und hat den mediterranen Charme von engen Gassen, Holzklappläden und das Blau der Adria gleich mit übernommen. Lebendiger Beweis: **Piran**.

Die denkmalgeschützten Gassen und zahlreichen Restaurants erreicht man mit dem kostenlosen Minibus, der bis zum **Tartinjev Trg** fährt. Hier schlägt das Herz von Piran, gut erkennbar am Denkmal des Komponisten und Geigers Guiseppe Tartini, dem berühmten

Die original Bleder Kremšnite

SPECIAL

STÄDTCHEN RADOVLJICA

Im nur wenige Kilometer von Bled entfernten Städtchen Radovljica erwarten die Besucher ein Imkermuseum, eine hübsche kleine Altstadt und das über die Grenzen hinaus bekannte Schokoladenfestival im April. Wer einen Blick hinter die Fassade der Linhartov Trg 7 wagt, findet ein Antiquariat mit zahlreichen wahren Schätzen alter, deutschsprachiger Bücher.

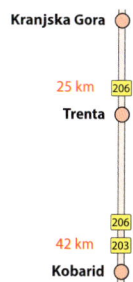

Kranjska Gora

25 km — 206

Trenta

206
42 km — 203

Kobarid

Klettern gerne erwünscht: Der Stellplatz Kamp Tura ist ein guter Ausgangspunkt für die Routen.

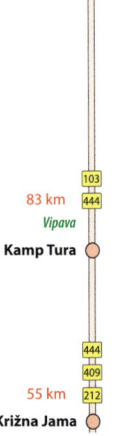

Kobarid

83 km
Vipava
Kamp Tura

55 km
Križna Jama

Sohn der Stadt, den man überall in der Stadt wiederfindet. Das Wohnmobil parkt zwischenzeitlich auf dem Parkplatz von Casino Bernadin (rechte Seite, Richtung Portoroz), denn die Einfahrt für Wohnmobile ist verboten. Ein Bummel durch Piran versetzt den Besucher in eine andere Zeit. Hier ein alter Motorroller, dort ein liebevoll mit Blumen verzierter Hauseingang. Die Wäsche flattert am Fenster des dritten Stockwerks und die eng stehenden Hauswände lassen die Schritte auf dem Pflaster widerhallen. Die Wellen plätschern rund um Piran an die rauen, aufgetürmten Steine und lassen die Seele gleich mitbaumeln. Badelustige nutzen die Treppen, um ins Wasser zu gelangen.

Zwei Mal hinschauen wird man beim **Campanile der Georgskirche** (Sv. Jurij), wähnt man sich doch fast in Venedig bei San Marco. Sehenswert sind zudem die Stadttore und die Stadtmauer, erbaut im 7. Jahrhundert. Acht Kirchen, zahlreiche Paläste, Kunstgalerien und Museen laden zum Bummeln, Entdecken und Verweilen ein.

Der wichtigste Bade- und Kurort Sloweniens, **Portorož**, verfügt über eine lange Tradition und eine wohl ebenso lange Promenade entlang der Wasserlinie. Hotels, Restaurants und Bars säumen die Uferstraße,

AUSFLUG

KARSTHÖHLEN

Neben Križna Jama sind weitere Karsthöhlen für Besucher geöffnet, dabei jedoch touristischer erschlossen. So wurden die Grotten von Škocjan, nordöstlich von Koper, 1986 UNESCO-Welterbe. Seit 2011 sind mit der Mahorčič- und der Mariničhöhle zwei weitere Höhlen bei Škocjan für Besucher zugänglich. Eine Elektrobahn führt sogar in die größte und zudem ganzjährig geöffnete Schauhöhle Europas, Postojnska Jama, in die während der Hauptsaison täglich Tausende Besucher strömen. Sie ist seit 200 Jahren bereits Touristenattraktion, über 36 Millionen Besucher haben sie schon gesehen. Ganz in der Nähe liegt zudem die Burg Predjama, die vor mehr als 700 Jahren in eine 123 Meter hohe Wand gebaut wurde.
(www.park-skocjanske-jame.si/ger und www.postojnska-jama.eu/de).

SPECIAL

GESTÜT LIPICA

Die Fahrt an weißen Zäunen vorbei bezaubert und der Hauch der 400-jährigen Zuchttradition der Lipizzaner weht über die Weiden. Ein Golfplatz lädt geradezu zum Abschlag ein. Das Gestüt Lipica ist eines der ältesten Gestüte der Welt und Geburtsort der Lipizzaner. Auch wenn die Außenanlagen und das Hotel etwas in die Jahre gekommen sind, Freunde der wunderbaren Lipizzaner werden darüber hinwegschauen und das Gestüt samt Museum mit Freude und Neugierde besuchen und genießen. www.lipica.org.

Portorož ist bekannt und beliebt für sein Nachtleben und ein umfangreiches Freizeitangebot.

Klassizistische Villen säumen den Hang, Zypressen verstärken das mediterrane Flair. Die Fassade des Palace-Hotels versprüht den Charme vergangener Tage.

Der moderne **Jachthafen** hat 2014 einen Wohnmobilstellplatz direkt am Wasser eröffnet. Zu hören ist das Schaukeln der Segelboote, die gelassen den Takt der Wellen aufnehmen. Genau das richtige Umfeld, um eine wunderschöne Reise in einem interessanten Urlaubsland mit Blick auf einen unvergesslichen Sonnenuntergang Revue passieren zu lassen.

Die Gasse im Küstenstädtchen Piran hat geradezu venezianisches Flair.

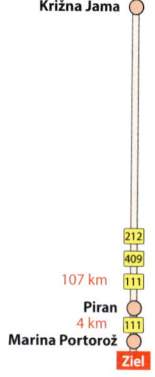

Der Soča-Fluss beeindruckt smaragdgrün und mit zahlreichen Möglichkeiten für Sport und Action.

PRAKTISCHE HINWEISE

TOURISTINFORMATIONEN
Maribor, Turistično informacijski center Maribor, Parti-zanska cesta 6a, 2000 Maribor, Tel. 00386/(0)2/234 66 11, www.visitmaribor.si/de/

Ljubljana, Slovenian Tourist Information Centre (STIC), Krekov trg 10, 1000 Ljubljana, www.visitljubljana.com, Tel. +386 (0)1 306 45 83

Piran, Tourismus Verband Portorož, Tartinjev Trg 2, 6330 Piran, Tel. 00386/(0)5/673 44 40, www.portoroz.si

CAMPING- UND STELLPLÄTZE
Maribor Camping Center Kekec, Pohorska ulica 35c, 2000 Maribor, Tel. 00386/(0)40/66 57 32, www.cck.si (N46°32'8.5" E15°36'18.6"). Der Platz ist ansprechend angelegt, liegt direkt im Naherholungsgebiet der Stadt, rund sechs Kilometer vom Zentrum, mit Stadtbusanbindung. Ruhige, parzellierte Stellplätze, gepflegte Sanitäranlagen.

Camping Terme Ptuj, Pot v toplice 9, 2251 Ptuj, Tel. 00386/(0)2/749 45 00, www.sava-camping.com/si/camping-terme-ptuj (N46°25'18.1" E15°51'20.9"). Der Campingplatz Terme Ptuj neben dem Thermalpark Terme Ptuj ist nur einen Kilometer vom Zentrum von Ptuj entfernt. Die Campinggäste haben freien Eintritt in den Thermalpark Terme Ptuj und können auch die Wellness-, Freizeit- und Gastronomieleistungen für Hotelgäste und andere Besucher der Terme Ptuj nutzen.

Camp Smlednik, Dragočajna 14a, 1216 Smlednik, Tel. 00386/(0)1/362 70 02, www.dm-campsmlednik.si/de/ (N46°10'23.0" E14°24'57.1"). Nur 20 Kilometer von der slowenischen Hauptstadt Ljubljana und zehn Kilometer von den historischen Städten Kranj und Škofja Loka entfernt, liegt am linken Ufer des Flusses Sava in der Nähe von Zbiljsko jezero (Zbiljer See) der Campingplatz Smlednik. Schattenspendende Bäume, viel Grün, ein Restaurant und zahlreiche Sportmöglichkeiten machen den Platz auch für längere Aufenthalte interessant. Ein Teil ist für Naturisten vorgesehen, mit eigenem Strand und Sanitäreinrichtungen.

Stellplätze Gasthaus Pri Kovaču, Cesta II. grupe odredov 82, 1261 Ljubljana-Dobrunje, Tel. 068 144 656 | 01 5429 577, www.gostilna-pri-kovacu.si/

Campingplatz für Aktive: Kamp Koren bei Kobarid

Romantische Abendstimmung auf dem Stellplatz Marina Portorož

(N46°01'894" E14°36'257"). Kleiner Stellplatz für Wohnmobile, kostenpflichtig. Strom, Dusche und V/E vorhanden, Citybusanbindung an der Straße. Zehn Kilometer von Ljubljana entfernt.

Camping Bled, Kidričeva 10c, 4260 Bled,
Tel. 00386/(0)4/575 20 00,
https://www.sava-camping.com/si/camping-bled
(N46°21'39.9" E14°04'38.5").
Der Fünf-Sterne-Campingplatz Bled liegt am Fuße der Julischen Alpen direkt am Bleder See. Auf die Gäste wartet viel Komfort und eine hohe Aufenthaltsqualität. Action für Erwachsene und Kids im vorderen Bereich nahe der Rezeption, ruhige Plätze im oberen Teil. Besonderheiten: Glamping, Wintercamping, Restaurant, Hundedusche und im Sommer Cocktailbar am See.

Kamp Koren, Drežniške Ravne 33, 5222 Kobarid, Tel. 00386/(0)5/389 13 11, www.kamp-koren.si (N46°15'05.3" E13°35'20.0"). Das Camp »Koren« liegt direkt am malerischen Fluss Soča, nur 500 Meter von Kobarid entfernt, an der Straße nach Drežnica. Kamp Koren ist der erste Campingplatz Sloweniens, der mit dem »Öko-Gänseblümchen«, dem Europäischen Zertifikat für Öko-Tourismus, ausgezeichnet wurde. Gepflegte Sanitäranlagen. Die Rezeption bietet auch Getränke und kleine Snacks, sportliche Aktivitäten mit Guide können hier gebucht werden.

Kamp Vrhpolje, Vrhpolje 42, 5271 Vipava,
Tel. 00386/(0)5/366 53 05, (N45°51'51.1" E13°576"40.8").
Stellplatz auf Rasenfläche an einem ehemaligen Weingut, im Ortskern gelegen, mit Strom, Dusche/WC.

Camping Saksida, Zalošče 12a, 5294 Dornberk,
Tel. 00386/(0)5/301 78 53, 00386/(0)41/20 83 45 (Ingrid), www.vinasaksida.com (N45°53'24.2" E13°44'50.7"). Stellplatz für Wohnmobile auf dem Weingut und Bauernhof Saksida am Ortsrand des Dorfes Zalošče im Vipavatal. Zehn Stellplätze für Wohnmobile im Halbkreis angeordnet, Reservierung vorab nicht notwendig.

Kamp Tura, Gradišče pri Vipavi 14a, 5271 Vipava, Tel. 00386/(0)59/93 00 67, www.kamp-tura.si (N45°49'56.0" E13°58'16.0"). »Sportlicher« Campingplatz mit Tennis, Kletterwand und der Möglichkeit, in den Bergen Klettern zu gehen. Auf dem Plateau kann es windig sein, die Aussicht ist genial. Neue Sanitäranlagen, Stellplätze auf Rasen, Bistro tagsüber geöffnet.

Marina Portoroz, Cesta solinarjev 8, 6320 Portorož, Tel. 00386/(0)5/676 12 00, www.visitmaribor.si/de/ (N45°30'19.0" E13°35'40.0"). Die moderne Marina hat einen großzügigen Wohnmobilstellplatz direkt in der Bucht mit Blick aufs Meer errichtet. Strom und Entsorgung vorhanden. Die Marina Portoroz ist das ganze Jahr in Betrieb. Ein Wachdienst überwacht 24 Stunden pro Tag die Boote und die gesamte Hafenanlage diskret und wirksam mit einer Videoüberwachung und ständigen Begehungen. Anmeldung an der Rezeption, links gegenüber der Schranke.

21 AUF DEN SPUREN VON KULTUR, NATUR UND KUR

Bezauberndes Ungarn

Diese Tour führt bewusst abseits der Touristenströme in Ungarns Landesinnere. Das Schloss Esterházy eröffnet den Blick in die Geschichte, in Hévíz heißt es, baden in einem der größten Thermalseen der Welt. Der Balaton ist bekannt für Radtouren und Strandbäder. Zurück ins 19. und 20. Jahrhundert sowie gleichzeitig mitten in die Moderne lotst die Hauptstadt Budapest. Die Barockbauten der Stadt Eger reihen sich nahtlos an das von Sisi geliebte königliche Schloss Gödöllö mit seiner wechselhaften Geschichte an. Die Natur ruft mit Mátra- und Bükk-Gebirge, kühle Schönheiten erwarten die Reisenden in den Tropfsteinhöhlen des Aggtelek Nationalparks. Die Tokajer Weinstraße und die ungarische Puszta krönen diese einzigartige Entdeckungsreise.

Innenhof im Schloss des Fürsten Esterházy in Fertöd

AUF DEN SPUREN VON KULTUR, NATUR UND KUR

ROUTE 21

START- UND ENDPUNKT
Fertöd und Tokaj/Puszta

BESTE JAHRESZEIT
Mai bis Mitte Oktober

STRECKENLÄNGE
663 Kilometer (ohne Puszta)

FAHRZEIT
10 bis 14 Tage (ohne Anreise)

MAUTSTRECKEN
Autobahnen

Bei einer Anreise über Österreich beginnt die erste geschichtsträchtige Besichtigung im heutigen **Fertöd**. Zu sehen ist das von Miklós Fürst Esterházy ab dem Jahr 1763 auf einem ehemaligen Jagdschloss der Familie zum wahren **Lustschloss** erweiterte Anwesen. In dem gerne als ungarisches Versailles gesehenen Bauwerk verbrachte auch Komponist Joseph Haydn viel Zeit. Die restaurierten Räume in zwei Stockwerken sind nur mit Führung zu begehen, durch den großzügigen Garten und den prachtvollen Innenhof kann kostenlos geschlendert werden.

Auf dem Weg zur ersten Übernachtung kommt man nach 90 Kilometern an **Burg Sümeg** vorbei. Der kahle Burgberg ist weithin sichtbar, die restaurierte Anlage kann besichtigt werden; zu bestimmten Terminen organisierte Ritterspiele lassen den Mittelalteralltag wieder auferstehen.

Die Fahrt durch Wälder stimmt bereits ein auf Ruhe und Erholung. Nach weiteren 25 Kilometern liegt rechter Hand der Thermalsee von Hévíz und links die Einfahrt zum Campingplatz Castrum.

GRÖSSTER THERMALSEE EUROPAS

Hévíz punktet mit der längsten Kurtradition in Ungarn und einem der größten Thermalseen der Welt. Aus der Quellenhöhle stößt eine so große Wassermenge empor, dass dadurch das Wasser des Heilsees innerhalb von dreieinhalb Tagen vollständig ausgetauscht wird. Ruhesuchende und Kurende finden im Castrum Kurcamping Hévíz den idealen Stellplatz. Fußläufig oder per Fahrrad geht es zum Thermalsee und zum liebevoll bepflanzten Kurpark. Die kleine Fußgängerzone bietet Geschäfte, Galerien, Cafés und Restaurants. Nahezu wöchentlich finden Feste und Konzerte statt.

Ungarn ist mit knapp 1300 erschlossenen Quellen ein Land des Heilwassers. So wirkt sich auch das Baden im Thermalsee von Hévíz auf die Gesundheit positiv aus. Architekturnostalgie pur bietet zudem die hölzer-

Am Thermalsee in Heviz gibt es noch die historische Kuranlage.

Ruhe am Balaton

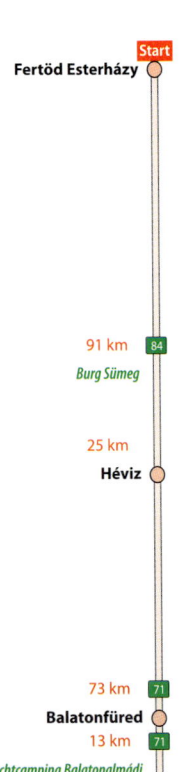

Fertöd Esterházy — Start

91 km — 84
Burg Sümeg

25 km
Héviz

73 km — 71
Balatonfüred

13 km — 71
Yachtcamping Balatonalmádi

ne Kuranlage. Wunderschöne Seerosen umrahmen das Gesamtkunstwerk. Kombiniert mit Massagen oder dem Relaxen auf der Liegewiese wird so ein entspannter Urlaubstag zum Wellnesserlebnis.

Schlösserliebhaber machen von Hévíz aus einen Abstecher nach **Keszthely** mit seinem **Schloss Festetics** oder bummeln durch die Fußgängerzone der zweitgrößten Stadt am Balaton. Der Abzweig zum Fahrradweg liegt links abbiegend zwischen Parkplatz und Campingplatz.

AKTIVER BALATON

Nun lockt der Balaton, der auch Plattensee genannt wird. Mit knapp 600 Quadratmetern Fläche ist er größer als der Bodensee, das Nordufer prägen Hügel und Weinberge, während sich das Südufer eher flach präsentiert. Von Radfahrern, Sonnenanbetern, Seglern, Surfern und Wasserratten geliebt, bietet der See von Frühjahr bis Herbst Familien, Paaren und Einzelreisenden vielfältige Aktivitäten, aber auch Rückzugsorte. In der Hochsaison kann es schon mal eng werden. Die Bahngleise verlaufen rund um den See und ermöglichen so Ausflüge mit einem erweiterten Radius vom Standort.

Von Hévíz führt die Route nun in kürzester Zeit am See entlang zum im neuen Glanz erstrahlenden Kurort **Balatonfüred**. Der am Nordufer gelegene Ort war im 19. Jahrhundert historisch bedeutsam und sehr beliebt bei Adel und Großbürgertum. Ein Spaziergang lohnt sich. Vom Jachthafen entlang der Promenade mit schattenspendender Platanenallee (Tagore setany) bummelnd, kommt man durch den Kurpark zur klassizistischen Trinkhalle. Links davon schlendert man durch die Blaha Lujza an restaurierten Villen und Herrschaftshäusern sowie an der Rundkirche vorbei, um über die Jókai Mór utca zurück zum Jachthafen zu gelangen.

Der Ausklang des Tages findet auf dem direkt am See gelegenen Jachtcamping in **Balatonalmádi** statt. Den Blick über die schaukelnden Boote auf dem See schweifen lassen oder noch eine Runde schwimmen gehen und im Anschluss im Restaurant Zander mit Beilagen genießen – so fühlt sich Urlaub an.

Die Aktivitätenliste am Balaton ist bunt und vielfältig, sodass hier selbstverständlich einige Tage Urlaub verlängert werden können.

AUF DEM WEG NACH BUDAPEST

Diese Rundreise führt den Wohnmobilisten nun in die Hauptstadt **Budapest**. Empfehlenswert ist es, zuerst direkt zum Zugligeti Niche Camping, dem Traditionsplatz mit der

AUF DEN SPUREN VON KULTUR, NATUR UND KUR

Blick auf den Balaton am Horizont

Balatonfüred
13 km
Yachtcamping Balatonalmádi

124 km
Arena Camping Budapest

ehemaligen, heute unter Denkmalschutz stehenden Bahnstation zu fahren. Nur wenige Meter von der Platzeinfahrt entfernt, fahren Busse in die sieben Kilometer entfernte Innenstadt, die lästige Parkplatzsuche bei der Sightseeingtour entfällt somit. Einige Busunternehmen bieten praktische Mehrtageskarten an. Denn wer die Stadt kennt, schwärmt davon, schon da gewesen zu sein. Wer sie nicht kennt, träumt von ihr. Gekrönt wird der Aufenthalt mit einer Donauschifffahrt.

124 Kilometer sind es vom Jachtcamping Balatonalmádi bis nach Budapest, mautfrei gefahren über die Straßen 71 und 7. Schneller geht es über die Autobahn M7. Grundsätzlich ist es möglich, mautfrei durch Ungarn zu fahren. Das Mautsystem in Ungarn ist jedoch komplex und es gibt fast keine mautfreien Autobahnen, sodass es ratsam ist, eine entsprechende Vignette zu lösen. Denn Mautpreller, wenn auch unbeabsichtigt, werden mit hohen Gebühren belastet und von einem extra eingerichteten Inkassounternehmen in Deutschland verfolgt.

GLANZ UND GLORIA – MODERNE TRIFFT TRADITION

Kunst, Kultur, Sehenswürdigkeiten, Museen, Kirchen, Events, die Donau, das Burgviertel, Thermalbäder – das heißt Prioritäten setzen. Daher ist es ratsam, zur Erkundung der Hauptstadt mindestens zwei, eher mehrere Tage Zeit einzuplanen. Die Routen variieren natürlich, je nach persönlicher Vorliebe. Der

> **SPECIAL**
>
> **BAUERNMÄRKTE**
>
> Samstags ist in Hévíz immer Markttag. Produkte von Erzeugern in der Region wie frisches Gemüse und Obst, zahlreiche Varianten von Paprika und Paprikaerzeugnissen sowie eingekochte Genüsse finden liebevoll drapiert ihre Abnehmer. Das Interesse von Einheimischen wie Touristen ist enorm, der Markt ist vormittags geöffnet und auf jeden Fall einen Besuch wert.

Auf den Bauernmärkten ist die Auswahl an regionalen Produkten groß.

Das Parlamentsgebäude im Stadtteil Pest

Kaffeehauskultur kann man in einigen traditionellen Häusern noch frönen, doch auch moderne Cafés laden zum Verweilen ein.

Die Donau trennt die beiden Stadtteile Buda und Pest. Das sehenswerte **Burgviertel** mit **Burgpalast** auf dem **Burgberg** liegt im Stadtteil Buda. Das Ensemble gehört zum UNESCO-Welterbe und der sagenhafte Blick auf Fluss und Stadt ist einfach wunderbar. Zum Burgberg geht es zu Fuß, mit dem Bus oder der altehrwürdigen Standseilbahn, der Sikló, seit 1870 in Betrieb. Drei Kirchen, mehrere Baudenkmäler und sechs Museen wechseln sich im Burgviertel mit stimmungsvollen Plätzen und hübschen Gassen ab. Die ebenfalls auf der Budaer Seite liegende großartige Fischerbastei hat etwas Märchenhaftes und begeistert insbesondere allabendlich in goldfarbenem Lichterglanz.

Der flache Stadtteil **Pest** beeindruckt mit dem Gebäudekomplex des **Parlaments**, Einkaufsstraßen wie der Váci Utca, der 1897 eröffneten zentralen Markthalle, weiteren Museen und geschichtsträchtigen Plätzen wie dem Heldenplatz mit angrenzender Kunsthalle und dem Museum der Bildenden Künste. Das Donauufer zwischen Elisabeth- und Kettenbrücke lädt besonders zum Flanieren ein, inklusive der bezaubernden Aussicht auf Burgberg und Gellértberg.

Brücken verbinden die Stadtteile, besonders schön inszeniert und anzusehen ist am Abend die Kettenbrücke mit ihrer gelben Beleuchtung.

Allein zwölf Heilbäder, gespeist von fast 100 Thermalquellen, laden im Stadtgebiet zum gesunden Baden ein. Einige der Bäder glänzen zudem mit beeindruckender Architektur, wie das Heilbad Gellért im Jugendstil, das Heilbad Király mit osmanischer Bäder-

---

Arena Camping Budapest

35 km — **Schloss Gödöllő**

116 km — **Eger/Öko-Park-Camping**

78 km — **Aggtelek Nationalpark**

> **SPECIAL**
>
> **WINTERCAMPING MIT STÄDTETRIP**
>
> Die zahlreichen Thermalbäder und ein Besuch des im Dezember stattfindenden Weihnachtsmarktes machen Ungarns Hauptstadt Budapest übrigens auch im Winter beziehungsweise während der Weihnachtszeit zu einem attraktiven Städteziel. Passend dazu ist der Arena Camping Budapest ganzjährig geöffnet. Und nach einem langen Budapestbummel schmeckt die hausgemachte Gulaschsuppe, mit extra Paprika gewürzt, besonders gut. Serviert wird sie im ehemaligen Bahngebäude, das entsprechend liebevoll restauriert wurde.

AUSFLUG

ERHOLUNG AM DONAUKNIE

Radfahrer lieben die Donau, Naturfreunde und Erholungssuchende ebenfalls. Besonders attraktiv zeigt sie sich durch grüne Hügel und an charmanten Dörfern vorbeischlängelnd rund um das Donauknie. Touristisch erschlossene Städtchen wie die Künstlerkolonie Szentendre, eine der vier Königsstädte Esztergom sowie zahlreiche Aktivitäten für die Familie gehören hier zum sommerlichen Urlaubsbild. Den perfekten Ausgangspunkt für Tagestouren oder auch einfach Ruhe findet man direkt am Donauknie auf dem familiengeführten und parzellierten Camping Dömös, mit Schwimmbad und eigenem Restaurant.

---

kultur und das Széchenyi-Heilbad, dem mit 15 Becken größten Badekomplex Europas.

ZU GAST BEI SISI

Die aufgrund der Grundfläche größte barocke Anlage Ungarns wartet nun, rund 30 Kilometer von Budapest entfernt gelegen, auf die Wohnmobilisten. Das **Schloss Gödöllö** gilt als Lieblingsschloss der österreichischen Kaiserin und ungarischen Königin Elisabeth (Sisi). Zahlreiche prunkvolle Räume des im 18. Jahrhundert erbauten Schlosses sind heute wieder zu besichtigen, nachdem man 1985 mit der Restaurierung begonnen hatte. Die wechselhafte Geschichte ist ebenfalls dargestellt, hatte sie doch ihre Spuren hinterlassen. Denn vor der Renovierung wurde das Schloss

Mit der Sikló geht es auf den Burgberg.

Die Kunsthalle in Budapest wurde 1895 eingeweiht und zeigt bedeutende Wechselausstellungen der Gegenwartskunst.

Innenansicht der Basilika in Eger

auch als Altenheim genutzt, 1994 zogen die letzten Bewohner aus. Der Parkplatz liegt direkt vor dem Schlosseingang. Wer Schlösser liebt, sollte einen Besuch einplanen. Motorsportbegeisterte wird eher der ganz in der Nähe liegende **Hungaroring** interessieren.

Die Anfahrt zum Schloss Gödöllö erfolgt vom Campingplatz aus mautfrei durch die Stadt entlang der Route 3, da die Donaubrücke der M0 vignettenpflichtig ist.

STIERBLUT UND DIE STADT UNTER DER STADT

Nach diesem historischen Höhepunkt geht die Fahrt weiter auf den Routen 3 und 25 in die Barockstadt Eger nach Nordungarn. Sie liegt idyllisch zwischen Matra- und Bükk-Gebirge und ist bekannt für ihren barocken Baustil, aber auch für ihre Weine wie Erlauer Stierblut (Egri Bikavér). Beim Stadtrundgang in der über 1000 Jahre alten Bischofsstadt ist die **Basilika** mit der größten Orgel Ungarns sehenswert. Direkt vor der großen Treppe befindet sich rechts der Eingang zur »Stadt unter der Stadt«. Das ehemalige erzbischöfliche Weinkellersystem ist zur vollen Stunde mit Führung zu besichtigen. Heute sind die Keller allerdings leer, da sie aufgrund der Verstaatlichung kirchlicher Eigentümer 1947 ausgeräumt und fortan nicht mehr für die Lagerung von Wein genutzt wurden. Gesehen haben sollte man sie trotzdem.

Von der Basilika kommt man in die Fußgängerzone, große Hinweisschilder weisen den Weg zu den fußläufig erreichbaren

SPECIAL

KULINARISCHES UNGARN

Typisch ungarisch sind Gulasch mit Beilagen, Gulaschsuppe und Paprika. Doch auch das Fettgebäck Lángos, mit Schmand und geriebenem Käse ist ein leckerer Imbiss und ersetzt schon mal eine ganze Mahlzeit. Ausschau halten sollte man unterwegs nach Schildern mit der Aufschrift »Friss Lángos«. In den Touristenhochburgen gibt es die Spezialität an zahlreichen kleinen Imbissständen. Fischfreunde werden mit Zander & Co. am Balaton fündig. Süßschnäbel warten dann eher auf den Nachtisch und bestellen Palatschinken mit Schokolade oder Heidelbeeren. Lecker ist auch die Frühstücksvariante, bei der Weißbrot in Ei gewälzt und ausgebacken wird.

AUF DEN SPUREN VON KULTUR, NATUR UND KUR

Wegweiser in der Barockstadt Eger

Sehenswürdigkeiten, wie der Burganlage und dem **Dobó-István-Platz** mit der doppeltürmigen Minoritenkirche.

In der Nähe des Minaretts finden Besucher ein Museum der besonderen Art: Kopcsik Marcipania, das Marzipanmuseum des mehrfach ausgezeichneten Konditormeisters und Künstlers Lajos Kopcsik. Seine Kunstwerke beeindrucken Groß und Klein, der Perfektionismus im Detail ist bemerkenswert.

Als Ausgangspunkt für Wanderungen im **Bükk-Nationalpark** oder auch zur Erkundung der Stadt Eger empfiehlt sich der Öko-Park Panzio Camping, direkt am Fluss Eger gelegen und knapp zwölf Kilometer von der Innenstadt entfernt. Das Kulturprogramm der Stadt zieht immer wieder Gäste in die

Links: Paprika – der Inbegriff von Ungarn

Rechts: Typisch ungarisches Gulasch sollte man unbedingt probieren.

ROUTE 21

Die Tropfsteinhöhlen im Aggtelek-Nationalpark wurden 1995 zum Weltkulturerbe erklärt.

Gegend, das viertägige Stierblut-Festival ist weithin bekannt und beliebt. Insgesamt sechs Thermalbäder in der Umgebung laden zudem zum Entspannen ein. Der Bükk-Nationalpark bietet Fans von Flora und Fauna beste Erkundungsmöglichkeiten. Auch ein längerer Aufenthalt kann also durchaus naturnah und erholsam gestaltet werden.

KÜHLE SCHÖNHEITEN

Das Landschaftsbild rund um den Nationalpark ist hügelig und lieblich mit viel Grün. Je weiter es nun nach Nordungarn Richtung slowakische Grenze geht, umso landwirtschaftlich geprägter zeigen sich Natur und Dörfer. Das Etappenziel heißt **Aggtelek-Nationalpark.** Ein echtes Highlight sind die kühlen Schönheiten der Tropfsteinhöhlen im Aggtelek-Nationalpark, nordwestlich von Miskolc im Norden Ungarns. 25 Kilometer lange Höhlengänge gehen bis in die Slowakei, der Großteil liegt in Ungarn und ist seit 1995 auch in der UNESCO-Weltkulturerbeliste verzeichnet. Das Karstgebiet ist vor 230 Millionen Jahren in der Triasperiode im Kalkgestein entstanden, die Höhle vor 1,5 bis 2 Millionen Jahren. In der großen **Baradla-Höhle** finden aufgrund der wunderbaren Akustik neben den Führungen auch Konzerte statt.

Verschiedene Touren in der zehn bis zwölf Grad kühlen Höhle werden von den Standorten Baradla-Höhle und am Besucherzentrum »Vörös-Tó« angeboten, an beiden Eingängen

AUSFLUG

WEITES LAND: DIE UNGARISCHE PUSZTA

Liebhaber der weiten Ebene der ungarischen Puszta fahren von Tokaj aus nach Süden. Der Hortobágyi-Nationalpark beeindruckt mit einer unverwechselbaren Steppenlandschaft. 80 000 Hektar Weideland wurden 1973 zum größten Nationalpark Ungarns und zum UNESCO-Weltnaturerbe erklärt. Im Besucherzentrum Hortobágyi gibt es Erklärungen zu Flora und Fauna, große Teile des Nationalparks dürfen nur mit Führung besichtigt werden. Wer die Geschichte des Mongolensturms und der 150-jährigen Türkenherrschaft kennt, weiß, dass die heutige kahle Steppe vor dem 13. Jahrhundert ein waldreicher Landstrich war, zudem gesegnet mit fruchtbarem Ackerboden. Neben der geschützten Pusztasteppe wird daher heute ein Teil der Region, trotz glühend heißer Sommermonate, für die Tierhaltung und den Obst- und Gemüseanbau genutzt. Zum Übernachten und Entspannen eignet sich der in Hajdúböszörmény gelegene Campingplatz Castrum Termálkemping, zu dem ein Freibad und ein Hallen-Thermalbad gehören. Denn auch in der Puszta übt das heilende Thermalwasser eine Anziehungskraft auf Touristen und Kurende aus.

befinden sich große, kostenlose Parkplätze, unmittelbar nach dem Parkplatz an der Baradla-Höhle gibt es rechts einen großflächigen Campingplatz mit Stellplätzen und Holzhütten.

Die knapp zweistündige Tour vom Besucherzentrum bis zum Ausgang in Jósvafő führt auf 2,3 Kilometern an faszinierenden Gebilden und einzigartigen Naturgestalten vorbei. Höhepunkt ist die beeindruckende, mit Licht- und Musikinszenierungen präsentierte große Höhle. Der Rückweg zum Parkplatz erfolgt entweder in rund 30 Minuten gemütlich zu Fuß, an Rastplätzen vorbei durch den Wald oder per Shuttlebus.

AUF DEN SPUREN DES TOKAJER

Eingang zur Kellerführung im Rákóczi-Keller

Vom hügeligen Nationalpark Aggtelek wird es mit jedem Kilometer Richtung Tokaj langsam wieder flacher und fruchtbare Ebenen mit Mais, Sonnenblumen und Getreide säumen den Weg.

Entlang der Route 37 beginnen die Hinweisschilder für Weindörfer und Weingüter. Die **Tokajer Weinstraße** ist in Sicht. Weinliebhaber haben hier die Qual der Wahl bei insgesamt 27 Siedlungen, die dem 1997 gegründeten Verein angehören. Weinbergwanderung oder doch lieber eine Verkostung? Das rund 6600 Hektar große Weinanbaugebiet ist berühmt für seine einzigartigen Süßweine. Bedeutend und edel präsentiert sich der Tokajer. Hier gibt Edelfäule bei einem Teil der Trauben den besonderen Geschmack, ob nun bei Tokaji Aszú oder der Spezialität Tokaji Eszencia. Wen die Geschichte, die Produktionstechnik und die Lagerung interessieren, der sollte sich bei einer Kellerführung im Rákóczi-Keller und im Tokaj-Museum im verträumten Städtchen Tokaj umschauen. Der Rittersaal ist der größte unterirdische Saal des Weingebiets, hier wurde János Szapolyai im Jahre 1526 zum ungarischen König gewählt. Weinverkostungen des bekannten Weingebiets Tokaj Hétszőlő gibt es nur nach Anmeldung, in der angrenzenden Weinbar werden die verschiedenen Sorten jedoch ausgeschenkt und verkauft.

Von April bis Oktober finden immer wieder Weinfeste statt. Rund um Tokaj versüßen neben dem Wein auch gemütliche Paddeltouren auf dem Fluss Tisza den Urlaub. Am Fluss gelegen befindet sich der Tutajos Beach Club mit Restaurant und Camping, Liegewiese und Kinderspielplatz sowie der Möglichkeit zum Baden im Fluss.

Mit diesen weinseligen und auch landschaftlich inspirierenden Eindrücken aus Tokaj und der Weinstraße geht die Reise durch das in vielerlei Hinsicht bezaubernde Ungarn zu Ende. Interessierte fahren von hier noch rund 80 bis 100 Kilometer nach Süden, in die Puszta (siehe Kasten).

Heute ist er ein hübsches Fotomotiv, früher war er notwendig: der Ziehbrunnen in der Puszta.

PRAKTISCHE HINWEISE

TOURISTINFORMATIONEN

Ungarische Tourismusagentur, H-1027 Budapest, Kacsa u. 15-23, Telefon: +36 1 4888 700, Fax: +361 488 8600, www.visithungary.com/de

Touristen-Informationszentrum Balatonfüred, Blaha Lujza u. 5, 8230 Balatonfüred, Tel. 0036/(0)87/58 04 80, www.turizmus.balatonfured.hu/de/

Budapest Info Point Városháza Park Hütte (1052 Budapest, Károly körút), Öffnungszeiten: 09:00 - 19:00 Uhr, www.budapestinfo.hu/de/budapestinfo-point

Tourismus-Info Eger, Dobó tér 2, 3300 Eger, Tel. 0036/(0)36/52 37 00, www.eger.hu/de/tourismus

CAMPING- UND STELLPLÄTZE

Castrum Camping, Hévíz, Tópart, 8380 Hévíz, Tel. 0036/(0)83/34 31 98, www.castrum.eu/de/heviz (N46°47'01.8" E17°11'42.9"). Das erste Heilcamping der Castrum-Kette verfügt über das Vier-Sterne-Qualitätszertifikat I. Klasse des Ministeriums für Nationalökonomie. Es liegt in der unmittelbaren Nähe (300 Meter) des Thermalsees; der Auslaufkanal des Sees führt durch den Campingplatz und bietet einen faszinierenden Anblick mit seinen vielen rosa, lila und weißen Lotosblumen. 243 nummerierte und mit Strom- und teilweise mit Trinkwasser-, Kanal- und TV-Kabelanschluss versehene Parzellen sind durch Hecken voneinander getrennt. Das integrierte Restaurant bietet Tagesessen, die Duschhäuser sind beheizbar, sauber und mit je einer barrierefreien Duschkabine ausgestattet. Ausflüge können an der Rezeption gebucht werden.

Yacht Camping, Véghely Dezső u. 18, 8220 Balatonalmádi, Tel. 0036/(0)88/58 41 01, www.yachtcamping.hu (N47°01'13.9" E18°00'30.3"). Familiengeführt, direkt am See mit Strandbad sowie mit eigenem Restaurant verfügt der Campingplatz über 164 parzellierte, überwiegend schattige Plätze und ist vom 1. Mai bis Ende September geöffnet. Zahlreiche Stammgäste schätzen den Platz und das deutschsprachige Management. In den Ferienzeiten gibt es Kinder- und Familienanimation. Die Sanitäreinrichtungen sind gepflegt und großzügig. In den Balaton-Radweg mit gut ausgeschilderten Radwanderwegen kann man direkt vor dem Campingplatz einsteigen, auch die Bahnlinie führt hier vorbei. Die Rezeption bietet umfassendes Informationsmaterial für Aktivitäten rund um den Balaton und gibt Tipps.

Naturnah: Öko-Park Panzio, Eger

Idyllisch am Abfluss des Heviz-Thermalsees liegt Castrum

Arena Camping Budapest Pilisi Straße 7, 1106 Budapest, www.arenacamping.eu/ (N47°30'14.5" E19°9'22.3"). Stadtnaher und hundefreundlicher Campingplatz mit saniertem Sanitärgebäude und WiFi. Ganzjährig geöffnet, U-Bahn zum Stadtzentrum 15 Fußweg entfernt. Lebensmittelgeschäfte und Restaurant in der Nachbarschaft.

Dömös Camping, Duna Part, 2027 Dömös, Tel. 0036/(0)33/48 23 19, www.domoscamping.hu (N47°45'55.8" E18°54'54.1"). Dömös liegt an der schönsten Stelle des Donauknies, 45 Kilometer von Budapest, 15 Kilometer von Esztergom und fünf Kilometer von Visegrád entfernt, an der Hauptstraße Nr. 11. Der familiengeführte Campingplatz mit maximal 84 parzellierten Plätzen hat eine ruhige Lage, er befindet sich am Donauufer und ist ausgestattet mit Restaurant, Pool, WiFi und einem neuwertigen Sanitärkomplex, Billard und einem Grillplatz. Der Schiffsanleger ist zu Fuß erreichbar.

Öko Park Szarvaskö, Szarvaskö, Borsod u. 9, 3323 Deerstone (Eger) Tel. 0036/(0)36/35 22 01, www.okoparkszarvasko.com/kemping (N47°59'21.3" E20°19'46.1"). Der Öko-Park Camping verfügt über 25 Stellplätze für Camper und Zelte und liegt zwischen dem Bükk-Gebirge und Eger. Allergiker können hier durchatmen, Heuschnupfengeplagte finden Ruhe, der Öko-Park ist als einziger Campingplatz derzeit entsprechend zertifiziert. Gebaut wurde ausschließlich mit natürlichen Materialien. Hunde sind erlaubt, Wintercamping ist möglich. Sechs Thermalbäder befinden sich in der Umgebung. Der integrierte Adventure-Park ist für die Öffentlichkeit geöffnet. Hervorragender Standort für Wandertouren im Bükk-Gebirge und für den Stadtbesuch von Eger.

Nomád Baradla Camping, Baradla oldal 1, 3759 Aggtelek, Tel. 0036/(0)48/50 30 05, www.szallas-aggtelek.hu (N48°28'17.4" E20°29'43.0"). Der Campingplatz mit Hütten grenzt direkt an den Eingang der Baradla-Höhle (Aggtelek-Nationalpark) und bietet eine große Rasenfläche mit Stellplätzen, Strom, Spielplatz und Picknickplätzen.

Tutajos Beach Club Tokaj, Tel. 0036/(0)20/220 21 12, www.tutajosbeach.hu/kemping (N48°06'53.7" E21°25'09.4"). Der Tutajos Beach Club liegt knapp 1,5 Kilometer vom Ortszentrum Tokaj entfernt am Fluss und bietet Restaurant, Partyzone, Camping und Holzhütten. Samstags ist immer Party angesagt. Es stehen sechs Stromsäulen für Caravans und Camper zur Verfügung, der Strand mit Liegewiese und Kinderspielplatz ist auch für Tagesgäste öffentlich gegen Gebühr zugänglich.

Castrum Termalkemping Hajdúböszörmény, Nagy András u., 4220 Hajdúböszörmény, Tel. 0036/(0)20/959 19 31, www.castrum-group.hu (N47°40'59.9" E21°29'51.9"). Der Castrum Thermalcampingplatz, der über das Vier-Sterne-Qualitätszertifikat des Ministeriums für Nationalökonomie verfügt, ist in der unmittelbaren Nähe des Thermalbads und des Heilzentrums zu finden. Die nummerierten Parzellen sind überwiegend schattig und durch Hecken voneinander getrennt, inklusive gepflegten Sanitäranlagen sowie Waschmaschine und Trockner. Die Gäste können das Thermalbad frei besuchen. Das angrenzende Restaurant bietet Tagesessen, zum Stadtzentrum sind es 15 Minuten zu Fuß.

22 URSPRÜNGLICHKEIT ERLEBEN, NEULAND ENTDECKEN

Grünes Montenegro

Montenegro entdecken heißt, Abenteuer zu erleben und sich gleichzeitig in die Natur zu verlieben. Ausgangspunkt der Rundreise ist die Stadt der vielen Treppen, Herceg Novi, nahe der kroatischen Grenze. Anschließend erreicht man den einzigen Fjord im Süden, die Bucht von Kotor. Wasserreich, wunderschön und mit Tausenden Seerosen präsentiert sich der Skutarisee, größter See der Balkanhalbinsel. An der Adria klingt der Tag bei glutroter Sonne aus. Im Nationalpark Biogradska Gora begeistern traumhafte Wander- und Spazierwege. Spektakulär und beeindruckend sind die Tara-Schlucht mit dem tiefsten Canyon Europas und das Durmitor-Gebirge.

Der Uhrturm in Herceg Novi

URSPRÜNGLICHKEIT ERLEBEN, NEULAND ENTDECKEN

Wer Berge und Wasser mag, wird Montenegro lieben. Für Wohnmobile passierbare Wege, wenn auch über viele Serpentinen, spektakuläre Ausblicke und herrliche Natur erwarten alle Neugierigen, die sich gerne auch abseits der Küstenstraße auf das Abenteuer Montenegro einlassen. Da die Infrastruktur mit Camping- und Stellplätzen noch nicht vollends ausgebaut ist, empfiehlt sich, von einem Standort aus Tagestouren zu unternehmen und dann den Standort zu wechseln.

DER EINZIGE FJORD IM SÜDEN

Diese Reise beginnt in den stärker besiedelten Küstenorten der **Bucht von Kotor**, dem einzigen Fjord im Süden. Früher Zufluchtsort der Seefahrer, fasziniert die 28 Kilometer lange Bucht mit steilen Felswänden, der glitzernden Adria und entzückenden Ortschaften. Gegründet zur Zeit des Salzhandels lädt die »Stadt der Treppen und Blumen«, **Herceg Novi**, mit Gassen, attraktiven Plätzen und einer kilometerlangen Promenade ein. Flanieren ist angesagt in der Stadt der Künste, die ein reiches Kulturprogramm und Galerien bietet. Über die Jahre hat sich Herceg Novi insbesondere im Sommer zum beliebten Urlaubs- und Touristenort entwickelt. Vom Nikole-Durkovič-Platz führen Treppen durch das Wahrzeichen der Stadt, den Uhrturm (Sahat Kula), dann weiter zum Herceg-Stjepan-Platz und der orthodoxen Erzengel-Michael-Kirche (Sveti Arhandela Mihaila). Am oberen Ende der Altstadt lohnt sich die Besichtigung von **Kanli Kula**, einer ehemaligen Verteidigungsanlage, die heute als Freiluftbühne dient. Vergleichbar einem Tor zum Meer begrenzen Forte Mare und Citadela den Übergang der Altstadt zur Promenade. Wer sich treiben lässt und mit offenen Augen treppauf, treppab läuft, wird sicher seine persönliche Lieblingsecke finden. Mit dem Erreichen des Camping Naluka in Morinj endet der erste Tag. Wer Glück hat, erwischt einen der begehrten Wasserplätze am schmalen, kühlen Flüsschen mit herrlichem Blick auf die quirligen Wasservögel und die Berge.

Entlang der Küstenstraße eröffnen sich immer neue Perspektiven für die wahre Schönheit des Fjords. Früher als Hochburg stolzer Seefahrer bezeichnet, inspiriert das heute unter Denkmalschutz stehende Städtchen **Perast** zum Träumen. Alles überragend fällt sofort der Campanile der Kirche **Sveti Nikola** mit stattlichen 55 Metern auf. Venezianische Einflüsse im Baustil, die Küstenlinie mit einladenden Restaurants und im Wellen-

ROUTE 22

START- UND ENDPUNKT
Herceg Novi (Bucht von Kotor) und Žabljak (Durmitor-Gebirge)

BESTE JAHRESZEIT
Mai/Juni bis September

STRECKENLÄNGE
619 Kilometer

FAHRZEIT
7 bis 10 Tage (ohne Anreise)

MAUTSTRECKEN
Keine

Die Höhe passt – Felsendurchfahrt Richtung Kloster Ostrog

Klein aber fein: Perast in der Bucht von Kotor

gang wippende Boote zaubern geradezu eine Wohlfühlatmosphäre, die sich im Licht der untergehenden Sonne noch verstärkt.

Der Blick schweift hinaus aufs Wasser, ausgerichtet auf die vorgelagerten Inseln, die für wenig Geld mit einem kleinen Fischerboot erreichbar sind. Auf der früher mit Steinen aufgeschütteten Insel **Gospa Skrpjela** (Deutsch: »Die Jungfrau vom Felsen«) steht eine heute prächtige Barockkirche, deren Ursprung im 15. Jahrhundert liegt, jedoch im 17. Jahrhundert mit einem Glockenturm und einem Kirchenschiff erweitert wurde. Das Benediktinerkloster auf der Insel **Sveti Dorde** wurde auf einem natürlichen Felsen errichtet.

Die von den Venezianern geprägte Altstadt **Kotor** wurde nach dem Erdbeben 1979 zum kulturellen Welterbe erklärt, um den schnellen Wiederaufbau zu sichern. Es hat sich gelohnt. Die mit einer Stadtmauer umgebene Altstadt ist kompakt und absolut sehenswert. Beim Durchstreifen der Gassen erlebt man das auferstandene Mittelalter in bestens restaurierten Häusern, Palästen und Kirchen. Die Besucherzahlen von Individualtouristen und Gästen zahlreicher Kreuzfahrtschiffe machen deutlich, welche enorme Anziehungskraft diese alte Stadt hat.

Der Stadtplan von Kotor verzeichnet 14 unterschiedlichste Kirchen und Klöster, neun Paläste und drei Stadttore. Vom 1555 erbauten Haupttor trifft man direkt auf den Trg od Oružja mit dem Uhrturm von 1602. Setzt man den Rundgang nach rechts über den Trg Od Brašna fort, kommt man zum Trg Sv. Tripuna mit der **Sankt-Triphon-Kathedrale** aus dem Jahr 1166, basierend auf den Grundmauern einer Kirche aus dem 9. Jahrhundert. Begeisterte Spaziergänger nutzen die Möglichkeit des Rundgangs über die vier Kilometer lange Stadtmauer mit einer herrlichen Sicht auf die Altstadt und die davor liegende Bucht.

Ein Linienbus verbindet übrigens die Städte in der Bucht von Kotor, günstig und zugleich nützlich, um die Parkplatzsuche zu vermeiden.

URSPRÜNGLICHES MONTENEGRO

Die Fahrt in die Berge über atemberaubende Serpentinen zu sensationellen Ausblicken, mit landschaftlicher Vielfalt, köstlichem Schinken, schmackhaftem Käse und der

URSPRÜNGLICHKEIT ERLEBEN, NEULAND ENTDECKEN

Die Altstadt von Kotor ist einen Besuch wert.

ehemaligen Hauptstadt Montenegros ist eine Tagestour wert. Diese Route wird von Reisebussen gefahren, ist daher für Wohnmobile gut geeignet. Wer weiter ins idyllische Hinterland möchte (Tippkasten), sollte ein schmales und wendiges Wohnmobil sein Eigen nennen, auf Roller oder Fahrrad umsteigen können oder per pedes die Schönheiten der Landschaft genießen.

Erneut geht es von Morinj entlang der Bucht bis Kotor, an der Altstadt vorbei, danach links ab zum Ortsausgang Richtung Cetinje und Tunnel. Vor der Tunneleinfahrt führt die Straße rechts abbiegend bergauf, um sich nach und nach in Serpentinen, die wahrhaft Begriffe wie »grandios« und »unglaublich« verdient haben, nach oben zu schrauben. Jede Kurve verbessert die Aussicht auf die atemberaubende Bucht, verlangt jedoch vollste Konzentration vom Fahrer. Denn neben interessierten Touristen mit Auto, Motorrad, Wohnmobil und Bus beanspruchen auch am Straßenrand grasende Kühe diese Straße. Nach 48 Kilometern und einer geradezu sensationellen Fahrt erreicht man **Njeguši**.

Touristisch voll erschlossen gibt es hier Verkaufsstände und zahlreiche Restaurants, die alle mit dem weithin bekannten montenegrinischen, luftgetrockneten Schinken, dem delikaten Käse sowie köstlichem Honig die Kundschaft locken. Gleich probieren oder mitnehmen – beides ist möglich.

Ab jetzt heißt es ein weiteres Mal Fotoapparat im Anschlag und Aussicht genießen, führt doch die Fahrt nach der Ortsdurchfahrt Njegusis erneut nach oben. Es warten die Ausblicke auf die beiden höchsten Gipfel im

In der Bucht von Kotor gibt es Idylle und Natur pur.

Die alte Stadt »Stari Bar«

Lovćen Nationalpark, **Štirovnik** und **Jezerski vrh**. Die ehemalige Hauptstadt **Cetinje** ist das nächste Etappenziel. Die Ausschilderung führt direkt zu einem großen Busparkplatz, von dem man zu Fuß zu den wichtigsten Sehenswürdigkeiten kommt. Es scheint, als wäre ein Freilichtmuseum geöffnet, die Hinweistafeln liefern Erklärungen zu den zahlreichen ehemaligen Botschaftsgebäuden von Frankreich, Russland, England und Österreich-Ungarn sowie zu den Museen. Manches Gebäude ist leider in die Jahre gekommen, wenngleich man den Glanz vergangener Tage noch spüren kann.

Wer genau hinschaut, sieht immer wieder umrandete Zettel an den Bäumen hängen. So werden in Montenegro Todesanzeigen an die Öffentlichkeit gebracht. Abends gehört die Fußgängerzone übrigens wieder den Bewohnern und Studenten, die plaudernd im Café sitzen oder die **Ul. Njegoševa** entlangspazieren.

Die beeindruckende Tagestour geht weiter. Nach Cetinje führt die Straße nun durch schroffe Felsen und an vielen Gebrauchtwagenhändlern vorbei hinab zur zerklüfteten Küste der **montenegrinischen Riviera**. Plötzlich taucht das bezaubernd im Meer liegende, ehemalige Fischerdorf **Sveti Stefan** auf der

AUSFLUG

OLD ROYAL MONTENEGRO TRAILS

Mit dem vom Tourismusministerium des Landes initiierten Projekt des ethnogastronomischen Netzes der »Old Royal Montenegro Trails« werden abseits liegende Bauernhöfe, meist Familienbetriebe, und ihre hervorragenden Produkte wie Wein, Schinken, Käse oder Honig den Touristen näher gebracht. Hinweisschilder zeigen die Routen auf. Etwas versteckt, aber trotzdem zu finden, liegen diese rund um Cevo (Abfahrt zwischen Njeguši und Cetinje) bis hinüber zum Skutarisee. Diesen Teil des idyllischen Hinterlands erkundet man am besten mit einem schmalen, wendigen Wohnmobil, bevorzugt jedoch als Wanderer, Fahrrad- oder Motorradfahrer. Belohnt wird man mit einzigartiger Ruhe, beeindruckenden Naturschauspielen und manch leckerer Köstlichkeit. Rotweinliebhaber sollten übrigens den kräftigen Vranac probieren.

Sonnenuntergang an der montenegrinischen Adria

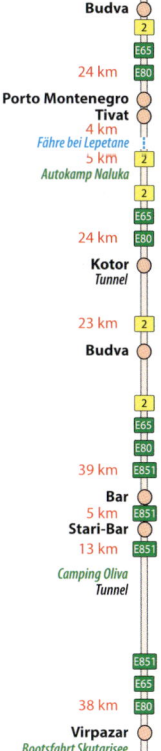

linken Seite auf. Heute ist dort jedoch eine Hotelinsel, der Besuch ist nur noch gegen Parkgebühren und Entgelt bei einer geführten Tour oder als Hotelgast möglich. Die Stadt **Budva** zeigt ihre geschäftigen Bautätigkeiten, teure Apartmenthäuser sprießen nur so aus dem Boden. Sandstrände, Boutiquen sowie alle Arten von Wassersport ziehen zahlungskräftiges Publikum an und in der Hochsaison ist die Stadt überlaufen; Parkplätze sind irgendwie immer rar. Neubauten am Hang mit Blick auf die wunderbare Bucht belegen den Trend des Wohnens am Berg. Hier lebt und boomt der Tourismus, und zugleich zieht insbesondere eine kleine Landzunge mit der sehenswerten Altstadt Budvas täglich aufs Neue Besucher an.

Für die nun anstehende Rückfahrt nach Morinj heißt es, einfach durch Budva fahren und dann der Straße nach **Tivat** folgen. Wer übrigens bereits die Jachten bei Kotor bewundert hat, wird begeistert sein von der neuen **Marina Porto Montenegro** in Tivat. Mit einer kurzen Fährüberfahrt an der engsten Stelle der Bucht von Kotor, zwischen Lepetane nach Kamenari, sind es jetzt nur noch wenige Kilometer bis zum entspannten Ausklingen des Urlaubstages auf dem Campingplatz.

ADRIA – FELSEN, BUCHTEN UND GESCHICHTE

Zum letzten Mal genießt man die Bucht von Kotor mit ihren steilen Felswänden und dem gekonnten Zusammenspiel von sich an die Buchten schmiegenden Dörfern und glitzerndem Wasser, bevor es durch den Tunnel Richtung Budva geht. Jetzt ist hier erneut Gelegenheit, die Altstadt zu besuchen. Ab nun begleitet den Wohnmobilisten rechter Hand das Meer, immer an der Küstenstraße entlang, an **Sveti Stefan** vorbei bis nach **Stari Bar**. Interessierte und Sonnenhungrige machen vorher noch einen Abstecher zum Sonnenbaden an einen der schönen Strände oder statten dem verträumten Städtchen **Petrovac na moru** einen Besuch ab.

Die junge Stadt **Bar** zeigt sich attraktiv und geschäftig. Einen Besuch wert ist der tägliche Bauernmarkt (7 bis 14 Uhr, Bar Pijaca), auf dem man frisches Obst und Gemüse, Fisch, Oliven sowie Schinken und Käse in exzellenter Qualität findet.

Die alte Stadt Bar – Stari Bar – erreicht man rund vier Kilometer von Bar entfernt, am

Diese Pause begeistert mit köstlichem montenegrinischen Schinken und herzhaftem Käse.

Bei einer Bootsfahrt erkundet man Flora und Fauna am idyllischen Skutarisee.

Berg Rumija gelegen. Diese Altstadt ist nicht mehr bewohnt, übt jedoch gerade deshalb eine besondere Faszination aus. Ein großer, kostenpflichtiger Parkplatz wartet gleich zu Beginn, die klassischen Souvenirläden und rührige Restaurantbesitzer sind auf dem Weg zum Eingang ebenfalls präsent. Teilweise schattig unter Bäumen erkundet man hier in Ruhe rund 240 Ruinen, Gassen und Plätze, die eine turbulente Geschichte hinter sich haben. Sehenswert sind etwa das Türkische Bad und der Glockenturm. Immer wieder eröffnen sich neue Perspektiven innerhalb der Ruinenstadt, die die Herzen von Fotokünstlern höher schlagen lassen.

Der Genuss des Abends ist dann für den glutroten Sonnenuntergang direkt am Kieselsteinstrand in der Bucht vor dem Camping Oliva in Utjeha reserviert. Der familiengeführte Platz gilt als Tipp an der Adria, denn unter den knorrigen, alten Olivenbäumen lässt es sich wunderbar relaxen und ruhig schlafen.

EINE PERLE DES BALKANS

Tausende Seerosen zieren die ruhige, glatte Oberfläche des bereits 1983 zum Nationalpark erklärten montenegrinischen Teils des **Skutarisees**. Er ist der größte See des Balkans, den sich Montenegro und Albanien teilen. Pelikane, Kormorane und Reiher haben hier ihre Brutstätten. Freunde von Fauna und Flora finden an diesem wunderschönen Fleckchen Erde ein sagenhaftes Paradies, Fischreichtum inklusive.

Um diese Idylle zu erkunden, führt die nächste Tagestour nach **Virpazar**, dem Ausgangspunkt für mehrstündige Bootsfahrten auf dem Skutarisee. Von Utjeha kommend gibt es zwei Fahrtrouten über Bar ins Landesinnere, eine davon führt zeitsparend, aber kostenpflichtig durch den Tunnel (zahlbar vor Ort), die Einfahrt befindet sich links abbiegend nach der Durchfahrt von Sutomore.

In Virpazar nutzt man am besten den Parkplatz gegenüber der Bahnlinie, um den Ort zu Fuß zu erkunden. Gleich am Ortseingang befindet sich das 1960 eröffnete Hotel Pelikan mit regionaler, montenegrinischer Küche sowie verschiedenen Bootstouren im Angebot. Das hauseigene Museum beweist die jahrzehntelange Sammelleidenschaft des Inhabers mit sehenswerten Fundstücken des Alltags zu »150 Jahre Leben in Montenegro«.

Weiter im Ortsinneren ist die Qual der Wahl groß, den passenden Bootsführer und die geeignete Tour zu finden. Sensationelle Fotomotive sind auf jeden Fall garantiert.

URSPRÜNGLICHKEIT ERLEBEN, NEULAND ENTDECKEN

Nach einem kurzen Aufstieg zur nahe gelegenen Festung eröffnet sich eine einzigartige Sicht auf Virpazar und dieses wunderbar beeindruckende Biotop des Skutarisees. Das satte Grün Montenegros fasziniert erneut, denn die Natur ist preisgekrönter Designer und nachhaltiger Architekt zugleich.

Noch sichtlich betört und begeistert vom Einklang mit der Natur endet der Abend erneut unter den Olivenbäumen des Camping Oliva. Utjeha ist übrigens ein perfekter Ausgangspunkt für weitere Erkundungstouren nach Ulcinj oder nach Albanien.

VON DER HAUPTSTADT ZU FLÜSSEN UND BERGAUGEN

Nun heißt es Abschied nehmen von der bezaubernden Adria, von glitzernden Wellen, roten Sonnenuntergängen und den ins Wasser hineinragenden Felsen. Es locken weitere Naturspektakel, die ihren heutigen Höhepunkt mit der Übernachtung im **Nationalpark Biogradska Gora** erreichen.

So vielfältig, prächtig, grün und wunderbar die Landschaftsbilder Montenegros sind, so zweckmäßig und eigentlich schmucklos präsentiert sich die Hauptstadt **Podgorica**. Die Anfahrt folgt der Strecke zum wunderbaren Skutarisee, dann jedoch weiter die E80 entlang bis zur Hauptstadt.

Eine abends stark frequentierte Café- und Kneipenszene belebt den älteren Teil der Innenstadt ab 17 Uhr, zwischen Freiheitsstraße (Slobode) und Marka Miljanova ist dieser Abschnitt für Autofahrer dann gesperrt. Ein großzügiger, günstiger Park-

Hinweisschilder zu regionalen Produkten und Produzenten

Erholung und Ruhe findet man garantiert hier am Seerosenteppich im Skutarisee.

ROUTE 22

Am Fluss Morača

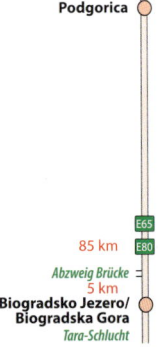

Podgorica

85 km
Abzweig Brücke
5 km
**Biogradsko Jezero/
Biogradska Gora**
Tara-Schlucht

platz findet sich hinter dem Stadion, von dort geht es zu Fuß weiter. Leckermäulchen sollten die hier angebotenen **Palačinke** mit Marmelade oder Schokolade probieren. Gleichzeitig kann man beim Spaziergang die modernen Skulpturen, die Brücken über den Fluss Morača und das Nationaltheater ansehen. Shopping- und Eventfreunde kommen etwas außerhalb in Delta City und Umgebung (Cetinjski Put) auf ihre Kosten. Auch zahlreiche Boutiquen bekannter Markenartikler bieten ihre Waren an.

ZURÜCK ZUR NATUR

Nach der geschnupperten Stadtluft geht es nun hinein in eine einzigartige Naturlandschaft. Nach Nordosten aus Podgorica hinausfahrend, erwartet die Wohnmobilisten nach und nach eine kurvige Straße. So umschlingt der Fluss Morača immer wieder aufs Neue faszinierende Felseinschnitte, die das teils sprudelnde Wasser wiederum in neue Richtungen lenkt. Man kann sich gar nicht sattsehen an den ständig neuen Fotomotiven. Überall dort, wo es die den Fluss stets begleitende Straße erlaubt, sollte man anhalten, um ins Flussbett zu schauen und die Felsformationen zu genießen.

Wälder begleiten den Weg, das türkisblaue Wasser glitzert in der Sonne. Die Felsen werden nun höher, das Flusstal tiefer, die in schroffe Felswände gehauene Straße schlängelt sich nach oben. Bewaldete Hänge werden dem Himmel entgegenschauend langsam von kahlen Gipfeln abgelöst. Das Zusammenspiel der Landschaft erfreut Naturliebhaber wie Hobbyfotografen. Rechts vor der Abfahrt zum offiziellen Eingang des **Nationalparks Biogradska Gora** befindet sich eine Fly Fishing Zone des Tara-Flusses sowie eine zu überquerende Brücke, danach kommt man der Straße folgend bis zur Schranke mit Holzhütte. Dort bitte anmelden als Campingplatzbesucher, dann führt die Fahrt über drei Kilometer Privatstraße entlang bis zum **Biogradsko Jezero** (Gletscherrandsee), zur Rezeption und einer Ausstellung über die Tiere und das Leben im Park.

Üppig blühend und duftend begleiten beispielsweise Ende Mai Bärlauchfelder den 3,3 Kilometer langen Rundwanderweg um den **Biogradskosee**. Ein Teil des Weges ist mit Holzstegen befestigt, damit die Natur darunter ungestört »leben« kann. Abends, wenn sich außer den Camping- und Holzhüttentouristen nur noch wenige Besucher im Nationalpark aufhalten, ist ein Spaziergang in dieser herrlichen Natur besonders beeindruckend. Die Nachtruhe wird bei klarem Himmel von Sternen und den Tierstimmen im Wald begleitet. Einfach traumhaft.

Zahlreiche Wanderwege und anspruchsvolle Mountainbikestrecken sind ausgeschil-

Auf dem Rundwanderweg oder mit dem Boot kann der Biogradsko Jezero erkundet werden.

Eine große Auswahl an Wander- und Erkundigungstouren hat man im Nationalpark Biogradska Gora.

281

Flussschleife der Tara

dert, neben dem Bergauge direkt an der Rezeption gibt es weitere, höher gelegene Seen. Jeeptouren mit bis zu sieben Stunden Dauer sind vor Ort über eine Agentur buchbar.

AM TIEFSTEN CANYON EUROPAS

Die faszinierende Natur Montenegros begleitet die Wohnmobilreise nun entlang des längsten Flusses des Landes. 1977 zum UNESCO-Welterbe erklärt, beeindruckt die über 140 Kilometer lange **Tara** gleich mehrfach. Teilweise erreichen die steilen Felswände 1600 Meter. Abenteurer gönnen sich gerne eine Tour mit Kajak oder Schlauchboot entlang der geeigneten Stromschnellen, andere schlendern über die 150 Meter lange Tara-Brücke und begutachten die Naturgewalten von oben. Sehens- und erlebenswert ist der tiefste Canyon Europas auf jeden Fall.

Von Biogradska Gora kommend fährt man nach der Schranke bis zur Brücke, dort rechts abbiegend entlang der Tara, die hier ihr wahres Gesicht noch gekonnt versteckt. Entlang der Straße 2 spielt der Fluss mit dem interessierten Besucher geradezu Versteck, dafür beeindrucken die unterschiedlichsten Felsformationen. Vor Mojkovac biegt man links ab Richtung Zabljak, nach rund 24 Kilometern erreicht man auf der rechten Seite eine spektakuläre Aussicht auf eine sensationelle Flussschleife.

Nach weiteren 22 Kilometern liegt linker Hand die bekannte **Tara-Brücke** (siehe Tippkasten): 150 Meter lang und mit bester

> **SPECIAL**
>
> **ANGEBOTE FÜR ABENTEURER**
>
> Rafting in der Tara-Schlucht erfreut sich großer Beliebtheit und ist für viele sicherlich eines der abenteuerlichsten Erlebnisse in diesem noch unentdeckten Land. Entlang des längsten Flusses Montenegros gibt es dafür einige Anbieter. Wagemutige finden zudem an der Tara-Brücke am Abzweig Durdevica, Pljevlja und Zabljak die Gelegenheit, mit der Zipline (Seilgleitfluganlage) über die Schlucht zu gleiten, Adrenalin pur inklusive.

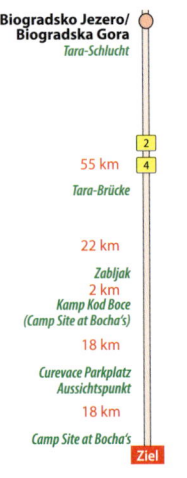

URSPRÜNGLICHKEIT ERLEBEN, NEULAND ENTDECKEN

Begegnungen der besonderen Art in Žabljak im Durmitor-Nationalpark

Sicht auf die Schlucht und die Tara. Dieser Abzweig führt in weiteren rund 20 Kilometern zur Ortsmitte nach Žabljak. Die ganztägig geöffnete Touristinformation am großen Parkplatz bietet Informationen rund um das Ski- und Wandergebiet des Durmitor-Nationalparks an.

ŽABLJAK – WINTERSPORT ODER WANDERN

Die Berge Montenegros gehören gefühlt demjenigen, der sie gerade erkundet. Dies gilt insbesondere, je weiter man zum **Durmitor-Nationalpark** kommt. **Žabljak** liegt auf 1450 Metern und ist die höchstgelegene Stadt Montenegros. Im Sommer als hervorragendes Wandergebiet mit speziellen Wanderkarten erkundbar, steht der Winter im Zeichen des Skifahrens. Zu beachten ist, dass es Ende Mai noch richtig kalt sein kann.

Als Stellplatz dient das etwas außerhalb gelegene **Camp Site at Bocha's** (vormals: Kamp Kod Boce). In dieser wunderbaren Landschaft sind Ruhe und Erholung garantiert, um Kraft zu tanken. Immer wieder kommen freilaufende Schafe und Kühe auf den Stellplatz zu Besuch. Das Grün Montenegros, eine nahezu unberührte Natur sowie die Gelassenheit der dort lebenden Menschen sind gerade in dieser Gegend zu finden.

Anspruchsvolle Wandertouren sind im 390 Quadratkilometer großen **Durmitor-Nationalpark**, 1980 zum UNESCO-Welterbe erklärt, vielfältig möglich. So lockt der höchs-

Spektakuläre Felswände entlang der Tara-Schlucht

Das Kloster Ostrog ist in den Felsen gebaut.

te Berg **Bobotov kuk** mit 2522 Metern, beeindruckend ist bereits der Besuch des **Crno jezero**, des schwarzen Sees nahe Žabljak und gleichzeitig Startpunkt für die Gebirgswanderung.

AUSSICHTSPUNKT CUREVAC

Hoch hinaus geht es zum Abschluss. Wandeln auf schmalen Pfaden, begleitet von spektakulären Aussichten – dieses Highlight wartet noch auf die Wohnmobilisten. Den sensationellen Blick vom Aussichtspunkt **Curevac** in die Tara-Schlucht und das umliegende Gebirge darf man bescheiden »atemberaubend« nennen. Festes Schuhwerk erleichtert die 40-minütige Wanderung bis zum Aussichtspunkt, über ansteigende Wege, spitze Steine und teils rutschigen Untergrund. Die 15 Kilometer lange Anfahrt erfolgt über Žabljak. Am Hotel Planinka links abbiegen, durch die Talsenke fahren, zuerst der Ausschilderung Nadgora/Tepca folgen, dann weiter auf dem geteerten Weg durch den Wald bis hin zum Parkplatz mit dem Schild Curevac fahren. Der Fußweg beginnt rechts von der Ausschilderung den Hang nach oben.

Mit diesen nachhaltigen Eindrücken einer einzigartigen Entdeckungsreise durch das noch vielfach unbekannte Montenegro endet diese Tour. Nach einer erneuten Übernachtung im Camp Site at Bocha's tritt man nun entspannt die Heim- oder Weiterreise an.

AUSFLUG

KLOSTER OSTROG

Das imposante Kloster Ostrog lockt mit Geschichte und Tradition, ist es doch eines der bedeutendsten Klöster der serbisch-orthodoxen Kirche. Es liegt hoch oben in den Hang hineingebaut über dem Tal zwischen Nikšič und Podgorica und ist auf dreierlei Wegen erreichbar. Empfehlenswert: Von Zabljak kommend die schnelle Route über Polje weiter der Straße 18 folgen, vorbei an Nikšič bis zum Abzweig Bogetiči, Richtung Ostrog. Alternativ ist auch eine Anfahrt von Podgorica möglich. Die letzten Kilometer führen in immer enger werdenden Serpentinen nach oben. Große Wohnmobile sollten daher spätestens am Parkplatz vor der Schranke stehen bleiben. Von den unten liegenden Restaurantparkplätzen ist es noch sehr weit bis nach oben. Kleine Wohnmobile können mit etwas Übung bis hoch zum Parkplatz direkt am Eingang fahren. Bitte beachten: Wer nur dem Navi vertraut, findet sich möglicherweise auf einer ganz schmalen Straße mit steilen Abhängen ohne Leitplanke wieder. Die Straße führt ebenfalls nach Ostrog, ist jedoch an manchen Stellen sehr schwierig zu befahren.

PRAKTISCHE HINWEISE

Unter alten Olivenbäumen lässt sich gut relaxen – Camping Oliva

TOURISTINFORMATIONEN

Nationale Tourismusorganisation von Montenegro, Slobode 2., 81000 Podgorica, Montenegro, Tel: +382 (0)77 100 001, www.montenegro.travel/de
Kolašin Tourist Office, Besucherzentrum, Mirka Vešovića, Kolašin, Montenegro, Tel. 00382/(0)20/86 42 54.

CAMPING- UND STELLPLÄTZE

Autocamp Naluka, 85338 Morinj, Tel. 00382/(0)69/ 34 63 46 (N42°29'12.37" E18°39'06.81").
Das inhabergeführte Camp Naluka liegt in der Bucht von Kotor. Der Eigentümer spricht auch Deutsch und Englisch. 15 Wohnmobile finden hier Platz, teilweise mit direkter Sicht auf den kleinen Flusslauf, der aus den Bergen ins Meer fließt. Duschen, WC und Strom sind im Preis inbegriffen, eine Waschmaschine ist vorhanden. Minimarkt und Restaurants sind zu Fuß erreichbar. Der Linienbus hält wenige Meter entfernt. Das Meer gegenüber lädt zum Baden ein. Geöffnet von Mitte April bis Ende Oktober, das eigene kleine Schlauchboot oder Kanu kann vom Platz aus ins Wasser gelassen werden.

Camping Oliva, Uvala maslina – Utjeha, 85000 Bar, Tel. 00382/(0)69/331-150, www.oliva.co.me/camp/ (N42°00'37" E19°09'04"). Seit 40 Jahren im Familienbesitz, ist Camping Oliva in Utjeha mit 22 Stellplätzen unter knorrigen Olivenbäumen sowie sauberen Sanitäranlagen der Tipp an der montenegrinischen Adria. Gegenüber dem Platz befindet sich eine Bucht mit Kieselsteinstrand. Der Platz liegt an Kilometer 12 der Straße Bar–Ulcinj in der Maslina Bay – Uljeha. Zwei Minimärkte und ein Restaurant sind zu Fuß erreichbar. Camping Oliva ist ein idealer Ausgangspunkt für Ausflüge zum Skutarisee, entlang der Küste und nach Albanien.

Biogradska Gora Nationalpark, Ul. Buddha Tomovića bb, 81210 Kolasin, Tel. 00382/(0)20/86 56 25 (Besucherzentrum) oder 00382/(0)20/60 10 15, www.nparkovi.me (N42°52'57.5" E19°37'37.9"). Vier bis sechs Stellplätze liegen mitten im 1952 zum Nationalpark erklärten Schutzgebiet, wunderschön im Wald mit Blick auf den See. Der Park ist nachts bewacht, Saison ist vom 1. Mai bis 1. November. Strom und Wasser sind möglich, die sanitären Anlagen sehr einfach. Das Naturerlebnis steht im Vordergrund. Hütten werden ebenfalls vermietet, die Rezeption gibt tagsüber Tipps für Wanderungen und Touren.

Camp Site at Bocha's (vormals: Kamp Kod Boce), Razvrsje bb, 84220 Žabljak (Durmitor Nationalpark), Tel. 00382/(0)69/22 32 18, www.kampkodboce.me (N43°08'36.7" E19°06'56.9"). Drei Kilometer von der Stadtmitte Zabljaks entfernt liegt der beste Stellplatz der Umgebung und ein hervorragender Ausgangspunkt für Ausflüge ins Durmitor-Gebirge. Das Ehepaar Vojinovic führt den naturnahen Platz seit 2006 mit maximal 30 Stellplätzen und einigen Holzhütten. Sanitäreinrichtungen sind vorhanden, jedoch auf einfachstem Standard. Es gibt kein Restaurant in der Nähe. Strom und Wasserversorgung sind möglich. Auf die Ausschilderung »Kamp Razvrsje« achten.

23 WIEDERGEBURTSZEIT, THRAKER, ROSENÖL UND VIEL NATUR

Unbekanntes Bulgarien

Die Tour startet in der Hauptstadt Sofia und gibt interessante Einblicke in das unter Denkmalschutz stehende Städtchen Koprivstica. Weiter geht es durchs Rosental: Kazanlak überzeugt mit Rosenmuseum und Rosenöl, aber auch mit dem Thrakischen Grabmal. Die wechselhafte, über 6000 Jahre alte Geschichte hat das Stadtbild von Plovdiv geprägt, 2019 ist die Stadt Europas Kulturhauptstadt. Ein Abstecher in den Süden Bulgariens führt in das Gebirge der Rhodopen, ein Besuch der Ausgrabungsstätte des Felsenheiligtums Perperikon ist ein Muss. Als Urlaubs- und Reiseland ist Bulgarien hauptsächlich durch Gold- und Sonnenstrand bekannt.

Spazierfahrt durch die Rhodopen

WIEDERGEBURTSZEIT, THRAKER, ROSENÖL UND VIEL NATUR

ROUTE 23

START- UND ENDPUNKT
Sofia und Sonnenstrand/ Goldstrand

BESTE JAHRESZEIT
Mai bis September

STRECKENLÄNGE
1009 Kilometer

FAHRZEIT
10 bis 14 Tage (ohne Anreise)

MAUTSTRECKEN
Vignettenpflicht auf Autobahnen und Nationalstraßen

Als Wohnmobilist ist man im Landesinneren noch oft alleine unterwegs, entsprechend rar sind Stell- und Campingplätze mit komfortabler Infrastruktur. So beginnt diese Tour mit der Ankunft rund 15 Kilometer vor Sofia an der E80 aus Belgrad kommend, beim Motel und Camping Route 80. Acht geschotterte Stellplätze hinter Fußballkleinfeldern mit WiFi und Strom warten auf die Gäste, das Restaurant ist mit viel Liebe zum Detail im Stil eines Motorradfahrertreffs eingerichtet und gut besucht.

Der E80 folgend geht es zur Stadtbesichtigung in die lebendige Hauptstadt mit 1,2 Millionen Einwohnern. Ob Shoppingmall, Discounter oder Fast-Food-Läden, der Lebensstandard und der offen zu Tage getragene Wohlstand lassen die kommunistische Vergangenheit fast vergessen. Die Sehenswürdigkeiten im Zentrum hingegen spiegeln die Geschichte der Stadt und des Landes wider. Die 1924 eingeweihte Kathedrale Aleksandär Nevski ist als eine der größten Kirchen des orthodoxen Christentums und Sitz des Patriarchen von Sofia bereits äußerlich ein Prunkstück und beherbergt in der von außen zugänglichen Krypta zudem eine beeindruckende Ikonensammlung. Im Umfeld laden Büchertische und Souvenirläden zum Stöbern ein. Wer Museen liebt, kommt

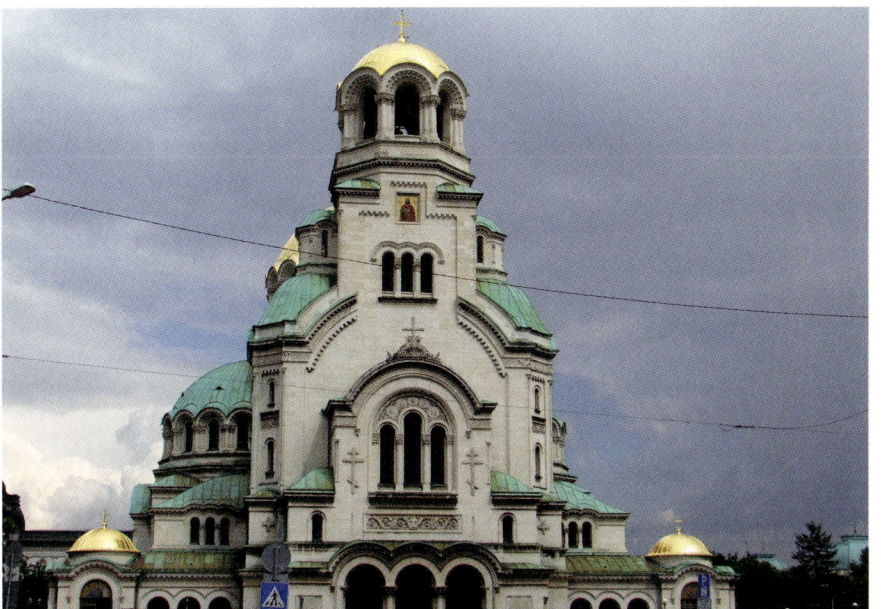

Die Kathedrale Aleksandär Nevski in Sofia

287

Weinreben und viel Grün in der Nähe des Rosentals

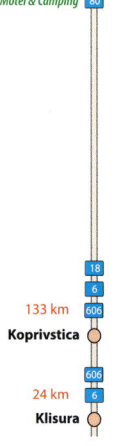

Sofia
Motel & Camping 80

18
6
133 km 606
Koprivstica

606
24 km 6
Klisura

in Sofia auf seine Kosten. Einen Besuch wert sind etwa das Archäologische Nationalmuseum und das Ethnografische Museum im Battenberg-Palais, in dem auch die Nationalgalerie untergebracht ist. Ebenso möchten das Naturwissenschaftliche Museum, die Moschee Banja Baši, die zentrale Markthalle, aber auch viele Parks und Grünflächen entdeckt werden. Die Parksituation in Sofia ist sehr angespannt, Gebührenpflichtige Parkflächen gibt es vereinzelt in der Innenstadt und am Vasil-Levski-Stadion.

Das Naherholungsgebiet der Stadt befindet sich im südlich gelegenen **Nationalpark des Vitošagebirges** und ist bei schönem Wetter auf jeden Fall einen Abstecher wert, Wanderfreunde kommen hier auf ihre Kosten. Mit dem Nationalmuseum für Geschichte und der Kirche von Bojana, aufgenommen in der Weltkulturerbeliste, warten hier noch zwei der wichtigsten Sehenswürdigkeiten des Landes.

DIE WIEDERGEBURTSZEIT ENTDECKEN

Die Weiterfahrt führt vom Camping Route 80 nun vor Sofia zuerst Richtung Norden, der 8 folgend um Sofia herum. Nach der Ausfahrt auf die Fernstraße 6 geht es nach Osten, Richtung Karlovo und Burgas. Wald, sattgrüne Wiesen und liebliche Hügel säumen den Weg, die Straße ist gut ausgebaut. Nach 120 Kilometern kommt der Abzweig nach Koprivstica, ein unter Denkmalschutz stehendes, sehenswertes Städtchen. Hier erwarten den Besucher vergleichbar einem Freilichtmuseum zahlreiche Häuser aus der Wiedergeburtszeit. Ein Blick in die Geschichte erklärt: Unter der Bulgarischen Wiedergeburtszeit versteht man einen Zeitraum im 19. Jahrhundert, in dem die Bulgaren an ihrer Befreiung arbeiteten. Zeitgleich entstanden zahlreiche Bauwerke, deren Stil als Bulgarische Renaissance oder Wiedergeburt ihren Platz in der Geschichte fanden.

Sehenswert sind die »Brücke des Ersten Schusses« sowie die unterschiedlichen Hausmuseen. Eintrittskarten gibt es bei der Museumsverwaltung am Hauptplatz. Geparkt werden kann teilweise rechts und links des Flusses.

Den Abschluss des Tages bildet ein paar Kilometer weiter, zurück auf der Fernstraße 6, die Übernachtung auf dem Wohnmobilstell-

WIEDERGEBURTSZEIT, THRAKER, ROSENÖL UND VIEL NATUR

platz im Eco Kompleks Klisura. Viel Ruhe, Strom direkt am Rasenplatz und eine schöne Aussicht inklusive.

ROSENÖL UND DIE THRAKER

Der nächste Tag steht im Zeichen des Rosentals, das sich von West nach Ost auf rund 90 Kilometern von Rozino bis Magliž erstreckt. Liebhaber von Rosenöl und Rosenparfüm kennen die Vorzüge des bulgarischen Rosentals. In **Kazanlak** befindet sich dazu das neue Rosenmuseum im Park Rosarium. Das farbenfrohe Rosenfestival im Juni zieht jährlich rund 80 000 Besucher in die 60 000-Einwohner-Stadt, die jährlich neu gewählte Rosenkönigin muss aus Kazanlak sein. Um das Sammeln der Rosenblüten für die Gewinnung des Rosenöls zu sehen, sollte man im Mai/Juni frühmorgens durchs Rosental fahren.

Kazanlak besitzt mit dem **Thrakischen Grabmal** zudem eine einzigartige Weltkulturerbestätte. Das Original wurde 1944 zufällig entdeckt, um jedoch die wertvollen, innenliegenden thrakischen Malereien zu schützen, wurde eine exakte Replik nachgebaut, die für Besucher gleich nebenan geöffnet ist. Gegen geringes Eintrittsgeld sind die Wandmalereien in der kuppelförmigen Gruft mit 3,25 Metern Höhe und 2,65 Metern im Durchmesser zu besichtigen. Ein Parkplatz befindet sich an der ulitsa General Radetski, der Zugang ist über Treppen möglich. Mit der Besiedlung durch die Thraker beginnt übrigens die Geschichte des Staates, weitere Zeugen der thrakischen Kultur sind an vielen Stellen in Bulgarien zu finden.

Um nun nach Plovdiv, Europas Kulturhauptstadt 2019, zu kommen, gibt es drei Wege. Empfehlenswert, da besser zu fahren, ist die Strecke auf der Fernstraße 6 zurück bis kurz vor Karlovo, dann weiter auf der 64 bis Plovdiv. Alle, die sich für die Route über die 56 entscheiden, erleben Einblicke in das ursprüngliche Bulgarien, jedoch inklusive Serpentinen und Schlaglöchern und einer dadurch entsprechend längeren Anfahrtszeit.

Die vorhandenen Stellplätze in Plovdiv sind alt oder gerade geschlossen, daher sollte man diese getrost links liegen lassen und dafür lieber auf dem Parkplatz des Ramada-Hotels in der Stadtmitte parken und über-

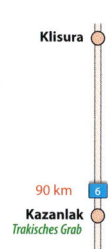

Außenansicht des Originals. Das Thrakische Grabmal in Kazanlak ist Weltkulturerbestätte.

ROUTE 23

Im antiken Theater in Plovdiv finden noch heute Veranstaltungen statt.

nachten. Es gibt extra eine Nachtparkgebühr für Wohnmobile.

PLOVDIV: 2019 EUROPAS KULTURHAUPTSTADT

In **Plovdiv** vereinen sich Kultur, Shopping, Lebensfreude und uralte Geschichte in einer fußläufig erkundbaren und immer wieder interessanten und faszinierenden Stadt.

Die zweitgrößte Stadt Bulgariens ist eine der ältesten Siedlungen Europas und wirklich einen Besuch wert! Die wechselhafte, über 6000 Jahre alte Geschichte hat das Stadtbild von Plovdiv eindrücklich geprägt und macht die Stadt heute für Touristen besonders inte-

Weite Lavendelfelder begleiten die Fahrt durchs Rosental.

Verwunschene Streckenführung zu den Wunderbrücken

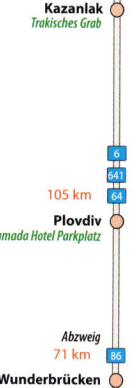

ressant, auch wenn sie bis jetzt nur wenigen bekannt ist. Doch das dürfte sich ändern: Im Jahr 2019 ist Plovdiv Europas Kulturhauptstadt, neben Matera in Italien.

Zahlreiche Museen reihen sich im alten Stadtkern aneinander, es lohnt sich daher, viel Zeit einzuplanen, beispielsweise für das Ethnografische Museum in einem von Argir Kujumdzioglu verzierten Haus. Im antiken Theater finden noch heute Veranstaltungen statt. Große, unebene Pflastersteine auf den Gassen der Altstadt versprühen einen gewissen Charme, machen allerdings flaches, bequemes Schuhwerk empfehlenswert!

Die Dzumaja-Moschee und die restaurierten Ruinen des römischen Stadions markieren gleichzeitig den Eingang zum »neuen« Plovdiv. Die anschließende Fußgängerzone wird gesäumt von schönen Jahrhundertwendehäusern, schicke Boutiquen, zahlreiche Läden und einladende Cafés lassen die Zeit verfliegen. Um Plovdiv ausführlich zu erkunden, sollte man sich durchaus zwei Tage Zeit nehmen. Sie werden vergehen wie im Flug.

BAČKOVO KLOSTER UND WUNDERBRÜCKEN

Naturliebhaber nutzen von Plovdiv aus die Gelegenheit, die **Gebirgskette der Rhodopen** zu erkunden. Die Fahrt führt an **Asenovgrad** und dem Kloster Bačkovo, dem zweitgrößten Kloster des Landes, vorbei in Richtung Wunderbrücken. Mehr und mehr begeistert die Fahrt durch die wunderschönen Schluchten, das Wasser gurgelt an der Straße entlang und die Ausblicke faszinieren. Allein die letzten Kilometer der Anfahrt ab dem Abzweig »Chudnite Mostove/Wonderful Bridges« führen nach oben und sind ein besonderes Erlebnis. Kilometer für Kilometer Natur pur auf schmalen, aber asphaltierten Pfaden! Für Wanderfreunde gibt es in der Nähe ausgewiesene Wanderwege, auch für den steinigen, nur wenige Minuten dauernden Fußweg zu den Wunderbrücken ist festes Schuhwerk sinnvoll. Die drei Felsenbrücken sind entstanden aus einer Höhle und liegen auf 1450 Metern. Die große Brücke dieses Felsenphäno-

Die Wunderbrücken sind ein sehenswertes Naturspektakel.

mens misst zirka 15 Meter in ihren breiteren Teilen und ist fast 100 Meter lang.

Wer die einsame wie einzigartige Natur auch nachts genießen will, übernachtet auf dem neu gestalteten Parkstreifen. Am nächsten Morgen blinzelt mit Glück die Sonne durch die Baumspitzen, während an der Straßenseite gegenüber der Trubel beginnt und die einheimischen Honig- und Souvenirhändler recht früh ihre Verkaufsstände aufbauen.

CAMPING IN BULGARIEN

Nach und nach erobert das Wohnmobilreisen auch Bulgarien, Campingplätze werden für Wohnmobile und Caravans ausgebaut. Trotzdem wartet oftmals, wenn „Camping" ausgeschildert ist, noch eine in die Jahre gekommene Bungalowsiedlung mit einigen Zeltplätzen auf Besucher. Einen offiziellen Stellplatz zu finden, ist daher etwas schwierig und so sollten Wohnmobilisten bei Infrastruktur und Komfort auch Abstriche machen. Selbstverständlich kann man auf diesen Plätzen gegen Entgelt übernachten, so die Ein- oder Anfahrt überhaupt möglich ist. Daher der Tipp: Obwohl es offiziell verboten ist, wird das freie Stehen auf Parkplätzen während der Durchreise derzeit noch geduldet. Sieht es nach Privatgrundstück aus, einfach freundlich nachfragen. Die Freundlichkeit und Hilfsbereitschaft der Bulgaren machen richtig Spaß. Hier fühlt man sich wirklich willkommen.

Gerade auf dieser Route durch die Rhodopen haben Landschaftsliebhaber die Gelegenheit, fast unberührte Natur zu entdecken und zu genießen. Die Frischwasserversorgung erfolgt in Bulgarien an zahlreichen Brunnen. Überall dort, wo Einheimische das Wasser in Flaschen abfüllen, kann man mit der Gießkanne gerne für den eigenen Wasservorrat sorgen.

NATUR PUR IN DEN RHODOPEN

Das Rhodopengebirge erstreckt sich mit einer Länge von 240 Kilometern und einer Breite zwischen 100 und 120 Kilometern und einigen Zweitausendern im Süden Bulgariens und überschreitet die Grenze nach Griechenland. Wer Zeit und Lust hat, das waldreiche und besiedlungsarme Gebiet zu erkunden, fährt die Fernstraße 86 am nächsten Tag weiter Richtung Smoljan.

Die Straße von Asenovgrad nach Smoljan gilt übrigens als eine der schönsten Gebirgsstrecken des Landes. Wanderfans sollten

WIEDERGEBURTSZEIT, THRAKER, ROSENÖL UND VIEL NATUR SPECIAL

BULGARISCHE WEINE

Der Weinanbau in Bulgarien hat Tradition, einige der heutigen Weine werden ins Ausland exportiert. So liegt rund 15 Kilometer südwestlich von Plovdiv das Weinanbaugebiet um das Dorf Brestovitsa. Der Dorfkern ist unspektakulär, die Weine jedoch hervorragend! Probieren sollte man die alte einheimische Rotweintraube Mavrud, die kräftig ausgebaut wird (www.brestovitsawinery.eu).
In und um Melnik, das einige Kilometer vor der griechischen Grenze liegt, gibt es die ebenfalls alte bulgarische und namensgleiche Rebsorte. Zu kosten unter anderem in der Winery Villa Melnik. Hier dürfen Wohnmobilisten auch auf dem Parkplatz übernachten (www.villamelnik.com).

in **Smoljan** in der Touristinformation nach weiteren Broschüren und Tourentipps fragen. Denn die Seen im Norden der Stadt gelten als Wanderparadies.

Alle anderen folgen den Straßen 86 und 865 Richtung **Kardzali** und genießen bei der mindestens vier bis fünf Stunden dauernden Fahrt rund 160 Kilometer geballte Ladung Natur mit Bergen, Schluchten, Gewässern, Serpentinen und wahrhaft grandiosen Ausund Einblicken. Tagesziel ist das Felsenheiligtum Perperikon.

VERKÜRZTE STRECKE

Alternativ kann man die Strecke nach Perperikon auch ohne Wunderbrücken und Rhodopen fahren. Hierzu eignet sich die Route über **Asenovgrad**, die Fernstraße 58 entlang, dann weiter über die 5071 nach Perperikon.

Das Rhodopengebirge bietet eine sagenhafte Natur.

ROUTE 23

Wunderbrücken

157 km
Perperikon

> **SPECIAL**
>
> **KULINARISCHES**
>
> Frische, rote, saftige Fleischtomaten, knackige Gurken und schmale, grüngelbe Paprika, eine kleingeschnittene Zwiebel, darüber geriebener, weißer, bulgarischer Käse. Noch Öl und Salz – fertig ist der Schopska-Salat. Dazu ein ofenfrisches Brot – wunderbar! Diese Köstlichkeit ist überaus einfach wie schmackhaft und dabei für wenig Geld zu haben. Die kalte Gurkensuppe (Tarator) besteht unter anderem aus Joghurt und Salatgurke und erfreut sich ebenfalls großer Beliebtheit. Bier und Kaffee sind im Restaurant oder Café preiswert, auch das Essen ist abseits der Touristenlokale recht günstig. An der Schwarzmeerküste ist entsprechend ein Touristenaufschlag einkalkuliert, den man in Städten wie Sofia oder Plovdiv auch in modernen Mainstreamlokalen findet. Empfehlenswert für einen Snack sind übrigens die gefüllten Blätterteigbackwaren.

EINE DER ÄLTESTEN MONUMENTALEN MEGALITHANLAGEN

Die auf 470 Metern Höhe gelegene Ausgrabungsstätte **Perperikon** liegt 20 Kilometer nordöstlich von der Stadt Kardzali, ist gut anfahrbar und wartet mit einem großen Parkplatz auf die Besucher. Die heilige Stadt ist vom archäologischen, historischen, landschaftlichen und multireligiösen Aspekt her einzigartig. Neueste archäologische Studien zeigen, dass sich hier der Tempel von Dionysos befand, von dessen Altar der Legende nach zwei entscheidende Prophezeiungen ausgingen. Die erste schrieb Alexander von Makedonien große Eroberungen und Ruhm zu, und die zweite, die mehrere Jahrhunderte später gemacht wurde, sah Macht und Stärke für den ersten römischen Kaiser Gaius Julius Caesar Octavianus Augustus vor. Perperikon ist ein sehr beliebtes Ausflugsziel, absolut sehenswert und der freie Blick in alle Richtungen des Umlands begeistert. Viele der Funde, die bei Ausgrabungen in Perperikon

Ausgrabungsstätte Perperikon mit Blick ins Umland

gemacht wurden, können heute im Historischen Museum von Kardzali besichtigt werden. Wer Gelegenheit hat, die Ausgrabungsstätte am späten Nachmittag zu besichtigen, wird vom Licht und den Auswirkungen auf die Steine beeindruckt sein.

Perperikon in Abendstimmung ist besonders attraktiv.

»Steinpilze« am Wegesrand

ROUTE 23

Verkaufsstände für bulgarische Backwaren

VON STEINPILZEN ZUR DÖRFLICHEN RUHE

Von Perperikon geht es auf dem Weg nach **Haskovo** gleich beim nächsten Naturschauspiel vorbei, an den »Steinpilzen« östlich des Dorfes Beli Plast. Die 2,50 Meter hohen Gesellen sind hübsch anzusehen und geben gleichzeitig stummes Zeugnis, wozu die Natur fähig ist.

Ein Bummel durch **Haskovo** zeigt das normale Leben in einer bulgarischen Stadt mit Fußgängerzone, Cafés und Marktständen. Den Abend beschließt man gemütlich und gerne beim Plausch mit den britischen Betreibern auf einem echten Stellplatz mit Stromversorgung, wunderbarer Rasenfläche, Außendusche und WC. Guy und Janet haben den Platz **Gemmagos Leisure** in Boyanovo bei Elhovo liebevoll hergerichtet und freuen sich über Gäste aus aller Welt. Die Ruhe überzeugt und so können aus einer Übernachtung schnell mal zwei oder drei werden.

BLAUE STEINE

Gestärkt und erholt geht es nach **Sliven**. Die Stadt liegt rund 100 Kilometer westlich von Burgas sowie 60 Kilometer und damit eine Stunde Fahrtzeit vom Stellplatz entfernt. »**Sinite Kamani**« ist der Name eines sich vor den Toren der Stadt erhebenden Felsmassivs und heißt übersetzt »Blaue Steine«. Doch eigentlich sind die Felsen und Steine des Massivs gar nicht blau. Nur bei besonderen atmosphärischen Bedingungen beginnen sie bläulich zu schimmern – meistens am Abend. Eine nüchterne Erklärung für die Farbe der Felsen liegt in ihrer geologischen Zusammensetzung – hier handelt es sich um eines der größten Rhyolithvorkommen Europas. Die Straße nach oben ist derzeit wegen eines Erdrutsches gesperrt, die 20-minütige Fahrt mit der Seilbahn bringt Wanderer und Interessierte aber

Mit der Seilbahn fährt man nach oben zu den »Blauen Steinen«.

entspannt nach oben. Der Naturpark gilt als Schmetterlingsparadies. Die Ausblicke auf die Stadt und das Umfeld sind grandios, für Wanderer und Spaziergänger finden sich schöne Wege und ständig hübsche Fotomotive.

DAS SCHWARZE MEER RUFT

Langsam geht die Tour durch das unbekannte Bulgarien zu Ende. Die Fahrt von Sliven Richtung Burgas führt an Weinreben und geradezu endlosen Sonnenblumenfeldern vorbei. Nun ist das Schwarze Meer dran.

Varna, Nessebar, Burgas, Sozopol – die Liste der Städte und Städtchen ist lang, die der Strände ebenso. Viele haben hier ihren persönlichen Lieblingsort, einen davon sollte man auf jeden Fall besucht haben: Nessebar, seit 1983 Weltkulturerbe, mit Baudenkmälern aus dem Mittelalter und den schönsten Bebauungen aus der Wiedergeburtszeit versehen. Schön gelegen auf einer Landzunge am nördlich sich anschließenden Sonnenstrand ist diese Postkartenidylle entsprechend hübsch anzusehen.

All dies trägt allerdings dazu bei, dass die schmucke Stadt **Nessebar** auch sehr touristisch erschlossen ist. Tagsüber wechseln sich die Busse auf dem Parkplatz geradezu ab, Souvenirläden und Restaurants haschen nach Kundschaft, abends bis nachts ist an den umliegenden Stränden und Hotels Party angesagt. Nach der Ruhe und Gemütlichkeit der letzten Tage im Landesinneren ist das etwas gewöhnungsbedürftig.

Gelb leuchten die Sonnenblumenfelder nahe der Schwarzmeerküste.

Sandstrand bei Sozopol

ROUTE 23

Diesen Papagei haben wir bei Kalimanski Han getroffen.

> ### SPECIAL
> **KALIMANSKI HAN**
>
> Tagsüber Stadtbummel in Varna oder Strandleben am Goldstrand, abends gut essen und einzigartig und günstig schlafen. Dies ist möglich in Kalimanski Han, knapp 20 Kilometer von Varna Stadtmitte entfernt. Stefan hat das wunderbare Ensemble mit Gästehaus, Pferdestall und Restaurant und mit ganz viel Liebe zum Detail in den vergangenen Jahren aufgebaut. Das Restaurant überzeugt mit gutem Essen und aufmerksamen Service. Die zufriedenen Gäste geben ihm Recht. In der kleinen Kapelle finden auch Taufen oder Trauungen statt.
> Auf dem Hof ist immer etwas los, ob Hühner, Pferde, Katzen, Gänse, Papageien – hier wird Tierliebe groß geschrieben. Wer in der Nähe ist, sollte einen Ausflug mit einplanen und wer nett fragt, kann das Wohnmobil auch gerne dort parken und übernachten.

Über den Damm kommend geht es links zum großen Parkplatz, auf dem Wohnmobile mit Kurzzeit- oder 24-Stundenticket ebenfalls stehen können.

Mit der Ankunft am Schwarzen Meer ist nun der östlichste Punkt der Reise erreicht. Alle, die offen und neugierig in die Entdeckungstour durch das unbekannte Bulgarien gestartet sind, dürften nun reich an Erlebnissen, positiven Begegnungen und schönen, zukünftigen Erinnerungen sein.

Jetzt bleibt Zeit, beim Sonnenuntergang die vielfältigen Eindrücke von Land und Leuten, von Naturereignissen und Städtetouren zu überdenken, zu sortieren und zu konservieren. Und auch hier gilt: Wenn einer eine Reise tut... Nach dieser Bulgarienroute gibt es eindeutig viel zu erzählen!

Ruhe und Aussicht bietet der Stellplatz im Eco Kompleks Klisura.

PRAKTISCHE HINWEISE

TOURISTINFORMATIONEN

Offizielles Tourismusportal Bulgariens, www.bulgariatravel.org/de

Tourist Information Centre, Osvoboditel Blvd. 22, Sofia 1000, Tel. 00359/(0)2/491 83 44, www.visitsofia.bg/de

Tourist Info Center, Central Sq. 1, Plovdiv 4000, Tel. 00359/(0)32/62 02 29, www.visitplovdiv.com

Tourist Info, Nessebar 8230, www.visitnessebar.org

CAMPING- UND STELLPLÄTZE

War vor Jahren das Wohnmobilreisen weitestgehend unbekannt, baut Bulgarien die Infrastruktur für Wohnmobile und Caravans nun nach und nach auf. Gut ist es trotzdem, zuerst mit wenigen Erwartungen anzukommen und überrascht zu werden. Frei stehen ist manchmal notwendig und wird geduldet.

Vrana Camperstop, Sofia, 389 Tsarigradsko Shose Boulevard, Tel. +359 898 628778, www.caravanpark.bg/, Stellplatz inklusive V/E, Strom und WC, ganzjährig geöffnet, neben Park & Museum Vrana.

Eco Kompleks Klisura, Klisura 4341, Tel. 00359/(0)88/683 12 61 (N42°41'47.9" E24°27'31.9"), www.camping.bg/en/camping-eco-complex-klisura-camping189.html?setLang=en. Abzweig Klisora an der Fernstraße 6, Wohnmobilstellplatz im Eco Kompleks Klisura. Dusche und WC gibt es im Bungalow, Strom direkt am Rasenplatz mit Fernblick, ein Restaurant komplettiert das Ensemble. Guter Ausgangspunkt für Ausflüge nach Koprivstica, Kazanlak und ins Rosental.

Alba Camping, 6148 Skobelevo, N42°40'17.1" E25°11'53.3", +359 876 241 515, www.alba-camping.com. Neu errichteter Campingplatz mit guter Infrastruktur. Gehört zu einem der größten Rosenölhersteller. Stellplätze auf Rasen mind. 8x12 m groß, umgeben von Bäumen, Büschen, Kräutern und Rosen. Naturnaher Park mit Fischteichen und Bach, freier Zugang zu den Rosenfeldern des Besitzers. 20 km von Kazanlak entfernt, erreichbar über das Dorf Asen, direkt von der Hauptstraße Nr. 6 / E871.

Ramada Plovdiv Trimontium Princess, 2 Kapitan Raicho, Plovdiv 4000, Tel. 00359/(0)32/60 50 00, www.ramada.com (N42°8'27.6" E24°45'4.0"). Zentral gelegener, gebührenpflichtiger Hotelparkplatz mit Nachtparkpauschale für Wohnmobile.

Glamping Alliance Plovdiv, 4000 Plovdiv, 81 Komatevsko Shose Str., N 42°06'37.6" E 24°42'33.7"; Tel. +359 32 646 686, www.glamping-alliance.com/, 39 Stellplätze für Wohnmobile, Wohnwagen, zudem Häuser, SPA, Restaurant, Minimarkt uvm.

Gemmagos Leisure, 14 Great Dimitrov Street, Bovanovo 8730 Elhovo, Tel. 00359/(0)87/789 92 78 (N42°15'33.8" E26°37'23.7"). Wunderbarer Rasenplatz mit Stromversorgung, Außendusche, WC und netten Betreibern! Guy und Janet aus Großbritannien betreiben den Platz seit einigen Jahren in ihrem Garten, da sie selbst Wohnmobilisten sind. Sie sind stets für einen Plausch zu haben. Der Garten bietet Platz für maximal zwölf Wohnmobile, ein Pavillon dient als Sitzecke. Die Einfahrt ist etwas eng, Wohnmobile mit maximal acht Metern Länge passen noch durch, alle größeren Wohnmobile müssen die gegenüberliegende Straße mitbenutzen. WiFi ist inklusive. Der Platz ist ganzjährig geöffnet, eine vorherige Anmeldung ist trotzdem besser.

Nessebar Parkplatz, Nessebar 8231 (N42°39'37.5" E27°44'4.3"). Öffentlicher Parkplatz direkt am Meer und mit Treppenzugang zur Stadtmitte oder an der Promenade entlang. Anfahrt: Nach dem Damm links abbiegen, fahren bis zur Schranke. Zugelassen für Busse, Wohnmobile und Pkw. Kurzzeit- und 24-Stunden-Tickets.

Golden Fish Royal Campsite, Sveta Marina Area, Sozopol 8130, Tel. 00359/(0)879/05 28 87, www.zlatna-ribka.com (N42°24'29.1" E27°40'22.6"). Der familienfreundliche Campingplatz bei Sozopol hat direkten Strandzugang, ein WC- und Duschhäuschen, neue Stromkästen, Restaurant mit WiFi und die Bushaltestelle direkt vor der Tür. Aufgrund der abfallenden Lage ist der Platz allerdings teilweise eher für Zelte statt für Wohnmobile geeignet, die neu angelegten Plätze sind ohne Schatten. Die Liegen am Sandstrand sind kostenpflichtig.

Ethno Complex Kalimanski Han, Kalimantsi 9177, Tel. 00359/(0)51/53 83 30, www.pigeon-bg.com/hotel.php (N43°16'39.6" E27°43'16.8"). Kalimanski Han liegt knapp 20 Kilometer von Varna Stadtmitte entfernt. Stefan hat das wunderbare Ensemble mit Gästehaus, Pferdestall und Restaurant in den vergangenen Jahren aufgebaut. In der kleinen Kapelle finden auch Taufen oder Trauungen statt. Auf dem Hof ist immer etwas los, ob Hühner, Pferde, Katzen, Gänse, Papageien – hier wird Tierliebe großgeschrieben. Gutes Essen und auf Nachfrage auch gerne Parken.

24 KULTUR UND STRAND IN GRIECHENLAND

Peloponnes mobil entdecken

Auf dem Peloponnes beginnt eine faszinierende Reise durch jahrtausendealte Kulturen Griechenlands, kombiniert mit Strand, Sonne und mediterraner Lebensart. Auf den Spuren klassischer Studienreisen wird der Wohnmobilist Stätten wie Olympia, Messene, Sparta, Mykene und Epidauros besuchen. Doch der Peloponnes bietet so viel mehr: traumhafte Strände oder Gebirgsketten mit sensationellen Ausblicken. Und abseits ausgetretener Touristenpfade entdeckt man beeindruckende Naturschauspiele wie die Höhlengänge von Pyrgos Dirou oder die Wasserfälle in Kazarma. Das spektakuläre Finale der Reise ist der Blick von der Brücke auf den Kanal von Korinth.

Sonnenaufgang auf dem Peloponnes

KULTUR UND STRAND IN GRIECHENLAND

Die Anreise auf dem Peloponnes erfolgt entweder entspannt mit der Fähre oder schneller, aber teurer über die Brücke nach Patras. Hier startet die Entdeckungstour einer gefühlten Insel, die jedoch keine ist. So führt die Fahrt vorbei an zahlreichen Straßenhändlern mit Obst und Gemüse, an Tavernen und schönen Ausblicken zum Meer bis zum westlichsten Punkt der Peloponnestour. Der seit 1976 bei Deutschen sehr beliebte Campingplatz Aginara Beach hat einen eigenen Strandabschnitt, kurze Wege, schattige Stellplätze, ein nettes Restaurant und punktet mit ganz viel Ruhe. Der Platz befindet sich in der Nähe von **Loutra Killinis**, das bekannt ist für seine Schwefelquellen.

DEN OLYMPISCHEN SPIELEN AUF DER SPUR

Im vierjährigen Turnus – der »Olympiade« – finden die Olympischen Spiele statt. Jedes Mal aufs Neue sieht man zur Berichterstattung die Entzündung des Feuers vor dem Tempel der Zeusgemahlin Hera und die Fackelläufer. Doch jetzt geht es endlich zum Ursprungsort des Geschehens, nach Olympia, seit 1989 UNESCO-Welterbe und heute natürlich Touristenmagnet.

Vom Campingplatz Aginara Beach fährt man an Melonenfeldern vorbei bis Gastouni auf die Bundesstraße und dann in insgesamt einer Stunde Fahrzeit zum Dorf Olympia.

Touristisch auf Busse und Individualbesucher eingerichtet, zieren Shops, Tavernen und Cafés die Durchgangsstraße zum Eingang, der eher unspektakulär ist. Die Ausgrabungsstätte befindet sich rechts, um das Museum zu besuchen, geht man links durch den kleinen Park. Ein Parkplatz ist am Ende der Einkaufsstraße nach links abbiegend ausge-

ROUTE 24

START- UND ENDPUNKT
Patras Brücke/ Fähre und Kanal von Korinth

BESTE JAHRESZEIT
Mai bis September

STRECKENLÄNGE
870 Kilometer

FAHRZEIT
7 bis 10 Tage (ohne Anreise)

MAUTSTRECKEN
Brücke oder Fähre nach Patras

Die Wege nach Patras führen über die Fähre oder die Brücke.

Palästra in der Ausgrabungsstätte Olympia

schildert, die Parkplätze direkt am Eingang sind für Busse reserviert.

Olympia ist der geheiligte Ort des »Zeus«, zwischen 776 v. Chr. und 392 n. Chr. fanden dort die wichtigsten sportlichen Wettkämpfe von Hellas statt. Die weitläufige Ausgrabungsstätte zeigt mit insgesamt 23 Stationen unter anderem den **Zeustempel**, äußerst markant mit den umgestürzten Säulen, das quadratisch angelegte Gebäude Palästra, das Gymnasium und das Stadion mit Platz für rund 30 000 Zuschauer. Der **Heratempel** ist einer der ältesten Tempel in Griechenland, einige Säulen wurden im 20. Jahrhundert vom Deutschen Archäologischen Institut wieder aufgerichtet.

Im Museum beeindrucken die Statue des Hermes von Praxiteles und die überlebensgroßen Figuren der Giebelfelder des Zeustempels.

Patras — Start
über Gastouni E55 9
97 km
Camping Aginara Beach Glifa
61 km E55 74
Olympia
über Krestena zur E55 9
Pylos 82

POLYLIMNIO-WASSERFÄLLE

Noch immer als Geheimtipp gelten die Polylimnio-Wasserfälle bei Kazarma. Dies liegt trotz guter Ausschilderung sicherlich überwiegend daran, dass die Zufahrt auf den letzten Kilometern sehr schmal ist und teils über Schotter geht und damit nur für wendige Wohnmobile oder eben Pkw geeignet ist. Die Wasserfälle liegen unterhalb des Parkplatzes, der Fußweg ist herausfordernd und steil. Aber die Strapazen lohnen sich, die unberührte Natur, das Plätschern des Wassers

OLEANDER, OLIVENÖL UND KÜSTE

Um in den Süden nach **Messenien** zu kommen, folgt man der E55. Fruchtbare Ebenen begleiten die Fahrt, das ursprüngliche Griechenland zeigt sein charmantes Gesicht. Gesäumt von Tausenden von Olivenbäumen und Oleanderbüschen, die rechts und links die Straße schmücken, gibt es immer viel zu sehen.

Im Küstenstädtchen **Elea** empfiehlt sich, auf das Schild »Ölpresse« zu achten und bei der Familie Giannopoulos Olive Oil Factory einen Stopp einzulegen. Auch ohne vorherige Anmeldung gibt es eine kurze Führung durch die Produktion, im Direktverkauf wird das schmackhafte Olivenöl ebenfalls angeboten.

Sehenswert ist im weiteren Verlauf die **Bucht von Voidokilia bei Pylos**, die für viele

AUSFLUG

und die Ruhe entschädigen gleich mehrfach. Wer will, bringt sein Picknick mit, ein lauschiges Plätzchen am Wasser findet sich. Die Anfahrt kann auf zweierlei Wegen erfolgen. Wer wirklich Zeit und Lust auf schmale, holprige Straßen, auf Weinberge und Olivenhaine sowie auf wunderschöne Ausblicke hat, wählt die Bergroute über Kallithea. Die angenehmere Streckenführung geht jedoch über Nea Koroni, Petalidi bis zum Abzweig auf die 82, Richtung Kazarma.

KULTUR UND STRAND IN GRIECHENLAND

SPECIAL

MARKTTAG IN PETALIDI

Freitagvormittag ist Markttag in Petalidi, ab 7:30 Uhr tummeln sich Händler, Käufer und Neugierige an der Promenade, die geradezu überquillt mit appetitlich frischem Obst und Gemüse. Selbst Haushaltswaren und Kleidung stehen zum Verkauf. Es wird gelacht, gefeilscht und es werden Neuigkeiten ausgetauscht. Mit Tüten voller roter Tomaten, Knoblauch, Gurken und Aprikosen oder einer Melone unterm Arm nutzen auch viele Urlauber die Gelegenheit zum günstigen Einkaufen. Ein Kaffee auf dem Kirchplatz und ein kurzer Plausch gehören für die Einheimischen meist dazu.

als schönste Bucht des Peloponnes gilt. Einsamkeit darf man hier jedoch nicht erwarten. Pylos und die Lagune sind stark touristisch erschlossen, sodass auch beliebte Vogelbeobachtungen oder Wanderungen oftmals in Gesellschaft erfolgen.

Das Tagesziel heißt **Finikounda**, ein malerisches Fischerdorf, das sich seinen Charme erhalten hat. Griechische Lebensart, die Tische mit hübsch karierter Tischdecke direkt am Meer aufgestellt, die Aussicht auf schaukelnde Boote und dazu gegrillter Fisch oder knackiger Salat auf dem Teller. Postkartenmotive als Realität. Dies alles gibt es nach einem fünf- bis zehnminütigen Spaziergang über den Hügel vom naturnahen und beliebten Campingplatz Anemomilos direkt ins Dorf.

Eine Brise weht vom Meer her und kühlt die Hitze des Tages angenehm ab. Süßschnäbel besuchen das Café Gardenia, um die typische Spezialität Baklava zu probieren. Die hauseigene Terrasse mit Blick auf Fischerhafen und Strand lädt direkt dazu ein. Mit einem Bummel durch die auch abends belebte Einkaufsstraße oder mit einem Glas Wein am Strand klingt dieser Urlaubstag relaxed aus.

Bootsfreunde, die das eigene Boot auf der Tour dabei haben, nutzen die Slipanlage im Hafen Finikounda und finden einen Liegeplatz in der Bucht vor dem Campingplatz.

SENSATIONELLES MESSENE

Das antike Messene nördlich von Messini bildet den kulturellen Höhepunkt der nächsten Tagestour.

Von Finikounda fährt der Wohnmobilist zuerst nach Osten, dann nach Norden, über Nea Koroni, Petalidi (Tipp) immer am **Messinischen Golf** entlang nach Messini. Ortschaften, Plantagen, Ausblicke auf das glitzernde Meer zur Rechten wechseln sich dabei ständig ab. Am Kreisel in Messini kommt dann der Abzweig »**Ancient Messina**«, nach 20 Kilometern erreicht man die Ausgrabungsstätte mit Parkplatz und Eingang.

Direkt am Wasser: Campingplatz Anemomilos bei Finikounda

Kühl und faszinierend: die Polylimnio Wasserfälle bei Kazarma

Eingebettet in eine spektakuläre Landschaft wurde der antike Ort am **Ithomi-Berg** angelegt. Die weitläufigen Ausgrabungen liegen etwas abgeschieden, die Besucherströme der Pauschaltouren konzentrieren sich nach wie vor eher auf andere Stätten. 1987 begannen unter Professor Petros Themelis die sehr umfangreichen Ausgrabungen, die noch immer andauern. So wurden in den vergangenen drei Jahrzehnten auch sensationellste Funde verzeichnet. Die antike Stadt war von einer 9,5 Kilometer langen Mauer umgeben, die noch heute weitestgehend erhalten ist. Wer die Anlage durchläuft, kommt ins Schwärmen. Ob Brunnenhaus, Agora, Ekklesiasterion, Asklepiostempel oder antikes Theater, hier trifft man auf faszinierende Baukunst, beeindruckende **Mosaiken** und spürt fast den Geist früherer Zeiten. Irgendwann trifft man auf das grandiose, nach Süden hin offene **Stadion**. Ein paar Minuten Ruhepause auf einer der 18 gemauerten Sitzreihen und den gleitenden Blick in die Ferne vergisst man niemals.

Die weitläufige Ausgrabungsstätte von Messene

GEGENSÄTZE ZIEHEN SICH AN

Von Messene aus führt der Weg zurück nach Messini, dann jedoch heißt es abbiegen Richtung Kalamata. Die Stadt ist allerdings nur Durchgangsort, um an die Westküste zu gelangen. Was so lieblich auf der Landkarte aussehen mag, birgt die Faszination atemberaubender Serpentinen, fruchtbarer Täler, schroffer Felsen und lieblicher Bergdörfer. Küstenstädtchen mit engen Gassen wie **Kardamyll** auf einer Landzunge gelegen, ziehen Individualtouristen in den Bann. Jede Kurve verspricht neue Perspektiven, am späteren Nachmittag leuchten Berge und Meer geradezu um die Wette.

Diese bemerkenswerten Eindrücke werden noch verstärkt durch das Ziel des Tages – **Stoupa**. In einer Bucht mit Sandstrand gelegen, zieht Stoupa viele britische Urlauber an. Verständlich, ist der Küstenort doch der wahr gewordene Inbegriff des romantischen Griechenlands, das allen Vorstellungen vom

mediterranen Lebensgefühl und entspannten Dasein gerecht wird. Tavernen und Cafés entlang der Promenade bieten Plätze in der ersten Reihe, um den bezaubernden Sonnenuntergang zu genießen.

Wer den nächsten Tag entspannter angehen möchte, nutzt eine der Buchten beim Campingplatz Kalogria zum Erfrischen und Relaxen.

FASZINATION MANI

Eine ganz eigene Architektur mit rechteckigen Wohntürmen aus unverputztem Bruchstein erwartet den Besucher auf dem felsenreichen und kargen Landstrich **Mani**. Der mittlere Finger des Peloponnes zeigt sich von einer ursprünglichen, ganz anderen und genau deshalb sehenswerten Seite. Von Stoupa führt die Fahrt noch weiter nach Süden, Richtung **Areopoli**. Die Landschaft wird kahler, die Felsen schroffer, die Klippen höher. Und doch schaut man gebannt und fasziniert hinter jeder Kurve nach den sich bietenden neuen Ein- und Ausblicken.

Die rund einstündige Strecke bringt den Wohnmobilsten nun unter die Erde. Der Besuch der sagenhaften Gänge der Tropfsteinhöhle von **Pyrgos Dirou** ist ein Highlight, das man sich nicht entgehen lassen darf. Unterwegs auf den Abzweig »Caves Dirou« achten, der Eingang befindet sich nahezu auf Meereshöhe, die Parkplätze etwas weiter oben.

Ausgestattet mit Schwimmweste und Fotoapparat steigt man am Höhleneingang in kleine Boote, um innerhalb der folgenden knapp 30 Minuten an bezaubernden Stalaktiten und Stalagmiten vorbeizugleiten. Manchmal muss man sogar den Kopf einziehen. Die **Glyfada-Grotte** ist ein echtes Naturschauspiel, das wahrlich begeistert. Nach

Romantische Abendstimmung in Stoupa

Frisches Obst und Gemüse beim Markttag in Petalidi

AUSFLUG

MANI-ROUTE

Einsamkeit, Idylle, zerklüftete Felsen im Wechselspiel mit glitzernden Buchten und dabei Naturgewalt pur, aber auch schmale Straßen, enge Ortsdurchfahren, extreme Serpentinen und starke Winde sind die Attribute der Mani-Route entlang der Ostküste und damit auch der Grund, warum man nur langsam vorankommt. Wer sich das Abenteuer gönnen möchte, kann von Vathia aus über Kotronas nach Gythio zurückfahren, muss aber mindestens die doppelte Zeit einplanen, selbst wenn das Navigationsgerät etwas anderes erzählt. Als Tagestour ist daher die Route Gythio, Areopoli, entlang der Westküste nach Vathia und zurück entlang der Ostküste über Kotronas zurück nach Gythio zu empfehlen.

Unverhofft kommt oft – auch Esel kreuzen die Wege des Wohnmobilisten.

Beendigung der Bootsfahrt geht es in zehn Minuten Fußweg und mit bewegenden Eindrücken wieder zum Ausgangspunkt zurück. Der Guide spricht allerdings nur Griechisch.

Je nach persönlicher Zeitplanung ist es möglich, von hier aus die Fahrt auf der Mani weiter fortzuführen. Dazu einfach von der Küste zurück zum Dorf Pyrgos Dirou fahren, um dann südwärts abzubiegen, Richtung Vathia.

Reisende, die diesen Tag ruhig und gemütlich am Sandstrand ausklingen lassen möchten, steuern ihr Wohnmobil direkt zum Gythion Bay Camping. Die Seele baumeln zu lassen, funktioniert dort im Schatten großer Olivenbäume oder am Pool. Die Hafenstadt Gythio ist das sogenannte Tor zur Mani, der Campingplatz ist fünf Kilometer entfernt.

WOHNTÜRME VATHIA

Dicht gedrängt und weithin sichtbar kündigen sich die Wohntürme von **Vathia** an. Hier wird die alte Mani-Baukunst direkt erlebbar,

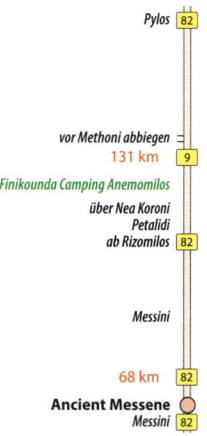

Pylos 82

vor Methoni abbiegen
131 km 9
Finikounda Camping Anemomilos
über Nea Koroni
Petalidi
ab Rizomilos 82

Messini

68 km 82
Ancient Messene
Messini 82

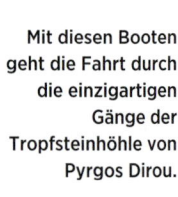

Mit diesen Booten geht die Fahrt durch die einzigartigen Gänge der Tropfsteinhöhle von Pyrgos Dirou.

KULTUR UND STRAND IN GRIECHENLAND

Zeitzeugen:
Die Wohntürme von Vathia

Tausende Olivenbäume säumen immer wieder die Route.

einige Häuser sind noch bewohnt, andere fristen ihr Dasein als Ruine. Das Ensemble wirkt wie eine Festung und der Blick über die Bucht ist überwältigend. Die Gegend ist wenig besiedelt, Ruhesuchende finden hier ihren Platz. Manchmal fühlt man sich an Schriftsteller oder Maler erinnert, die ihr Leben der Kunst und der Einsamkeit gewidmet haben und man wartet geradezu darauf, einem dieser Künstler zu begegnen. Ziegen- oder Schafherden knabbern entlang der Zufahrtsstraße an Büschen und Sträuchern. Ein Esel steht durchaus ebenso plötzlich nach der Kurve auf der Straße.

Wer gute Straßenverhältnisse bevorzugt, muss von Vathia den gleichen Weg bis Areopoli zurückfahren, um dann Richtung Gythio abzubiegen. Wohnmobilisten mit wendigen Fahrzeugen oder Lust auf kleine Herausforderungen nehmen die Ostküste in Angriff.

SPARTA – DIE VERGESSENE AUSGRABUNGSSTÄTTE

Griechenland und insbesondere der Peleponnes ist reich an antiken Ausgrabungsstätten und an überlieferten Redensarten. So ist das sprichwörtliche »spartanische« Leben abgeleitet von **Sparta**, der heutigen Hauptstadt Lakoniens. War die Stadt in der Antike noch großer Gegenspieler Athens, ist sie heute in Vergessenheit geraten. Die Ausgrabungsstätten sind kostenlos zu besichtigen, ein hübscher Spaziergang durch Oliven- und Oleanderbäume zeigt den Weg zu den unter Pinien und Eukalyptusbäumen gefundenen Ruinen. Der Blick jedoch belohnt für die Mühe, hinter der neuen Stadt ragen der Burgberg der Mistras und das Taygetos-Gebirge in den Himmel.

Eine Parkmöglichkeit existiert am Stadion, das Hinweisschild »Ancient Theatre«

307

Die Ruinen von Sparta

weist den Weg. Einen Besuch wert ist in Sparta das **Oliven- und Olivenölmuseum** (dienstags geschlossen).

ZITRUSFRÜCHTE UND DAS LÖWENTOR

Immer Richtung Norden, quer über den Peloponnes führt die Rundreise nun durch eine faszinierende Berglandschaft mit fruchtbaren Tälern in die **Argolis**. Um die Stadt Argos bereichern weite Zitrusfruchtplantagen die nach Millionen von Olivenbäumen leicht ermüdeten Augen. Serpentine um Serpentine schraubt man sich aus den Bergen ins fruchtbare Tal hinunter. Wenn sich die Bucht am inneren Ende des Argolischen Golfes zeigt, erhascht man erste Blicke auf die Hafenstadt **Nauplia,** die heute quirliges Touristenzentrum mit langer Promenade, Ausflugsbooten, Tavernen und nach wie vor hübschen engen Gassen ist. Über der Stadt thront die Festung Palamidi, von der man eine grandiose Aussicht auf die Bucht und die vorgelagerte Insel Bourtzi hat.

Der Argolische Golf und am gegenüberliegenden Ufer die Hafenstadt Nauplia

KULTUR UND STRAND IN GRIECHENLAND

Die Wege in Argolis sind kurz, die Sehenswürdigkeiten dafür umso imposanter. Mit **Mykene** und **Epidauros** stehen zudem noch zwei Welterbestätten auf dem Programm.

Auf den Spuren Heinrich Schliemanns bewegt man sich in **Mykene** mit seiner fast 3500 Jahre alten Geschichte. So grub der deutsche Archäologe 1876 das um 1250 v. Chr. entstandene Löwentor aus, bestehend aus vier tonnenschweren Steinen. Es zählt zu den frühen Beispielen europäischer Monumentalplastik und bildet den Haupteingang zur heutigen Ausgrabungsstätte. Der damals entdeckte Goldschatz mit der Totenmaske des Agamemnon kann als Prunkstück im Archäologischen Nationalmuseum Athen besichtigt werden. Die erste Hochkultur auf europäischem Festland erlebte ihre Blütezeit zwischen 1400 und 1200 v. Chr.

Als angenehme Streckenführung bietet sich von Gythio kommend die Fahrt durch die Berge mit Übernachtung auf dem am Ortseingang von Mykene gelegenen, ruhigen und familiären Stellplatz Atreus an. Wer will, lässt sich abends leckere Souvlaki vom Holzkohlegrill schmecken, morgens gibt es zum Frühstück frisch gepressten Orangensaft. Die angenehme Kühle am Vormittag sollte man nutzen, um in drei Fahrminuten die in praller Sonne liegende Ausgrabungsstätte mit Museum zu erreichen und zu erkunden.

Von Mykene geht es dann nach Nauplia, ein Mittagsimbiss mit Blick auf die Insel Bourtzi stärkt für die nächste Antiketappe in Epidauros.

AKUSTIK PUR

Bedeutender griechischer Kurort und ein noch heute sensationelles Theater mit atemberaubender Akustik, dafür steht **Epidauros**. Selbst von der obersten Sitzreihe des antiken Theaters kann man leise Stimmen oder den Aufprall einer fallengelassenen Münze noch hören. Das Theater wurde im 3. Jahrhundert v. Chr. mit 34 Sitzreihen erbaut, um etwa 500 Jahre später auf 55 Sitzreihen erweitert zu werden. 12 000 Zuschauer finden

Auf den Spuren Heinrich Schliemanns: Mykene

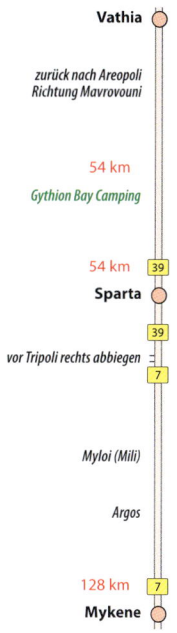

Die Akustik fasziniert: das Theater von Epidauros

309

ROUTE 24

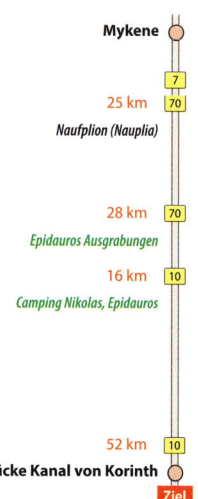

hier Platz. Das angrenzende Museum zeigt Teilkonstruktionen von Bauten und teilweise ergänzte Originalbauteile. Neben dem berühmten Theater bietet die weitläufige Ausgrabungsstätte jedoch noch viel mehr, wie den Rundtempel Tholos und ein Gymnasion.

Das Asklepios-Heiligtum liegt rund 30 Kilometer östlich von Nauplia und ist ein beliebtes Touristenziel. Wenn nachmittags die Bustouristen andere Ziele ansteuern, ist die Anlage ruhiger und die Bäume spenden etwas Schatten. Der Parkplatz ist auch hier kostenlos.

Den letzten Abend verbringt der Wohnmobilist genussvoll mit Blick auf sanft plätscherndes Wasser auf dem Campingplatz Nikolas I in der Bucht von Epidauros.

FINALE: KANAL VON KORINTH

Spektakulär: der Kanal von Korinth

Mit einem letzten Blick auf die Bucht von Epidauros geht es nun Richtung Korinth. Interessierte besuchen noch die archäologische Stätte **Alt-Korinth**, alle anderen führt der Weg nun direkt zum beeindruckenden **Kanal von Korinth**. Die Autobahn bitte links liegen lassen, danach ist der Abzweig zur alten Brücke.

Mit der Fahrt über den Kanal heißt es »Goodbye Peloponnes«. Vor und hinter der Brücke befinden sich Parkplätze, ein Spaziergang über die Fußwege der alten Brücke ist ein Muss. Denn erst so erkennt man die spektakulären Ausmaße dieses Bauwerks, das den Peloponnes zur gefühlten Insel abtrennt. 1881 bis 1893 von zwei Ungarn erbaut, 84 Meter tief und 6346 Meter lang, erleichtert der Kanal die Schifffahrt und verkürzt den Seeweg zwischen Ägäis und Ionischem Meer um 400 Kilometer.

Mutige setzen auf Bungee-Jumping und erleben den Kanal herzklopfend mit einem Sprung in die Tiefe. Alle anderen genießen den Blick die schroffen Felsen hinunter auf die klein erscheinenden Boote und vielleicht schwingt ein wenig Wehmut mit, dass die Reise nun zu Ende geht.

PRAKTISCHE HINWEISE

Liegewiese beim Campingplatz Nikolas I

TOURISTINFORMATIONEN
Griechische Zentrale für Fremdenverkehr, Direktion für Deutschland, Holzgraben 31, 60313 Frankfurt a. M., Tel. 0049/(0)69/257 82 70, Fax: 0049/(0)69/25 78 27 29, www.visitgreece.com.de

CAMPING- UND STELLPLÄTZE
Aginara Beach Camping Bungalows, Glifa/Loutra Killinis/Ilia, 27050, Tel. 0030/26 23 09 62 11, www.camping-aginara.gr (N37°50'15.9" E21°07'45.4"). Der familiengeführte und sehr beliebte Campingplatz hat eine eigene Badebucht, Restaurant sowie parzellierte, schattige Stellplätze. Man spricht Deutsch. Anfahrt: Von der Straße Patras–Pyrgos westwärts, durch Gastouni hindurch und über Vartholomio, Lygia nach Glifa. Etwa 200 Meter südlich befindet sich eine beschilderte Abzweigung, dann noch eineinhalb Kilometer.

Camping Anemomilos, Finikounda/Messinias, Tel. 0030/27 23 07 13 60, www.finikounda-online.de/campingplaetze/camping-anemomilos.html (N36°48'25.9" E21°48'03.7"). Der beliebte Campingplatz Anemomilos liegt in Finikounda direkt am Meer mit einem herrlichen Sandstrand. Stellplätze sind größtenteils unter Bäumen. Das ruhige Fischerdorf ist in fünf Minuten zu erreichen. Siehe Internetseite inklusive Anfahrtsbeschreibung.

Camping Kalogria, Barbezea Nicos 29, Stoupa, 24024, Tel. 0030/27 21 07 73 19, www.campingkalogria.com (N36°50'57" E22°15'31"). Naturbelassener Campingplatz oberhalb des Küstenstreifens, kurzer Fußweg zum Strand und wenige Gehminuten zur Flaniermeile von Stoupa. Abfahrt: Kalogria.

Gythion Bay Camping, Mavrovouni Beach Gythion, 23200, Tel. 0030/27 33 02 25 22, www.gythiocamping.gr (N36°43'46.5" E22°32'41.8"). Der Campingplatz liegt direkt am Sandstrand, der Pool mit Relaxzone grenzt an Bar und Restaurant. Die Stellplätze sind schattig unter Olivenbäumen, die Rezeption ist deutschsprachig und die Sanitäranlagen sind neuwertig.

Camping Atreus, Mykene, 21200, Tel. 0030/27 51 07 62 21 (N37°43'08.4" E22°44'26.9"). Familiengeführter Platz mit Pool direkt am Ortseingang Mykene auf der rechten Seite von Argos kommend. Die Taverne ist ganztägig geöffnet.

Nikolas I Gikas Holidays Club, Arcaia Epidaurus, Argolida, 21059, Tel. 0030/27 53 04 12 97, www.mouria.gr/de/home-de/ (N37°36'58.3" E23°09'34.8"). Der Campingplatz Nikolas I liegt idyllisch und sehr schattig in der Bucht von Epidauros, mit direkt angrenzendem Restaurant und Bademöglichkeit. Wie der Name schon andeutet, gibt es auch einen zweiten Platz, der einige Hundert Meter entfernt liegt.

25 NATUR UND KULTUR AM MITTELMEER UND IN KAPPADOKIEN

Kleine Türkei Rundreise

Massentourismus am Mittelmeer? Auch, aber die goldenen Sandstrände mit dem blauen Wasser sind lang. Weil sich der Tourismus auf einige Küstenstriche reduziert, findet man ebenso weite, unbewohnte Landschaften. Höhepunkte der wilden Natur sind reißende Flüsse in tiefen Canyons, fast leere Strände und schneebedeckte Berge. Flussdeltas beherbergen einzigartige Pflanzen und Tiere. Die reiche Geschichte vieler Völker hat große Kulturgüter hinterlassen. Die Küche, eine der besten der Welt, belebt den Gaumen. Eines der größten Erlebnisse: Bei Sonnenaufgang die surreale Landschaft Kappadokiens bei einer Ballonfahrt von oben entdecken.

Der Nachbau des Trojanischen Pferdes steht vor der Ausgrabungsstätte.

NATUR UND KULTUR AM MITTELMEER UND IN KAPPADOKIEN

ROUTE 25

START- UND ENDPUNKT
Dardanellen und Kappadokien

BESTE JAHRESZEIT
Mai bis Oktober

STRECKENLÄNGE
1850 Kilometer

FAHRZEIT
10 bis 12 Tage (ohne An- und Abreise)

MAUTSTRECKEN
siehe aktuelle Informationen des ADAC

Lord Byron durchschwamm 1810 die zwei Kilometer der Dardanellen bis zum anderen Ufer. Heute ist mit der kurzen Fahrt auf der Fähre über die Meerenge der Sprung zum asiatischen Teil der Türkei geschafft und wir haben unsere kleine Türkei-Rundreise begonnen. Schon 20 Kilometer nach der quirligen Hafen- und Universitätsstadt Çanakkale ist der Höhepunkt der weltberühmten Ausgrabungsstätte **Troja** an der »Olivenriviera« erreicht. Vom unten beschriebenen Campingplatz nach Troja sind es nur 700 Meter weit. Zwar ist der seit dem 8. Jahrhundert v. Chr. bewohnte Hügel der Stadt als solcher erhalten, aufragende Gebäude gibt es aber nicht, sondern nur die Grundmauern und Teile der beeindruckenden, erdbebensicheren Stadtmauern. Schliemanns Vorgehensweise, durch die zehn Besiedelungsschichten zu graben, ist bis heute durchaus umstritten. Aber er fand den Schatz des Priamos, wie er dachte. Schliemanns Arbeit bewies auf jeden Fall die Existenz Trojas, wie es Homer in seinem Werk über den Trojanische Krieg beschrieben hatte.

GRANDIOSER BURGBERG ASSOS

Die E87 bringt uns weiter nach Süden. **Assos** ist eine der am besten erhaltenen Stadtburgen des gesamten griechischen Siedlungsgebietes aus dem 4. Jahrhundert. In römischer Zeit war Assos immer noch von Bedeutung. Deshalb biegen wir bei Ayvacik von der E87 nach rechts ab und kommen auf enger Straße durch einsames, liebliches Hügelland nach Beram. Hier beginnt der Aufstieg auf den Burgberg. Die dorischen Säulen des einstigen **Tempels der Athene** bilden eine wunderbare Kulisse mit Blick auf die griechische Insel Lesbos. Die Mauern aus gewaltigen Quadern ragen heute noch weit über zehn Meter hoch hinauf.

Unterhalb des Burgbergs führt eine steile Straße hinunter zu dem kleinen Hafen und

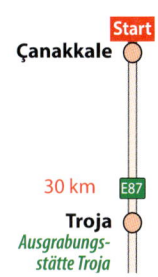

Schöner Sitzplatz am Meer bei Iskele zum Genießen

Die Säulen des Zeus-Altars in Pergamon sind wieder aufgerichtet.

SPECIAL

TEPPICHE AUS BERGAMA

Nach dem Niedergang des Teppichhandels in Europa mangels Nachfrage kommen Teppiche nun wieder in Mode. Jede Region der Türkei hat ihre Besonderheiten in Farbe, Muster und Machart der Teppiche. Auf dem Basar und auch an den Straßen in Bergama werden die bekannt farbenfrohen, handgewebten Teppiche der Gegend angeboten. Krapprot steht dabei mit Lindgrün oder Blau in Kontrast. Ganze Familien in den umliegenden Dörfern leben von der mühsamen Herstellung der Teppiche mit kaukasischem Einfluss. Genossenschaften sorgen für die Vermarktung. Man kann sich die Muster erklären lassen und einen Teppich wählen, der mit Naturfarben gefärbt ist.

Ort **Iskele** mit schönen Restaurants. In alter Zeit war Iskele der Hafen von Assos. Die letzte Umkehrmöglichkeit für Wohnmobile besteht in der letzten Linkskehre.

DER GOLF VON EDREMIT, EIN WASSERPARADIES

Von Assos bewegen wir uns die Küste entlang nach Osten. Einige kleine Campingplätze liegen an der Strecke, die meist Sicht auf das Mittelmeer ermöglicht. Bei **Küçükkuyu** ist wieder die E87 erreicht. Ein Wegweiser im Ort zeigt nach links zum Zeusaltar. Weiter oben im Dorf Adatepe beginnt ein einen Kilometer langer Fußweg zum **Zeusaltar** mit herrlicher Aussicht über den Golf von Edremit und zur Insel Lesvos.

Nach der Kreisstadt Edremit, die noch ein unverfälschtes Stadtzentrum mit Holzhäusern hat, beginnt bei Ören ein zwei Kilometer langer Sandstrand mit Campingplätzen. Ören ist ein etwas ruhigerer Ferienort zur Erholung.

Troja
Ausgrabungsstätte Troja

47 km — E87

Assos
Burgberg Assos
Abstecher ↔ Iskele
Abstecher ↔ Zeus Altar
Abstecher ↔ Seytan Sofrasi

164 km — E87

Pergamon
Ausgrabungsstätte Pergamon

Blick vom Zeus-Altar bei Küçükkuyu zur griechischen Insel Lesbos

NATUR UND KULTUR AM MITTELMEER UND IN KAPPADOKIEN

Das Theater in Pergamon ist das steilste im gesamten Mittelmeerraum.

Pergamon
Ausgrabungsstätte Pergamon

170 km E87

Ephesus
Ausgrabungsstätte Ephesus

190 km E87

Pamukkale
Sinterterrassen

Nach der verträumten Kleinstadt **Ayvalik** am Ende des Golfes von Edremit sollte man einen unglaublichen Aussichtspunkt anfahren. (Kurz nach Küçükkuyu nach rechts abbiegen und den Wegweisern folgen. GPS: N39°17'19" E26°38'35") Der **Seytan Sofrasi** (Satanstisch) gewährt eine einzigartige Sicht über das blaue Meer bis zur Insel Lesbos.

PERGAMON, TEPPICHE UND BERÜHMTE RUINEN

Weiter auf der E87 in Richtung Bergama tangiert die Straße große Salzgewinnungsflächen, in denen Flamingos nach Nahrung suchen. **Pergamon** ist zweifellos einer der Höhepunkte jeder Türkeireise. Die Besichtigung verlangt mindestens einen halben Tag. Daher ist am Ende des Kapitels auch ein Campingplatz angeführt. Heutzutage fährt eine Seilbahn auf den großen Burgberg. Die weitläufige Fläche ist besetzt mit dem großen **Zeusaltar** mit unterirdischem Gewölbe. Der Fries des Tempels ist bekanntlich im Pergamonmuseum in Berlin zu sehen. Weiter unten liegen der Trajantempel mit guter Aussicht über das Land und die Stadt Bergama sowie das steilste antike **Theater** überhaupt. In der südlichen Ebene, von oben gut sichtbar, befindet sich das Asklepieion, der Tempel des Äskulap. Pergamon zählte zu den berühmten Kurorten des Altertums. Die Rote Basilika im Ort Bergama wurde von Kaiser Hadrian im 2. Jahrhundert erbaut. Im Basar und auch an den Straßen werden die bekannt farbenfrohen, gewebten Teppiche der Gegend angeboten.

Foça und Ceşme sind bekannte Urlaubsorte mit schönen Stränden und großem Urlaubsrummel, meist besetzt von internationalen Pauschaltouristen.

Sonnenuntergang am Campingplatz Dereli

315

ROUTE 25

Die »Ruinenkatzen« in Ephesus werden gut gefüttert.

In der Traumlandschaft der Sinterterrassen Pamukkales

EPHESOS, AUSGRABUNGSORT MIT WELTWUNDER

Der **Campingplatz Dereli** bei Pamucak nahe Selçuk zählt mit dem Strand zu den schönsten der Türkei und verspricht echte Erholung. Ein Bus fährt nach Selçuk und nahe an den Ausgrabungsstätten vorbei.

Obwohl heute von den einst über 100 Marmorsäulen nur eine einzige wieder aufgerichtet ist, wurde der **Tempel der Artemis** doch einst zu den Weltwundern gezählt. Für den heutigen Besucher weitaus ergiebiger ist die Ausgrabungsstätte der alten Stadt. Von der einst mit 200 000 Einwohnern zählenden römischen Metropole ist bisher nur ein Teil ausgegraben. Badeanlagen, Häuser, öffentliche Toiletten und Brunnen reihen sich aneinander. Glanzstück ist die wiederhergestellte Fassade der **Bibliothek des Celsus**. Vom großen Theater aus ist die **Marmorstraße** zum einstigen Hafen zu sehen. Der Hafen selbst ist heute nur noch eine feuchte Stelle. Der Fluss des Kleinen Mäander hat mit seinen Ablagerungen die Küstenlinie immer weiter hinausgeschoben. Deshalb wurde Ephesus auch verlassen.

Die Schwemmebene des Kleinen Mäander bildet wertvolle **Sümpfe, Seen und Tümpel**, in denen sich verschiedene Reiher, Sichler, Watvögel und andere Tiere tummeln. Auch die Kaspische Wasserschildkröte ist hier zuhause.

IM TAL DES GROSSEN MENDERES ZUM BAUMWOLLSCHLOSS

Das Delta des Großen Mäander (Menderes) ist eines der wichtigsten Brut- und Überwinterungsgebiete für Wasservögel in der Türkei.

Im Tal des Flusses Menderes führt die E87 nach **Pamukkale**, was übersetzt »Baumwollschloss« bedeutet. Schon von Weitem erheben sich die weißen Travertin-Sinterterrassen am Horizont und weisen den Weg zu diesem UNESCO-Weltkulturerbe. Ein ruhiger Campingplatz in Pamukkale abseits der Hauptstraßen ist weiter unten beschrieben. Die **Sinterterrassen** entstehen durch Freisetzung von Kalziumkarbonat aus dem heißen Wasser, das sich ablagert. Die echten Sinterterrassen sind heutzutage alle gesperrt. Die Besichtigung sollte wegen des großen Ansturms früh am Morgen erfolgen.

Oberhalb der Sinterterrassen befindet sich die antike Stadt **Hierapolis**, die wegen der heißen Quellen damals schon beliebter Badeort war. Nördlich des Archäologischen Museums, das in den gut erhaltenen Thermen untergebracht ist, kann in einem warmen Pool zwischen antiken Säulen gebadet werden.

AUF ZUR HERRLICHEN SÜDKÜSTE

Von Pamukkale aus führt die E87 nach Südosten. Bei Söğüt biegen wir nach rechts auf die D350 ab, die nach **Fethiye** hinabführt. Es ist eine herrliche Bergfahrt. Noch schöner ist die Reise über Camköy, Gölhisar und Altinyayla durch wunderschöne Berglandschaft.

In antiker Zeit stand an der Stelle von Fethiye die lykische Stadt Telmessos. Zeugen dieser Zeit sind eine Anzahl an Felsengräbern. Südlich von Fethiye bietet Ölüdeniz (Totes Meer) einen Strand, der zu den schönsten der Welt gezählt wird. Feinen Sand und türkisfarbenes Wasser, aber auch viele Menschen und Liegestühle (Eintritt) findet man hier. An der Lagune hinter dem Strand liegt auch ein Campingplatz.

Wie wäre es jetzt mit einer kühlen Schlucht? Auf dem weiteren Weg über Fethiye zur Südküste liegt ein wenig östlich der D400 der **Saklikent-Canyon**. Über einen Holzsteg kann ein Teil der 300 Meter tiefen Schlucht besucht werden.

Die Wasser fließen in den Eşen Çayi, dem wir im Prinzip bis zur Mündung folgen. Wie eine Perlenkette aufgereiht sind die antiken Orte **Pinara, Sidyma, Xanthos, Letoon** und **Patara**, die allesamt sehenswert sind. Zwischen Patara und Letoon mündet der Eşen Çayi in das Mittelmeer. Wunderbare Strände mit Dünen breiten sich hier aus, die auch von Karettschildkröten zur Brut genutzt werden. Von der Straße aus ist ein verlandeter See des Eşen Çayi zu sehen, von dem nur noch ein Feuchtgebiet geblieben ist.

Die folgende Küste bietet Traumstrände, die von der Straße aus gut zu sehen, aber zum Teil nur zu Fuß erreichbar sind. Vor der Ortseinfahrt von Kaş gibt es zwei Campingplätze direkt an der Straße. Der typische Urlaubsort **Kaş** liegt wunderbar überschaubar an einer geschützten Bucht. Die Straße überwindet in der Folge bergiges Gebiet und stößt erst wieder bei Demre an das Mittelmeer. Demre (früher: Kale) war das lykische **Myra** und ist wegen des früheren Bischofssitzes des heiligen Nikolaus bekannt. Dessen Gebeine befinden sich heute jedoch in Bari. Nicht weniger bekannt sind die **lykischen Felsengräber** Myras aus dem 4. Jahrhundert.

Blick zur wieder aufgebauten Bibliothek des Celsus in Ephesus

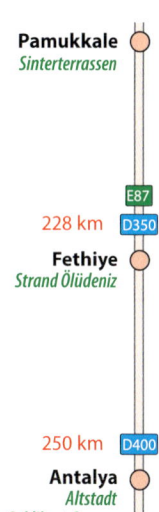

Pamukkale
Sinterterrassen

228 km

Fethiye
Strand Ölüdeniz

250 km

Antalya
*Altstadt
Saklikent Canyon*

An diesem Traumstrand unterbricht man die Fahrt gerne für eine Badepause.

Antalya
Altstadt
Saklikent Canyon

120 km D400

Manavgat
Abstecher
Termessos
Nationalpark
antikes Perge
antikes Aspendos
Wasserfall
Manavgat
Ausflug
Oymapinar-Stausee

Vor der gut erhaltenen Bühnenwand des Theaters von Aspendos

Letzte Möglichkeiten, vor Antalya auf einem Campingplatz Halt zu machen, bestehen in den quirligen Badeorten **Kemer** oder **Beldibi**. Der unten angeführte Platz »Orkinos Beach« bietet neben Discomusik aus benachbarten Hotels auch einen Strand. Ruhiger ist ein Ausflug in den **Nationalpark Termessos** westlich von Antalya. Der Park mit den Travertin-Schluchten und der antiken Bergfestung Termessos ist mit Picknickplätzen ausgestattet und kann gegen geringe Gebühr mit dem Wohnmobil befahren werden.

Die turbulente Fahrt durch die Großstadt **Antalya** hat schon manchen Wohnmobilfahrer genervt. Die Altstadt um den alten **Hafen** Antalyas und um den **Uhrturm** zählt trotzdem zu den schönsten Altstadtbildern der Türkei. Hier stehen noch typische osmanische Holzhäuser in engen Gassen. Reste der hellenistisch-römischen Stadtmauer mit dem Hadrianstor rahmen das Bild ein. Von Kemer und Beldibi aus ist Antalya mit dem Bus zu erreichen.

DIE KÜSTE ZWISCHEN ANTALYA UND ALANYA

Nach Antalya ist von der D400 aus das Meer nicht zu sehen und es folgen über 80 Kilometer über Manavgat hinaus die großen Hotels des Massentourismus. So konzentrieren wir uns in diesem Streckenabschnitt auf die üppigen Kulturgüter. Die antike Stadt **Perge** aus hellenistisch-römischer Zeit besitzt ein gut erhaltenes Theater und Stadion, aber die Akropolis ist zerstört.

Das am besten erhaltene Theater der Antike steht in **Aspendos**. Unter den Griechen gegründet, erreichte Aspendos zur Zeit der Römer die größte Stärke. Als Besonderheit ist auch die hohe Bühnenwand des Theaters erhalten. Das Theater aus dem 2. Jahrhundert wird noch heute bespielt.

NATUR UND KULTUR AM MITTELMEER UND IN KAPPADOKIEN

Der Wasserfall von Manavgat ist ein erfrischender Ort.

Manavgat
Abstecher
Termessos
Nationalpark
antikes Perge
antikes Aspendos
Wasserfall
Manavgat
Ausflug
Oymapinar-
Stausee

170 km D400

Anamur
Burg Anamur
antikes
Anamurium

Das antike **Side** steht inmitten der Hotelburgen und des Trubels des touristischen Hotspots der Türkei und sollte am besten außerhalb der Saison besucht werden. Besonders die Reste des **Apollontempels** an der Landspitze geben am Morgen und am Abend ein hervorragendes Fotomotiv ab. Am **Wasserfall bei Manavgat** gibt es empfehlenswerte Restaurants an schattigen Plätzen, die sehr gut besucht sind. Ein Ausflug mit atemberaubender Aussicht wird die Fahrt zum **Oymapinar-Stausee** im Taurusgebirge oberhalb von Manavgat.

Nach den Hotelburgen gibt es bei **Kizilot** wieder einzelne Campingplätze am Meer wie zum Beispiel den beschriebenen Osay Karavan Kamping oder den kurz danach folgenden Nostalgie Camp unter Schweizer Leitung.

DIE KÜSTE ZWISCHEN ALANYA UND SILIFKE

Der weitere Verlauf der D400 wird ruhiger und belohnt mit guten Ausblicken auf das Mittelmeer. Unbedingt sehenswert ist **Alanya** mit der Burganlage auf dem 240 Meter hohen Felsen über dem Meer. Es handelt sich um eine seldschukische Festung aus dem 13. Jahrhundert. Alanya selbst ist ein netter Ferienort mit Geschäften, Cafés und Basar.

Die D400 wird auf dem Weg nach Anamur zu einer anspruchsvollen Kurvenstrecke. Es wird mit großem Aufwand an einer neuen Straße gebaut, deren Verlauf aber die schönsten Aussichten über das Mittelmeer ausnimmt. Die südlichste Landspitze der Türkei ist das **Kap Anamur**. Sehenswürdigkeiten sind das antike **Anemurium** direkt am Meer und die **Burg Anamur**. Die Anamur Kalesi stammt aus dem frühen Mittelalter, wurde vielfach verändert, ist dennoch ein beeindruckendes Bauwerk mit Zinnen und Türmen, die zum

Die Burg von Anamur ist eine sehenswerte Anlage.

ROUTE 25

CARETTA CARETTA — *SPECIAL*

Caretta caretta ist der lateinische Name der großen Unechten Karettschildkröte. Die Tiere werden bis zu 1,20 Meter lang und haben dann ein Gewicht von über 100 Kilogramm. Jeden Sommer kommen die Schildkröten zur Eiablage an die Strände, auf denen sie einst selbst aus dem Ei schlüpften. Jedes Tier legt pro Gelege bis zu 170 Eier in ein tiefes Loch im Sand. Nach rund 50 Tagen schlüpfen die jungen Schildkröten nachts aus den Eiern und versuchen das Meer zu erreichen. Naturschützer stellen über den Gelegen Drahtgitter auf. So können allein im Bereich Anamur jährlich über 600 Gelege geschützt werden.

Für Touristen wird der Tanz der Derwische vorgeführt.

Teil bestiegen werden können. Schön ist der Campingplatz Paradies direkt an der Burgmauer und der lange Sandstrand davor, der auch Brutplatz der Karettschildkröten ist.

Weiter auf der D400 tangieren wir den kleinen Ort **Aydincik**, der mit antiken Gebäuden der Kiliker aufwartet. Nach Aydincik verlangen die Ausläufer des Taurusgebirges wieder intensive Kurvenarbeit. Aber auch hier wird an einer neuen Straße gebaut, die schnelleres Fortkommen bringen wird. Leider sind die Eingriffe in die Natur der Bergwelt gewaltig und viele schöne Aussichten werden der Vergangenheit angehören.

Einer der schönsten Campingplätze der Türkei ist der **»Akçakil Camping«** vor Taşucu. Hier bleiben die Gäste gewöhnlich länger, um sich in der schönen Bucht zu erholen. Bei **Silifke**, der Stadt mit der Kreuzritterburg, mündet der **Göksu** in einem großen Delta mit großflächiger Dünen- und Lagunenlandschaft. Es ist eines der wichtigsten Rast- und Brutgebiete für Wasservögel im östlichen Mittelmeer. Ornithologen beobachten hier eine ungewöhnlich vielfältige Vogelwelt.

Nach Silifke liegen an der D400 zwei Sehenswürdigkeiten. Cennet Cehennem (Himmel und Hölle) unweit links der Straße sind zwei begehbare, gewaltige Einsturzdoli-

Anamur
*Burg Anamur
antikes
Anamurium*

110 km | D400

Silifke

Am Morgen steigen die Heißluftballone über dem Kaya-Campingplatz auf.

Die Wanderung im Soğanli-Tal bringt einem die Höhlenkirchen näher.

nen. Am Grund der größeren, 80 Meter tiefen Doline sind die Reste eines Klosters und ein unterirdischer Fluss zu sehen. Auf der Küstenstraße acht Kilometer weiter liegt im Meer die Inselfestung Kizkalesi (Mädchenburg), die von einem Parkplatz aus ein gutes Foto abgibt.

ÜBER DAS TAURUSGEBIRGE IN DIE TRAUMLANDSCHAFT KAPPADOKIEN

Bereits vor Mersin beginnt die Autobahn, die nach Tarsus in Richtung Norden als E90 in das Taurusgebirge abzweigt. Die Straße durchfährt die **Kilikische Pforte** und steigt im Gebirge am **Gülek-Pass** bis auf 1292 Meter hoch. Die Autobahn ist bereits bis Niğde fertig, aber wenn man mehr Zeit hat, ist eine herrliche Landschaftsfahrt durch das Gebirge empfehlenswert. Dafür nimmt man die zweite Ausfahrt Pozanti und hält sich immer in Richtung **Camardi**. Nach Camardi erreicht man die Straße in 1720 Metern Höhe. Die beeindruckenden Berge kommen fast an 4000 Meter heran. Nach Niğde gelangen wir wieder auf die D805 und fahren dann auf der D765 weiter über **Derinkuyu** an der alten Seidenstraße. In Kappadokien existieren 36 unterirdische Städte. Eine davon kann in Derikuyu besichtigt werden. Über 50 Meter reicht die Stadt in die Tiefe.

Danach wird die Landschaft immer pittoresker. Der Erciyas- und der Hasanvulkan lagerten dicke Schichten vulkanischer Asche ab, was zu dieser Tufferosionslandschaft führte. Für die Erkundung der wichtigsten Sehenswürdigkeiten können einige Tage ver-

Eine Wanderung durch diese surreale Welt ist ein Erlebnis.

ROUTE 25

Eine Fahrt im Heißluftballon über die Traumlandschaft Kappadokkiens ist ein unvergessliches Erlebnis.

Silifke

D400
E90
371 km D765

Kappadokien
Göksu Delta
Cennet Cehennem
unterirdische
Stadt Derinkuyu
Ausflüge in ⇄
Kappadokien

Ziel

anschlagt werden. Der beste und ruhigste Campingplatz in Kappadokien liegt in Ortahisar bei Ürgüp. Vom **Kaya-Camping** aus können interessante Wanderungen unternommen werden und das Göreme-Freilichtmuseum liegt auch in der Nähe. Eine Wanderung vom Campingplatz durch das Rose-Valley nach Çavuşin gehört zu den schönsten Touren durch die surreale Welt Kappadokiens.

Von Ürgüp aus kann man einen Ausflug in das südlich gelegene **Soğanli-Tal** machen.

Ein fast verlassenes Bauerndorf, ein Wanderweg an einigen Höhlenkirchen vorbei und ein gutes landestypisches Restaurant erwarten einen dort.

Einen Ausflug wert ist auch **Avanos** am Kizilirmak, dem längsten Fluss der Türkei. Seit dem 13. Jahrhundert wird in Avanos die Töpferei betrieben. Traditionsreiche Künstler sind dort auch heute noch am Werk. Die schönsten »Feenkamine« (Erosionstürme mit Hut) sieht man bei Zelve.

AUSFLUG

IM BALLON ÜBER KAPPADOKIEN

Zur Hauptsaison hängt der Himmel über der Märchenlandschaft Kappadokien täglich voller Heißluftballons. Es gibt bereits 100 Ballons in der Region. Die Anzahl der aufsteigenden Ballons ist aus Sicherheitsgründen allerdings begrenzt worden. Eine Fahrt mit dem Ballon ist nicht billig, aber über dieser bizarren, surrealen Landschaft ein unvergessliches Erlebnis. Noch in der Dunkelheit blasen die Turbinen heiße Luft in die schlaffen Hüllen. Im Morgengrauen geht es los. Wenn die Sonne aufgeht, sieht man die Welt bereits von oben. Buchung und Abholung am Campingplatz Kaya, der einige eigene Ballons führt. Zum Abschluss dieser kleinen Türkeireise den Sonnenaufgang im Ballon über dieser weltweit einmaligen Landschaft zu erleben, ist eine Erfahrung, die man nie vergessen wird.

PRAKTISCHE HINWEISE

TOURISTINFORMATIONEN
Tourismusbüro Türkei, Baseler Str. 35, D-60329 Frankfurt, Tel. 0049/(0)69/23 30 81, www.goturkey.com

INTERNET
www.goturkey.com
www.reiseland-tuerkei-info.de
www.fremdenverkehrsamt.com

KARTEN UND LITERATUR
Autokarte Türkei, 1:800 000, Marco Polo

Reiseführer »Türkei« mit Autokarte 1:850 000, Baedeker ISBN 978-3-8297-1200-2

CAMPING- UND STELLPLÄTZE
Campingplatz Troja, »Troja Pension«, Uran Savas, Tevikie Yolu, TR-17100 Tevfikie, Tel. 0090/(0)542/263 48 39, www.troiapension.com, (N39°57'22" E26°15'00"). Kleiner Platz neben dem Restaurant mit bescheidenen Sanitäranlagen, Restaurant, 700 Meter zur Ausgrabungsstätte. Der Platz liegt rechts an der Straße nach Troja.

Campingplatz Ören, »Altin Camp«, Altinyol Caddesi, 10700 Burhaniye, Tel. 0090/(0)266/416 37 37, www.altin-camp.com (N39°30'36" E26°56'07"). Schöner Platz unter Bäumen am Strand mit Badesteg, Restaurant. Von der E87 3 km nach Ören. Ausgeschildert.

Campingplatz Bergama, »Caravan Camping & Restaurant«, Nuri Acikgöz, Atatürk Blv., 35700 Bergama, Tel. 0090/(0)232/633 39 02, www.bergamacamping.com (N39°05'58" E27°09'22"). Einfacher Campingplatz, sieben Kilometer zu den Ausgrabungsstätten, Restaurant, Pool. Der Platz liegt direkt an der D240 auf der linken Seite.

Campingplatz Selçuk, »Dereli Motel«, Zeytinköy Köyü, 35920 Pamucak Selçuk, Tel. 0090/(0)232/893 12 05, www.dereli-ephesus.com (N37°56'26" E27°16'37"). Gut ausgestatteter Platz am Strand mit Palmen. Mit dem Bus nach Selçuk und Ephesus. Von Selçuk Richtung Kuşadasi. Ausgeschildert.

Campingplatz Pamukkale, »Dolphin Yunus Hotel«, Coskunlar Sok. 5, 20283 Pamukkale, Tel. 0090/(0)258/272 27 85, bayramozturk20@hotmail.com (N37°54'58" E29°07'16"). Einfacher Platz mit Pool. 700 Meter bis zum Eingang der Sinterterrassen. In Pamukkale nach rechts in die Oğuz Kağan Cd. abbiegen und dann links in die Coskunlar Sok.

Campingplatz Ölüdeniz, »Camping Sugar Beach Club«, Belceğiz, 48300 Ölüdeniz, Tel. 0090/(0)252/617 00 48, www.thesugarbeachclub.com (N36°33'12" E29°06'57"). Einfacher Platz mit Restaurant und Strand. 500 Meter bis zum Eingang zum Strand Ölüdeniz. In Ölüdeniz die steile Straße hinunter nach Süden. Am Meer nach rechts.

Campingplatz Beldibi, »Camping Orkinos Beach«, Bahcecik Mevkii Atatürk Cad. 07981 Beldibi, Tel. 0090/(0)242/824 88 65 (N36°43'14" E30°33'49"). Einfacher Platz mit Restaurant und Strand. Von der D400 nach Beldibi abbiegen. Der Platz liegt hinter dem Hotel Caretta Beldibi.

Campingplatz Kizilot, »Osay Karavan Kamping«, 07610 Kizilot, Tel. 0090/(0)535/815 26 23, www.osaypansiyon.com (N36°42'40" E31°34'14"). Einfacher Platz mit Restaurant und Strand. Rechts der D400. Der Platz liegt neben dem Hotel Sea Planet. Ausgeschildert.

Campingplatz Anamur, »Camping Paradies«, 33630 Anamur, Tel. 0090/(0)535/290 45 35, www.campingparadiesanamur.com (N36°04'55" E32°53'34"). Guter Platz mit Restaurant und Strand. Rechts der D400 direkt vor der Burg. Ausgeschildert.

Campingplatz Taşucu, »Akçakil Kamping«, 33980 Taşucu, Tel. 0090/(0)324/741 44 51, www.akcakil.com.tr (N36°17'52" E33°50'52").
Sehr guter Platz mit ausgezeichnetem Restaurant und Strand mit Liegestühlen und Picknickbänken. Rechts der D400 zwischen Straße und Meer. Ausgeschildert.

Campingplatz Ortahisar, »Kaya Camping«, 50650 Ortahisar-Ürgüp, Tel. 0090/(0)384/343 31 00 (N38°38'12" E34°51'15"). Sehr guter Platz mit Pool und guten Sanitäranlagen. Ballonfahrten können am Campingplatz gebucht werden. In Ürgüp nach Göreme abzweigen. Ausgeschildert.

Der Campingplatz Dereli bietet richtige Urlaubsidylle.

» REISE-INFORMATIONEN

Wind und das unablässige Rauschen der Brandung bilden die Geräuschkulisse der Stellplätze von Hirtshals Camping unmittelbar an den Gestaden der Nordsee.

Praktisch und günstig gelegen ist der Wohnmobilstellplatz in Stockholm.

SCHWEDEN UND NORWEGEN

Einreise

Die Einreise erfolgt in der Regel mit der Fähre, auf der die Gasflasche geschlossen werden muss. Die Fahrt auf dem Landweg durch Dänemark verläuft über die mautpflichtigen Brücken. Norwegen gehört zwar nicht zur EU, hat aber das Schengen-Abkommen unterzeichnet. Daher finden hier keine Grenzkontrollen statt. Seit Anfang März 2016 wieder Grenzkontrollen an der norwegisch-schwedischen Grenze durch. Quelle: https://www.auswaertiges-amt.de/de/aussenpolitik/laender/norwegen-node/norwegensicherheit/205878

Geld- und Kreditkarten

Sowohl Norwegen als auch Schweden sind nicht in der Eurozone. In den Hauptstädten kann zwar oft mit dem Euro bezahlt werden, was sich aber nicht rechnet. Abgesehen vom gleichen Namen (Krone) haben die Währungen nichts gemeinsam. Somit muss man für beide Länder verschiedene Banknoten am Geldautomaten ziehen oder in der Bank wechseln. Die kleinste Münze ist die 1-Kronen-Münze, weswegen kleinere Beträge auf- oder abgerundet werden.

Jedermannsrecht

Vielfach wird das Jedermannsrecht der skandinavischen Länder missbraucht. Es besagt, dass man sich in der Natur frei bewegen und auch übernachten darf. Das schließt motorisierte Fahrzeuge auf keinen Fall ein. Zwar ist das freie Übernachten im Wohnmobil auf befestigten Flächen nicht verboten, sehr wohl aber im freien Gelände. Das Jedermannsrecht ist für Zelttouristen und Wanderer gedacht.

Notruf

Die Nummer für den Notruf lautet in Norwegen und Schweden 112.

Verkehrsbestimmungen

In beiden Ländern gilt tagsüber Lichtpflicht. Die Alkoholgrenze ist deutlich niedriger als in Deutschland, die Strafen für Vergehen sind deutlich höher. Eine Besonderheit ist der Wildwechsel, besonders im hohen Norden. Nördlich des Polarkreises trifft man sehr häufig auf Rentierherden, die gemächlich über die Straßen schlendern. Noch gefährlicher sind jedoch die größeren Elche, die auch im Süden überwiegend in der Dämmerung zu sehen sind und mitunter spontan auf die Straße treten können.

DÄNEMARK

Grundsätzlich dürfen Wohnmobile über Nacht nur auf Campingplätzen oder extra ausgewiesenen Stellplätzen stehen. Wildes Campen, auch wenn viele reizvolle Standorte dazu verlocken, ist verboten und wird entsprechend geahndet. Pausen sind auf Rastplätzen erlaubt, teilweise verfügen diese sogar über Entsorgungsmöglichkeiten. Quick-Stop-Camping-Plätze von 20 Uhr abends bis maximal 10 Uhr morgens bieten viele Plätze zu günstigen Konditionen an (www.dk-camp.dk). Der Campingpass ist obligatorisch.

Unter www.pintrip.eu gibt es ein Verzeichnis mit privaten Stellplätzen für Wohnmobilisten, eine Pintrip-Jahresvignette ist zum Preis von DKK 225 erhältlich.

In den Städten gibt es teilweise ausgewiesene Parkplätze für Wohnmobile, dort ist zuweilen sogar die Übernachtung gegen Gebühr erlaubt. Hier helfen eine entsprechende Beschilderung beziehungsweise die örtlichen Touristenbüros weiter. Einige Streckenabschnitte der Margeritenroute führen über recht schmale Nebenstraßen, wobei auch die Fahrzeughöhe mitunter bei Unterführungen und Brücken zum Problem werden kann. Es ist also unbedingt auf die jeweilige Beschilderung zu achten!

Gefahren wird immer und überall mit Abblendlicht, 50 km/h in Ortschaften, 80 km/h auf Landstraßen und 110/130 km/h auf den Autobahnen (Pkw und WoMo bis 3,5 t) sind die strikt einzuhaltenden Höchstgeschwindigkeiten, schneller kann teuer werden. Tankstellen sind überwiegend automatisiert, man zahlt mit EC-Karte oder Kreditkarte mit PIN. Zahlungsmittel ist die Dänische Krone DKK, es gibt Scheine mit den Werten 50, 100, 200, 500, 1000 Kronen sowie Münzen zu 50 Øre, 1, 2, 5, 10, 20 Kronen. Kreditkarten (mit PIN) und EC-Karten sind neben Bargeld aber gängiges Zahlungsmittel. Im Süden wird oft Deutsch gesprochen, im Norden dann überwiegend Englisch.

DAS BALTIKUM

Anreise

Die Anfahrt durch das schöne Polen ist lang und wegen der unberechenbaren Fahrweise der Autofahrer nicht ungefährlich. Bei Tod durch Verkehrsunfälle nimmt Polen in Europa die Spitzenposition ein. Die Fährverbindungen sind angenehmer und sparen Zeit. Nachteil: Die litauische Hauptstadt Vilnius liegt dann abseits. Für die Abreise eröffnet die Fähre von Tallinn nach Helsinki neue Horizonte in Skandinavien.
Stena-Line fährt Travemünde–Liepaja (www.stenaline.de)
DFDS Seaways verbindet Kiel mit Klaipeda (www.dfdsseaways.de)

Elch-Warnschild im Baltikum

Viking Line bringt auch Wohnmobile nach Helsinki (www.vikingline.fi).

ENGLAND UND SCHOTTLAND

Einreise

Da die Einreise in der Regel mittels Fährüberfahrt oder aber auch mit einer Zugfahrt durch den Tunnel unter dem Ärmelkanal stattfindet, ist die Gasflasche zu schließen. Gelegentlich erhält man auch einen gelben Aufkleber, der am Gaskasten anzubringen ist. Außerdem hat Großbritannien das Schengen-Abkommen nicht unterschrieben. So werden an den Terminals, die in diesem Fall die Grenzübergänge darstellen, Personenkontrollen durchgeführt. Hierfür ist der Personalausweis jedoch ausreichend. Welche Auswirkungen der Brexit auf die Einreise haben wird, bleibt abzuwarten. Hier sollte man sich tagesaktuell vorab auf den Seiten des Auswärtigen Amtes informieren (www.auswaertiges-amt.de)

Geld- und Kreditkarten

Die Währung in Großbritannien lautet bekanntlich Britisches Pfund bzw. Pfund Sterling und wird mit dem Währungssymbol £ geschrieben. Ein Pfund besteht aus 100 Pence. Bei den Münzen können wir uns an den Einheiten des Euro orientieren, denn es gibt den Pfund in folgenden Varianten: 1 Penny, 2, 5, 10, 20 und 50 Pence. Banknoten existieren in den Einheiten: 5 £, 10 £, 20 £, 50 £ und 100 £. Bis hierhin ist es recht einfach, doch es besteht in Großbritannien die Besonderheit, dass das Pfund von mehreren Banken ausgegeben wird und dass das Schottische Pfund nicht als gesetzliches Zahlungsmittel gilt. Wer also Banknoten mit dem Aufdruck einer schottischen Bank sein Eigen nennt, sollte diese am Ende seiner Reise noch in Schottland ausgeben. Es ist nicht auszuschließen, dass sie in England nicht akzeptiert werden. Dies betrifft insbesondere die 100-Pfund-Banknote, die von englischen Banken nicht herausgegeben wird und die 1-Pfund-Note, die nur von der Royal Bank of Scotland gedruckt wird.

Notruf
Die Nummern für den Notruf lauten in Großbritannien 112 und 999.

Verkehrsbestimmungen
In Großbritannien gilt natürlich, dass man links fährt. Außerdem werden die Entfernungen und Geschwindigkeiten in Meilen angegeben. Innerorts darf man 30 Meilen (48 km/h), außerorts 60 Meilen (96 km/h) fahren. Für große Wohnmobile gilt ein Tempolimit von 50 Meilen (80 km/h). 60 Meilen dürfen diese auf Schnellstraßen und Autobahnen fahren, wo kleine Wohnmobile wiederum mit 70 Meilen (112 km/h) unterwegs sein dürfen.
Rote und gelbe Markierungen am Fahrbahnrand bedeuten Park- bzw. Halteverbot. Bei der Einfahrt in einen Kreisverkehr muss man sich schon vorher so einordnen, wie man ihn später verlassen möchte. Will man gleich an der ersten Ausfahrt wieder raus, muss man sich bereits bei der Einfahrt links einordnen, ansonsten hält man sich rechts. Die Promillegrenze liegt bei 0,8.

Zeit
In Großbritannien gilt die Greenwich-Zeit, sodass man bei einer Reise auf die Insel die Uhr um eine Stunde zurückdrehen muss.

NIEDERLANDE

Die Niederlande sind ein EU-Land, die Währung ist der Euro, Einreiseformalitäten sind weggefallen, den Reisepass oder den Personalausweis sollte man aber immer dabei haben. Das Straßennetz ist sehr gut, wo Brücken fehlen, gibt es Autofähren. Mautstraßen gibt es nicht. Tankstellen sind flächendeckend vorhanden und bis 22 Uhr geöffnet, in Städten und an Autobahnen rund um die Uhr. Höchstgeschwindigkeit im Ortsgebiet 50 km/h, auf Landstraßen 80 km/h, auf Autobahnen 120 km/h (für Wohnmobile bis 3,5 t). Promillegrenze: 0,5 Promille. Radfahrer haben immer Vorrang! Übernachten auf öffentlichen Flächen ist verboten. Pannenhilfe: ANWB (Tel. 0031/882 69 28 88) und Route Mobiel (Tel. 0031/(0)20/651 51 15). Notruf: 112.

BELGIEN

In Belgien gilt ein generelles Übernachtungsverbot im Wohnmobil auf der Straße (außerhalb der Großstädte wird es jedoch häufig geduldet). Geschwindigkeitsüberschreitungen werden mit drastisch hohen Strafen geahndet und müssen sofort bezahlt werden (ansonsten droht Fahrzeugbeschlagnahmung).

Weitere Verkehrsvorschriften
Eine Warnweste pro Wohnmobil/Auto ist Pflicht. Die Promillegrenze liegt bei 0,5. Busse an Haltestellen dürfen nicht überholt werden. Von den neuen Umweltzonen sind Wohnmobile ausgenommen und die Autobahngebühr »ViaPass« gilt nur für gewerbliche Güterkraftzeuge über 3,5 Tonnen.

DEUTSCHLAND

Anreise und Allgemeines
Angehörige der EU-Staaten benötigen zur Einreise in die Bundesrepublik Deutschland kein Visum, es genügt ein gültiges Reisedokument. Die Bestimmungen im Einzelnen findet man unter www.auswaertiges-amt.de Das Befahren der deutschen Autobahnen und Bundesstraßen ist gebührenfrei. 0,5 beträgt die offizielle Promillegrenze, bereits ab 0,3 Promille kann jedoch eine »relative Fahruntüchtigkeit« festgestellt werden.

Außerhalb von Campingplätzen oder ausgewiesenen Stellplätzen ist Camping offiziell verboten. Jedoch ist eine einmalige Zwischenübernachtung im öffentlichen Straßenverkehr zur Wiederherstellung der Fahrtüchtigkeit für die maximale Dauer von zehn Stunden zulässig. Dabei darf die Campingausstattung nicht außerhalb des Fahrzeugs genutzt werden, regionale und örtliche Verbote sind zu beachten. Nicht zulässig ist dagegen mehrmaliges Übernachten am gleichen Ort, weil die Straße dann nicht mehr vorwiegend zu Verkehrszwecken genutzt wird.

Deutschlands Landeswährung ist der Euro. Weiterführende Informationen zur Deutschen Weinstraße bieten die Internetauftritte von www.deutsche-weinstrasse.de und www.deutscheweinstrasse-pfalz.de an. Umfangreiche Informationen zu Deutschland im Allgemeinen finden sich unter www.germany.travel/de.

FRANKREICH

Verkehrsbestimmungen

Die Promillegrenze beträgt 0,5. Telefonieren ist nur mit Freisprecheinrichtung gestattet. Die Höchstgeschwindigkeiten betragen im Stadtverkehr 50 km/h, außerhalb der geschlossenen Ortschaften 80 km/h bzw. bei Schnellstraßen mit Fahrbahntrennung 110 km/h. Fahrzeuge mit einem Gesamtgewicht über 3,5 t dürfen hierbei 80 km/h bzw. auf Schnellstraßen 100 km/h fahren. Differenziert wird auch auf Autobahnen und so dürfen max. 130 bzw. 110 km/h schnell gefahren werden. Geschwindigkeitsüberschreitungen werden in Frankreich mit hohen Bußgeldern geahndet. An der Küste sollten gerade Wohnmobile mit einem hohen Aufbau bei Seitenwind langsam fahren.

Maut

Leider muss auf den meisten Autobahnen ein Benutzungsentgelt bezahlt werden. Die Höhe dieser Maut richtet sich in der Regel nach dem zurückgelegten Abschnitt auf der Autobahn. An der Mautstation erhält der Reisende per Knopfdruck oder automatisch ein Ticket, das an der nächsten Station, z.B. an der Autobahnabfahrt, wieder vorgelegt werden muss. Hierbei hat man die Möglichkeit das Ticket einem Kassierer vorzulegen und zu bezahlen (bar oder Kreditkarte), das abgezählte Geld einzuwerfen oder mit der EC- oder Kreditkarte zu bezahlen. Diese Gebühr wird angezeigt. Kompakte Wohnmobile (z.B. Kleinbusse, Campingbusse mit Hubdach) unter 2 Meter Höhe werden in die Klasse 1 eingestuft, während größere Wohnmobile in die Klasse 2 eingestuft werden. Für Reisemobile über 3,5 t zulässiges Gesamtgewicht kann ein Zuschlag erhoben werden. Weitere Infos unter www.autoroutes.fr.

Parken

Gelbe Streifen am Fahrbahnrand weisen auf ein Parkverbot hin. Mit kompakten Wohnmobilen und Campingbussen sollte man versuchen einen zentralen Parkplatz anzusteuern. Große Wohnmobile stellt man am besten außerhalb der Stadtzentren oder direkt auf den zentrumsnahen Camping- und Stellplätzen ab. Die meisten Einkaufszentren verfügen über Parkplätze mit Höhenbeschränkungen (meistens 2,00 Meter). Man versucht hierbei die Reisemobilisten vom nächtlichen Parken abzuhalten.

Umweltzonen

Für die Luftschutzzone »zone de protection de l'air« (ZPA) in Straßburg, Toulouse und anderen Städten ist eine Plakette erforderlich. Sie ist unter www.certificat-air.gouv.fr zu bestellen.

Freies Übernachten

Offiziell ist die freie Übernachtung in Frankreich verboten, sie wird aber weitgehend toleriert. Eine Übernachtung auf nicht dafür ausgewiesenen Plätzen kann nicht empfohlen werden, sie liegt in der Verantwortung des Einzelnen.

Das Schild weist den Weg zu zahlreichen Wohnmobilstellplätzen entlang der Deutschen Weinstraße.

REISEINFORMATIONEN VON A BIS Z

Mit dem Wohnmobil gelangt man in Europa zu spektakulären Zielen, hier die Auffahrt zum Oberalppass in der Schweiz.

SPANIEN

Trotz entfallener Grenzkontrollen sind zur Einreise ein Personalausweis oder ein Reisepass erforderlich. Kinder und Jugendliche unter 16 Jahren benötigen ein eigenes Dokument. Mitzuführen sind auch Führerschein und Fahrzeugschein (Zulassungsbescheinigung Teil 1). Freies Übernachten ist zwar nach der nationalen Gesetzgebung für maximal drei Nächte erlaubt, es bestehen aber oft zusätzliche, regional unterschiedliche Verbote – wie etwa nicht am Strand, in Wohngebieten, Naturparks oder in der Nähe von Camping- oder Stellplätzen. In der Provinz Murcia drohen bei Nichtbeachtung der landeseigenen Vorschriften hohe Geldstrafen. Schilder weisen darauf hin. Kleine und große Gasflaschen (6 oder 12,5 kg) kann man an Repsol- oder Cepsa-Tankstellen ausleihen. Man benötigt jedoch einen Anschlussadapter, der vor Ort oder im heimischen Fachhandel erhältlich ist. In Madrid besteht eine Umweltzone (www.distintivo-ambiental.es).

PORTUGAL

Anreise und Allgemeines

Bürger der EU können für einen Urlaubsaufenthalt von maximal drei Monaten Dauer mit einem gültigen Reisedokument (Personalausweis oder Reisepass) einreisen.

Die Autobahnen in Portugal (Festland) sind überwiegend mautpflichtig, die Gebühren sind streckenabhängig und die Klassifikation von Wohnmobilen richtet sich nach der Achszahl. Zwischen zwei Mautstellen ist der Aufenthalt auf maximal 12 Stunden begrenzt. Die Bezahlung der Mautgebühren kann oft mit Bargeld oder Kreditkarte, bei einigen jedoch ausschließlich mit elektronischen Mautportalen (electronic toll only) erfolgen. Weitere Informationen: estradas.pt

Die offizielle Promillegrenze beträgt 0,5, bei Fahranfängern 0,2. Seit 25.08.2021 regelt das Gesetz 66/2021 das Parken und Übernachten für Wohnmobile. Erlaubt ist dies nur noch auf regulären Campingplätzen bzw. extra ausgewiesenen und offiziell zugelassenen Stellplätzen (autocaravanalgarve.com).

In Naturparks und in den Küstenregionen ist das übernachten generell verboten, beim Parken tagsüber muss der Wagen in die Parkbegrenzung passen zudem ist campingähnliches Verhalten verboten. Die Strafen bei Zuwiderhandlung können sofort kassiert werden. Das Gesetz (der.pt) gilt auch dann, wenn kein Verbotsschild auf einem Parkplatz angebracht ist sowie auf privaten Grundstücken. Zukünftig soll das Übernachten in einigen Gebieten und Gemeinden bis zu 48 Stunden erlaubt und per App kontrolliert werden.

Portugals Landeswährung ist der Euro. Ganzjährig beträgt der Zeitunterschied auf dem portugiesischen Festland minus eine Stunde zu Deutschland. Umfangreiche Informationen bietet Turismo de Portugal unter www.visitportugal.com/de.

DIE ALPEN

Anreise

Auch die Schweiz hat das Schengen-Abkommen unterzeichnet. Aber da das Land nicht zur Europäischen Union gehört und es keine Zollunion mit dem Staatenbündnis gibt, finden weiterhin Warenkontrollen statt.

Geld- und Kreditkarten

Im Land, das im Banken- und Finanzwesen führend ist, zahlt man mit Schweizer Franken. Derzeit gibt es eine Stückelung von 10, 20, 50, 100, 200 und 1000-Franken-Scheinen. Die kleinere Einheit heißt Rappen. In der

REISEINFORMATIONEN VON A BIS Z

Geldbörse klimpern folgende Münzen: 5, 10, 20 Rappen, ein halber Franken (entspricht 50 Rappen), 1, 2 und 5 Franken. Ein Schweizer Franken entspricht 0,94 Euro (1 Euro = 1,07 Franken, Stand: 2020).

Notruf

Die europaweit gültige Notrufnummer lautet 112. Weitere Notrufnummern finden sich unter »Bergrettung«.

Verkehrsbestimmungen

Ein unerlaubtes Parken auf Privatgrundstücken kann mit einer Besitzstörungsklage bestraft werden. Das gilt zum Beispiel auch für das nächtliche Stehen auf einem Supermarktparkplatz. Bis zu einem Gewicht von 3,5 Tonnen besteht in der Zeit vom 1. November bis 15. April die Pflicht, Winterreifen mitzuführen. Die Vignette muss gut sichtbar an der Windschutzscheibe angebracht werden.

Auf Bergstraßen hat das aufwärts fahrende Fahrzeug bei einer Engstelle immer Vorrang. In Tunneln gilt Lichtpflicht. Auch in der Schweiz gilt das grundsätzliche Verbot, auf Straßen und Parkplätzen übernachten zu dürfen.

In beiden Ländern gilt Vignettenpflicht. In Österreich ist die Beschaffung der Go-Box für Fahrzeuge über 3,5 Tonnen Pflicht. Weitere Informationen hierzu erteilt die ASFINAG Maut Service GmbH unter: www.go-maut.at. Für Wohnmobile über 3,5 Tonnen ist in der Schweiz für alle Straßen eine Schwerverkehrsabgabe zu entrichten.

Bergrettung

Wer in höheren Lagen Hilfe benötigt, kann den herkömmlichen Rettungsdienst unter 112 erreichen. Darüber hinaus gibt es aber auch unterschiedliche Bergrettungsdienste. In Österreich ist dieser unter der Nummer 140 zu erreichen und in der Schweiz unter der Nummer 144.

ITALIEN

Anreise und Allgemeines

Auf dem Weg durch die Alpen in den Süden muss man bei einigen Pässen und Tunnelverbindungen eine Maut bezahlen. Eine Gebühr wird auch auf der italienischen Autobahn erhoben, dann muss an der Mautstelle der entsprechende Tarif bezahlt werden.

Auf öffentlichen Parkplätzen darf maximal eine Nacht übernachtet werden. Liegt ein regionales Verbot vor, so ist das Übernachtungsverbot durch ein Schild mit einem durchgestrichenen Wohnmobil angezeigt. Da das Reisen mit dem Wohnmobil auch bei den Italienern sehr beliebt ist und gerade verlängerte Wochenenden für den Kurzurlaub in der Heimat genutzt werden, kann es sehr eng werden. Es empfiehlt sich, den Stellplatz (gegebenenfalls den Campingplatz) am frühen Nachmittag anzufahren. Während der Hochsaison ist eine Vorreservierung auf jeden Fall empfehlenswert.

In vielen Kleinstädten wird es vielfach eng und unübersichtlich. Auch die Parkplatzsuche kann sich bei großen Wohnmobilen sehr abenteuerlich gestalten. Besser außerhalb auf einem größeren Parkplatz parken.

Fähren nach Sardinien verkehren beispielsweise von Livorno oder Civitavecchia.

KROATIEN

Anreise und Allgemeines

Wer mit dem Wohnmobil über Österreich und Slowenien nach Kroatien reist, wählt meist den schnellsten Weg über die gebührenpflichtige Tauernautobahn und den Karawankentunnel. Ausführliche Informationen zur Maut findet man beispielsweise auf der Internetseite www.tolltickets.com. Die kroatischen Autobahnen sowie bestimmte Tunnels und Viadukte sind ebenfalls mautpflichtig. Das Übernachten außerhalb von ausgewiesenen Camping- oder Stellplätzen ist in Kroatien grundsätzlich verboten. Für die Einreise genügt ein Personalausweis oder Reisepass, der noch mindestens für die Aufenthaltsdauer gültig ist. Kinder und Jugendliche unter 16 Jahren benötigen einen eigenen Ausweis. Es besteht eine Meldepflicht für Touristen innerhalb von 24 Stunden bei der örtlichen Polizei – darum kümmert sich auf Campingplätzen die Rezeption. Bei Ortswechsel ist eine erneute Anmeldung erforderlich. Der EU-Beitritt des Landes im Jahr 2013 bedeutete nicht den gleichzeitigen Beitritt zum Schengen-Raum und zur Eurozone. Die Landeswährung ist die kroatische Kuna.

SLOWENIEN

Anreise und Allgemeines

Für die Einreise benötigen deutsche Staatsangehörige für einen Aufenthalt von bis zu drei Monaten lediglich ein gültiges Reisedokument (Personalausweis oder Reisepass).

Das Befahren von Autobahnen ist in Slowenien gebührenpflichtig und kann mittels Vignette für bestimmte Zeiträume vor Ort an den Mautstationen bezahlt werden. Weitergehende Informationen unter www.dars.si.

In Slowenien gilt eine höchstzulässige Blutalkoholmenge von 0,5 Promille. Tagsüber darf nur mit eingeschaltetem Abblendlicht gefahren werden. Zur Pflichtausstattung des Kfz gehören neben den Standards auch ein Reservesatz Glühlampen.

Das Übernachten in Wohnmobilen außerhalb von Campingplätzen oder ausgewiesenen Stellplätzen (die es auch auf Autobahnen gibt) ist grundsätzlich verboten.

Die slowenische Währung ist der Euro. Ausführliche Informationen über Land und Leute gibt es vom Slowenischen Tourismus Informationsportal unter www.slovenia.info/de.

UNGARN

Anreise und Allgemeines

Deutsche Staatsangehörige benötigen für die Einreise nach Ungarn ein gültiges Reisedokument (Personalausweis oder Reisepass), Kinder unter zwölf Jahren einen Kinderreisepass.

2021 gab es Änderungen im E-Maut-System HU-GO, genaue Auflistung der mautpflichtigen Strecken unter www.mauttarife.hu. Die E-Vignette ist persönlich an Verkaufsstellen oder online unter www.ematrica.nemzetiutdij.hu zu erwerben, das KFZ-Kennzeichen muss registriert sein. Da die Ausnahmen von der Regel verwirrend sind, wird dringend empfohlen, sich zu registrieren, ohne Vignette wird man unbeabsichtigt sehr schnell zum „Mautpreller". Eine eigens in Deutschland ansässige Ungarische Autobahn Inkasso GmbH treibt die hohen Ersatzmautforderungen unnachgiebig ein.

Der Kauf einer Vignette vor Befahren mautpflichtiger Strecken wird unbedingt empfohlen, da das Mautsystem komplex ist, die Ausnahmen von der Regel verwirrend sind und man ohne Vignette unbeabsichtigt sehr schnell zum »Mautpreller« wird. Eine eigens eingerichtete, in Deutschland ansässige »Ungarische Autobahn Inkasso GmbH« treibt die hohen Ersatzmautforderungen unnachgiebig ein.

In Ungarn gilt absolutes Alkoholverbot. Warnwestenpflicht betrifft auch Fußgänger, die nachts oder bei schlechten Sichtverhältnissen außerhalb von geschlossenen Ortschaften unterwegs sind. Außerhalb von Ortschaften muss auch tagsüber mit eingeschaltetem Abblendlicht gefahren werden.

Das Übernachten in Wohnmobilen außerhalb von Campingplätzen oder ausgewiesenen Stellplätzen ist, wie in den meisten osteuropäischen Ländern, grundsätzlich verboten.

Die ungarische Währung ist der Forint (HUF), 1 Euro entspricht 358 Forint (Stand 1/2022). Ausführliche Informationen gibt es unter www.visithungary.com/de.

MONTENEGRO

Anreise und Allgemeines

Die Einreise nach Montenegro ist für EU-Staatsangehörige mit einem noch mindestens drei Monate gültigen Reisedokument (Personalausweis oder Reisepass) möglich. Bei Aufenthalten von mehr als drei Tagen im Land gilt Meldepflicht. Sofern dies nicht automatisch vom Campingplatzbetreiber übernommen wird, muss sich der Wohnmobilist um die polizeiliche Registrierung selbst kümmern.

Montenegro verfügt über die mautpflichtige Autobahn A1, die jedoch noch nicht befahrbar ist (Stand 1/2022), andere sind in Planung. Die teils gut ausgebauten Schnellstraßen sind kostenfrei. Die Benutzung des

Tunnels „Sozina" zwischen Skutarisee und Adriaküste ist gebührenpflichtig.

Die offizielle Promillegrenze liegt bei 0,5 Promille. Tagsüber muss mit eingeschaltetem Abblendlicht gefahren werden.

Außerhalb von Campingplätzen oder ausgewiesenen Stellplätzen ist das Übernachten in Wohnmobilen grundsätzlich verboten.

Offizielles Zahlungsmittel in Montenegro ist der Euro. Ausführliche Informationen über Land und Leute gibt es von der Nationalen Tourismusorganisation von Montenegro unter www.montenegro.travel/de

BULGARIEN

Anreise und Allgemeines

Bürger der Europäischen Union können für einen Urlaubsaufenthalt von maximal drei Monaten Dauer mit einem gültigen Reisedokument (Personalausweis oder Reisepass) einreisen.

Seit März 2020 ersetzt die neue Mautpflicht die e-Vignette für LKW, Wohnmobile und Autobusse. Mautpflichtig sind Fahrzeuge über 3,5 t, auf gebührenpflichtigen Fahrstrecken in Bulgarien. Die Mautgebühr ist für ihre Benutzung streckenbezogen zu zahlen. Zur Bezahlung bestehen zwei Möglichkeiten. Mehr Informationen unter www.bgtoll.bg/de/. Es besteht eine offizielle Promillegrenze von 0,5.

Außerhalb von Campingplätzen und ausgewiesenen Stellplätzen ist das Übernachten im Wohnmobil offiziell verboten.

Bulgariens Landeswährung heißt Lew (BGN) und ist an den Euro gekoppelt. Aufgrund der früheren Bindung an die D-Mark ist der Wechselkurs übernommen worden, das heißt 1 Euro entspricht knapp 2 Bulgarischen Lew. Allgemeine Informationen zu Bulgarien sind unter www.bulgariatravel.org/de abrufbar.

GRIECHENLAND

Anreise und Allgemeines

Staatsangehörige von EU-Ländern und der Schweiz können für einen Urlaubsaufenthalt von maximal drei Monaten Dauer mit einem gültigen Reisedokument (Personalausweis oder Reisepass) einreisen. 0,5 ist die offizielle Promillegrenze für PKW, 0,0 für Fahranfänger und Motorradfahrer.

Die Mehrheit der Autobahnen, ausgewiesenen Nationalstraßen, Brücken und Tunnel sind gebührenpflichtig. Die Gebühren sind teilweise sehr hoch (z. B. Brücke bei Patras), es empfiehlt sich, vorher Alternativen wie etwa Fährüberfahrten zu prüfen. Die von Entfernung und Kfz-Klasse abhängigen Mautgebühren können an der Zufahrt oder innerhalb der Streckenabschnitte in bar und mit Kreditkarte bezahlt werden, sofern nicht die elektronische Bezahlung via Transponder genutzt wird. Achtung: Im Kreisverkehr haben einfahrende Kraftfahrzeuge Vorfahrt!

Außerhalb von Campingplätzen oder ausgewiesenen Stellplätzen ist Camping im eigentlichen Sinne verboten. Sofern es sich lediglich um das einmalige Übernachten oder sogenanntes »Freistehen« handelt, wird dies jedoch größtenteils geduldet, mitunter abhängig von Saison und WoMo-Frequenz.

Der Euro ist offizielles Zahlungsmittel in Griechenland. Weiterführende Informationen, allerdings nur in Englisch, sind erhältlich bei der Griechischen Zentrale für Fremdenverkehr unter www.visitgreece.gr.

TÜRKEI

Anreise

Direkte Fährverbindungen gibt es von Griechenland zwar nicht, aber solche mit Zwischenstopp auf Lesbos, Chios, Samos, Kos und Rhodos.

Landesspezifische Informationen

Für das Wohnmobil ist ein D-Schild erforderlich. Die Grüne Versicherungskarte muss eine TR-Freischaltung aufweisen. Das Fahrzeug wird an der Grenze in den Pass eingetragen.

Währung ist die Türkische Lira 1 €= 3,5 TL (Stand: 2016). Die Autobahngebühr wird mittels »HGS«-System bezahlt. Man muss einen auf die Scheibe aufzuklebenden Silberstreifen kaufen. Den gibt es bei der PTT (Postoffice) und an Shell-Tankstellen an der Autobahn.

REGISTER

A
Å 20
Aalborg 38
Águilas 175
Alanya 318
Albaicín 179
Ales Stenar 26
Alkmaar 92, 95
Almería 176
Åndalsnes 15
Andermatt 203
Antalya 318
Antoninuswall 67
Antwerpen 110
Arbatax 228
Århus 38
Asenovgrad 291
Asselheim 117
Assos 313
Aubel 113
Auray 146
Ávila 164

B
Bad Dürkheim 118
Bagnères-de-Luchon 158
Balatonalmádi 262
Balatonfüred 262
Bar 277
Bardolino 213
Barr 133
Beachy Head 79
Ben Nevis 72
Bergen 94
Bieler Höhe 199
Binic 143
Bled 251
Bludenz 200
Bockenheim 117
Bodø 19
Bouxwiller 129
Brighton 79
Brønnøysund 17
Brügge 109
Brüssel 112
Budapest 262
Budva 277

C
Cabo de São Vicente 87
Cagliari 227
Calasetta 226
Camaret-sur-Mer 145
Cancale 141
Canterbury 77
Carnac 147
Cartagena 173
Castelsardo 230
Cauterets 158
Cetinje 276
Colmar 133
Comblain-au-Pont 105
Concarneau 146
Consuegra 169
Cornwall 83
Cres 237
Curevac 284

D
Dardanellen 313
Dartmoor-Nationalpark 82
De Haan 109
Deidesheim 121
Den Haag 98
Den Helder 91
Desenzano 216
Dinard 142
Dover 77

E
Edinburgh 65
Eger 266
Ephesos 316
Epidauros 309
Esbjerg 34
Eupen 103
Exeter 82

F
Falkirk 66
Fanø 34
Fertöd 261
Fethiye 317
Finikounda 303
Fort William 72
Freinsheim 119
Fünen 45
Furkapass 204

G
Galtür 198
Garda 211
Gardone Riviera 218
Gargnano 219
Garrucha 175
Geiranger 13
Gleiszellen-Gleishorbach 124
Götakanal 28
Granada 178
Gränna 29
Grimselpass 205
Groningen 89
Guadix 177

H
Haarlem 97
Halleberg 29
Hammerfest 21
Han-sur-Lesse 106
Harlingen 90
Haskovo 296
Hastings 78
Helsingborg 28
Herceg Novi 273
Hévíz 261
Hoek van Holland 99

I
IJmuiden 96
Innsbruck 197
Interlaken 206
Isle of Skye 73

J
Jelling 44

K
Kallstadt 118
Kanal von Korinth 310
Kap Anamur 319
Kappadokien 322
Kaunas 51
Kaysersberg 136
Kazanlak 289
Klaipeda 52
Kobarid 253
Korinth 310
Kotor 274
Kranjska Gora 253
Krk 243
Kuldiga 54

L
La Roche en Ardenne 105
Land's End 86
Längstwellensender Grimeton 28
Lazise 214
Le Mont-St-Michel 141
Leeuwarden 90
Limone 220
Ljubljana 250
Loch Ness 73
Locronan 145
Lofoten 20
Lopar 245
Lorca 174
Lošinj 240
Lubenice 239

M
Madrid 166
Malcesine 210
Malmedy 103
Malmö 26
Manavgat 319
Maribor 249
Marlenheim 131
Marmoutier 131
Messene 303
Middelfart 45
Mo i Rana 19
Møgeltønder 33
Moissac 153
Mojácar 176
Molsheim 132
Montauban 153
Monte Baldo 210
Morlaix 144
Mošćenice 236
Mosjøen 18
Mykene 309

N
Nationalpark
– Aggtelek 268
– Biogradska Gora 279
– Bükk 267
– Durmitor 283
– Kurische Nehrung 52
– Saltfjellet-Svartisen 19
– Triglav 251
– Zuid-Kennemerland 97
Naturpark
– Ria Formosa 183
Nauplia 308
Nessebar 297
Nidarosdom 16
Njeguši 275
Nordkap 22
Novi Vinodolski 245

O
Oban 70
Oberalppass 202
Oksbøl 36
Olavsweg 17
Olbia 229
Olympia 302
Opatija 237

P
Paimpol 143
Palanga 53
Pamukkale 317
Patras 301
Penzance 85
Perast 273
Pergamon 315
Perperikon 294
Peschiera 215
Piran 255
Plovdiv 290
Plymouth 83
Podgorica 279
Ponta da Piedade 190
Portimão 187
Porto Cervo 230
Porto Montenegro 277
Portorož 256
Portree 74
Ptuj 250

Heißluftballon über der Traumlandschaft Kappadokien, Türkei

Puerto de Navacerrada 164
Pula 227
Purnode 106
Puszta 268

Q
Quiberon 147
Quimper 145

R
Rab 245
Radovljica 255
Reiseinformationen
– Alpen 328
– Baltikum 327
– Belgien 330
– Bulgarien 332
– Dänemark 326
– Deutschland 330
– England 331
– Frankreich 330
– Griechenland 329
– Italien 328
– Kroatien 329
– Montenegro 331
– Norwegen 326
– Portugal 327
– Schottland 331
– Schweden 326
– Slowenien 333
– Türkei 327
– Ungarn 333
Remouchamps 104
Revel 155
Ribe 34
Ribeauvillé 135
Riga 55
Rijeka 235
Riquewihr 136
Riva 221
Rogaška Slatina 250
Rømø 34
Rosheim 132
Rothéneuf 141
Rudbøl 33

S
Sagres 193
Saint-Bertrand-de-Comminges 158
Saint-Hippolyte 135
Saint-Lizier 156
Salamanca 163
Salisbury 81
Salò 217
San Faustino 219
San José 176
San Vigilio 211
Sant'Antioco 225
Saverne 130
Schoorlse Duinen 94
Schweigen-Rechtenbach 125
Segovia 165
Silifke 320
Silves 186
Sirmione 215
Skagen 37
Skane 25
Skummeslövstrand 28
Sliven 296
Småland 29
Smygehuk 26
Sofia 287
Sparta 307
Speyer 124
Spontin 106
St-Malo 142
St. Austell 84
Stigfossen 15
Stirling 64
Stockholm 30
Stonehenge 80
Stoupa 304

T
Tallinn 57
Tarascon-sur-Ariège 156
Tønder 33
Torbole 209
Torquay 82
Torri del Benaco 211
Tournai 108
Trakai 49
Tréguier 144
Trelleborg 25
Troja 313
Trollhättan 29
Trollstigen 14
Trondheim 16
Tuerredda 227

U
Ulássai 229

Užupis 51

V
Vaduz 111
Valledoria 230
Vannes 147
Vathia 138
Ventspils 53
Vila Real de Santo António 77
Vilnius 49
Virpazar 230
Vršičpass 258

W
Weymouth 201
Windsor Castle 80
Wissembourg 129
Woerth 129
Worms 124

Y
Ystad 26

Z
Žabljak 283
Zeeland 99

IMPRESSUM

Für Tour 7 »Von Groningen nach Middelburg« hat der Autor Hans Zaglitsch die Touren 1 und 2 zum Großen Küstenweg aus dem 2008 im Bruckmann Verlag erschienen Buch »Niederlande mit dem Wohnmobil« von Werner K. Lahmann, gekürzt, neu bearbeitet und erweitert.

Danksagung:
Udo Haafke dankt dem Dänischen Fremdenverkehrsamt VisitDenmark in Hamburg, Poul Fejer Christiansen vom Dänischen Campingrat sowie Thomas Jerzembeck und Thomas Neubert von Hobby Reisemobile für ihre Unterstützung.

Verantwortlich: Claudia Hohdorf/Kerstin Thiele
Lektorat: Ute König
Layout: Elke Mader, Rudi Stix
Repro: LUDWIG:media
Kartografie: Heidi Schmalfuß
Herstellung: Anna Katavic
Printed in Slovenia by Florjancic

Sind Sie mit diesem Titel zufrieden? Dann würden wir uns über Ihre Weiterempfehlung freuen.
Erzählen Sie es im Freundeskreis, berichten Sie Ihrem Buchhändler, oder bewerten Sie bei Onlinekauf. Und wenn Sie Kritik, Korrekturen oder Aktualisierungen haben, freuen wir uns über Ihre Nachricht an den Bruckmann Verlag, Postfach 40 02 09, D-80702 München oder per E-Mail an lektorat@verlagshaus.de.

Unser komplettes Programm finden Sie unter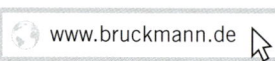

Alle Angaben dieses Werkes wurden von den Autoren sorgfältig recherchiert und auf den neuesten Stand gebracht sowie vom Verlag geprüft. Für die Richtigkeit der Angaben kann jedoch keine Haftung übernommen werden, weshalb die Nutzung auf eigene Gefahr erfolgt. Insbesondere bei GPS-Daten können Abweichungen nicht ausgeschlossen werden. Sollte dieses Werk Links auf Webseiten Dritter enthalten, so machen wir uns die Inhalte nicht zu eigen und übernehmen für die Inhalte keine Haftung.
In diesem Buch wird aus Gründen der besseren Lesbarkeit das generische Maskulinum verwendet. Weibliche und anderweitige Geschlechteridentitäten werden dabei ausdrücklich mitgemeint, soweit es für die Aussage erforderlich ist.

Bildnachweis:
Alle Bilder im Innenteil stammen von den Autoren der jeweiligen Kapitel, mit Ausnahme von: Shutterstock/CJones, S. 82 oben; Shutterstock/Robyn Mackenzie S. 84; Shutterstock/Richard Bowden, S. 191

Umschlagvorderseite: Auf der Atlantikstraße (Shutterstock/Andrey Armyagov)
Umschlagrückseite: Über den Dächern von Mali Losinj, Kroatien

Die Deutsche Nationalbibliothek verzeichnet diese Publikation in der Deutschen Nationalbibliografie; detaillierte bibliografische Daten sind im Internet über http://dnb.d-nb.de abrufbar.

7. überarbeitete Auflage
© 2022, 2020, 2019, 2017, 2016 Bruckmann Verlag GmbH, Infanteriestraße 11a, 80797 München
ISBN 978-3-7343-1323-3